慶應義塾大學法學研究會叢書(71)

ドイツ強制抵当権の法構造
― 「債務者保護」のプロイセン法理の確立 ―

慶應義塾大學
法學部教授　斎藤和夫　著

慶應義塾大學法學研究會刊

はしがき

一　我が国の法体系上，強制抵当権制度は欠落している。しかし，我が国の有力学説（三ケ月論文や宮脇論文）にあっては，既に従前より，ドイツ強制抵当権制度の研究の必要性が，再三再四，強調されてきた。それでも，我が国では，研究上の実作は，長い間，まったくみられなかった。

本研究の端緒も，そもそもは，それらの学説の指摘を契機とするものではなかった。ある関心テーマをフォローするうちに，必然的にドイツ強制抵当権制度の解明に迫られざるを得なかった，からである。その法体系的意義や学問的重要性を自ら意識するに及んで，その難所に遭遇し，今日に至った。

朝に夕に，「解」を索めて，自らの仮説の検証に努めた。乱雑に重なり合った諸文献の山々に埋もれながら，果てのない自問自答のうちに，愚考を重ねるが如き，思索の日々が続いた。ドイツ文献の渉猟も，いつしか，自らの思索のための単なる素材以外の何ものでもなかった。

その際，絶えず私の脳裡にあったものは，政治的過程をも包摂した，広く社会経済史的状況一般への，強い関心であった。立法作業も具体的立法も「時代の子」であるとすれば，その時々の登場「法」もまた，その背景をなすトータルな「舞台」状況の中に適確に位置づけ，これを把握するものでなければならない。そうでなければ，その登場「法」の実体には必ずしも適確には迫り得ないのではないか，との考慮であった。と同時に，それは，抵当土地信用が社会経済史的状況の一つの反映であるとすれば，プロイセン抵当土地信用の実体は，従来の我が国の諸研究にあっては，必ずしも十分には解明されてはいないのではないか，との疑念でもあった。「法」のミクロ的分析それのみへの限界性であり，それを越えてのマクロ的分析をも包摂した，広く社会科学上の「統合的視点」が，我が内なるものとして常に意識されざるを得なかった。

本書は，「実体法と手続法の交錯」という永遠の巨大テーマを眼前に，その

典型的・象徴的テーマとしてのドイツ強制抵当権制度についての，私自身の格闘の，一つの到達点である。今後もなお一層の研究の進展を期さねばなるまい。

　二　本書が成り立ち得たのは，多くの方々の多大の御指導や御高配があった，からである。学問研究上の三人の恩師の御名前が，ここに，記されなければならない。

　手続法学研究への貴重なるその第一歩を御指導賜わりました伊東乾先生（慶應義塾大学名誉教授），実体民法学研究への確固たる基本的姿勢と方法を，そして民法学の峻拒するかの如き巨大な屹立存在を，絶えず御指導賜わりました内池慶四郎先生（慶應義塾大学名誉教授），ドイツ法学研究の基盤を御指導賜わりましたゲルハルト・リュケ先生（ドイツ・ザールラント大学名誉教授），これら三先生の限りない御学恩に心より感謝申し上げます。

　消滅時効法研究は「手続法研究」でもある。かつて内池名誉教授の語られた言葉である。実体民法学研究における手続法的交錯の重要性とその指針は，先生の実作にも，極めて明瞭に示されている。研究上のかけがえのない貴重な道標として，私にとっても「実体法と手続法の交錯」は，永遠の重き課題であることを，あらためて自覚する。民法学研究に際して，先生の語学恩の深さと拡がりには，とりわけはかり知れないものがある。その衷心よりの感謝の念は，筆舌に尽くし難い。

　三　さいごに，法学研究編集委員会編集委員長・根岸毅教授（政治学）には，多大の御高配と御激励を賜わりました。心より深く感謝申し上げる次第です。

　また，出版の労をおとりいただいた慶應義塾大学出版会編集部・堀井健司氏には，編集作業上，多大の御尽力をいただきました。心より厚く御礼と感謝を申し上げます。

　　平成15年1月10日

　　　　　　　　　　　　　　　　　　　　福沢先生御生誕の日に
　　　　　　　　　　　　　　　　　　　　慶應三田研究室にて

　　　　　　　　　　　　　　　　　　　斎　藤　和　夫

目　次

はしがき …………………………………………………………………………… i

序　論　本研究の課題と方法 ……………………………………………………… 3

第 1 章　1722年・プロイセン「抵当権・破産令（HKO）」中のインミ
　　　　シオーン担保権制度
　　　　　　──プロイセン強制抵当権制度の展開の起点：インミシオーン担
　　　　　保権を取得した「人的債権者」（裁判上債権者）の「破産順位」
　　　　　への措定── …………………………………………………………… 19

　はじめに……………………………………………………………………………… 19
　第 1 節　プロイセン強制抵当権制度の起源
　　　　　　──制度展開の起点── ……………………………………………… 21
　第 2 節　プロイセン抵当権諸立法の展開
　　　　　　──1722年・「抵当権・破産令（HKO）」以前の概況── ………… 28
　第 3 節　1722年・「抵当権・破産令（HKO）」中のインミシオーン担保
　　　　　権制度
　　　　　　──抵当土地信用の制度的体系化，その破産順位の法構成── …… 37
　結　論……………………………………………………………………………… 47

第2章　18世紀・プロイセン抵当権諸立法中の強制抵当権制度
　　　　——裁判上債権者の「破産順位」の劣位化—— ……………………49

　はじめに…………………………………………………………………………49
　第1節　プロイセン抵当権諸立法の展開，その(1)
　　　　　——18世紀前期：「登記主義」，そして「公示主義」への志向，し
　　　　　かも「二元主義」の端緒—— …………………………………52
　第2節　プロイセン抵当権諸立法の展開，その(2)
　　　　　——18世紀後期：三軌軸・抵当立法の到達点，「二重所有権」か
　　　　　らの抵当債務者の解放，抵当土地信用の促進化の契機——………70
　第3節　インミシオーン担保権制度の展開
　　　　　——18世紀末期—19世紀初期：「裁判上債権者」の法的地位の確
　　　　　実化（登記権原の許与）を求めての改革運動—— ………………98
　結　論……………………………………………………………………………110

第3章　1834年・プロイセン「民事執行令」中の強制抵当権制度
　　　　——執行名義を取得した「人的債権者」（裁判上債権者）の法的
　　　　地位の確立—— ……………………………………………………117

　はじめに ………………………………………………………………………117
　第1節　1834年・「民執令」中の裁判上債権者の抵当権制度
　　　　　——その全体的法構成—— ……………………………………119
　第2節　若干の「補充」と「修正」
　　　　　——裁判上債権者の抵当権制度のより一層の整備に向けて——…136
　第3節　裁判上債権者の抵当権制度の伝播
　　　　　——他地域への新たな制度的導入—— ………………………142
　結　論……………………………………………………………………………149

第 4 章　1872年・プロイセン「所有権取得法」の成立と強制抵当権
　　　　制度——不動産信用の新秩序の形成とその影響—— ……………151

　はじめに ………………………………………………………………………151
　第 1 節　1868年・EEG 草案「理由書」の基本姿勢
　　　　　——前史的状況—— …………………………………………154
　第 2 節　1872年・EEG 並びに PGBO 中の強制抵当権制度
　　　　　——その全体的法構造の解明—— …………………………167

第 5 章　1883年・プロイセン「不動産強制執行法」中の強制抵当権
　　　　制度
　　　　　——プロイセン強制抵当権制度の展開，その最後の到達点：「人
　　　　的債権者」の「物的債権者」への強制的な近接化の可能性の承認，
　　　　そして「執行債務者（土地所有者）」保護の法理の確立—— ………191

　はじめに ………………………………………………………………………191
　第 1 節　1877年・ライヒ「民訴法（CPO）」中の強制抵当権制度
　　　　　——ラント立法への留保—— …………………………………198
　第 2 節　1879年・プロイセン不動産強制執行「実施法（PAG）」中の
　　　　　強制抵当権制度——関連規定と規定内容—— ………………210
　第 3 節　1883年・プロイセン「不動産強制執行法」中の強制抵当権制
　　　　　度——近代的モデルとしての法構造の確立—— ……………230
　結　論 …………………………………………………………………………263

終　章　結論的考察 ………………………………………………………267
　はじめに ………………………………………………………………………267

第 1 節　プロイセン抵当権の「近代化モデル」：結論的考察(1)
　　　　——その法構造の解明—— ……………………………………270
第 2 節　プロイセン土地信用制度の二元的構造：結論的考察(2)
　　　　——土地信用の一般ルールと特別ルールの併存・対立・相克の関
　　　　係—— ………………………………………………………………291
第 3 節　プロイセン土地信用における「担保債券制度」：結論的考察(3)
　　　　——特別ルールとしての三つの土地信用機関の機能と構造—— …353

総　括 ……………………………………………………………………………379

　細目次 ……………………………………………………………………………381
　初出一覧・関連拙稿リスト ……………………………………………………391

ドイツ強制抵当権の法構造

―― 「債務者保護」のプロイセン法理の確立 ――

序論　本研究の課題と方法

一　三つの課題

本研究の課題は次の三つである。

1　ドイツ強制抵当権制度の沿革の解明——それは果たしてフランス法上の裁判上抵当権制度を法継受したものなのか——

　(i)　従来の我が国の学説にあっては，ドイツ強制抵当権制度の沿革・内容については，正面からこれを採り上げ論じたものはなく，本格的にはほとんど何も論及されることもなく，僅かに断片的にのみ触れられているにすぎなかった。しかも，ここで注目されるべきことは，従来の我が国の学説にあっては，ドイツ強制抵当権制度がフランス法上の裁判上抵当権制度に近接していること，より明確にはそれを「法継受（制度的導入）」したものであること，が指摘されてきた。

　たとえば，ドイツ強制抵当権制度に言及するものとして，雉本研究をその嚆矢とするが[1]，同研究によれば，現行ドイツ民訴法（1898年・ZPO）上のドイツ強制抵当権制度は「ドイツ普通法及ヒプロイセン古法ニ於テハ認メズ，フランス法ニ於ケル裁判上抵当権（hypothèque judiciaire）ノ思想ヲ套襲シテ設ケタル制度ナリ」，とされていた[2]。

　(ii)　さらに，このような雉本研究の理解は，その後の我が国の学説によっても，近時に至るまで，同様に受け継がれてきている。

　たとえば，旧強制執行法下の代表的体系書である宮脇・執行各論では，「そのフランス法においては，（中略），古くから，独特の伝統に基づき不動産に対する裁判上の抵当権（hypothèque judiciaire，フランス民法2116条・2117条・2123条）

という制度を有して」おり[3], この「フランス法における裁判上の抵当権は, ドイツ法に強制抵当権（Zwangshypothek）としての保全抵当権（Sicherungs-hypothek）に変容して継受されたのであって（旧ドイツ民訴757条2項・811条の委任に基づく旧プロイセン不動産執行法2条・6条以下……, 現ドイツ民訴866条ないし868条……), そこではフランス法における裁判上の抵当権と同じ……立法政策が強調されている」, とされている[4]。

また, 法務省での現行民執法の立法経緯を逐条的に詳細にフォローする浦野研究にあっても[5], 「ドイツ民訴866条から868条までの規定されている…（中略）…この強制抵当制度は, 現行ドイツのZVGがフランス法の強い影響のもとに成立した経緯から考えて明らかなように, フランス民法2123条, フランス民訴54条の「裁判上の抵当権（hypothèque judiciaire）の制度に倣ったものである」, とされている[6]。

以上, ドイツ強制抵当権制度がフランス法上の裁判上抵当権制度（その法思想）の制度的導入である, と理解する点で, 我が国の学説は等しく一致する, といえるであろう。

(iii) しかし, このような従来の我が国の学説の理解は果たして妥当なのであろうか。私見は強い疑念を有している。ドイツ強制抵当権制度について, プロイセン法における歴史的展開に注目するならば, 我が国の学説における理解が極めて不十分なのではないのか, あるいはむしろ端的に不正確・誤謬ではないのか, との疑念である。

私見によれば, 端的に, ドイツ強制抵当権制度は, プロイセン抵当権法の総決算である1883年・不動産強制執行法（手続的抵当権法）において, 近代的な法構造を確立したのであり, これが現行ZPOのドイツ強制抵当権制度の基本的母体として受け継がれた, のである。私見の理解を結論的に述べれば, たしかに, 両制度は類似しているけれども, 様々な諸点において, とりわけその重要な基本的な諸点において, 顕著に相違している。しかも, 現行ZPO上の強制抵当権制度は, 初源的には旧時のローマ法上の法務官質権の理論的な影響の下, プロイセン法の永い歴史的展開の中で, 生成・発展してきたものに他ならない。

この意味では，ドイツ強制抵当権制度は，フランス法上の裁判上抵当権制度を参考としながらも，それとは截然と識別された，プロイセン・ドイツ法上の固有の独自の歴史的展開をふまえた法制度である，といわなければならない。

(iv)　かくして，ここで本研究の第1の課題が明らかとなった。端的に，それはドイツ強制抵当権制度の沿革の解明である。プロイセン法における歴史的展開をフォローし，ドイツ強制抵当権制度がプロイセン法での独自の歴史的展開をふまえた固有の法制度であることを論証する。ここから，我が国の学説における理解の不当性・不十分性もまた，自ずと明らかとされることとなるであろう。

1)　雉本朗造・「強制執行ノ優先主義及ヒ平等主義」（同・民訴法の諸問題413頁以下所収）・初出1915年
2)　同論文444頁
3)　宮脇・執行各論26頁・1978年
4)　同31頁
5)　浦野・「強制執行法改正審議経過ノート(1)」・民事月報24巻6号181頁以下
6)　同論文201—202頁

2　ドイツ強制抵当権制度の理論的・体系的意義の解明
　　——それは果たして「優先主義」採用の法技術なのか——

(i)　従来の我が国の学説にあっては，不動産強制執行における複数債権者の競合の場面での配当に関する各立法主義が存在するところ，ドイツ強制抵当権制度につき，これをその一立法主義である「優先主義」採用の法技術である，と一致して理解してきた。ドイツ動産強制執行では「優先主義」採用の法技術として「差押質権制度」が設けられている（ドイツ法上の理解として妥当であり，私見も同様である）ことと対応して，ドイツ不動産強制執行ではやはり同じく「優先主義」採用の法技術として「強制抵当権制度」が置かれている，といった理解である。

たとえば，①その嚆矢とする雉本研究では，立法政策として「優先主義」が

採られるべしとして，そのための法制度的方策として強制抵当権制度の立法的導入が主張されていた[1]。

②また，兼子研究でも[2]，不動産強制執行におけるドイツ強制抵当権制度が，同じく「優先主義」採用の法技術として，動産強制執行におけるドイツ差押質権制度と同置されている[3]。

③さらに，宮脇研究（執行各論22頁以下・259頁以下，「平等・優先主義」論文7頁以下）でも[4]，ドイツ強制抵当権制度が「優先主義」採用の法技術であることが，当然の前提として，その趣旨が論じられている[5]。

④しかも，私見の一部公表[6]の後にあっても，山田晟研究（同論文1頁以下）は[7]，それまでの自説[8]を踏襲しながら，動産強制執行におけるドイツ差押質権制度と同様に，ドイツ強制抵当権制度が不動産強制執行における「優先主義」採用の法技術である，との趣旨が極めて明確に論じられている[9]。

(ii) しかし，果たしてそうなのか。従来の我が国の学説の理解に対しては，私見は強い疑念を有している。すなわち，私見によれば，ドイツ強制抵当権制度はプロイセン強制抵当権制度を基本的母体とするものであり，しかもそのプロイセン強制抵当権制度の展開を歴史的にフォローすれば，それは立法主義としての「優先主義」とはまったく無縁のところで展開してきたものである。強制抵当権制度が結果として債権者（強制抵当権者）を配当上優先させうるが，それはあくまでも担保権者としての自らの順位において優先されるにすぎないのであり，執行法上の立法主義である「優先主義」とはその限りであくまで無縁なのである。しかも，動産強制執行ではまさしく差押質権制度が「優先主義」採用の法技術として性格づけられるのに対して，不動産強制執行では，その独特の歴史的経緯の下で，諸権利の「法定順位制度」という法システムにおいて，「優先主義」が具体化されている，のである。

(iii) 「優先主義」採用の法技術とはまったく無縁のものであるとすれば，ドイツ強制抵当権制度の理論的・体系的意義は一体何か。私見によれば，プロイセン法における展開よりすれば，強制抵当権制度は執行名義を取得した人的債権者に執行力に基づいて強制的に物権的保全を許与するものであり，人的債権

者が執行力により物的債権者へと転化するという意味において，強制抵当権制度は執行制度の経由により人的債権者と物的債権者とを架橋するものである，といえよう。

(iv) かくして，ここで本研究の第2の課題が明らかとなった。端的に，それはドイツ強制抵当権制度の理論的・体系的意義を明らかとすることである。プロイセン法における展開をフォローするならば，それが執行法上の制度（執行法上の抵当権）として展開し，人的債権者を執行力（強制力）により物的債権者に転化させ，両債権者を架橋するものであることが実証的に解明されよう。と同時に，「優先主義」採用の法技術とする我が国の学説の理解もまた，歴史的展開の実体と調和せず，不当であることが，自ずと明らかとされるであろう。

1) 雉本・「強制執行ノ優先主義及ヒ平等主義」498頁
2) 兼子一・「請求権と債務名義」（同・民事法研究(1)157頁以下所収）・初出1931年
3) 同論文193頁以下
4) 宮脇・執行各論，同・「強制執行における平等主義と優先主義」・判タ224号2頁以下
5) 同・執行各論22頁以下・259頁以下，同・「平等主義と優先主義」7頁以下
6) 斎藤・私法45号270頁以下（私法学会報告）・1983年
7) 山田晟・「強制執行における債権者平等主義に対する批判」・法協105巻11号1頁以下・1988年
8) 同・ドイツ法律用語辞典478頁・1981年
9) 同・「債権者平等主義に対する批判」1—3頁，同・ドイツ法律用語辞典（改訂増補版）760頁・1993年

3 「制度目的論」の視点からの我妻シェーマに対する疑念
　　——抵当制度は一体誰のための制度であるのか——

(i) 概括的にいえば，一般に抵当権法の領域において，抵当制度の「制度目的論」というものが，学問上自覚的に議論されてきたことは，我が国にあっては，いままでほとんどなかったのではないか，と思われる。ここで「制度目的

論」とは，私見にあっては，抵当制度は一体誰のための制度であるのか，主として（基本的に）誰を制度の利益享受者とするものであるのか，という学問上の問いかけを意味するものとして，理解されている。私見は，まさしくこの学問上の問いかけに注目しなければならない，と考えるものである。

(ii) 同じく民法学上の法領域での例示を挙げてみよう。

たとえば，時効制度（民法144条以下）にあっては，「制度目的論」，すなわち一般的には「存在理由論」として包括的に称されているものであるが，これが学問上自覚的に論議されている。制度それ自体の，法制度としての「存在正当性（存立根拠）」如何，を問う論議であり，ボアソナードと共に，「時効制度は一体誰を保護するものであるのか」に着目した星野研究を，その嚆矢とするものであり[1]，内池研究によりなお一層のアウフヘーベンをみたものである[2]。より具体的には，消滅時効制度（民法166条以下）についていえば，義務者の義務免除（債務者の債務免除）を定めているのか，それとも非義務者の義務不存在・消滅（非債務者の債務不存在・消滅）を定めているのか，との論議である。

星野研究は，ボアソナードと共に，それが不正・狡猾を許すものではなく，本来あくまでも「正直者」のための制度であるとするならば，消滅時効制度は非義務者の義務不存在・消滅（非債務者の債務不存在・消滅）を定めたものであり，制度の利益享受者は非義務者（非債務者）である[3]，との趣旨を結論づけるものであった。このような星野研究の新たな問題提起を契機として，従来からの「存在理由論」が理論的に著しく深化し，それが「制度目的論」（制度の「利益享受者論」）として意識されるに及んで，時効制度における様々な各論的諸問題が，学説上も判例上も，解決の手がかりを得るに至り，内池研究をはじめとする諸研究の貴重な成果をみた[4]，ということは，あらためてここで指摘するまでもないことであろう[5]。

そして，以上を前提として私見がここで強調したいことは，抵当制度においても，時効制度におけると同様に，「制度目的論」，より限定的には制度の「利益享受者論」が，担保法学上，学問的に問われる必要があるのではないか，ということである。

(iii) 制度目的論という視点からすると，抵当制度についてみれば，我が国の学説にあっては，どのような理解がなされてきたのであろうか。結論的に小括すれば，抵当権は「債権担保の方法」であり，その限りでは抵当制度は「抵当債権者」のものである，との簡潔にして単純明快な認識が一般化・学問的常識化していた，といってよいであろう[6]。

　より具体的には，金銭消費貸借契約に基づいて債権者が融資をなすに際し，債務者の債務不履行等による債権回収の困難・不能が将来生じ得ることを予め配慮し，債権者サイドにおける債権回収の確実性の利益のために，債務者又は第三者の所有に係る不動産上に，抵当権が設定・登記される，というのが一般的な理解であった。筆者なりに表現すれば，いわば裸の債権が存在するところ，これが抵当権によって支持・強化され，債権者サイドの利益において，債権回収リスク（貸倒れリスク）がヘッジされ，その限りでは抵当権は債権者の利益のためのリスクヘッジの手法である，というような理解が，現代担保法学の我が国での到達点であった，といえよう[7]。

　——しかも，なお，右肩上がりの土地価格上昇という「土地神話」を背景として，抵当権によるいわば「不動産担保至上主義」の信奉の下，不動産担保が確保されさえすれば融資は安全であり，回収困難・不能のリスクはヘッジされる，との判断が，バブル期崩壊に至るまでの我が国の金融実務・金融機関を支配するものでさえあった。とすれば，抵当権は債権者にとってもっとも確実な（場合によっては唯一無二の）リスクヘッジの手法である，と金融実務上理解されていた，といえよう。——

　以上，このような理解が，我が国の担保法学にあっては，ごく当然の一般的な共通の認識であった，と思われる。この点において，おそらく異論はないであろう。

(iv) しかし，抵当制度は「抵当債権者」のものである，あるいは制度の主たる利益享受者は「抵当債権者」である，といった理解は，果たして妥当なものであるのだろうか。端的に，このような理解に対して，私見は強い疑念を有している。

私見の疑念をより明確に提示するためには，まずもって，「債権者のための抵当権」という認識が，我が国の学説や金融実務において，なぜ一般化し共通化してきたのであろうか，との問題意識より出発しなければならない。
　(α)　私見によれば，この問題（認識の一般化・共通化の理解如何）は次のように答えられよう。すなわち，「近代抵当権論」と称される，あまりに卓越した我妻シェーマの存在[8]，それが「債権者のための抵当権」との理解を我が国において一般化させたのであろう，と考えられる。我妻担保法学においては，プロイセン・ドイツでは，抵当制度は，消費のための抵当権から投資のための抵当権へと，発展し，近代抵当権としての投資抵当権が確立し，これが抵当権の近代化モデルである[9]，とのシェーマが，その指導理念として明確に確立されていた，のである。そして，このような我妻シェーマは，遅れた，いわば非近代的な抵当権法を有する我が国にあっては，近代抵当権の諸原則は我が民法の法解釈論や立法論における一大指針とされなければならない[10]，という視点から，現在に至るまで，我が国の民法学・担保法学に絶大にして圧倒的な影響力を行使し続けてきた，のである。
　(β)　しかも，ここで注目すべきことは，近代抵当権論としての我妻シェーマを「制度目的論」（制度の利益享受者如何）の視点よりみれば，どのような趣旨が論じられているのか，ということである。そこでは，近代抵当権にあっては，抵当権の重心が漸次「所有権者の金銭借入」から「資本家の金銭投資」に推移し，抵当権が大量的な投資の仲介者となるに及んで，「制度の目的は漸次投資者を中心としなければならなくなった[11]」と，論じられている。
　とすれば，「制度目的論」として，我妻シェーマにあっては，抵当制度は「資本家（抵当権者）」の金銭投資（資本投下）のためのものであり，制度の利益享受者は「資本家（抵当権者）」であり，これが近代抵当権である，とされている，といってよいであろう。
　(γ)　以上，かくして，このような我妻シェーマが我が国の学説状況を圧倒的に支配したのであり，「制度目的論」の視点より，私見はこの「我妻シェーマ」に対して強い根源的疑念を有するものに他ならない。

(δ) なお，付言すれば，我妻民法学の卓越した学問的存在が担保法学の領域では近代抵当権論としての我妻シェーマに象徴されている，ということができよう。担保法学においても我妻理論は席捲したのである。と同時に，金融実務にあっても，なぜ我妻シェーマが貫徹されたのであろうか。担保法学におけるよりも，むしろ現実の金融担保実務における方が，「制度目的論」の視点よりすれば，我妻シェーマは，より大胆に且つより一層，疑問の余地なき指導原理として影響力を駆使してきたように思われる。それは，「制度目的論」よりなる我妻シェーマが，正面から金融資本の利益を代弁し，これに奉仕するものであった，からであろう。しかも，金融資本サイドにおける金融法実務家（法務担当者）・実務的研究者が，学理的研究者（担保法学専攻研究者）と比して，極めて多数を占めるものである，という現実，そして我が国の高度経済成長時代以降の金融資本（主義）の著しい台頭――それは1900年代末期にピークに達したものであるが――，という社会経済的背景も，併せて指摘されるべきであろう。

(v) しかし，私見は，「制度目的論」の視点において，我妻シェーマに対して深い疑念を有している。プロイセン抵当権法の展開にあっては，抵当制度では，徹頭徹尾，そして終始一貫して，「土地所有者」（債務者）の利益保護が念頭に置かれていたのであり，それは19世紀の最後の到達点である三軌軸・抵当三立法（EEG・PGBO・不動産強制執行法）にあっても同様である，と考えられるからである。

私見によれば，プロイセン抵当制度は「土地所有者」（債務者）の利益保護を基本的根幹としたのであり，その理念の下で生成・完成した，といわなければならない。実体的抵当権法（ALR・EEG）は，形式的抵当権法（AHO・PGBO）と共に，「土地所有者」（債務者）保護を制度趣旨とするものであった。と同時に，執行法上の抵当権として展開し確立したプロイセン強制抵当権制度にあっても，債権者の債務者に対する「寛容」を背景とする，債務者に対する執行を猶予する具体的方策として，「土地所有者」（執行債務者）の利益保護の理念が根幹とされていた。したがって，プロイセン強制抵当権制度は，動産執行における差押制限制度や差押禁止動産の法定列挙制度と同様の，不動産執行

における「執行債務者」保護の法理の具体化であり，また実体法上の「履行猶予」の制度とも対応する執行法上の制度でもあった，といえよう。

　(vi)　かくして，ここで本研究の第3の課題が明らかとなった。端的に，「制度目的論」の視点より，我妻シェーマ並びに我が国の担保法学の一般的認識に対する疑念に基づいて，抵当制度が「債務者保護」の理念を具体化するものであることを，プロイセン強制抵当権制度の歴史的展開を中心として，プロイセン抵当権法一般の発展・確立の流れの中で，理論的に分析・解明し，担保法学における新たな指導理念を追求せんとすることにある。この点の詳細については，終章・結論的考察の部分で，私見の論証と一試論を提示することとしたい。

1）　星野英一・「時効に関する覚書」（同・民法論集第4巻167頁以下所収）・初出1969年
2）　内池慶四郎・「時効の制度倫理と援用の問題」（同・消滅時効法の原理と歴史的課題（消滅時効法研究第2巻）181頁以下所収）・初出1988年
3）　星野・「覚書」171頁以下
4）　内池・「制度倫理」254頁以下
5）　そのポイントについては，斎藤・「コンメ・167条」（遠藤浩他編・民法注解（財産法）第1巻（民法総則）所収）参照・1989年
6）　たとえば，我が国の担保法学を代表するいくつかの優れた体系書にあっては，次のように論じられている。
　①　我妻・担物法では，「物的担保制度は，債権の経済的価値を確保することをもって，その出発点とする」（1頁）ものである。しかし，「債務者の一般財産に対する債権の効力は，原則として平等である。…（中略）…。この債権者平等の原則は，近世法が，一面，債権者間の自由競争を尊重するとともに，他面，約定物的担保の価値を確実にするために確立した原則である。…（中略）…。そこで，特定の債権について特にその経済的価値を確保しようとするときは，その債権のために，債権者平等の原則に支配される債務者の一般財産による担保以上の何ものかを確保しなければならない……。真の意味における担保制度の必要なゆえんがここに存するのである」（2頁），と論じている。
　②　柚木＝高木・担物法（3版）1頁では，「担保物権は債権の履行の確保を目的とする物権である」。しかし，一方では「債権については債権者平等の原則が行われる」し，他方では，「債権は追求効を有していない」ので，債権者は「結局債権の満足を得ない危険が存する」。したがって，民法は「債務者をして特別の担保を供せしめ，もって債権の履行を確保せしめるという制度を設

けた。債権担保の制度が，すなわちこれであ（る）。これには人的担保……と物的担保……との二種がある。」，とされている。

③　鈴木・物権法講義（4訂版）では，「債権者に債権の回収を確保させることを目的とする物権が担保物権であ（る）」（181頁）。また，「抵当権は，債権担保のための手段的存在で，債権に附従する」（182頁）。さらに，「担保物権は債権担保のための存在，すなわち被担保債権が弁済される可能性を増大させる手段として，設けられている」（361頁）。そして，「物的担保制度は，債務者または第三者（物上保証人）の財産中のある物につき，ある債権者に他の債権者より優先する権利を認め，これによってその債権が弁済される可能性を増大せしめるものである」（362頁），とされている。

④　高木・担物法（3版）1頁では，「担保とは債権の満足を確保するための手段である」。しかし，債権者平等の原則があるから，「債権者は債権の効力のみに依存することは危険である。これを回避するために，債権者は，債権取得前に，債権の履行確保のための手段を講じたり……することがある。かかる手段を担保という」，とされている。

　以上，我が国の担保法学を代表する体系書にあっては，抵当権に代表される物的担保制度につき，その意義をもっぱら債権者の債権の満足の確保という視点からのみ把握しており，私見の基本的立場よりすれば，土地所有者（抵当設定債務者）の利益保護の視点を欠落させており，その意味よりすれば，片面的である，といってよいであろう。

7）　斎藤・「プロジェクト・ファイナンスの沿革」・「プロジェクト・ファイナンスと担保」（藤原淳一郎編・アジア・インフラストラクチャー所収）・1998年
8）　我妻・近代法における債権の優先的地位・1953年の論文（著作）を中核とするシェーマである。
9）　同・担保法（民法講義III）214頁以下
10）　同6頁・214頁
11）　同・「優先的地位」87―89頁

二 方法——分析の基本的視点——

本研究の方法（分析の基本視点）は，次の三つに集約できる。

1 プロイセン抵当権法の「三軌軸分析」
——「実体的・形式的・手続的」抵当権法としての分析視点——

（i）プロイセン強制抵当権制度はプロイセン抵当権諸立法中において展開してきたものであった。したがって，プロイセン強制抵当権制度の歴史的展開をフォローするとは，より具体的には，その時代時代に登場してくる個々のプロイセン抵当権諸立法に注目しながら，そこでのプロイセン強制抵当権制度の形成過程をフォローしていく，ということに他ならない。

（ii）プロイセン抵当権諸立法の歴史的展開については，我が国にあっても，その「投資抵当権としての確立過程」を実証的に解明せんとの目的の下，すでに先学によるいくつかの貴重な諸研究がなされてきている[1]。プロイセン抵当権法が現行ドイツ抵当権法の形成に多大の影響を与えたものであった，からである。ここでは，これらの先行する諸業績により，実り豊かな貴重な学問的成果がもたらされてきており，我が国の民法学一般にあっても，その学問的豊饒性という点で極めて特徴的である，といえよう。

たしかに，従来の我が国の諸研究にあっては，主としてデルンブルクやヴァイエルマンの先行業績に依拠しつつ，その時々のプロイセン抵当権諸立法における抵当権の内容やその諸原則について，かなり克明に解明していることに成功している。しかし，私見によれば，従来の我が国の諸研究にあっては，——それが，本研究の目的（プロイセン強制抵当権制度の展開過程の理論的・実証的解明）とは異なり，プロイセン投資抵当権の確立過程の実証的解明を目的とするものではあるが——，その個々のプロイセン抵当権諸立法について，法規制内容からする法典としての基本的性格付け，より具体的にはその具体的な抵当権立法が「実体的・形式的・手続的」抵当権法のいずれに属するものであるのか，という分析視角が，欠落していたのではないか，と考えるものである。換言す

れば，個別具体的なその時々の抵当権立法が，抵当権法としての本質的位置付けが明確化されることなく，単に時代展開に即して，いわば平板的に論じられていたのではないか，したがって，また，「実体的・形式的・手続的」という三軌軸・抵当三立法の全体像を，各時代ごとの区切りにおいて，一体的に且つトータルな形では，必ずしも十分には把握しきれてはいなかったのではないか，ということができよう。

(ⅲ) 私見の基本的立場を結論的に小括すれば，次の三点において要約できよう。

(α) 第1に，プロイセン抵当権諸立法の展開は，「実体的・形式的・手続的」抵当権法という「三軌軸」に即して，分析・解明されなければならない。その時々において登場してくる抵当権諸立法が，その初源的段階にあっては未だ截然とは識別され得ない未分化のものであったところ，時代的展開と共にその規制内容を整然化し，自らの法典としての基本的性格を明確化していった，からである。この「三軌軸」分析の手法によって，プロイセン抵当権諸立法の展開は理論的・体系的に整序されて解明されるであろう。

なお，「三軌軸」分析の手法が実質的に意味するところは，プロイセン抵当権法一般が「実体的・形式的・手続的」抵当権法の三分肢より構成されるものである，ということである。「実体的」抵当権法，「形式的」抵当権法，「手続的」抵当権法，これらの三法を軌軸とするいわば「トリアーデの法構造」，これがプロイセン抵当権法の全体像である，と理解するのである。

(β) 第2に，プロイセン抵当権法の全体像が三法のトリアーデの法構造であるとすれば，その具体的例としての抵当権諸立法が示されなければならないであろう。

18世紀のプロイセン抵当権法の到達点として，①「実体的」抵当権法としての1794年・ALR（一般ラント法），②「手続的」抵当権法としての1793年・AGO（一般裁判所令），③「形式的」抵当権法としての1783年・AHO（一般抵当令），の三法である。

19世紀のプロイセン抵当権法の到達点として，①「実体的」抵当権法として

の1872年・EEG（所有権取得法），②「手続的」抵当権法としての1883年・不動産強制執行法，③「形式的」抵当権法としての1872年・PGBO（土地登記法），の三法である。

(γ) なお，第3に，プロイセン法を基本的母体とした19世紀のドイツライヒの抵当権法の出発点（編纂過程よりすれば，その到達点）としては，①「実体的」抵当権法としての1896年・BGB（民法典），②「手続的」抵当権法としての1897年・ZVG（強制競売・強制管理法），③「形式的」抵当権法としての1897年・GBO（土地登記法），が指摘されるであろう。

(iv) 以上，かくして，本研究の第1の分析視点（方法）も明らかとなった。プロイセン抵当権諸立法を「三軌軸」に位置づけて歴史的に分析する，というものである。

1) 我妻研究（「優先的地位」）を嚆矢として，鈴木研究（抵当制度）や伊藤眞研究（「消除主義・引受主義」），そして田中克志研究（「成立史」）・松井宏興研究（近代的抵当権論）などが，実証的にフォローするものであった。また，プロイセン法史研究の視点からは，石部研究が挙げられる。

2 「手続的」抵当権法としての不動産強制執行法の分析視点
───我が国の学説における認識の欠如───

(i) プロイセン抵当権法における三法のトリアーデの法構造にあっては，不動産強制執行法典がここでの手続的抵当権法として性格づけられるべきである，との認識である。この点の認識において，従来の我が国の学説にあっては，まったく欠落していたところのものであった[1]。

(α) より具体的には，プロイセン抵当権法の展開をフォローするに際して，従来の我が国の学説（実体民法学）にあっては，19世紀の到達点である1872年・EEG（実体的抵当権法）や同年・PGBO（形式的抵当権法）に論及しながらも，手続的抵当権法である83年・不動産強制執行法にはほとんど何も論及するものではなかった。

三法のトリアーデの法構造をそもそも認識するものではなかったこと，不動産強制執行法典が手続的抵当権法として性格づけられるものである（不動産強制執行法がそもそも抵当権実行手続法として発展してきたものである）ことをまったく看過するものであったこと，がその端的な理由とされよう。

(β) また，従来の我が国の手続民執法学（実体民法学もまた）は，不動産強制執行法は債務名義を取得した・人・的債権者のための権利実現手続である，と何の疑問もなく一致して理解してきた。それが，本来，債務名義を取得した抵当権者等の・物・的債権者のための権利実現手続である，ということをまったく認識（私見の基本認識）するものではなかった，のである。

(ⅱ) 以上，かくして，ここで本研究の第2の分析視点・方法も明らかとなった。プロイセン抵当権法の展開をフォローするに際して，その時々に登場してくる抵当権諸立法を「三軌軸」において位置づけ・分析し，不動産強制執行法が「手続的」抵当権法（抵当権実行手続法）として歴史的に生成・発展したものである，との分析視点において，その全体像をトリアーデの法構造として解明する，ということである。

 1) 我が国の学説（定説）における問題性については，斎藤・「担保権実行競売への新『統合』――『強制競売』の本来型としての担保権実行競売――」（中野貞一郎他編・リュケ教授退官記念・民事手続法の改革288頁以下所収）・1995年

3 プロイセン抵当権制度の一分肢としての強制抵当権制度
――実体法上の抵当権制度との相互関連性の分析視点――

(ⅰ) プロイセン強制抵当権制度は，プロイセン抵当権制度一般の一分肢として，位置づけられ把握されなければならない。したがって，プロイセン抵当権法一般の歴史的展開の中で，プロイセン強制抵当権制度の歴史的生成・発展・確立が分析されなければならない。これが，私見の基本的認識である。

(ⅱ) その相互関連性をより具体的に示せば，

(α) 第1に，プロイセン実体的・形式的抵当権法は特定主義と公示主義とを生成・発展させてきたが，その二大特徴はプロイセン強制抵当権制度にも明瞭に反映されている。実体法上の抵当権制度の生成・発展が，執行法上の抵当権制度，すなわち強制抵当権制度の生成・発展に，多大に影響を及ぼしてきた，のである。

　(β) 第2に，プロイセン実体的・形式的抵当権法は「土地所有者（債務者）」保護の理念に基づいて生成・発展してきたものであるが，執行法上の抵当権であるプロイセン強制抵当権制度も同様の理念に基づくものであった。「執行債務者」保護のプロイセン法理の具体化であった。

　(γ) 第3に，したがって，19世紀後半にその確立をみた三軌軸・抵当権法，それらの抵当三立法（EEG・PGBO・不強法）を強固に結ぶ絆としては，まさしく「土地所有者（債務者）」保護のプロイセン法理に他ならなかった。

　(ⅲ) 以上，かくして，本研究の第3の分析視点・方法も明らかとなった。特定主義・公示主義・土地所有者（債務者）保護法理の三つをキーワードとして，プロイセン強制抵当権制度をプロイセン抵当権制度一般の中に位置づけて，その一分肢として歴史的に分析する，というものである。

第1章　1722年・プロイセン「抵当権・破産令（HKO）」中のインミシオーン担保権制度

――プロイセン強制抵当権制度の展開の起点：インミシオーン担保権を取得した「人的債権者」（裁判上債権者）の「破産順位」への措定――

> はじめに
> 第1節　プロイセン強制抵当権制度の起源
> 　　　　――制度展開の起点――
> 第2節　プロイセン抵当権諸立法の展開
> 　　　　――1722年・「抵当権・破産令（HKO）」以前の概況――
> 第3節　1722年・「抵当権・破産令（HKO）」中のインミシオーン担保権制度
> 　　　　――抵当土地信用の制度的体系化，その破産順位の法構成――
> 結論

はじめに

　ローマ法上の「法務官質権」制度の理論的影響の下，プロイセン古法では「インミシオーン担保権」なるものが認められていた。人的債権者は裁判官のインミシオーン行為により質物占有（目的土地の占有）を取得し，これにより成立したインミシオーン担保権に基づいて，債務者所有の土地上に「優先権」

を取得した。これはドイツ強制抵当権制度の原始的萌芽であった（第1節）。

このようなインミシオーン担保権制度は一連のプロイセン抵当権諸立法の展開の中で考察されなければならない（第2節）が，その制度的体系化は1722年・「抵当権・破産令」によってはじめてなされた。同令は，プロイセン抵当土地信用一般についてみても，その制度的体系化を試みた画期的なものであった。「破産の誘引力」の法原則の妥当の下，「破産法と不動産執行法（抵当権法）の立法的結合」という法体系的構成ないし法典編成において，インミシオーン担保権は「破産第3順位」に位置づけられた（第3節）。かくして，本章は，1722年・「抵当権・破産令」中のインミシオーン担保権制度の法構造につき，担保権としての法構成ないし効力の一つの反映としての「破産順位」如何の視点において，その理論的解明を試みよう，とするものである。

第1章　1722年・プロイセン「抵当権・破産令（HKO）」中のインミシオーン担保権制度

第1節　プロイセン強制抵当権制度の起源
――制度展開の起点――

> 論述の進行
> 1　人的債権者の不動産強制執行
> 　　――その要件としての人的債権の「既判力ある確定」，優先権の不存在――
> 2　人的債権者の「インミシオーン担保権」制度（債務者所有の土地の占有取得と優先権取得）
> 　　――プロイセン強制抵当権制度の初源的形態――
> 3　ローマ法上の「裁判官質権」制度
> 　　――補論――

論述の進行

　(i)　プロイセン古法上，人的債権についての既判力ある確定をふまえて，人的債権者は債務者の土地所有権に対して強制執行をなしうる，とされていた。しかし，人的債権についての既判力ある確定を得たとしても，人的債権者にはなんらの優先権をも付与されるものではなかった（1）。

　(ii)　他方，強制抵当権制度に関するドイツ法上の展開は，プロイセンの立法をその出発点とする。そして，プロイセン強制抵当権制度の起源として，プロイセン古法上のインミシオーン担保権制度が指摘されなければならない。それは，裁判官のインミシオーン行為により，人的債権者は債務者所有の土地を占有取得し，土地上への優先権を取得する，という内容のものであった。人的債権についての既判力ある確定を得ても，なんらの優先権をも付与せられなかった人的債権者，しかし，彼には裁判官のインミシオーン行為を経由することにより，優先権が付与された，という点に注目されなければならない（2）。

(iii) プロイセン古法上のこのようなインミシオーン担保権制度について，その起源としては，ローマ法上の法務官質権制度が指摘されよう。まず裁判官質権制度が存在し，それは法務官質権制度と差押質権制度との二つの類型に峻別され，前者がプロイセン古法上のインミシオーン担保権制度（→現行ＺＰＯ866条以下の強制抵当権制度）の，後者が現行ＺＰＯ804条以下の差押質権制度の，まさしく初源的形態であった（3）。

1　人的債権者の不動産強制執行
――その要件としての人的債権の「既判力ある確定」，優先権の不存在――

(i) プロイセン古法上（nach preußischen älteren Rechte），人的債権の「既判力ある訴求（rechtskräftige Ausklagung）」をふまえて，人的債権者は債務者の土地所有権に対する強制執行をなしうる，とされていた[1]。換言すれば，人的債権に基づいて債務者の土地所有権に対して強制執行をなしうるためには，その形式的要件の一つとして，まず人的債権についての裁判等による「既判力ある確定」が必要とされていた，のである。

(ii) しかし，他方，人的債権についての「既判力ある裁判」は，その人的債権者のために，他の債権者に対するいかなる「優先順位権（Vorzugsrecht）」をも許与するものではなかった[2]。

(iii) 以上を小括すれば，人的債権者は，その強制執行の形式的要件として，当該人的債権についての予めの「既判力ある確定（裁判等）」を必要とした。しかし，「既判力ある確定」を得たとしても，人的債権者は当該債権につき他の債権者に対する「優先権」をなんら有するものではなかった，という点に注目されなければならない。

2　人的債権者の「インミシオーン担保権」制度[3]（債務者所有の土地の占有取得と優先権取得）――プロイセン強制抵当権制度の初源的型態――

(i) 強制抵当権制度に関するドイツ法上の出発点として，プロイセン古法上，人的債権者には「インミシオーン担保権（Immissionspfandrecht）」が許与され

ていた。インミシオーン担保権とは，裁判官によるインミシオーン（richterliche Immission）という，ある種の象徴的行為に基づいて，人的債権者は「質物占有（Pfandbesitz）」を取得（＝債務者所有の土地についての占有取得）し，これにより，債務者の土地上に「優先権（Vorrecht）」を取得する，という内容のものであった。このようなインミシオーン担保権制度は，ローマ法上の「法務官質権」制度並びにその理論（Lehre vom pignus praetorium）の影響の下で，プロイセン古法上，承認されるに至っていた，のである。

(ii) その内容について注目すれば，そもそも人的債権者にすぎなかった債権者に対して土地占有と優先権が付与される，というのがインミシオーン担保権制度であった。しかも，それは裁判官のインミシオーン行為に依り成立するものであった。このような点からも明らかなように，プロイセン古法上のインミシオーン担保権制度は，以後展開するプロイセン強制抵当権制度の，いわば初源的萌芽に他ならなかった。

3　ローマ法上の「裁判官質権」制度[4]――補論――

(i) プロイセン古法上の「インミシオーン担保権」制度の起源として，ローマ法上の「法務官質権」制度が指摘されるとすれば，これについてもここで簡潔に付言する必要があろう。

(ii) 旧時のローマ法の下では（in der ältesten Zeit im römischen Recht），①まず，hypothecaと呼ばれていた物権的抵当契約による「抵当権」（非占有質）が認められていた[5]。そして，②これに加えて，もう一方の柱として「質権」（占有質）が存在したが，その一種として「裁判官質権（richterliches Pfandrecht）」が認められていた。しかも，この裁判官質権は，さらに二つのタイプに区分されていた[6]。

(α) 第1の質権型態として，「法務官質権（pignus praetorium）」が挙げられる。法務官の命令に基づいて債権者に他人の物の占有が移付され（Besitzeinweisung・missio in possessionem 占有付与），当該債権者の利益において，その債権（請求権）の履行の保全（Sicherung der Erfüllung seines Anspruchs）に

23

奉仕するところの，質権であった。目的物の占有が債権者に移付される（換言すれば，債権者が目的物の占有を取得する）というところから，それは「占有移付質権（Einweisungs-Pfandrecht）」とも呼ばれた[7]。

　(β)　第2の質権形態として，「差押質権（pignus in causa judicati captum・pignus judiciale・Pfändungspfandrecht）」が挙げられる。債権者によりなされる債務者に対する執行方法（Exekutionsmittel）の一つとして，債務者の所有財産上に差押質権が成立する，とされていた[8][9]。

　(γ)　ローマ法上の「法務官質権」と「差押質権」という，二つの質権型態は，それらを包括する「裁判官質権」という上位概念的名称よりも明らかなように，いずれも「裁判官の権威（Autorität）」の下で現出ないし成立した。ある者（債権者）がなさんとする行動（債権の履行の保全，あるいは債権の執行）のために，あるいはかかる行動の意思決意のために，決定的かつ有効な承認（占有移付とそれによる債権保全という目的のための質権の成立，あるいは換価・回収という目的のための質権の成立）を与える者，それがいわゆる「権威者」と呼ばれる者に他ならないが，裁判官質権の場面にあっては，裁判官（法務官）はかかる権威者として介在していた，といえよう[10]。

　(iii)　以上を小括すれば，ローマ法上の「裁判官質権」は二つの類型に区分されるが，その一つの「法務官質権」の理論の影響の下，プロイセン古法では「インミシオーン担保権」が認められていた。これがプロイセン強制抵当権制度の原始的萌芽であり，現行ＺＰＯ典中の強制抵当権制度（ＺＰＯ866条以下）に受け継がれたものであった[11]。他方，もう一つの類型としての「差押質権（pignus judiciale）」，それは現行ＺＰＯ典中の「差押質権（Pfändungspfandrecht）」（ＺＰＯ804条以下）の原型でもあった[12]。したがって，現行ＺＰＯにおける不動産強制執行における強制抵当権制度，さらには動産強制執行における差押質権制度，それらの，いわば両姉妹制度は，いずれもローマ法上の「裁判官質権」を淵源とするものであった，という点に注目されよう。

第1章　1722年・プロイセン「抵当権・破産令（HKO）」中のインミシオーン担保権制度

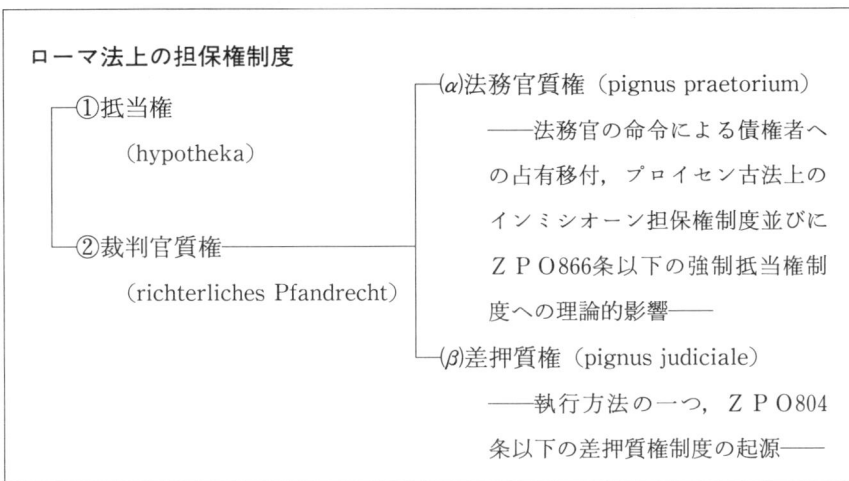

1)　プロイセン強制抵当権制度の起源・沿革については，① Schanz, ZH, S. 14 ff.; ② Hinrichs, P. Hyp., S. 15 ff.; ③ Dernburg, P. Hyp., 2. Abt., S. 112 ff.; ④ ders, P. Privatrecht, I. Band, S. 800 ff.; ⑤ Fuchs, ZH, S. 1 ff.
2)　たとえば，Schanz, S. 14.
3)　インミシオーン担保権制度の内容・基本構造については，Schanz, S. 14., Hinrichs, S. 16., Dernburg, P. Hyp., S. 114., ders., P. Priv., S. 801.
4)　ローマ法上の裁判官質権制度の基本構造については，① Dernburg, R. Pfandrecht, I. Band, S. 400 ff.; ② ders., System des R. Rechts, I. Teil, S. 494 ff.; ③ Rudolph, Richterliches Pfandrecht, Iheh. Jahr., S. 311 ff., ④ Bachosen, R. Pfandrecht, Bd. 1, S. 281 ff.
5)　なお，ローマ法上の質（pignus・質権）とは，独立的な制限物権として設定されるものであり，古典法においてもユ帝法においても，占有質（pignus datum・与えられた質）（債権者への占有移転）も非占有質（pignus obligatum・負われた質）（質権設定者における占有の留保）も共にこれを包摂する，一体的な法制度であり，後者の非占有質については古典期には既にhypotheca（抵当）という名称も生じていた（柴田・245—246頁），とされている。したがって，「質（pignus）」を上位概念として，これは「占有質（pignus datum）」と「非占有質（pignus obligatum）」との二つのタイプに区別され，後者の非占有質については「抵当（hypotheca）」という名称が付せられるに至っていた，と小括することができよう。「質と抵当の間では名称の響きが異なるだけである（Inter pignus autem et hypothēcann tantum nōminis sonus

differt)」(Marci. D 20. 1, 5, 1) という法文も，これを意味するものである（柴田・246頁）。
6) たとえば，Dernburg の両著作（前注4））にあっても，「裁判官質権」の項目の下で，この二つのタイプが区分され，それぞれ説明・記述がなされている。
7) Dernburg, System, S. 495., ders., R. Pfandr., S. 400 ff.
8) Dernburg, System, S. 496-497., ders., R. Pfandr., S. 417 ff.
9) 我が国では，pignus in causa iudicati captum は「判決の原因において徴取された質」と訳されている（柴田訳・ローマ私法概説249頁参照）。そして，裁判者によって設定された質権は古典期の特別審理手続の端緒から発展し，それは個別の対象物に対する強制執行手続（↔破産手続）の源であり，この裁判者の差押により獲得された質権は古典期以降なお発展を遂げた（同249—250頁）。
10) Dernburg, System, S. 496 f., Fuchs, ZH, S. 1.
11) 但し，Fuchs, S. 1 ff. にあっては，ローマ法上の裁判官質権制度との差異が，強調されている。ドイツ強制抵当権制度は，裁判官の共働（Mitwirkung）を必要とせず，裁判官による抵当権の承認（Zuerkennung）も必要としない，という点で，ローマ法上の裁判官質権制度とは異なっている，とするのである。共通性の中で差異をみるのか，差異性の中で共通性をみるのか，といった相対的な見方の違いであろう。
12) ローマ法上の裁判官質権（差押質権）理論が，1877年・CPO にどのように法継受されたのか，については，Rudolph の前注4）論文が詳細にフォローするところである。

〔ローマ法上の担保権制度並びに裁判官質権制度の基本文献〕
(a) ドイツ法上の文献として，
① Dernburg, Das Pfandrecht nach den Grundsätzen des heutigen Römischen Rechts, I. Band, 1860.
② ders., System des Römischen Rechts (Der Pandekten), 8. Aufl., I. Teil, bearbeitet von Sokolowski, 1911.
③ Rudolph, Zur Lehre vom richterlichen Pfandrecht, Iheh. Jahrb., S. 311 ff., 1882.
④ Bachofen, Das römische Pfandrecht, Bd. 1., 1847.
⑤ Westphal, Bersuch einer systematischen Erläuterung der sämmtlichen römischen Gesetze vom Pfandrecht, 1770; 3. Aufl., 1800.
⑥ Sintenis, Handbuch des gemeinen Pfandrechts, 1836.

⑦　Gesterding, Die Lehre vom nach Grundsätzen des römischen Rechts dogmatisch, polemisch dargestellt, 1816; 2. Aufl., 1831.
⑧　Glück, Kommentar, Bd. 18, S. 161 ff und Bd. 19（Lehrbuch, Sammlungen, systematische Werke,）
⑨　Heimbach = Bangerow, Lehrbuch des Pandekten, S. 907-1028.

（b）　邦語文献として，
①　マックス・カーザー（柴田光蔵訳）・ローマ私法概説・1997年；Max Kaser, Römisches Privatrecht, 10. Aufl., 1977.
②　船田享二・ローマ法（第3巻）・1943年；同第5巻・1944年
③　原田慶吉・ローマ法（改訂版）・1955年

第2節　プロイセン抵当権諸立法の展開
　　　——1722年・「抵当権・破産令（HKO）」以前の概況——

```
┌─────────────────────────────────────────────┐
│ 論述の進行                                   │
│　1　1693年・「王宮都市ベルリン等における相続台帳並びに有 │
│　　　高台帳に関する勅令」（ベルリン勅令）          │
│　　　　——展開の起点——                      │
│　2　1695年・「布告」                          │
│　　　　——1693年・「勅令」についての若干の補充——  │
│　3　1704年・「勅令」                          │
│　　　　——全プロイセンへの適用範囲の拡大——       │
└─────────────────────────────────────────────┘
```

論述の進行

　プロイセン抵当権諸立法の展開は，17世紀末期から18世紀初頭にかけての，三つの立法をその端緒とする。それらは，立法というにはあまりに初源的なるものであり，国王により公布される勅令や布告という体裁のものにすぎず，その意味よりすれば，以後展開する抵当権諸立法の小さな萌芽にすぎなかった。しかも，これらの諸立法中には，強制抵当権制度は未だ然るべき形では登場していない，ということに注意されよう（1）（2）（3）。

　1　1693年・「王宮都市ベルリン等における相続台帳並びに有高台帳に関する勅令」（Edikt vom Erb-und Lagerbuch in den Residenzstädten Berlin, Cölln, Friedrichs weder, Dorotheenstadt und Friedrichsstadt vom 28. Sept. 1693. ベルリン勅令）[1]——展開の起点——

　（i）1693年・勅令は，実質的にみれば，プロイセンの改革立法の端緒となったものではあるが，無論，それを以前にあってもこの法領域において若干の諸

第1章 1722年・プロイセン「抵当権・破産令（HKO）」中のインミシオーン担保権制度

法令が公布されている。したがって，まずこの前史的状況より論を進めることとしよう。

(α) 旧プロイセン公国（das alte Herzogtum Preußen）にあっては，抵当制度に関する法規制の最初のものとしては，1620年・ラント法が挙げられる。

1618年，ブランデンブルク＝プロイセンが成立する。ホーエンツォレルン家のブランデンブルク辺境伯領，そしてドイツ騎士団領の後進であるプロイセン公国，この両者の合体によって成立したものである。

1620年・ラント法は，この旧プロイセン公国で公布された法であり，不動産担保設定や不動産売買を一定の公簿に記入させることにより，登録手数料収入という国家財政上の目的に奉仕させようとしたものであった。ゲオルク・ヴィルヘルム（選帝侯 位1619—40）の治政下，のことである。

この20年・ラント法では，不動産担保に際しても，また不動産売買に際しても，一定の公簿への記入が必要とされ，その記入なくしては担保設定も売買も無効とされていた。初源的な意味での公示主義や特定主義への萌芽がみられるけれども，公簿システムもそれへの記入システムも，未だ極めて未成熟のものに留まっていた。

(β) 他方，マルク・ブランデンブルク（Mark Brandenburg）やブランデンブルク・プロイセンの領域では，とりわけその都市地域にあっては，抵当制度に関する法規制として，かなり先行したものとなっていた。

そこでは，より完備した土地登記簿システムが形作られており，それにはすべての不動産が掲記され，その所有権移転や担保設定についてはその記入が義務づけられ，しかもそれは個々の土地毎に記入される，ものとされていた。

(γ) 抵当制度の法規制についての上述のような試みは，大選帝侯の名の下に公布された1670年・命令によって，より具体化されている。

同令は，新たにブランデンブルクの領土に編入されたビュフェルト市（Bielefeld）にあって，その都市台帳制度（Lagerbuch）を整備しよう，とするものであった。

同令によれば，不動産上の担保設定・記入・譲渡については，それが契約に

よるものであろうと，遺産分割によるものであろうと，それ以外のものによるものであろうと，それらは都市参事官（Rath）ならびに都市裁判所の面前にてなされなければならない。これに反するものであるときには，不動産上の権利に基づくいかなる物的権利（actio realis）も生じないし，債権者には時的な優先順位も認められない。このような目的を具体化するためには，確実な土地台帳制度を作出し，それにすべての不動産財を掲記し，それ以降将来にあって当該不動産について担保設定や譲渡がなされたときには，その旨土地台帳に警告的に記入されなければならない，とされていた。

なお，同令の実施状況に関する報告書がベルリンに向けてビュフェルト都市参事会によって1717年に発刊されているが，それによれば，もっぱら財政上の観点が同令の制定の主たる動因であったことが，明瞭である。

すなわち，作出された「完全なる台帳（vollständiges Kataster）」というものは土地徴税にとってその土台となり，課税的分基準たりうるものとなる。土地取引の経緯を記入させることはまさしく手数料収益をももたらすものとなる，とされているからである。

以上，土地課税や取引（担保設定・譲渡）に際しての手数料徴収，このような国家財政上の目的，これが土地台帳制度，整備法令の公布の主たる動因であった。第一次的には国家財政上の収入確保のためにであり，不動産上の担保設定や不動産所有権譲渡といった取引の安全・確実性を主たる念頭に置いたものではなかった。

(ii) プロイセン抵当権法の新たな改革の起点として，フリードリッヒⅠ世により公布された1693年・「土地台帳に関するベルリン勅令」が，指摘されよう。同令もまた，もっぱら国家財政上の目的を主たる動因として，公布されたものであった。しかも，従前の諸法令と比較して，かなりの整備されたものであった。同勅令中には，抵当債権者の法的地位を安全確実なものとするために，「公示主義（登記主義）」への志向がみられた。

——なお，93年・「ベルリン勅令」が，債務者（所有者）の過剰借入れの傾向を回避し，それにより抵当債権者の法的地位の安全確実化を狙ったものであっ

第1章　1722年・プロイセン「抵当権・破産令（HKO）」中のインミシオーン担保権制度

たことは，同勅令中の前文より明確となっている。すなわち,

　"ベルリンをはじめとする諸王宮都市並びにそれらの外市にあっては，抵当権設定について著しき濫用がなされていた。その家屋敷・庭・耕地への抵当権設定に際し，それらの所有者はその担保価値を越えて金銭借入れをなし，それがために抵当債権者は自己の貸付債権を回収できないこととなり，著しい損害を蒙る，という傾向が存在していた。このような状況の下，これ以上の破滅や損害が生ずることを防止し，今後何人といえども欺かれたり財産を喪失することのないように，そして良好な信用秩序が維持され，確実な弁済が受領されるために，本勅令は以下のことを定めるものである……"，とされている。――

　(iii)　同令の内容については，以下の諸点に注目されよう。若干の個別条文に即して，説明してみよう。

　(α)　土地台帳制度の設営，土地の掲記，所有者名並びに抵当債権者名の記入
　ベルリン等の諸王宮都市中に所在する・私人の所有に係るすべての土地については，都市参事会（Magistrat）により設定・管理された「土地台帳（Erbbuch und Lagerbuch）」上に，それぞれ数番号を付した上で個別の土地毎に記載されなければならない。そして，その土地台帳上には，土地所有者名並びに抵当債権者名が記載されなければならない（1条参照）。

　(β)　所有者の変更の届出，新所有者の所有権原の登記　土地の所有につき変更が生じたときには，即時にその旨の届出がなされなければならない。その場合，新所有者のすべての「所有権原（Besitztitel）」については，相続法上の所有権原を含めて，その登記がなされるまでは，完全に無効のものとして（nichtig und ungültig）宣言される（2条参照）。

　(γ)　約定抵当権並びに法定抵当権の登記の必要性，それに伴なう物的優先権の付与　「約定抵当権（vertragsmäßige Hypothek）」のみならず，「法定抵当権（gesetzliche Hypothek）」もまた，登記されなければならない。そして，その登記により，これらの抵当権には，「物的権利・特権又は優先権（jus Reale oder praelationis）」がその記載（Einschreibung　登記記入）の日より付与される旨，定められている（3条・5条参照）。

31

(δ) 公的抵当権の登記の必要性　「裁判所の面前で設定された抵当権（pignora publica）」並びに「公証人と2名の証人の立会いの下で設定された抵当権（pignora quasi publica）」についても，土地台帳への登記がその有効要件とされる旨，定められている（4条参照）。

(ε) 旧来の公的な裁判上抵当権の登記の必要性，登記がなされなかった場合の優先順位権の剥奪　「従来から存在する，公的な，裁判所上の，すべての抵当権（alle ältere, öffentliche, gerichtliche Hypothek）」は，本勅令の公布日より6ヶ月以内に，登記されなければならない。この登記がなされることによってのみ，これらの抵当権には「優先順位権（Vorzugsrecht）」が付与されるものとする。登記がなされぬまま6ヶ月の期間が経過したときには，これらの抵当権は債務者破産の場合において単に「証書債務（Briefschulden）」としてのみ取り扱われるにすぎない旨，定められている（7条参照）。

(ζ) 「物的権利状態」証明書の交付　各人には「物的権利状態に関する証明書（Atteste über den Realzustand）」が都市参事会により交付されなければならない旨，定められている（8条参照）。

(iv) 同令について若干の分析を試みれば，次のようにいえよう。

(α) プロイセン公的土地台帳制度の萌芽　93年・「ベルリン勅令」は，プロイセンの公的土地台帳制度における展開の，その萌芽を確実に明示するものであり，その意味で注目すべき立法であった。しかし，それは未だなお不十分なものであった。

より具体的には，①同勅令中には，土地台帳の書式も明示されていないこと，②都市参事会における登記所轄事務についてもなんら定めるところがないこと，③同勅令による土地台帳は首都ベルリンを中心とした，極めて限定された諸王宮都市においてのみ設置されたものにすぎなかったこと，等がその不十分性として指摘されよう。

(β) 「公示主義（登記主義）」への志向　93年・「ベルリン勅令」は，所有権並びに抵当権について，「公示主義（登記主義）」への志向ないし接近を，明示するものである。

より具体的には，①私人所有の土地等のあらゆる不動産が，その所有者名と共に，土地台帳に記載されなければならないこと（物的編成主義 Realfoliensystem），②新所有者の所有権原が届け出られ且つ記載されていなければ，それが無効とされること，③約定・法定・黙示のすべての抵当権は土地台帳上への登記により成立し，登記なくしては物的権利（特権）や優先権も付与されないこと，④そのことは公的抵当権にあっても同様に妥当すること，等の諸規制において，明瞭であろう。

なお，本勅令の「公示主義（登記主義）」は，1794年・ＡＬＲにおいて，ほぼ完成された具体像を示すこととなった（後述第2章第2節2（4）），のである。

(γ) 国家財政的目的の前面登場　93年・「ベルリン勅令」は，抵当債権者の法的地位の安全確実化，すなわち抵当土地信用秩序の維持・増進，という前文趣旨にもかかわらず，実質的には租税や手数料の徴収という，当時のプロイセンの国家財政的な目的に基づくものであった。

たとえば，ベルリン勅令がごく限定されたベルリン等の諸王宮都市と外市を対象として公布され，したがって，土地台帳もそれらの地域でのみ設置された（換言すれば，土地台帳は全プロイセンに設置されるものではなかった）のも，徴税や手数料徴収にとって，それらの地域が効率的であり便宜で意味あるところであった，からに他ならない。

土地等の不動産を，そしてその不動産上の所有権や抵当権を，国家自らが整備・設営した公的台帳上に記載させ，その登記手数料を徴収すること（それは同時に不動産への課税をも可能としたのである），そのことはプロイセン国家の財政収入にとって極めて魅力的なものであったからだ，といえよう。

2　1695年・「布告」(Edictum declaratorium vom 20. Feburar 1695)[2]
　　――1693年・「勅令」についての若干の補充――

(ⅰ)　1693年・「ベルリン勅令」公布の僅か2年後，その補充を目的として，95年・「布告」が公布されている。

(ⅱ)　その内容としては，次の二点に注目されよう。

(α) 第1に,「公証人並びに証人の立会いの下で設定された抵当権 (pignora quasi publica)」について, その「優先性 (Vorzug)」が将来において (今後) 廃止されるべき旨, 定められている。本「布告」以降より展開するプロイセン抵当権諸立法において, 上記抵当権の優先性廃止は「改革」の先行条件ないし嚆矢 (Vorbedingung) となった, という点に注目される。

　(β) 第2に, 上記のこのような抵当権が「effectun publicae Hypothecae」と「beneficium praelationis」を保持するためには, 裁判所に設営された慣用の抵当登記薄上に記載されなければならない旨, 定められている。「公示主義」と「特定主義」への志向が看取される, といえよう。

　(iii) しかし, 他方, 93年・「勅令」, そしてそれを補充する95年・「布告」は, 共に実効性を欠き, その基本趣旨や規制内容はほとんど実現されなかった, と評されている。その理由として, 次の二点が指摘されよう。すなわち,

　(α) 第1に, 当時の時代の未成熟性が, その理由とされよう。すなわち, ベルリン勅令並びに布告は, 理念的にもその方向性においても, 共に適確かつ正当なものと評価できるものであった。しかし, 両令が実効性をもつためには, 未だ時代が成熟してはいなかった。不動産取引や抵当信用取引, それ自体の実需は未だ極めて低く, 不動産公示や抵当権公示への要請それ自体も甚だ微弱なものに留まっていた。端的に, 当時の時代にあっては, 不動産 (土地) に関する物的信用制度の確立は未だ切実の強い要請とはなっていなかった, のである。しかも, 両令が実質的には主として国家財政上の必要性に基づいたものであったために, 国家による登録手数料の徴収は, 本来自由とされるべき不動産取引や抵当信用取引に対する国家による干渉ないし侵害である, との強い感情的反発が, 生じていた。その負担増に対して, 都市の一般私人は激しく反発した, のである。

　(β) 第2に, 両令の内容それ自体の不十分性・不備が, その理由とされよう。両令は土地台帳制度の具体的実施規定を欠いていたし, 新たな土地台帳の様式も提示されてはいなかった, からである。

　以上, かくして, 両令は, その運用・適用上, 首都ベルリンにおいてすら,

長期間にわたり黙殺されざるを得なかった。

3　1704年・「勅令」(Edikt vom 20. Sept. 1704)[3]
　　──全プロイセンへの適用範囲の拡大──

　(i)　93年・「勅令」，そしてその補充としての95年・「布告」は，首都ベルリンを中心として，その他のごく限定された諸王宮都市においてのみ，妥当するものであった。妥当領域が極めて限定されたものに他ならなかった，のである。かくして，18世紀に入り，妥当領域の拡大化の試みが接続し，両令の土地台帳制度を全プロイセンに妥当させるために，1704年・「勅令」が公布された。

　(ii)　同令の内容としては，不動産取引や抵当信用取引に伴い，一般陸軍金庫への納付金が取引当事者に課せられた，という点に注目される。すなわち，

　(α)　1704年・「勅令」もまた，1693年・「ベルリン勅令」(並びに1695年・「布告」)と同様に，プロイセンでの国家財政的な必要性に基づいていた。土地台帳制度の全プロイセンへの拡大化は，当時のプロイセンの国家財政上の危機(Finanznoth)を背景として，試みられたものに他ならなかった。そして，ここでは，土地台帳の所轄機関(都市参事会)への従来からの登録手数料の納付という負担に加えて，一般陸軍金庫(Generalkriegskasse)への納付金義務が新たに定められた，という点に注目されよう。

　(β)　より具体的には，不動産取引における「売却」の処分，さらには抵当信用取引における「抵当権設定」の処分にあっては，土地台帳上にその登記(新所有者名や抵当債権者名の記載)がなされることとなるが，その際明らかとなった全金額(realisationibus　売買代金額や抵当債権額)の2パーセントが，一般陸軍金庫に納付されなければならない，とされた。そして，その2パーセントの納付金は，取引における両当事者によって──「売買」にあっては買主(Käufer)と売主(Verkäufer)によって，「抵当権設定」にあっては抵当債権者(creditore)と抵当債務者(debitore)によって──それぞれ折半される，とされた。

　(iii)　しかし，1704年・「勅令」もまた，その実効性を大きく欠缺するものであ

った。同勅令中には，都市書記官（Stadtschreiber）並びに裁判所書記官（Gerichtsschreiber）が土地台帳の事務遂行の任にあたる，との新規定が存置されていたにすぎず，従前の二勅令（1693年・1695年）におけると同様に，土地台帳の所轄事務に関する行政的な実施規定はなんら存置されてはいなかった，からである。しかも，一般陸軍金庫への納付金義務という新たな負担増に対しては，全プロイセンにわたり一般私人の大きな反発が招来されており，本勅令への黙殺の重大な要因の一つともなっていた，といえよう。

(iv) かくして，1704年・「勅令」は，公布の僅か2ヶ月後には，勅許状（Patent vom 22. Nov. 1704）により，その効力を停止（suspendieren）されるに至っている。一般陸軍金庫への納付金義務という負担増に対するプロイセン臣民の反発もさることながら，軍備資金の調達という実質的側面に対する懸念よりすれば，外国人はプロイセン臣民との取引を警戒し，ひいてはこれを断念し，そのことによりプロイセンの抵当信用は危胎化してしまうであろう，との不安ないし危惧が，その効力停止の主たる原因に他ならなかった，のである。

1） プロイセン抵当権法の沿革史にあっては，1693年・ベルリン勅令をもって，その叙述の基本的出発点とする，のがドイツ法学上一般である。以下の説明にあっては，基本的には，次の諸文献を参照しながら，私見の分析・評価を試みたものである。
（a） 93年勅令のドイツ文献として，① Weyermann, Immobiliarkreditwesen, S. 13 ff.; ② Dernburg—Hinrichs, P. Hypothekenrecht, I. Abt., S. 6 ff.
（b） なお，邦語文献としては，①伊藤（眞）・「消除・引受主義(2)」61頁；②田中（克）・「成立史」431—432頁；③有川・「取得法(3)」3—5頁；等が論及する。
2） Weyermann, S. 14 ff.; Dernburg—Hinrichs, S. 6., 伊藤（眞）・「消除・引受主義(2)」61—62頁。
3） Weyermann, S. 15 ff., Dernburg-Hinrichs, S. 7-8., 田中（克）・「成立史」432—433頁，有川・「研究(3)」5—6頁。

第3節　1722年・「抵当権・破産令（HKO）」中の インミシオーン担保権制度
　　　　──抵当土地信用の制度的体系化，その破産順位の 法構成──

> 論述の進行
> 1　制定趣旨
> 2　内容
> 　(1)　「破産の誘引力」の法原則
> 　　　──「破産法と不動産執行法（抵当権法）の立法的結合」という法体系的構成──
> 　(2)　破産順位
> 　　　──担保債権者相互間の優先劣後関係の解決・調整のための法定規準──
> 3　HIKO中のインミシオーン担保権を取得した人的債権者（＝裁判上債権者）の法的地位
> 　　　──破産第3順位への措定──

論述の進行

　(i)　フリードリッヒ・ヴィルヘルムⅠ世により1722年・抵当権・破産令（HKO）が公布されたが，これによりプロイセン抵当土地信用制度は確実化と安定化のための第一歩を踏みだした（1）。

　(ii)　プロイセン強制抵当権制度の展開の起点として，1722年・HKOが指摘されなければならない。プロイセン強制抵当権制度，すなわちその原型としてのインミシオーン担保権制度が，HKO中において，はじめて制度的に体系化された，からである。HKOは，その法典名称より明らかなように，「抵当権法（手続的抵当権法としての不動産強制執行法）と破産法の立法的結合」という

法典編成を採っており，したがって，まずその基盤とされる「破産の誘引力」なる法原則が，そしてその原則の下での具体的調整としての各債権者間の「破産順位」が，解明されなければならない（２）。

(iii) 次いで，インミシオーン担保権の法構造を解明するためには，HKO中の破産順位に注目するものでなければならない。インミシオーン担保権を取得した人的債権者（＝裁判上債権者）が存在するところ，この裁判上債権者はいかなる破産順位として位置づけられているのかに注目し，この破産順位よりインミシオーン担保権制度の，担保権としての成熟度あるいは法的認知度が，解明されよう（３）。

１　制定趣旨[1]

（i）フリードリッヒ・ヴィルヘルムⅠ世（位1713年—40年）の治政の下，1722年・「抵当権・破産令（Hypotheken-und Konkursordnung vom Februar 1722)」が公布されている。同令は，プロイセン抵当信用制度の包括的・統一的な規制を目的とするものであり，フリードリッヒ・ヴィルヘルムⅠ世の命の下に設置されていた「抵当権制度の整備のための委員会（Kommission zur Einrichtung des Hypothekenwesens)」における立法作業の，貴重なる成果であった。朝令暮改ともいうべき従前の立法上の混乱を契機として，プロイセンでは抵当土地信用は著しく法的安定性を欠くものとなっていたが，HKOの制定・公布により，抵当土地信用制度は全プロイセンにわたりその確実化と安定化のための第一歩を踏み出した，のである。

(ii) その前史的状況に一べつすれば，

(α) 未公布のものではあったが，1713年・布告（Deklaration vom 27. Feb. 1713）に，まず注目されなければならない。

すなわち，1700年代に入り，その当初の20年間にあっては，不動産信用は著しく法的安定性を欠いていた。立法上の混乱を引きづり，不動産信用の安定化のための法的基準が極めて未確定であった，からである。たとえば，当時の裁判所の報告書によれば，一般抵当権（Generalhypothek）の横行が実務上の弊

害を生じさせている，としている。ある一つの不動産についてのみ登記されていたにすぎなかった一般抵当権が，それにもかかわらずその他の諸所に存する諸不動産をも捕捉するところから，それらの諸不動産上に後日遅れて登記された個別抵当権に対して，優先してしまう，という弊害が指摘されていた。

かくして，このような弊害が除去されるためには，同一債権の担保のために引当てとされたすべての不動産について，そのそれぞれの所在地にて抵当権登記がなされるべし，としたのが，13年・布告であった。ここでは，不動産信用の安定化のためには，一般抵当権の優先的・特権的効力を抑制すべし，との考慮がみられる，といってよいであろう。

しかし，為政者フリードリッヒⅠ世の逝去により，同布告は遂に未公布のままとなった。

(β) 次なるフリードリッヒ・ヴィルヘルムⅠ世の即位後，直ちに抵当制度の整備のための「立法委員会」が設置されたことは，前述した。王は抵当権立法に強い意欲をもち，これに参与するものであった。この意向を受けて，委員会も，抵当権事件の訴訟記録や資料，さらには内外の諸法令，等を蒐集・参照しながら，その活動を進めた。

この委員会活動においては，たとえば建築材料供給の債権のために，黙示の優先的抵当権が認められていたが，その優先性が問題とされた。まず，王立裁判所（Kammergericht）は，登記ある抵当権はこの種の黙示の抵当権に優先する旨，判断していた（1716年・Witwe La Marche事件）。ついで，この判断について，王により立法委員会に付託された。立法委員会は，王立裁判所とは異なり，黙示の抵当権も今後の立法としては登記義務あるものとされなければならないが，黙示の抵当権は登記ある抵当権に優先する，と判断した。

(γ) 以上，既に22年・HKOの公布・施行前にあって，一般抵当権や黙示の抵当権について，登記の必要性や優先性制限が意識されていた，ということに注目されよう。

(iii) 1722年・HKOは，抵当信用制度に関する包括的・統一的な規制法典であったが，同令のそのような基本的性格は法典への一瞥によっても自ずと明ら

かとなるものである。すなわち，同令は，その条文数において215ヶ条にものぼる，当時としては非常に詳細な法典であり，単に抵当権制度についてのみならず，破産手続事件や清算手続事件における抵当権の処遇等についても，包括的に規律するものであった。

　より具体的には，①土地登記簿や抵当権登記簿の設置にはじまり，土地所有権の移転や抵当権設定等に至るまでの，土地所有権法・登記法（形式的抵当権法）・実体的抵当権法，②実体的・形式的「破産法」，③不動産執行法や不動産競売法，④債務法上の諸原則，等についての規律がなされている，からである。

　——諸規定の規律項目を若干列挙すれば，登記手続を含めた抵当権制度，破産事件や清算事件における抵当権の処遇，執行手続・強制競売・強制管理，消費貸借・債務証書の証明力・利息・保証・譲渡等に関する重要な諸原則，……等である。——

2　内容

(1)　「破産の誘引力」の法原則[2]
　　——「破産法と不動産執行法（抵当権法）の立法的結合」という法体系的構成——

　（i）ドイツ普通法上，「破産の誘引力」の法原則が存在していた。これは，あらゆる種類の債権者は，債務者破産（所有者破産）の場合には，その債権の満足（Befriedigung）を破産手続内部において求めなければならない，とする法原則であった。抵当債権者（Hypothekengläubiger）といえどもその例外ではなく，予め法定されていた「順位クラス（Rang-Klasse）」（破産順位）の一つにおいて，自らその債権の満足を受けなければならない，とされていた。この意味よりすれば，「破産の誘引力」の法原則の下では，抵当権の実現手続としての不動産強制競売手続（Subhastation）は破産手続の内部中に埋没化されており，それは「破産法と不動産執行法（抵当権法）の立法的結合」という法体系的構成の形態で現出するものであった，といえよう。従来，我が国ではほとんど論及されるところがなかったところであり，プロイセン強制抵当権制度と

第1章　1722年・プロイセン「抵当権・破産令（HKO）」中のインミシオーン担保権制度

の関連において若干論述しておきたい。

　(ii)　その起源を13世紀にまで遡るならば，ドイツ普通法上の「共同破産手続（der gemeine Konkursprozeß）」は「破産の誘引力」の法原則の下に支配されていた。この法原則の下，抵当債権者もまた予め法定されていた破産順位において自らの債権の満足を受けなければならなかった。このような「破産の誘引力」の法原則は一体どのような理由に基づくものであったのであろうか。その内的正当性如何が，ここであらためて明確に問われる必要があろう。

　その理由ないし内的正当性としては，次の点が指摘されよう。すなわち，その当時の時代にあっては，様々にして多様なる法定担保権や一般担保権，さらには黙示の担保権が広範囲に流布・展開されていた。債権者として重視されなければならない者，それはとりもなおさず「担保債権者（Pfandgläubiger）」に他ならないが，彼等の「債権者優先権（Gläubigervorrecht）」はあまりに多様且つ複雑に交錯するものであった。したがって，たとえば同一の債務者（所有者）に対して多数の担保債権者が存在・登場する，という場面では，その諸担保債権者相互間の優先劣後の関係が必然的に解決・調整されなければならないが，現実的にそれは極めて困難な作業であった。かくして，このような解決・調整は，ひとり，統轄的な破産手続の領域内でおいてのみ，可能である，と考えられていたのである。そして，その解決・調整の具体的規準が，「破産順位」規定に他ならなかった，という点に注目されよう。

　(iii)　しかし，他方，時代の展開と共に，「破産の誘引力」の法原則は次第にその内的正当性を喪失するに至り，「破産法と不動産執行法（抵当権法）の立法的結合」という法体系的構成も崩れ去り，これを契機として「不動産強制競売手続」の独立性ないし独自性が達成されることとなった。すなわち，

　(α)　既に18世紀中葉以降，とりわけプロイセンでは，「土地登記簿制度（Grundbuchsystem）」が整備され始め，同時に「担保債券制度（Pfandbriefwesen）」もまた大きく進展し始めてきていた。物的信用制度は著しい展開を示しはじめることとなった，のである。

　(β)　他方，物的信用制度の著しい展開に伴い，「破産の誘引力」の法原則は

41

物的信用制度にとって次第に重苦しい足枷として意識されるようになった。「破産の誘引力」の法原則に支配された「共同破産手続」，それは，他にその例をみない程に，担保債権者にとって錯雑であり緩慢なものとして確認されるに至った，からである。かくして，「破産の誘引力」の法原則は物的信用制度の発展にとって大きな阻害要因の一つである，と考えられた，のである。

（γ）また，物的信用制度の進展は同時に土地登記簿制度の整備・合理化を伴ってきており，土地登記簿制度は技術的にも法的にもより一層整備されたものとなり，不動産上の担保権の公示性や特定性もまたかなり明確化されたものとなった。したがって，担保債権者の優先権や，さらには諸担保債権者相互間の優先劣後関係もかなりの程度に明確化され，その解決・調整については，必ずしも破産手続の内部的処理に委ねる必要性や必然性はもはや存在しなくなった，といえよう。かくして，「破産の誘引力」の法原則，すなわち「破産手続と不動産強制競売手続の連結」は，もはやその内的正当性を失うに至り，19世紀に至りようやくにして「不動産強制競売手続の独立性」が立法的にも達成された，のである。

(2) 破産順位
　　——担保債権者相互間の優先劣後関係の解決・調整のための法定規準——
(イ) ドイツ普通法上の「破産順位」[3]
(i) 既にドイツ普通法上においても，「破産の誘引力」の法原則の下，各種の「破産債権者（Konkursgläubiger）」には，破産の場合における各「優先順位」が付与されていた。その優先劣後関係，すなわち「破産順位」は次のように定められていた。

(ii) 「破産順位」のランク表としては，

　①　第1順位——絶対的・特権的債権者等（absolut privilegierte Gläubiger, Bindikanten, gewisse Separatisten）
　②　第2順位——特権的抵当権者（die privilegierte Hypothek）
　③　第3順位——単純抵当権者（die einfache Hypothek）
　④　第4順位——相対的・特権的債権者（relativ privilegirte

　　　　Gläubiger)
　　└─⑤　第5順位──Chirographarien
㈹　1722年・ＨＫＯ中の破産順位[4]
(i)　ＨＫＯは，基本的枠組みとして，ドイツ普通法上の「抵当権法並びに破産順位」を継受ないし踏襲する。しかし，同令は，「公示主義（登記主義）」の志向の下，抵当権の「優先性（Priorität）」を登記（裁判管轄区域内の土地登記簿への登記）に結合ないし条件づけており，この点でドイツ普通法上の抵当権法から大きく乖離している。しかも，このような「公示主義（登記主義）」への志向・接近は，「破産順位」規定をも，ドイツ普通法上におけるとは異なった形で，必然的に変容させた，のである。
(ii)　ＨＫＯ中の「破産順位」のランク表としては，
─①　第1順位──別除権者（Separatist）として，破産債務者（夫）の優先保
　　　持者から「明示又は黙示の抵当権」を取得した，すべての債権者（136条）
　　　　支払いを延期された売買代金（＝残代金）を理由として当該目的物の所
　　　有権を未だ自らに留保し，その旨登記している者（＝留保売主）
─②　第2順位──制定法上の特権化された抵当権（die gesetzliche privilegie-
　　　rte Hypothek）を有する債権者（＝法定・特権的抵当権者）
　　　──第2順位では，次の諸点に注目される。
　(α)　第1に，この第2順位はドイツ普通法上の第2順位をそのまま踏襲し，これらの特権的抵当権は登記なしにその優先権が認められるものであった。
　(β)　第2に，法定担保権者としての特権的抵当権者の具体例としては，妻の持参財産についての特権的請求権（＝嫁資請求権）者としての嫁資抵当権者，建築費用等の特権的請求権者としての建築費用抵当権者，等が指摘されよう。
　(γ)　第3に，制定法上の法定・特権的抵当権に関しては，従前との比較において，ＨＫＯ中ではかなりその数が減少させられている。制定法上の法定・特権的抵当権のもつ優先性が土地信用に対して危険性を及ぼすものであるところから，ＨＫＯは法定・特権的抵当権の種類を削減し，しかも存置を

承認した法定・特権的抵当権についても，その効力の部分的弱体化を試みていた，のである。

　たとえば，国庫のもつ徴税上の特権的請求権のために認められた国庫の特権（Privilegien des Fiskus）については，従前どおりの取扱いがなされているが，黙示の特権的抵当権（家資抵当権）を有する妻並びにその子供は「それ以前の裁判所上の公的の抵当権（ältere gerichtliche öffentliche Hypothek）」に劣後するものとされていた（156条—158条）。——

③　第3順位——裁判所管轄区域内の土地登記簿上に登記された抵当権，すなわち「公的抵当権（die öffentliche Hypothek）」を有する者

　　——第3順位では，次の諸点に注目される。

(α)　第1に，第3順位では，登記された抵当権，すなわち公的抵当権の優先性が承認されており，公的抵当権相互間では登記の先後によって優先順位が決定された。

(β)　第2に，第3順位では，公的抵当権はすべての他の抵当権に優先する（172条）。より具体的には，この公的抵当権に第3順位内で劣後するものとしては，第2順位の特権性（Privilegium）を有しない「黙示の抵当権」，たとえば被後見人（Mündel）の抵当権（177条）が，これに該当する。——

④　——なお，以下，第4順位（単純な人的優先権を有する債権者）・第5順位（純然たる私的抵当権，すなわち未登記の抵当権者。さらにChirographarien）についても，若干の定めがおかれている。——

(ハ)　「破産順位」のランク表により何を読みとるべきか

(i)　抵当権者を中心とした様々な諸債権者が存立・対立するところ，これらの諸債権者の権利調整は，ひとり統括的な破産手続の内部でのみ，可能であった，ということは前述のとおりである。その権利調整のための優先劣後の法定順位，それが「破産順位」のランク表に他ならない。とすれば，このランク表の位置づけ如何より，プロイセン抵当権法の展開の「レヴェル・段階」（いかなる展開レヴェル・段階なのか）が明確化されるであろう。

(ii)　破産順位の各ランクへの位置づけの基準として，破産債権者の債権の

「成立原因」(したがって，その目的や性質・内容) 如何が，問われている。換言すれば，債権の「成立原因」如何を考慮して，ランクづけがなされている，ということである。たとえばそれが抵当権であっても，いかなる債権(の成立原因)のための抵当権であるのか，ということ如何によって，ランクづけが異なってくる，のである。したがって，登記の有無や先後によってすべての優劣関係が決まってくるのではなく，登記をも考慮しながらも，決定基準としては債権の「成立原因」如何であった。

3　ＨＫＯ中のインミシオーン担保権を取得した人的債権者(＝裁判上債権者)の法的地位[5]
――破産第３順位への指定――

(1) 関連条文

§ 191. Ferner sollen gleich denen, so ein stillschweigendes Unterpfand haben, geachtet, und mit denenselben in dieser Classe angesetzet werden, die aus klaren Brieffen und Siegel, die vermöge der Rechte paratam Exekutionem haben, würckliche Einweisung und Immission erlangen, nicht aber diejenige, welche ein blosses Judicatum erstritten, oder dem zu gut die Exekution und Immission zwar angeordnet gewesen, aber nicht vollenzogen, sondern diese tacita Hypotheca soll erst von der Zeit würcklich beschehener Immission ihren Anfang nehmen.

(2) 規定内容

(i) 裁判官のインミシオーン行為により目的土地の占有と優先権を付与された人的債権者(＝インミシオーン担保権を付与された人的債権者)，すなわちインミシオーン行為を受けた裁判上債権者 (immittierte Judikatsgläubiger) について，1722年・ＨＫＯはその法的地位を次のように定めている。

(ii) すなわち，

(α) 法191条によれば，権利に基づき paratam executionem・占有移付・イ

ンミシオーンを取得した債権者，さらには裁判（Judikat　判決等）を取得し且つその者の利益において執行（Exekution）とインミシオーンを命じられ実施されていたところの債権者，そのような債権者は，黙示の下部担保権（stillschweigende Unterpfandrecht）の所持者に，同置されるものとする，とされていた。

(β)　他方，破産順位について定める法171条・177条の諸規定よりすれば，被後見人等の抵当権のような，第2順位の特権性を有しない黙示の抵当権は，第3順位において公的抵当権（登記ある抵当権。裁判所にて登記された抵当権pignus publicum）にいつでも劣後するものとして，位置づけられていた。第3順位には，まず公的抵当権が位置づけられ，この抵当権は，この順位内においてすべての他の抵当権に対して優先するものとして，位置づけられていた，のである（法172条）。

(γ)　したがって，以上を前提とすれば，同令の破産順位ランクとして，第3順位には公的抵当権（登記ある抵当権）が位置づけられているところ，インミシオーン担保権を有する裁判上債権者はこの公的抵当権に劣後する黙示の抵当権者に同置されていた，ということができよう。

なお，公的抵当権がインミシオーン行為の時点以降に成立した場合であっても，いつでもこのインミシオーン担保権はこの公的抵当権に劣後した，というインミシオーン担保権の劣後的処遇に，注意されよう。

1）　22年・HKOにおける抵当登記簿制度については，Weyermann, S. 16 ff., Dernburg, P. Privatrecht, S. 435 ff. insb. S. 438.
　　また，プロイセン抵当権諸立法の歴史的展開の中での，22年・HKOの意義や位置づけについては，Dernburg-Hinrichs, P. Hypothekenrecht, I. Abt. S. 8 ff., Hedemann, Fortschritte, II. Teil 2. Halbb., S. 16 ff, Weyermann, S. 16 ff.
2）　Dernburg-Hinrichs, P. Hypothekenrecht, I. Abt., S. 26 ff., Nußbaum, Zwangsversteigerung, S. 267 ff., S. 285ff. insb. S. 289.
3）　Dernburg-Hinrichs, P. Hypothekenrecht, I. Abt., S. 9 ff.
4）　Dernburg-Hinrichs, S. 9 ff., Weyermann, S. 21 ff.
5）　Schanz, ZH, S. 15 ff., Dernburg, Hypothekenrecht. II. Abt., S. 114.

第1章　1722年・プロイセン「抵当権・破産令（HKO）」中のインミシオーン担保権制度

結　論

　本章結論として，次の三点を指摘しておく。
　(i)　第1に，プロイセン強制抵当権制度（そしてまたドイツ強制抵当権制度）の起源は，プロイセン古法上のインミシオーン担保権制度であった。これは，ローマ法上の法務官質権の理論の下に認められて，定められていたものであった。
　(ii)　第2に、プロイセン抵当土地信用制度の端緒は，17世紀末期から18世紀初頭にかけての，三つの抵当立法であった。しかし，それらはいずれも登録手数料収入という国家財政的目的を主とするものであり，土地上の担保設定や所有権譲渡についての取引安全や確実性を意図したものでは必ずしもなかった。
　(iii)　第3に，抵当土地信用がはじめて制度的に体系化されたのは，1722年・HKOであった。インミシオーン担保権制度も，同令中の破産順位規定中に，第3順位において登場していた。裁判所（登記所）にて登記された抵当権にいつでも劣後し，第3順位内では黙示の抵当権と同置されていた。登記手段は認められてはいなかった。

第2章 18世紀・プロイセン抵当権諸立法中の強制抵当権制度
―― 裁判上債権者の「破産順位」の劣位化 ――

> はじめに
> 第1節　プロイセン抵当権諸立法の展開，その(1)
> 　　　　――18世紀前期：「登記主義」，そして「公示主義」への志向，しかも「二元主義」の端緒――
> 第2節　プロイセン抵当権諸立法の展開，その(2)
> 　　　　――18世紀後期：三軌軸・抵当立法の到達点，「二重所有権」からの抵当債権者の解放，抵当土地信用の促進化の契機――
> 第3節　インミシオーン担保権制度の展開
> 　　　　――18世紀末期―19世紀初期：「裁判上債権者」の法的地位の確実化（登記権原の許与）を求めての改革運動――
> 結論

はじめに

（i）プロイセン強制抵当権制度は，プロイセン抵当権制度の展開との関連において，把握されなければならない。

すなわち，プロイセン抵当権制度の展開過程は，特殊・プロイセン資本主義の発展に即応して，のものであった。そこでは，プロイセン抵当権制度を特徴づける諸原則，とりわけフランス抵当権制度との対比にあっては，「特定主義」

並びに「公示主義」といった重要な諸原則が，形成ないし確立されており，物的権利者としての抵当債権者の法的地位は著しく強化されるに至っていた。しかし，他方，その裏面的対応として，当該人的債権につきある種の裁判上の確証を得るに至った人的債権者の法的地位は必然的に弱体化していかざるを得なかった。「登記権原」が許与されていなかった，からである。それは法定の「破産順位」における劣位化という形で現出するものであった。したがって，このような裁判上債権者（Judikatsgläubiger）の利益のために，その法的地位を物的債権者のそれと同様に安定確実化すべく，まさしくプロイセン強制抵当権制度が形成ないし展開していったものであった。抵当債権者の法的地位とのバランス上，裁判上債権者（判決を取得した債権者）にも抵当権の「登記権原」の許与が求められた，のである。

かくして，本章は18世紀・プロイセン抵当権諸立法の展開の中で，抵当債権者の法的地位の「安定確実化」（第1節・第2節）と対応する，裁判上債権者の法的地位の「相対的弱化」の構造，そして抵当債権者の法的地位とのバランス確保としての，その「克服」の動向（第3節）を，歴史的・理論的に解明せん，とするものである。しかも，なお，私見によれば，プロイセン抵当権法の展開過程にあっては，「土地所有者（債務者）」保護の理念が基盤的底流として厳然と存在しており，それは強制抵当権制度のそれにあっても同様であった，ということに注目しなければならない。

(ii) なお，本章の分析視点としては，18世紀・プロイセン抵当権諸立法の展開過程については，①「実体的」抵当権法（抵当権の実体的規制・担保物権法），②「形式的」抵当権法（抵当権の形式的規制・抵当登記法），③「手続的」抵当権法（抵当権の手続的規制・不動産執行法），の三軌軸・抵当立法に基づいて，その解明を試みる（後述第4章　はじめに）。プロイセン抵当権諸立法がそれぞれの三軌軸に位置づけられるべきものであり，その流れの最終的な到達点としての現時のドイツ抵当権法一般（①ＢＧＢ，②ＧＢＯ，③ＺＶＧ並びにＺＰＯ）も，その三軌軸に準拠する，と判断されるからである。

プロイセン抵当権諸立法の展開については，各論者の関心テーマに即して，

既に先行する貴重な諸研究が存在する（後述の基本文献参照）。しかし，プロイセン抵当権諸立法についての従来の諸研究の分析にあっては，必ずしもそれが「三軌軸」に意識しておこなわれているものではなかったが故に，諸立法相互間の有機的関連性が必ずしも明確とはされてはいない，ように思われる。したがって，①三軌軸に基づいてプロイセン抵当権諸立法を個別に分析・位置づけ，その相互的な有機的関連性を明らかにすること，②「破産の誘引力」の法原則の下での破産順位に注目し，それが「登記」ある物的債権者の法的地位を優位化するものであったこと，③そしてそれとの対応において裁判上債権者の抵当権制度の「登記権原」を求めての展開を分析すること，といった諸点において，本章の意義と目的が認められよう。

(iii) また，本章では，三軌軸・抵当立法における「所有権の二重性」の法体系的矛盾について，「抵当権法」の視点から，私見の分析が試みられる。「所有権の二重性」については，我が国の先行業績にあっても，論及はされているが，それらはいずれももっぱら「所有権法」（所有権譲渡理論）の視点から論じられたにすぎなかった。また，抵当権法との関連でこれを採り上げた諸研究にあっても，そこではその実質内容上の検討や説明にはほとんど関心が向けられてはこなかった。かくして，私見の分析にあっては，「所有権の二重性」の法体系的矛盾並びにその現出が，抵当土地信用の発展に対する重大な阻害要因となっていたこと，それが故にその解決・調整に向けての立法的試みが抵当権法（抵当制度）の発展における一つの重要な特徴であったこと（抵当土地信用の発展史では，「所有権の二重性」の克服がキーポイントであったこと），が基本視点となっている。抵当権法発達史の中での，「所有権の二重性」の問題点の解明，である。

第1節　プロイセン抵当権諸立法の展開，その(1)
―― 18世紀前期：「登記主義」，そして「公示主義」への志向，しかも「二元主義」の端緒 ――

```
論述の進行
1　前史：1722年・HKOの実効性の欠如
　　　　――抵当登記簿制度の現実的未整備――
2　18世紀前期・プロイセン抵当権諸立法の展開
　(1)　1748年・「マルク・フリードリッヒ勅法草案」：訴訟法典
　　　（含・破産）としての「手続的」抵当権法――新たな展開
　　　の制度的基盤，その(1)――
　(2)　1750年・「抵当権令（HO）」：「実体的・形式的」抵当権
　　　法――新たな展開の制度的基盤，その(2)――
　(3)　1750年―1751年・「フリードリッヒ法典草案」――新実体
　　　法典としての「実体的」抵当権法・所有権法――
3　小括
```

論述の進行

　(i)　1722年・HKO以降，プロイセン抵当権制度の改革を意図する三軌軸・抵当権立法として，①まず「手続的」抵当権法としての1748年・マルク・フリードリッヒ勅法草案（MF勅法草案）が，②そして「実体的・形式的」抵当権法としての1750年・「抵当権令（HO）」が，指摘されよう。両法典は，相互補完的に，いわばワンセットで，1722年・HKOに代わる新規制を意図するものであった。この両法典により，プロイセン抵当権制度は新たな制度的基盤を確立するに至った（1）。

　(ii)　他方，ドイツ固有の一般法典の定立を目的として，1750年―1751年に「フリードリッヒ法典草案」が起草されている。これは，50年・HOが主として

「形式的」抵当権法であったところ，それといわばタイアップしての「実体的」抵当権法として，抵当権の実体的規制を試みたものであった。しかし，この「実体的」所有権法・抵当権法としての同法典草案は48年・MF勅法草案（「手続的」抵当権法）における進歩の方向性（「登記」重視）に逆行するものでもあった。「所有権の二重性」の法体系的矛盾を招来させ，それは抵当土地信用に対する阻害要因となった，からである（2）。

1　前史：1722年・HKOの実効性の欠如[1)]
——抵当登記簿制度の現実的未整備——

（i）　1722年・HKOによる新規制にもかかわらず，その実効性は極めて微弱であった。その理由は次の二点に求められよう。

（ii）　すなわち，

（α）　抵当登記簿制度の未整備　　第1に，HKOは抵当登記簿制度の作出ないし整備を指示するものであったが，現実にはそれは遅々として進まなかった。一部の諸都市においてのみ，換言すればごく局限された地域においてのみ，抵当登記簿が作出されていたにすぎなかった。

（β）　所轄裁判所制度の未整備　　第2に，抵当登記簿の制度的な未発達という状況は，それを所轄する裁判所制度が未整備であった，ということをも意味するものであった。抵当権登記の事項を管轄ないし所轄する裁判所制度そのものが未だ然るべき形で整備されておらず，その管轄関係（Jurisdiktionsverhältnisse）もかなり不明瞭であり，しばしば混乱や紛糾の原因ともなっていた。HKO中の様々な新たな試みを現実に実施していくためには，管轄関係を含めて整備された裁判所制度が必要であるところ，その前提が欠けていた，といえよう。

——なお，所轄裁判所制度の未整備という点について付言すれば，それは端的に裁判所制度を担うべき人材の欠如をも意味していた。当時のプロイセンにあっては，裁判官を含めた司法官僚の養成システムが欠けていた，のである。フリードリッヒ・ヴィルヘルムⅠ世は，国家管理行政（Staatsverwaltung）を大

規模・総合的に組織化し，その統治目的（Administrativzwecke）の実現のために極めて有為な官僚組織を創りあげたが，司法制度にあってはこのような試みは成功していなかった，といえよう。司法制度における司法官僚の組織化は，フリードリッヒ大王の治政の末期において，ようやくにして達成されたにすぎなかった。——

2 18世紀前期・プロイセン抵当権諸立法の展開

(1) 1748年・「マルク・フリードリッヒ勅法草案」[2]（Project des Codicis Fridericiani Marchici vom 3. April 1748）：訴訟法典（含・破産）としての「手続的」抵当権法——新たな展開の制度的基盤，その(1)——

(イ) 前史・制定趣旨

(i) 22年・HKOの制定・公布以降，抵当権制度の改革を意図した法典としては，1748年・「マルク・フリードリッヒ勅法草案」が指摘されよう。これは，フリードリッヒ大王の治政の下で制定・公布されたものであり，破産制度（Konkurswesen）の規制をも目的とした「訴訟法典（Prozeßordnung）」であった。本研究の分析視点（プロイセン抵当権法の展開を「三軌軸」に基づいて分析する）に基づいていえば，このMF勅法草案は「手続的」抵当権法として注目される。

——なお，その「草案（Project）」という法典名称にもかかわらず，MF勅法草案は全プロイセン王国（Monarchi）において現実的に適用されたものであった。この意味では，この法典名称それ自体が，現代的な用語例よりすれば，誤解を招きやすい不適切な表示であった，ともいえよう。——

(ii) プロイセン抵当権法の展開過程において，48年・MF勅法草案はどのように位置づけられるべきものであろうか。この点については，ヴァイエルマンの研究によれば，48年・MF勅法草案は，これに接続した50年・「抵当権令（HO）」と共に，プロイセン不動産信用制度の新たな展開の，換言すればプロイセン不動産信用制度の完璧なる経済的変更の，まさしく「基本支柱（Grundpfeiler）」を構築するものであった，と最大級の評価・意義づけをおこなってい

る。MF勅法草案は，この段階以降大きく展開していくプロイセン不動産信用制度の新たな基本的出発点として，その盤石の基盤を提示するものであった，といえよう。

  (ロ) **具体的内容**

MF勅法草案の具体的内容としては，次の諸点に注目されよう。

 (a) 法典形態──「手続的」抵当権法と破産法の立法的結合──

 (i) 訴訟法典としてのMF勅法草案中には，「破産制度」関連規定が存置されており，それらは破産制度に関する「手続的・実体的」規制であった。その限りで，同勅法草案は「破産法典」でもあった，といえよう。

 (ii) MF勅法草案中の「破産制度」関連規定に注目すれば，そこでは「手続的抵当権法（不動産強制執行法）と破産法の立法的結合」という従来からの普遍的な法典形態がみられる（既述第1章第3節2）。手続的抵当権法（不動産強制執行法）は破産制度の中に組みこまれ，これに包摂され，不動産上の抵当権者等の諸担保権者は破産手続の内部でのみその債権の満足を受けることができた，のである。

 (iii) 以上を前提として，私見の分析視点よりすれば，MF勅法草案中の「破産制度」関連規定中，とりわけ不動産上の抵当権者等の諸担保権者の破産手続における「優劣順位」（＝「破産順位」）に注目し，これに関する諸規定を分析することにより，プロイセン抵当権制度についての，さらには不動産信用制度一般についての，法規制の一端が明らかとされる，といってよいであろう。

 (b) 破産手続の「簡易化」と「促進」

 (i) MF勅法草案は，一般的な訴訟法典として，訴訟手続の「簡易化（Vereinfachung）」と「促進（Beschleunigung）」を目的としていた。このような意図は，MF勅法草案中の「破産制度」関連規定においても，同様に貫徹されている。

 (ii) より具体的に述べてみよう。すなわち，MF勅法草案中には，①第1に，訴訟手続上におけると同様に，破産手続上に存在する錯雑的・複雑的な諸規定については，これらのすべてを削除せん，とする「立法姿勢」が看取できる。

②第2に，債権者の「保全（Sicherung）」をより合理化するために，特殊・個別的な形においてではなく，普遍的・一般的な基準を定立し，その「保全」を最大限可能な限り統御しようとすること，さらにこれにより債権者の「保全」を合理的な規制に服させようとすること，そのような「方向性」が看取できる。したがって，以上①②を前提とすれば，同勅法草案は破産手続の「簡易化」と「促進」をも意図するものであった，といえよう。

　(c)　ローマ法上の「担保特権性」の法思考からの訣別

　(i)　MF勅法草案中の「破産制度」関連規定は，債権者の「保全」をより一層確実化するために，様々な方策を試みようとしていた。従前より多大の影響を与えてきたローマ法上の「担保特権性（Pfandprivilegien）」の法思考（登記や公示とは切り離された形での，担保権の絶対的且つ包括的な優先性）が存在するところ，それはプロイセン不動産担保権制度にとって有害無益なものに他ならない，と考えられていたからであった。かくして，MF勅法草案中の「破産制度」関連規定は，ローマ法上の「担保特権性」の法思考より訣別し，ドイツ固有法上の不動産担保権制度（Bodenpfandsystem）に相応するために，新たな方向性を打ち出そうとするものであった，といえよう。

　(ii)　なお付言すれば，MF勅法草案の前文によれば，本勅法草案はローマ法上の「一般的諸原則（allgemeine Prinzipien）」のみを堅持するものであるが，それはこれらの一般的諸原則が自然的理性（natürliche Vernunft）に合致するものに他ならない，からである，とされている。かくして，ローマ法上の一般的原則への準拠を基本枠としながらも，プロイセン不動産担保権制度においては，ローマ法上の「担保特権性」を排斥している，という点において，同勅法草案はローマ法と連続しつつ，また同時に非連続するものであった，といえよう。

　(d)　破産順位の新構成——「登記」の重視の方向性——

　(i)　MF勅法草案では，破産順位は次のように定められている。22年・HKOの破産順位と対比しながら，分析しておきたい。

　(ii)　すなわち，

① 第1順位　Bindikanten（所有権に基づく返還請求権者）。
② 第2順位　特別の優先権（besonderes Vorzugsrecht）を有する債権者。より具体的には，従来から特権的地位を認められている国庫等の債権者，登記ある別除権者（eingetragene Separatisten）（ex jure crediti），がこれに該当する。

――第2順位の「登記ある別除権者」に注目すれば，抵当権者に別除権が許与されるためには「登記」が必要とされる旨，明規されている。

(α) 22年・HKOの下では，前所有者に基づくすべての抵当権（alle Hypotheken aus der Person der Vorbisitzer）について，登記なくして，「別除権（Separationsrecht）」が承認されていた（既述第1章第3節2(2)）。抵当債権者には登記なくして別除権が許与されていた，のである。したがって，HKOの下では未だ「公示主義」が極めて未成熟であった，ということができよう。

(β) これに対して，MF勅法草案は，「破産制度」関連規定を包含するその第四部IX章において，「公示主義」の未成熟という欠缺（Lücke）を補充するために，担保債権者（Pfandgläubiger）への別除権の許与のためには登記が必要である旨，明規している（法52条）。ここに，MF勅法草案が抵当権を「登記」という形式に結合させ，そのような形での「公示主義」を明瞭に志向するものであった，ということを確認することができよう。この点につき，デルンブルクの研究によれば，MF勅法草案における「公示主義」志向は，以後活発化していく「不動産金融（土地信用）の増大」という現象への最大の刺激となった，との高い評価をおこなっている。――

――22年・HKOの下では，破産第2順位として「法定の特権的抵当権者」が位置づけられていた。しかし，MF勅法草案では，この特権的（優先的）担保債権者の破産順位クラス（Klasse der privilegierten Pfandgläubiger als solche）そのものが削除されるに至っている。ローマ法上の「担保特権性」が排斥されていることが，極めて明瞭となっている。――

③ 第3順位　登記簿上の登記ある抵当権者（法69条）。第3順位に位置する者はこの抵当権者のみに限られる，という点に注意される。

──なお，この第3順位については，ＭＦ勅法草案が「登記の重視」という視点に立脚するものである，ということの一例証となっている，ということに注目されよう。すなわち，従前からの諸法により様々な特権的優先権者の優先権が作出・承認されてきた（その具体例については，法69条が個別的に列挙するところでもある）が，これらの者の優先権は登記ある債権者のその登記日時に劣後する順位に位置させられることとなった。それは，登記ある債権者が，その登記という形式を経由・具備する者である，というところから，彼は，様々な特権的優先権者の優先権を廃除しうるものである，ということを意味している，からである。──

④　第4順位　　登記なき債権者（法75条）。より具体的には，登記なき担保債権者（Pfandgläubiger），人的優先権（ein privilegium personale）を有する債権者が，これに該当しよう。

　　──第3順位との対比において，登記なき抵当権の優先性（Priorität）は第4順位に劣位化されたが，デルンブルクの研究によれば，ＭＦ勅法草案によるこのような法規制以降，登記なき抵当権の物権性（Dinglichkeit）はいかなる形でももはや問題とされることはなくなった，と論じられている（換言すれば，その物権性がネガティフに把えられるに至った，ということである）。ここに，ＭＦ勅法草案の「登記重視」，すなわち「公示主義」の志向が，明瞭に看取できよう。──

⑤　第5順位　　裁判上の抵当権（gerichtliche Hypothek）を有する債権者，黙示の抵当権（stillschweigende Hypothek）を有する債権者（法96条）。より具体的には，前者の「裁判上の抵当権」を有する債権者とは，その初源的形態の強制抵当権を有する債権者を意味する。また，後者の「黙示の抵当権」を有する債権者とは，裁判所管轄区域（これは同時に登記管轄区域をも意味する）内の土地上に特定して登記されていない抵当権を有し，しかもなんらの人的優先権（privilegium personale）をも有することのない債権者（人的優先権を有する債権者であれば，この者は第4順位に位置する），を意味する。

⑥　第6順位

⑦　第7順位　私的抵当権（private Hypothek）を有する債権者（法129条）。

——第7順位において，このような私的抵当権に優先権（Vorrecht）が認められているが，この点についてデルンブルクの研究によれば，次のように批判されている。すなわち，第7順位での私的抵当権の優先性の承認は，22年・HKOの法規制との比較において，MF勅法草案における極めて明瞭なる「退歩（Rückschritt・後退）」を，意味している。これは，ドイツ普通法上の法命題に準拠した帰結であり，それへの極めて不当なる「回帰（Zurückkehren）」である，と断じている。——

⑧　第8順位　Chirographarien（法131条）

(2)　1750年・「抵当権令（ＨＯ）」[3)] (Hypothekenordnung vom 4. August 1750)：「実体的・形式的」抵当権法——新たな展開の制度的基盤，その(2)——

㈤　前史・制定趣旨

(i)　22年・HKO以降，抵当制度の改革を意図するものとして，48年・MF勅法草案と並ぶ，もう一つの基本的な支柱として，1750年・「抵当権令（HO）」を指摘することができよう。この50年・HOは，48年・MF勅法草案中の「破産制度」関連規定を補充しつつ，これと共に，自らは主として「形式的」抵当権法として，22年・HKOに代わる新規制をおこなわん，とするものであった。

(ii)　HOは，別名，「シュレージェン抵当権令（Schlesische Hypothekenordnung・SHO）」とも称されていることよりも明らかなように，プロイセンが新たに獲得した領地，シュレージェン（Provinz Schlesien）に，プロイセンの抵当制度を導入しよう，とする目的をそもそも有するものであった。しかし，HOの適用地域は単にシュレージェンの地に留まるものではなく，現実にはプロイセンのその他の諸ラントにも適用された。したがって，HOは，単なる一地域の法令としてではなく，全プロイセンに適用された法令として，プロイセン抵当権法の展開過程の中に位置づけられなければならない，といえよう。

59

——なお，この点について付言すれば，プロイセン王国のその他の諸ラントの「司法官会議（Landesjustizkollegien・裁判官会議）」に対して，ＨＯの諸規定がその他の諸ラントの地においても配慮されるべきものである旨，「通達」がなされている。同令中には登記手続を含めて抵当債権者の法定地位を安全確実化するための様々な諸規定が存置されており，したがってこれらの諸規定をプロイセンのその他の諸ラントにおいても適用すべき必要性が存在していた，といえるからである。たとえば，同令に時期的に接続して発布された1750年・「回状訓令」（Zirkularreskript vom 25. September 1750. Mylius Cont. IV. 264）によれば，同令中の債権者の債権の確実化のために奉仕する事項は他の諸ラントにおいても適用されるべき旨，明示されている。——

(ロ) **具体的内容**

(a) 22年・ＨＫＯとの「連続性」と「非連続性」

(ⅰ) ＨＯは，「抵当制度」関連規定についていえば，旧法とりわけ22年・ＨＫＯの中の諸規定の多くを，その文言上，大枠としてほぼ同様に継受している。法典中の諸規定の配列上において，若干の相違がみられるにすぎない。したがって，ここではＨＫＯとの「連続性」が存在している，といえよう。

(ⅱ) 他方，ＨＯは，ＨＫＯとの比較において，多くの補充・修正を加えている。ＨＫＯをはじめとする旧法の現実の適用ないし運用において，様々な貴重な体験が集積されてきており，これらの実務上の経験をふまえて多くの補充・修正がなされた，のである。したがって，ここではＨＫＯとの「非連続性」が存在している，といえよう。

(b) 各論的考察

「形式的」抵当権法としてのＨＯについては，その特徴として，次の諸点に注目されよう。

(ⅰ) 「公示主義」の妥当——登記の重視——

第1に，ＨＯにあっては，「公示主義」が妥当しており，登記が重視されている。より具体的に述べてみよう。すなわち，登記所轄の裁判所管轄区域内には抵当登記簿が設営されているが，それへの登記は，極めて重要なる物的諸権

利（dingliche Rechte）にとって，その完全な有効性（volle Wirksamkeit）の要件とされている。より具体的には，①所有権（Besitztitel・所有権原）は登記なくしては無効（nichtig）であるし，②また，登記なき抵当権はその本来認められるべき正規の優先権（regelrechtes Vorzugsrecht）を奪われる，とされるのである。物的権利にあっては登記が重視され，「公示主義」が妥当されている，ということができよう。

(ii) 「登記簿の公信力」の不存在

第2に，ＨＯにあっては，「登記簿の公信力」という法思考は未だ認められていない，といえよう。より具体的には，たとえば疑義ある「所有権（Besitztitel・所有権原）」が存在する場合には，①公示催告（Ediktalcitation），②それに基づく「物的利害関係人の失権（Präklusion der Realinteressenten）」，という一定のプロセスをふまえることによって，はじめて攻撃されることのない，あるいは不可侵の（untastbar）ものとなった，のである（同5条・8条・11条）。「登記簿の公信力」の法思考がＨＯ中には未だ存在していなかったために，疑義ある所有権原は一定のプロセスないし手続をふまえてのみ，確証化ないし確実化されることができた，といえよう。

(α) ①公示催告，②それに基づく物的利害関係人の失権，という手続とは，より具体的には，次のようなものである。①まず，登記ある土地所有者自らが，当該土地につき請求権ありと信ずるすべての者に対して，公示催告を申し立てる。②この公示催告に基づき届出をなさなかった者に対しては，失権判決（Präklusionsurteil）が下される，という手続を意味している。

(β) この点につき，具体例を挙げて説明してみよう。土地所有者Ｅが存在し，Ｅは形式的に異議なき証書に基づきその所有権原を登記簿上に登記した。引き続いて，Ｅは同土地を抵当目的物としてＧより金銭借入をなした（抵当権設定の前提として，Ｅの土地所有者としての登記の存在は必要的である）。このような場合，抵当債権者Ｇの抵当権は，「登記簿の公信力」が認められていなかったために，極めて不安定なものとなっている。仮に当該土地につき自己のより正当化された権利（ein gegründeteres Recht）に基づき土地所有権原を主張する

ところの第三者Dが登場したときには，その結果として，土地所有者E並びに抵当債権者Gの権利が適法且つ確定的に取り消されてしまう，という可能性が存在する，からである（しかも，このような場合においても，いわば不実の登記をなした登記所轄の裁判所はなんらの責任をも負わない，とされていた）。とすれば，抵当債権者Gは，自己の抵当権を安全確実なものとするためには，いかなる手段・方法を採ればよいのであろうか。

(γ) その解答としては，抵当債権者Gとしては，土地所有者Eの土地所有権原を第三者により攻撃されることのないものである旨，抵当権取得に際し予め確認しておかなければならない。より具体的には，①土地所有者Eが目的土地の所有権原を「強制競売手続（Subhastation）」において競落人（買受人）として取得していた場合，②土地所有者Eが目的土地の所有権原を「物的権利者の失権手続（Präklusion der Realberechtigten）」の経由後に取得していた場合，という二場合（これらのいずれの場合にあっても，土地所有者Eは購入代金——競落代金又は買受代金——の支払いをなしていることが必要である）のいずれかに該当するときには，土地所有者Eの所有権に関する正権原が徴表されており，これらの二場合においてのみ，土地所有者Eの登記は確定的且つ絶対的（definitiv und absolut）な権利を確定できた，のである。

(δ) なお，上述の具体例において，抵当債権者Gを土地取得者D′（Eからの取得者）に置き換えた場合にも，同様のことが妥当する。

(iii) 「登記主義」の妥当——登記義務ある権利の増加——

第3に，HO中にあっては，「登記義務（Eintragungspflicht）」が課せられる諸場合，すなわち登記が必要とされる諸権利が，増加している。様々な多様な諸権利が存在するところ，その権利たる要件の一つとして登記が必要とされる，という権利が増加している，のである。その具体例としては，次のような諸権利が指摘されよう。

(α) 相続の登記　　所有者の「相続人（Erben）」は，その相続開始後一年の期間内に，相続がなされた旨，抵当裁判官（Hypothekenrichter・登記官吏）に報告をなし，新たな登記のための届出をなさなければならない（同16条），と

されている。なお，この登記義務がなされなかった場合には，その相続人には罰金（Geldstrafe）が課せられた（同16条）。金銭罰の威嚇の下で，登記義務が課せられていた，のである。

　(β)　人的地役権等の登記　　人的地役権（Personalservitut），そして優先権が喪失された場合における私法上の権原に基づく負担は，抵当登記簿に登記されなければならない（同21条），とされている。これに対して，物的地役権（Realservitut）や公用負担（öffentliche Lasten）については，登記はなされなかった。

　(γ)　家族世襲財産等の登記　　第三者に対する有効性の具備の要件としてpacta successoria が，そして家族世襲財産（Fideikommißqualität）が，抵当登記簿に登記されなければならない（同15条），とされている。また，破産第一順位の優先権の保持の要件として，先買権（Vorkaufsrecht）・再売買権（Wiederkaufsrecht）・その他の類似の権利が，抵当登記簿に登記されなければならない（同19条），とされている。

　――なお，上述の(β)(γ)について付言すれば，(β)(γ)の諸権利を抵当登記簿に登記するときには，権利者の「登記申請（Antrag）」に基づいて登記が実施される場合，職権により登記が実施される場合，という二場合が存在する。後者の場合についていえば，裁判所が権利者の権利取得につき認識していたときに，登記が実施される場合を意味するものに他ならない。――

　(δ)　一般抵当権の登記　　一般抵当権は，その対象たるすべての各土地上に，換言すればその各土地についての各登記簿用紙（Folien）上に，登記されなければならない，とされている（同17条）。しかも，一般抵当権の優先順位は，なされた登記に基づいて，決定される（同17条），とされている。このような法規制によって，個別抵当権（Spezialhypothek）に対する一般抵当権の優先性は，大幅に制限される，という帰結となった。ここでは，一般抵当権もまた「登記主義」の下に服するものとされている，という点に注目されよう。

　(ε)　法定担保権の登記　　法定担保権（gesetzliches Pfandrecht）は，所有者の特別の同意（spezielles Konsens）なくして，登記されなければならない，と

63

されている（同37条）。

(ζ) 子の相続金の登記　子の相続金（Erbegelder）は，それにつき債務を負担する両親の財産上に，職権により登記されなければならない，とされている（同29条・35条）。

(η) 後見人の保証金の登記　後見裁判所（Vormundschaftsgericht）は，後見人の保証金（Kaution）につき，その登記を実施しなければならない，とされている。

(θ) 共同相続人の相続財産分与の担保権名義　共同相続人（Miterben）には相続財産分与（Erbabfindung）の権利が帰属するが，その相続財産分与の権利を理由として共同相続人には「担保権名義（Titel zum Pfandrecht）」が付与された（同25条）。

(iv) その他

(α) 登記官吏は，その登記を実施するに際し，受理の日時を記載しなければならない，とされている。登記官吏に課せられたこのような義務は，登記された権利につき，「優先性（Priorität）」が保持されなければならないが故に，である。また，登記官吏により現実に登記が実施されるまでの，登記事務進行の手続が規定されている。

(β) 登記所轄の裁判所により，抵当登記簿上になされた登記は「原本証書（Originalurkunden）」上に転記されなければならず，それにつき Belags＝und Protokollbuch の「認証謄本」が作成されなければならない，とされている。そして，すべての事象は抵当登記簿上の記載より明らかとされ，交付された「抵当権証（Hypothekenschein・登記簿の認証謄本）」の正当性については，裁判所はこれに責任を負うべきものでなければならない，とされている（同9条・32条・39条）。

(γ) 抵当登記簿の「様式（Schema）」についても，22年・ＨＫＯとの比較において，若干の変更がなされている。

(3) 1750年—1751年・「フリードリッヒ法典草案」[4]（Project des Corporis juris Fridericiani）──新実体法典としての「実体的」抵当権法・所有権法──

㈱ 前史

（ⅰ） フリードリッヒ大王は「実体法典」の編纂をも意図しており，その命の下，コックツェイ（Cocceji）を中心としてその起草作業が進められた。その起草作業の成果として，「実体的」抵当権法たるフリードリッヒ法典草案が作成された，のである。

（ⅱ） フリードリッヒ法典草案は，計三部の構成より，成るものとされていた。

① 第１部・総則及び人事法（家族法）
② 第２部・物権法及び相続法
③ 第３部・債権法及び刑事法

1749年に第１部が，1750年—51年に第２部が，それぞれ公表された。しかし，第３部については，その予定にもかかわらず，遂に未完のまま公表には至らなかった。

㈹ 具体的内容──「所有権の二重性」に伴なう抵当権者の地位の不確実性──

（ⅰ） 新たな「実体法典」の編纂は，不確実にして混迷するローマ法に代わり，いわばドイツ固有の「一般法典」の起草を目的とするものであった。ローマ法理論に対するドイツ法理論の対抗，それへの回帰の方向，である。しかし，その編纂目的にもかかわらず，新実体法典としての「フリードリッヒ法典草案」は，部分的にみれば，ローマ法の影響を極めて濃厚に受けていた。その理由につき，デルンブルクの研究によれば，起草者コックツェイ自身の経歴にありとして，次のように論じられている。

すなわち，コックツェイにより起草された実体民事法典としてのフリードリッヒ法典草案，それは「自然法（Naturrecht）」なる名称の下でローマ法的理念に全面的に準拠し（換言すれば，ローマ法が自然法に相応するものとして，ローマ法的理念を樹立し），これに強く影響を受けるものであった。この意味で，起草者コックツェイ自身は，むしろ，新たなる制度，新たなる革新に対しては，

65

批判的であった，のである。そもそもローマ法学者として訓育された者であった，というコックツェイ自身の経歴よりすれば，彼がローマ法の影響を強く受けており，その起草に係る「フリードリッヒ法典草案」がローマ法の強い影響の下にあったことは，むしろ当然にして自然のことであったろう，と論ずるのである。

(ii) ローマ法上の基本的思考に強く影響を受けている，その顕著な具体例としては，同法典草案中の所有権移転に関する諸規定 (Part. II. Lib. II. Tit. V. Art. 10) を指摘することができよう。そこでは，所有権移転の要件として，ローマ法上の法律構成におけると同様に，「引渡し (Tradition)」と「取得権原 (Causa dominii translativa. Erwerbstitel)」のみが挙げられているにすぎず，「登記」にはまったく言及されていない（これを要件としていない），からである。しかし，「引渡し」と「取得権原」のみによる所有権取得という法律構成の下では，「土地信用」の取引は極めて危胎化する惧れがあり，その法律構成はこれに妨害的に作用するものでもあった。

(iii) 既に，48年・ＭＦ勅法草案中の「破産順位」規定にあっては，抵当債権者の法的地位の確実化が志向されており，そのことにより「土地信用」の増大化に即応せん，との立法姿勢が看取された（既述(1)(ロ)(d)）。「土地所有者」の利益において，「土地信用」取引において貸付をなした抵当債権者の法的地位を確実化することによって，「土地信用」による貸付が資金提供者にとって魅力的なるものとしよう，としたのである。しかし，50年・フリードリッヒ法典草案中の所有権移転の法律構成は，48年・ＭＦ勅法草案が意図した方向性（「登記」重視）に，明らかに逆行するものであった。より具体的に説明してみよう。

(α) 50年・フリードリッヒ法典草案の下では，所有権移転は「引渡し」と「権原」の二要件のみの具備によってなされた。ここでは，「登記」は必要とはされていなかった，のである。ローマ法理論，そして普通法理論の影響の下に，であった。したがって，一方において，「引渡し」と「権原」による，いわば正規の真実の所有権者が存在するところ，他方においては，「引渡し」と「権原」の二要件を具備することのない，「登記」のみの所有権者，すなわち登記

簿上の所有権者が登場する，との可能性が生ずることとなった。かくして，「二人の所有権者の分裂」，いわゆる「二重所有権（所有権の分裂）」の法現象が，必然のものとなった，のである。

(β) 他方，抵当権設定の場面に眼を向ければ，抵当権設定の前提としては，融資を受けようとする者には土地所有権者としての「登記」あることが必要とされている。したがって，土地信用による信用供与（貸付）をなそうとする者は，相手方に土地所有権者としての「登記」あることを確認した上で，信用供与をなし，抵当権を取得すればよい，と一応いうことができよう。しかし，「二重所有権」の法現象の下，信用供与をなした抵当債権者の法的地位は現実には極めて不安定なものとならざるを得なかった。

(γ) それはどういうことなのか。具体例を示してみよう。「土地信用」取引において，抵当債権者Gは，登記簿上の表示を信頼した上で，登記ある所有権者Eに信用供与をなし，その登記を前提として自己の抵当権を取得した。しかし，その後，突然にして，第三者Dが登場し，このDが自ら真実の所有権者である旨，換言すれば自己が「引渡し」と「権原」による所有権者である旨，主張し，これを立証できた，としよう。このような場合には，登記簿上の所有権者Eによるすべての処分（抵当権設定の処分行為），そしてEの処分に基づく抵当債権者Gの抵当権は，完全にその効力を喪失することとなろう。かくして，抵当債権者Gの法的地位は極めて脆弱なものとなっていた，といえよう。

(δ) なお，付言すれば，抵当債権者Gの立場よりすれば，そのような不確実性の状態を回避するためには，なんらの対抗手段をももたなかったわけではない。土地信用による信用供与に際し，登記ある所有権者Eの所有権の真否につき，予め一定の調査手続をふまえることが可能であった。しかし，その手続の履践は，信用供与をなそうとする者にとって極めて面倒な煩わしいものであった。

以上，「所有権の二重性」の下，抵当土地信用は重大な阻害要因を抱えていた，といえよう。

(iv) フリードリッヒ法典草案中の土地制度や抵当権制度にあっては，その他

には，とりたてて注目すべき新規の変更点は存在していない。基本的には実体法とは無関係な「形式的諸規定」が存置されているにすぎない，からである。また，同法典草案中の担保権に関する Part. II lib. V tit. V では，質（Pfand）又は抵当（Hypothec）を有する債権者相互間の優先劣後関係について，48年・MF勅法草案の諸規定が援用されている。

3 小 括

18世紀前期・中期の三軌軸・抵当立法（①手続的抵当権法としての48年・MF勅法草案，②実体的・形式的抵当権法としての50年・HO，③実体的抵当権法・所有権法としての50年―51年・フリードリッヒ法典草案）の展開（トリアーデの法構造）を小括すれば，次の五点を指摘することができよう。

(i) 第1に，22年・HKO が実務上の実効性を欠いており，抵当信用制度の改革が次なる立法課題となった，ということである。

(ii) 第2に，抵当土地信用の促進を目的として，「登記」重視の「公示主義」への志向がみられたこと，である。まず，HO についてみれば，抵当登記簿制度が整備され，登記義務ある諸権利の種類が増大している。また MF 勅法草案の破産順位規定についてみれば，物的な諸権利の優先劣後の決定基準として，登記と結びついた権利がより優先化されていた。

(iii) 第3に，「所有権の二重性」の法体系的矛盾の萌芽がみられたこと，である。MF 勅法草案並びに HO の下では，「登記」重視の方向性の下，所有権や抵当権について，「登記主義（公示主義）」が妥当していた。しかし，それに逆行する如く，フリードリッヒ法典草案では，「権原と引渡し」の二要件による所有権取得（登記不要の所有権取得）が，許されていた。「所有権の二重性」（登記による所有権，権原と引渡しによる所有権）の法体系的矛盾，その萌芽であった。

(iv) 第4に，「所有権の二重性」の法体系的矛盾は，抵当土地信用の進展にとって，重大な阻害要因となったこと，である。「所有権の二重性」の下，土地所有権は不確実化し，その安全確実性を必須の前提とする土地上の抵当権者

にとって，自らの法的地位が危険化せざるを得なかった，からである。かくして，土地所有者の信用享受の利益において，抵当土地信用の進展のためには，「所有権の二重性」の矛盾の解決・調整は，次なる必須の立法課題となった。

(v) 第5に，インミシオーン担保権を有する裁判上債権者（強制抵当権者）の破産順位上の劣位化，である。22年・HKOでは破産第3順位に位置していたのに対して，48年・MF勅法草案では第5順位に後退していた，からである。「登記」重視（公示主義）の方向性の下，登記権原なき故に，劣位化していかざるを得なかった。

1） 22年・HKOの実効性欠如については，Weyermann, Immobiliarkreditwesen, S. 23 ff., Dernburg-Hinrichs, P. Hypothekenrecht, S. 10 ff., Schanz, ZH, S. 15.（22年・HKO §191, §171/177）.

　HKOに論及する邦語文献として，鈴木（禄）・抵当制度12―13頁，有川・「取得法(3)」8―9頁，伊藤（眞）・「消除・引受主義(2)」1094頁以下，田中（克）・「成立史」433頁以下・435頁，等。

2） Weyermann, S. 24 ff.

　48年・MF勅法草案については，Weyermann, Immobiliarkreditwesen, S. 24 ff., Dernburg-Hinrichs, P. Hypothekernrecht, S. 11 ff.

　§69, §70, §71の原条文については，Weyermann, S. 24-25, Dernburg-Hinrichs, S. 12による。

　同草案に論及する邦語文献として，鈴木（正）・「プロイセン民訴法1」121頁以下，有川・「取得法(3)」12頁，田中（克）・「成立史」440頁以下，鈴木（禄）・抵当制度14―15頁，伊藤（眞）・「消除・引受主義(2)」1098頁以下，石部・絶対主義20頁以下。

3） 50年・HOについては，Weyermann, Immobiliarkreditwesens, S. 28 ff., Dernburg-Hinrichs, P. Hypothekernrecht, S. 13 ff., Hedemann, Fortschritt, II ②, S. 19-20.

　HOに論及する邦語文献として，有川・「取得法(3)」9頁以下，田中（克）・「成立史」441頁以下，鈴木（禄）・抵当制度14―15頁。

4） 50―51年のフリードリッヒ法典草案については，Weyermann, Immobiliarkreditwesen, S. 27 ff., Dernburg-Hinrichs, P. Hypothekernrecht, S. 15., 有川・「取得法(3)」11頁以下・13頁以下。

第2節　プロイセン抵当権諸立法の展開，その(2)
　　　　——18世紀後期：三軌軸・抵当立法の到達点，「二重所有権」からの抵当債権者の解放，抵当土地信用の促進化の契機——

> 論述の進行
> 1　前史：「二元主義」の序曲
> 　　　　——抵当権設定における「登記主義」の確立，所有権移転における「登記主義」の不採用——
> 2　18世紀後期・プロイセン抵当権諸立法の展開
> 　(1)　1781年・「フリードリッヒ法典・第一編訴訟法」：「手続的」抵当権法——「破産順位」規定についての若干の変更——
> 　(2)　1783年・「一般抵当令（AHO）」：土地登記法としての「形式的」抵当権法——抵当登記簿制度の設営，公示主義の徹底化，実質的審査主義の採用——
> 　(3)　1793年・「一般裁判所令（AGO）」：不動産執行法（不動産強制競売法）としての「手続的」抵当権法——抵当権実行手続の整備，裁判上債権者の破産順位——
> 　(4)　1794年・「一般ラント法（ALR）」：「実体的」抵当権法・土地所有権法——登記の重視，土地所有権の不確実性からの抵当債権者の解放——
> 3　小括

論述の進行

　（ⅰ）18世紀後期・プロイセン抵当権諸立法は，抵当債権者の法的地位を確実化するために，①「実体的」抵当権法としての94年・一般ラント法（ALR），②「形式的」抵当権法としての83年・一般抵当令（AHO），③「手続的」抵当

権法としての93年・一般裁判所令（ＡＧＯ），の三軌軸・抵当権法典の成立によって，その到達点を得た。公示主義や実質的審査主義が形成・確実化され（ＡＨＯ），抵当債権者は土地所有権の不確実性より解放され（ＡＬＲ），その権利実現手続（抵当権実行手続）もより一層整備されるに至った（ＡＧＯ）（１）（２）。

(ii) 抵当権法は「土地」所有権法と不即不離に接合する，あるいは両法は相当に密接に関連する，といわなければならない。より具体的には，「土地」上に成立する抵当権，それは論理必然的に「土地」所有権を前提とするものであり，したがって「土地」抵当権は「土地」所有権の安全確実性を要請する。「土地」所有権の，さらには「土地」所有者の安全確実性が確保されていてはじめて，「土地所有者（債務者）」の利益（信用享受の利益）において，債権者を含めた一般公衆の信頼を確保するためにも，安全確実な抵当権が成立する，からである。したがって，プロイセン抵当権諸立法の展開は，プロイセン「土地」所有権法の展開との，相互関連性において，分析されなければならない，と私見は考える。この点よりすれば，「抵当権法は『土地』所有権法と交錯する」というのが，本研究の分析視点の一つである，といえよう。そして，この視点から，「所有権の二重性」の法体系的矛盾，その解決・調整如何が，分析される。

1　前史：「二元主義」の序曲[1]――抵当権設定における「登記主義」の確立，所有権移転における「登記主義」の不採用――

(i)　「実体的・形式的」抵当権法としての50年・ＨＯの制定・公布以降にあっても，抵当制度の改革・再編成のために，倦まぬ絶ゆまぬ立法作業が継続されており，その成果として多くの「補充法」が制定されるに至っていた。抵当制度の改革・再編成は，当時においてもなお，立法における最大の眼目の一つとされていた，のである。

(ii)　「手続的」抵当権法たる48年・ＭＦ勅法草案並びに「実体的・形式的」抵当権法たる50年・ＨＯの制定・公布によっても，なお抵当権制度は不十分なる形

で形成されていたにすぎなかった (Dernb., S. 16)。しかも，ＭＦ勅法草案が「抵当権制度」において「登記主義」を確立し，力強い進歩を示していたのに対して，「実体的」抵当権法・所有権法である1750年—51年・フリードリッヒ法典草案は，「所有権移転」において「権原」と「引渡し」の二要件の具備を必要とするにすぎず，「登記」の必要性に言及してはおらず，「登記主義」を妥当させてはいなかった。「所有権の二重性」の法体系的矛盾の下，抵当権者の法的地位は不確実化し，抵当土地信用にとって大きな阻害要因となっていた。ヘーデマンの研究によれば (Hede., S. 23-24)，フリードリッヒ法典草案の立場は耐え難い退歩であり，①「抵当権」につき「登記主義」を妥当させた1783年・ＡＨＯの立場と，②「所有権」につき「登記」とは無関係に「権原」と「引渡し」による所有権取得を認めた1794年・ＡＬＲの立場の，顕著な対立・法体系的矛盾，すなわち「二元主義（Dualismus）」の望ましくない序曲であった，と論難している。それでは，ＡＨＯとＡＬＲとの「二元主義」という法体系的矛盾は，どのように現出していたのか。そして，それは，抵当土地信用の一層の促進のために，どのように調整・解決されていたのか。

2　18世紀後期・プロイセン抵当権諸立法の展開
(1)　1781年・「フリードリッヒ法典・第一編訴訟法」:「手続的」抵当権法[2]
　　──「破産順位」規定についての若干の変更──

　(ⅰ)　訴訟法典としての「手続的」抵当権法である1748年・ＭＦ勅法草案の制定・公布以降にあっても，なおその改訂作業が意欲的に継続されていた。その一時的中断にもかかわらず，最終的には，その成果として，1781年4月26日の勅許状に基づいて，新たな訴訟法典が制定・公布されるに至っている。これが，1781年・「フリードリッヒ法典・第一編訴訟法（Corpus juris Fridericianum, Buch I, von der Prozeßordnung）」（以下，フリードリッヒ訴訟法典と略記する），である。

　(ⅱ)　81年・フリードリッヒ訴訟法典は，「手続的」抵当権法としての側面において，「破産制度」関連規定をも包含しており，各抵当債権者相互間の「破産順位」につき若干の変更をおこなっている。より具体的には，

(α) 第1に,「単純・慣習抵当権者（einfache Konventionalhypothek）」を破産第7順位に位置させ，この者をchirographariehe Gläubigerと同置させている。

(β) 第2に，すべての裁判上確証された「債務確約（Schuldverschreibung）」は，それが一般抵当権や特定抵当権により保全されているかどうかとは無関係に，破産第5順位に位置させた。

(2) 1783年・「一般抵当令（ＡＨＯ）」[3]（Allgemeine Hypothekenordnung vom 20. Dezember 1783）：土地登記法としての「形式的」抵当権法──抵当登記簿制度の設営，公示主義の徹底化，実質的審査主義の採用──

(イ) 前史──ゲルメルスハウゼン草案・スワルツ草案・ＡＨＯ──

(a) ゲルメルスハウゼン草案
　　──新たなる「抵当権令並びに破産令」の起草──

(i) 訴訟法典としての「手続的」抵当権法としての81年・フリードリッヒ訴訟法典の制定・公布に伴ない，その校閲作業（Revision）において，既に枢密最高法院顧問官・ゲルメルスハウゼン（Geh. Obertribunalsrath Germershausen）によって，新たな「形式的」抵当権法の草案（Projekt）が起草されていた。これが，いわゆる「ゲルメルスハウゼン草案（das Germershausen'sche Projekt）」と呼ばれるものであり，後日のスワルツ草案の母体となったものであった。そして，ゲルメルスハウゼン草案は，「実体的・形式的」抵当権法としての50年・ＨＯを基礎的土台として，新たなる抵当権法──抵当権令と破産令──の起草を目的とするものであった。

(b) スワルツ草案──新たなる「形式的」抵当権法の起草──

(i) フリードリッヒ大王は，包括的な法典編纂を意図し，草案作成の具体的作業を命示した。まず，カルマー（Carmer）が大法官（Spitze des Justizwesens）に任命され，司法制度改革のための草案作成の任にあたることとなった。次いで，1780年4月14日・閣令（Kabinetsordre）に基づいて，新たな立法作業が開始された。立法作業の計画によれば，まず「訴訟上の改革」が先行す

べし，とされていた。そして，新たな抵当権令（→83年・ＡＨＯ）と破産令（→93年・ＡＧＯ）の起草のために，スワルツがその任にあたることとなった。

(ⅱ) 大法官カルマーの指揮の下，スワルツによる起草作業の成果として，いわゆる「スワルツ草案（der Svarez' sche Entwurf）」が起草された。これは，既に起草されるに至っていたゲルメルスハウゼン草案に基本的に準拠しつつ，それを母体として作出されたものであり，新たなる「形式的」抵当権法の草案に他ならなかった。

(ⅲ) スワルツ草案は，起草後，直ちに法律取調委員会（Gesetzkommission・制定法委員会）並びに中央銀行管理庁（Hauptbankdirektorium）等にその審査のために送付された。個別の若干の修正をふまえて，1783年12月20日，スワルツ草案はプロイセン国王によりその裁可を受け，翌1784年6月1日より施行されるものとされた。これが，83年・「一般抵当令（Allgemeine Hypothekenordnung. AHO）」であり，抵当登記法（土地登記法）たる「形式的」抵当権法として，1872年・土地登記法（ＰＧＢＯ）に至るまでのほぼ一世紀にわたり，卓越した「指導法典」（それは他の諸ラントの立法の範となった）の名声の下に，現行法として妥当したものであった。

㈹ 制定趣旨——ＡＨＯ前文——

(ⅰ) その制定趣旨につき，ＡＨＯ前文においては，次のように言及されている。すなわち，

"従来の抵当権制度は，その主たる目的を，基本的には達成してきた。しかし，様々な地方において且つ様々な時に公布された諸法令は，必ずしも「同一の原則」に基づいて起草されたものではなかった。したがって，抵当権制度にあっては，手続の不一致が生ずることとなっていた，のである。しかも，これらの諸規定中には，不明瞭あるいは不完全なるものも少なからず存在し，様々な誤解や疑義をうみだし，抵当取引の関係当事者間において無用の訴訟（紛争）の原因ともなっていた。かくして，この新たな抵当権令は，従来からの重要なる諸原則を堅持しつつも，抵当権事件の手続・審理に「均一性（Gleichförmigkeit・一様性）」を導入し，その登記所轄裁判所（監督裁判所）に対して明

確にして完全なる指示（Anweisung）を与え，誤解や濫用を防止し，すべての プロイセン臣民にその所有権と財産への「保護」を付与せん，とするものである。"（傍点著者）……

(ii) この前文趣旨よりすれば，「形式的」抵当権法としてのＡＨＯは，公示主義や特定主義といった従来からの諸原則を維持し，且つ徹底化しつつ，なお登記手続上の諸規定を無用の紛争が生じないように明確化ないし統一化し，抵当権事件の手続上の，さらには登記管理上の，矛盾なき一体的処理を意図するものであり，これによりプロイセン臣民の土地所有権を保護し，「土地所有者」の利益において，プロイセン抵当土地信用の確実化と増大化に，適確に即応しよう，とするものであった，といえよう。

(iii) 法典編成
　①　第１章　抵当登記簿一般の形式と制度（１条―81条）
　②　第２章　抵当登記簿の管理並びに上級登記所における登記簿の事務遂行（１条―２条）
　　　　第１節　抵当事件一般における手続（３条―48条）
　　　　第２節　所有権の訂正と登記の手続（49条―103条）
　　　　第３節　登記を資格づけるその他の行為（104条―198条）
　　　　第４節　譲渡，担保設定，Subinskription，仮差押（199条―240条）
　　　　第５節　抹消登記（241条―288条）
　　　　第６節　異議登記（289条―300条）
　　　　第７節　抵当権証書（301条―317条）
　③　第３章　下級裁判所における抵当事件の手続（１条―17条）
　④　第４章　新たな抵当登記簿の設営の場合になされるべき手続（１条―43条）

(ハ) **具体的内容**

ＡＨＯの本来的任務としては，①登記事件を所轄する上級・下級の裁判所が抵当登記簿制度を設営すべきこと，②抵当登記簿上には，いかなる物的権利あるいは物的負担が，登記ないし記入されるべきか，を明確化すること，③その

登記手続（登記・記入・抹消の手続）に妥当すべき諸原則を確定化すること，にあった。しかし，それは登記法としての「形式的」抵当権法たるAHOのあくまで表面的任務に他ならなかった。そして，その究極的任務は，ヴァイエルマンの研究によれば（Wey., S. 146），①「土地所有権の安全性（Sicherheit des Eigentums）」を図り，②「土地所有者の信用（Kredit des Grundbesitzers）」を確実化し，③それらに対する一般公衆の信頼を確保し，④そのことによって抵当土地信用の増大化に即応しよう，とすることにあった，といえよう。AHOにおける「土地所有者」の利益（信用享受の利益）保護の基本姿勢が，極めて明瞭であった。以上を前提として，AHOの具体的内容については，次の四点に注目されよう。

(a) 抵当登記簿の様式の再編成──「登記主義」の貫徹──

第１に，AHOにおいては，抵当登記簿の様式が明確なものとして再編成されている。この再編成により，不動産上の所有権並びに抵当権について，外部よりより明確な認識が可能となった。抵当登記簿の具体的内容（AHO第１章１―81条）について，次に言及しておこう。

(i) まず，「抵当登記簿の形式」については，その制度的構成として，

(α) 法１条によれば，すべての裁判所当局，すなわちその地域の諸法により抵当権制度を統轄するすべての登記所は，その所轄区域内のすべての土地について，正規且つ精確なる抵当登記簿中において，これを把握する義務がある，とされている。所轄区域内のすべての土地が抵当登記簿中に把握されるべし，とするのである。

(β) 法６条によれば，個別的に所有され，譲渡され，あるいは物的負担の設定される，ある区域内に存するすべての不動産は，当該区域の抵当登記簿に登記されるものでなければならない，とされている。ここでは，いかなる種類の不動産が抵当登記簿中に記入されるべきか，が定められている。

(γ) 法８条によれば，各々の土地については，抵当登記簿中において，個別の登記用紙があてがわれなければならない，とされている。

(δ) 法９条によれば，抵当登記簿への登記は，通例はその区域内に存在する

土地の第1番目から最終番に至るまでの連続するところの，一連の番号順に，おこなわれる，とされている。

　(ii)　次いで，「登記用紙の記載内容」については，

　(α)　「登記用紙」は，表題部（Titelblatt）と三つから成る部（Rubrick）とから，構成されている。

　(β)　表題部には，番号が付され，不動産の名称・性状・所在地が記載される（同33条）。

　(γ)　それに続いて，第1部の第1欄（Kolonne）には，不動産の所有者名が記載される。同第2欄には，不動産の所有権の取得原因（任意譲渡・強制競売・交換・贈与・その他の原因）が記載される。同第3欄には，不動産の取得価額が記載される（同41条―43条）。

　(δ)　第2部には，不動産上の物的負担（Reallasten）等が記載される（同47条―50条）。

　(ε)　第3部の第1欄には，不動産を対象とする債務「第2部・記載事項」以外のものが，記載される。より具体的には，抵当権付消費貸借・所有権留保売買における代金債務・黙示並びに法定の抵当権・保証・後見人並びに官吏の担保等が，記載される（同55条―57条）。なお，同部第2欄・第3欄には，上記の抵当権の譲渡・抹消等の事項が，記載される。

　(b)　「公示主義」のより一層の徹底化――「登記強制」手続の存置――

　(i)　第2に，AHOにおいては，「公示主義」がより一層徹底されており，「不動産所有権移転」の場合には，新所有者に対する「登記強制」手続が存置されるに至っている。

　(ii)　すなわち，AHOの下では，不動産所有権の確実化のためには，その変動はすべて抵当登記簿を設置する裁判所に対して届け出られなければならず，そして登記されなければならない（法49条）。その届出は利害関係人によりなされなければならず，しかもその場合所有権が新所有者に移転した権原を裏付け且つ証明するものでなければならない（同50条）。新所有者が届出を懈怠する場合には，その者に対して制裁が警告され届出が強要されることとなるが，

届出なきまま一定の猶予期間が徒過した場合には，新所有者に対して過料が課せられる（同50条―52条），とされている。ここでは，所有権移転に伴ない新所有者に対して「登記強制」が威嚇されるという，いわゆる「登記強制」手続が存置されている，という点に注目されよう。

(iii) さらに，「公示主義」の徹底化は，「所有権移転」の場合のみならず，「抵当権設定」の場合においてもまた，妥当するものとなっている。すなわち，抵当権の設定においても，抵当登記簿への「登記」が必要とされる。より具体的には，消費貸借契約並びにその他の契約に基づく抵当権・法定抵当権・黙示の抵当権等が，登記の対象とされており（同第2章109条），一般抵当権も同様である（同第2章165条）。それらの登記は債権者の登記申請に基づいてなされた，のである。

(c) 「実質的審査主義」の採用

(i) 第3に，AHOにおいては，「実質的審査主義（Legalitätsprinzip・合法主義）」の明確な採用に，注目される。ここで「実質的審査主義」とは，登記されるべき物権変動が存在するところ，その原因関係にまで遡り「有効性↔無効性」如何を審査すべき「権限と責任」を登記所轄の裁判所に付与せん，とする原則を意味している。

(ii) 採用の立法動機

AHOにおける「実質的審査主義」の採用の動機，それはどのようなものであったのか。「土地所有者」の利益において，一般公衆の信頼をも確保しながら，抵当権の「安全確実性」を保障し，そのことにより土地信用（土地投資）を助長せん，とする意図を指摘することができよう。より具体的に説明してみよう。

(α) 不一致の場合における「所有権原」の登記簿上の訂正　抵当権の「安全確実性」のためには，まず土地上の所有権についての「実体的法律関係」と「登記簿上の記載」とが一致するものでなければならない。両者が一致しない場合，すなわち「登記簿上の記載」が「実体的法律関係」と一致しない場合には，「所有権原」の登記簿上の訂正が制裁の威嚇の下で強制されなければなら

ない。しかも，この場合，この「所有権原」は，それ自体の「形式的有効性」のみならず，所有権移転の原因関係の有効性という「実質的有効性」をも，具備するものでなければならないこと，事理当然のことであろう。

(β) 抵当権取得の安全確実性の前提　　土地上の所有権についての「実体的法律関係」と「登記簿上の記載」が一致し，その「所有権原」がそれ自体の「形式的有効性」のみならず「実質的有効性（所有権移転の原因関係の有効性）」をも有している場合においてはじめて，当該土地上の抵当権取得は信用供与者にとって安全確実なものとなるであろう。しかも，この場合においても，その抵当権それ自体もまた，その「形式的有効性」のみならず「実質的有効性（抵当権設定の原因関係の有効性）」をも具備するものでなければならないこと，やはり事理当然であろう。

(γ) 「実質的有効性」の確実的保障のための方策　　以上を前提とすれば，抵当権の安全確実性を保障し，そのことにより土地信用を助長し，その増大化の方向に即応しよう，とするためには，所有権並びに抵当権の「形式的有効性」と「実質的有効性」が確実的に保障されるものでなければならなかった，といえよう。かくして，その「形式的有効性」と「実質的有効性」を確実的に保障するための方策として，「実質的審査主義」が採用されるに至った，のである。

(iii) 発現形態──登記裁判官の「人的責任」──

ＡＨＯにおける「実質的審査主義」の採用は，より具体的には，「登記裁判官（登記官吏）の人的責任」という形態において，発現している。すなわち，

(α) 第1に，ＡＨＯの下では，登記裁判官は当事者の登記申請につきその形式並びに内容を完璧に審理するものでなければならない（法第2章11条），とされている。

(β) 第2に，「登記簿上の記載」は，それが「実体的権利関係」と付合するものである旨，公衆に確示するものでなければならない。したがって，登記申請を受けた登記裁判官よりすれば，次のような諸点に十分に配慮して，可能な限り慎重に審査をなさなければならなかった。すなわち，不適法あるいは無効

な取引が登記簿上に記載されることを未然に防止すること，登記の「原因行為の適法性」についての公衆の信頼を確保すること，登記申請に際し裁判所（登記所）に提出された文書の瑕疵を原因とする無用の訴訟（紛争）を未然に防止すること，といった諸点に配慮するものでなければならない，のである（法第２章12条）。

　(iv)　「実質的審査主義」の下での審査の具体的内容

　ＡＨＯにおける「実質的審査主義」の下では，「所有権移転」と「抵当権設定」の二つの場合において，裁判所（登記所）は次の審査をするものでなければならない。すなわち，

　(α)　第１に，「所有権移転」の場合には，当事者の登記申請を受けた裁判所（登記所）は，次の諸点につき，審査するものでなければならない。すなわち，①当該所有権を譲り受けた新所有者（譲受人）が存在するところ，その譲渡人であるとされる者にその形態での処分（譲渡）をなしうる権限が存在するのか（譲渡人の処分権限の存否），②その者自身において「所有権原」の訂正がなされているのか（譲渡人の所有権原につき，実体的法律関係に即応した登記簿の記載となっているのか），③新所有者が一般法並びに地方ラント法により所有能力を有するものとされているのか（新所有者の所有能力の有無），④当該取引行為が新所有者への所有権移転を法的に理由づけるものなのか，⑤当事者間で作成された証書が法的諸要件を具備するものであるのか，につき，裁判所（登記所）は審査するものでなければならない（法49条）。

　(β)　第２に，「抵当権設定」の場合には，当事者の登記申請を受けた裁判所（登記所）は，消費貸借契約等に基づいて設定且つ登記される抵当権につき，①契約当事者の「資格（Qualität）」，②担保不動産の「性状（Beschaffenheit）」，③契約証書の「内容」及び「形式」，を審査するものでなければならない（法127条）。

　なお，ここで，①契約当事者の「資格」の審査とは，抵当設定者が当該不動産を自由に処分できるのか，又は他の人間の許可を条件として処分できるのか，の審査である（法128条）。②さらに，担保不動産の「性状」の審査とは，当該

不動産について，封の拘束や信託遺贈その他の，所有権に対する制限があるのかないのか，の審査である。③また，契約証書の「内容」の審査とは，抵当権設定契約の基礎となっている消費貸借契約において，その利息額や解約告知期間に関する制限についての，審査であり（法136条・138条），その「形式」の審査とは，契約証書の形式上の瑕疵についての，審査である（法140条）。

(v) 実質的審査主義は，その後，現実結果的には，どのような社会経済的機能を果たすものとなったのか。それは，プロイセン土地所有貴族層の農場経営への私的な個別抵当権による私的資本の流入阻止，という社会経済的機能を果たすこととなった。抵当土地信用をプロイセン国家の監督下におき，自らの国家的・政治的基盤たる土地所有貴族層の社会経済的地位・状況を確保し，その没落を阻止する，これがプロイセン国家の土地信用政策であり，実質的審査主義は私見でいう抑止型の一般ルール（三軌軸・抵当立法）に他ならなかった（終章参照）。

(d) 「登記簿の公信（＝公信主義）」の未採用

(i) 第4に，ＡＨＯにおいては，「登記簿の公信（＝公信主義）」の法思考は未だ採用されるに至っていない，と判断される。したがって，50年・ＨＯは「登記簿の公信」の法思考を採用していなかったところ，ＡＨＯもまた，この点において，50年・ＨＯの「連続性」の中に留まっていた，といえよう。

(ii) なお，付言すれば，ＡＨＯにおける「登記簿の公信」の法思考の存否如何につき，次の両法条の理解をめぐって，若干の論議（肯定説と否定説）が存在している。すなわち，

(α) ①まず，ＡＨＯ第2章55条によれば，土地の所有権原についての抵当登記簿上の「名義人」は，当該土地に関する抵当登記簿上の処分を，適法になしうる，とされている。②さらに，ＡＨＯ第2章92条によれば，この「名義人」は当該土地上の真実且つ唯一の所有者と看做される，とされている。

(β) 上述の両法条の存在を理由として，ＡＨＯは「登記簿の公信」の法思考を採用するものである，と理解する見解（肯定説）が存在する。この見解によれば，所有権原についての抵当登記簿上の「名義人」（以下，登記名義人と称す

る）によって設定された抵当権は，仮にこの者（登記名義人）の実体的権利（所有権）が瑕疵あるものである場合にも，すべての異議に対して保護される，とするものである。

(γ) しかし，両法条の存在は「登記簿の公信」の法思考の採用の根拠たりえない，と考えられる。その理由としては，①法55条は，「登記名義人」による処分につき，単にその「適法性」について定めるものにすぎず，「有効性」についてはまったく言及するものではない。②また，法92条は，「登記名義人」が真実且つ唯一の所有権と看做されるべき旨，定めるものであり，したがってその論理的帰結として，処分に際しその所有権原の証明が不要とされる旨，述べるにすぎない，からである。

(δ) したがって，上述の(γ)を前提とすれば，両法条の下では，次のように理解されるべきであろう。すなわち，①所有権原なき「登記名義人」が存在するところ，この者により土地所有権の「売却処分」がなされた場合には，その処分行為の相手方たる「買主」は，「真実の所有権者」に対しては，なんらその権利（自己の所有権）を主張できない。「真実の所有権者」は，より強力な権利者（besser Berechtigte）として，当該処分行為を否定することができる，と考えられる（法第2章94条参照）。②また，所有権原なき「登記名義人」が存在し，この者により土地所有権上の抵当権設定の「処分」がなされた場合においても，同様のことが妥当する。その処分行為の相手方である「抵当権者」は，「真実の所有権者」に対しては，なんらその権利（自己の抵当権）を主張できない，と考えられる。

(3) 1793年・「一般裁判所令（ＡＧＯ）」[4] (Allgemeine Gerichtsordnung vom 6. Juli 1793)：不動産執行法（不動産強制競売法）としての「手続的」抵当権法
──抵当権実行手続の整備，裁判上債権者の破産順位──

(i) 1793年・ＡＧＯは，裁判所手続一般につき定める包括的な法典であり，しかも「手続的」抵当権法でもある，という点に注目される。法典の主たる柱としては，①判決手続（Erkenntnisse），②執行手続（Exekutionen），③破産手

続（Konkurs），④強制競売手続（Subhastation），等についての一般的規制が挙げられるが，私見によれば，そこでの強制競売手続，それが抵当権の手続的実現方法としての「手続的」抵当権法の部分に他ならない，と考えられる。

(ii) ＡＧＯ第１部・訴訟法典（Prozeßordnung）中の第52章が「強制競売手続（Subhastationsprozesse）」についての規定である。総則規定（１条・２条）をふまえて，その第１節（３条以下）が「必要的競売」（notwendige Subhastaion・通常の競売）」について，第２節（66条以下）が「任意的競売（freiwillige Subhastation・非訟的競売）」について，それぞれ定めを置いている。

抵当権の手続的実現方法としての「必要的競売」手続に注目すれば，既にＡＧＯはかなりの整備された諸規定を包含するものといえよう。より具体的に規定中の諸項目を列挙すれば，執行対象，開始要件，手続主宰の裁判官，目的物の価額評価，裁判所による土地所有者に対する評価実施の通知，価額評価に対する異議，売却条件，競売認許，競売期間並びに告知，債権確定期間における手続（配当手続），競売手続における手続，最高価買受申出（競買申出）に関する利害関係人の審尋，競落判決，競落公示の効力，土地と同置される動産並びに諸権利の競売，等が指摘されよう。したがって，ここでは抵当権の権利実現手続としての必要的競売について，その開始（スタート）から終結（ゴール）に至るまでの，抵当権の「手続的」側面が規律されており，これを「手続的」抵当権法と称することができよう。

なお，私見の分析視点よりすれば，このＡＧＯの手続的抵当権法にあっても，「土地所有者（債務者）」保護のプロイセン法理が，明瞭に看取される，という点に注目されなければならない。抵当権実行としての必要的競売が，土地所有者たる農場経営貴族層を没落（農場からの放逐）を意味するものとならぬように，様々な手続的配慮・手立てがなされている，からである。デルンブルグの研究（ders., P. Hyp., II. S. 337）が，いみじくも指摘するように，必要的競売（強制競売）をあくまで「非常的・例外的手段」（ein äußerstes Mittel）として制度的に位置づけていたのである。ここに，当時のプロイセン国家の抵当土地信用政策の基本姿勢が，明瞭にみられる，といえよう。

83

(ⅲ) しかし，他方，ＡＧＯにあってもまた，抵当権法は破産法に結合されており，その立法的結合という法典現象がみられる（既述第１章第３節２）。抵当債権者よりすれば，破産手続の開始に伴ない，「破産の誘引力」の法原則の下，自らは破産手続の外部では存立できず，破産手続の内部においてのみ自己の債権の満足を受けることができた，のである。その限りにおいて，破産手続から峻別された，それには影響されることのない独立した「抵当権実行手続」というものは，未だ確立されてはいなかった，ということができよう（抵当権実行手続の分化・独立の歴史的プロセスについては，拙稿・「消除主義，そのドイツ・プロイセン的構造の解明」・法研99巻12号194頁以下）。

(ⅳ) ＡＧＯ第１部第50章は「破産手続」について定めており，「破産の誘引力」の法原則の下，その第４節（「債権者が破産積極財団より債権の満足（弁済）をうける順位」）267条以下の諸規定が破産順位についての定めを置いている。そこでは，諸債権者が七つの破産順位のクラスに配置ないし振り分けられている。注目されるべきは次の二点である。すなわち，

(α) 「形式的」抵当権法である83年・ＡＨＯの諸規定に基づいて登記をなした抵当債権者は破産第３順位に位置され，その登記は破産財団に属する土地上になされたものでなければならない。これらの登記ある諸抵当債権者相互間にあっては，同じく第３順位クラス内において，当該債権の種類や性状とは無関係に，なされた登記の時点（先後）によって，優劣が決定される（ＡＧＯ第１部第50章第4節387条以下）。

(β) インミシオーン担保権を有する裁判上債権者（Creditores immissi）についてみれば，当該債権者は破産第５順位に位置されている。同447条によれば，共同債務者（破産債務者）に対する既判力により確定された債権に基づいて，破産手続開始前に，その土地上に裁判官行為のインミシオーンをうけた債権者，すなわち裁判上債権者は破産第５順位に位置すべき旨，明規されている。

(γ) 従前の法規制と対比すれば，既述の如く，①22年・ＨＫＯでは破産第３順位に位置していたところ，②48年・ＭＦ勅法草案では第５順位に劣位化した。そして，③このＡＧＯでは，同じく第５順位に位置している。同順位ではある

が，他の物的諸権利が登記と結びついて順位上昇の傾向が見られるが故に，登記権原なき裁判上債権者は実質的には劣位化している，といえよう。

(4) 1794年・「一般ラント法（ＡＬＲ）」[5] (Allgemeine Landrecht vom 5, Februar 1794)：「実体的」抵当権法・土地所有権法――登記の重視，土地所有権の不確実性からの抵当債権者の解放――

(イ) 「実体的」抵当権法としてのＡＬＲ

1794年・ＡＬＲは，「実体的」抵当権法として，プロイセン抵当権諸立法の展開の中に位置づけることができよう。ＡＬＲ第１部第20章390条―535条の諸規定が，「実体的」抵当権法としての規律を定めている，からである。そこでは，抵当権に関して，その目的物，登記権原，登記による権利取得形態，登記態様，効力，実行の形態，登記された諸債権の順位並びに優先権，譲渡並びに担保設定，消滅，等について，いわば抵当権の成立から消滅に至るまでの「実体的」側面の規律が，定められている。

(ロ) 「所有権の二重性」の具体的内容如何――その逐条約解明――

ＡＬＲの下では，いわゆる「所有権の二重性」という法現象が生じていた。自然的所有権と市民的所有権の対立あるいは分裂，という法体系的矛盾が生じていた，のである。ＡＬＲは自らその調整を試みているが，それは必ずしも十分なものとはいえなかった。以下，「土地所有権法が抵当権法と交錯する」という視点において，換言すれば，抵当権法との関連において，個別の諸規定の内容に即して，順次検討していこう。

――なお，以下の私見の逐条分析における解明のポイント（狙い）として，予め次の五点を指摘しておきたい。

① 第１に，「所有権の二重性」とはどのような法現象であるのか，である。それは，「登記」による市民的所有権（←ドイツ法理論）と「権原と引渡し」による自然的所有権（←ローマ法理論）の対立，である。

② 第２に，それが法体系的矛盾とされる，その理由は何か，である。それは，83年・ＡＨＯにおける「抵当権設定への登記主義の妥当」であり，94年・

ALRにおける「所有権取得への登記主義の非妥当性」である。法体系上の「二元主義」の現出である。

③　第3に，矛盾を自ら招来させたALR自体が試みている，その解決・調整の具体的方策の内容如何，である。それは，「登記強制主義」の妥当であり，土地上の抵当権者による「土地登記の絶対的援用」の承認である。

④　第4に，本問題はなぜ「抵当権法」（抵当権法は土地所有権法と交錯する）の視点から分析されなければならないのか，である。それは，本問題が抵当土地信用の発展にとって重大な阻害要因になっており，その解決・調整は抵当権法（抵当土地信用制度）改革の一つのキーとなっていた，からである。

⑤　第5に，「両法（抵当権法と土地所有権法）交錯」を特徴づける理念的メルクマールは何か，である。それは，両法は共に「土地所有者」の利益においてある，ということである。まず，抵当権法である。たとえば，1794年・ALRでは，「土地所有者」の信用享受の利益において，抵当権設定に「公示主義（登記主義）」を妥当させた。さらに，土地所有権法，たとえば1872年・EEGでは，「土地所有者」の法的地位の確実化の利益において，土地所有権取得に「公示主義（登記主義）」を妥当させた，という限りにおいて，である。――

(a)　「権原」と「引渡し」による所有権取得――ALR I 10 §1――

(i)　ALR第1部第10章1条によれば，物の所有権の間接取得（mittelbare Erwerbung）は，それに必要とされる「権原（Titel）」の他に，その「現実の引渡し（wirkliche Uebergabe）」を必要とする，とされている。

(ii)　すなわち，動産又は不動産を問わず，物の所有権の間接取得にあっては，①「原因（causa）」としての権原，②「取得方式（modus acquirendi）」としての現実の引渡し，の二つを必要とする。そして，ここで「間接取得」とは，「承継取得（abgeleiteter Erwerb）」を意味し，権原なくして占有取得のみによる所有権取得を除くところの，すべての所有権取得を内容とするものである（ALR I 9 §§5-6参照）。したがって，以上を前提とすれば，ALRの下では，土地所有権は，「権原」と「現実の引渡し」により，取得された，といえるであろう。

(iii) なお，ＡＬＲの下では，当時の普通法学説の理論の影響の下，所有権取得について「権原」と「取得方式」が必要とされていた（ALR I 9 §§1-2）。そして，動産並びに不動産の所有権の取得については，その取得方式として「占有取得（Besitzergreifung）」が必要とされていた（ALR I 9 §3）。したがって，以上の諸規定と対応するものとして，法１条は，物の間接取得につき，その取得方式として「現実の引渡し」を要求したものである，といえよう。

(b) 「証明と登記」をなした土地所有権者——ALR I 10 §6——

(i) ＡＬＲ第１部第10章６条によれば，土地につき裁判所の面前で処分をなさんとする者は，土地上に取得された所有権を「証明」し且つ抵当登記簿に「記入（登記）」しなければならない，とされている。

(ii) すなわち，法６条では，①裁判所（登記所）の面前で土地所有権の処分がなされること，②その処分に際して処分者は自ら取得していた土地所有権を裁判官（登記官）に「証明」し且つ抵当登記簿上に「記入（登記）」しなければならないこと，が明規されている。したがって，本条の規定よりすれば，論理上，土地所有権を「証明」し且つ「登記」をなした土地所有権者，という者が，存立することとなるであろう。しかも，この「登記」ある土地所有権者は，同７条の規定により，一定の範囲において土地所有者と看做されている（後述㈠），のである。

(c) 「所有権の二重性」の法現象——自然的所有権（§1）と市民的所有権（§6）の対立・分裂——

(i) 法１条と法６条の両法条の併立を前提とすれば，ＡＬＲの下では，いわゆる「所有権の二重性」という法現象が現出する結果となる。

(ii) すなわち，①まず，一方において，法１条の規定に基づいて，「権原と引渡し」による土地所有権（土地所有権者）（以下，「引渡し」による土地所有権，と略記する）が存在する。②しかし，他方において，法６条の規定に基づいて，「証明と登記」による土地所有権（土地所有権者）（以下，「登記」による土地所有権，と略記する）も存在する。③したがって，以上を前提とすれば，同一土地上に，「引渡し」による土地所有権（土地所有権者）と「登記」による土地所有

権（土地所有権者）という，二つ所有権（二人の所有権者）が対立・分裂している，という法現象が現出することとなるであろう。これが，いわゆる「所有権の二重性（二重所有権）」の法現象に他ならない。

(ⅲ) なお，付言すれば，法1条に基づく「引渡し」による所有権は「自然的所有権（natürliches Eigentum）」と呼ばれたのに対して，法6条に基づく「登記」による所有権は「市民的所有権（bürgerliches Eigentum）」と呼ばれた。したがって，「所有権の二重性」とは，「自然的所有権と市民的所有権の対立・分裂」の問題でもあった，といえよう。

　(d) 法体系的矛盾としての「所有権の二重性」——法6条の問題点——

(ⅰ) 同一土地上において，「引渡し」による所有権者が存在し，他方「登記」による所有権者も存在するとすれば，その二人の所有権者中いずれの者を法的に優先させるべきか，という問題が生じてくる。土地所有権はそもそも「引渡し」により取得されるべきものであるのか，それとも「登記」により取得されるべきものであるのか，という問題である。これは，ＡＬＲのもつ土地所有権法上の法体系的矛盾に他ならない。

(ⅱ) 私見によれば，この問題の解決にとっては，法6条の規定がどのように理解されなければならないのか，が問われる必要があろう。同条はまさにキーフォアシェリフトに他ならない。より具体的には，法6条の規定は，その条文内容並びに条文位置において，「所有権の二重性」の法体系的矛盾の現出という，なおその後の混乱の誘因となった，と評されている。法6条は，法1条の「引渡し」による所有権取得に加えて，「登記」による所有権取得を認めているかのようでもあり（法1条との内容的矛盾），さらに法6条に引き続く法7条の規定よりすれば，「登記」ある所有権者は一定の範囲において真実の所有権者と看做されている（法7条以下の諸規定との位置的接合），からである。

(ⅲ) 法6条より生ずる理論的・法体系的問題点を解決することは，勿論，当時にあっても解決不能の，難問中の難問であった。ＡＬＲ下での解決・調整手段については次項目㈠で論ずることとし，ここでは同条のさらなる問題点として次の二点を指摘しておくに留めたい。すなわち，

(α) 第1に，法6条の定めるところにより「登記」をなした土地所有権者が登場することとなるが，そのなされた「登記」は取得されていた土地所有権とどのような関係にあるのか。換言すれば，「登記」は土地所有権の取得行為として位置づけられているのか，それとも既に発生ないし完成されていた土地所有権取得を公的に確証するものにすぎないものとされていたのか，という問題が生じてこよう。

(β) 第2に，さらに，仮に「登記」が土地所有権の取得行為として位置づけられているのだとすれば，そのような「登記」は所有権取得方式としての「引渡し」（1条）と法体系上どのような関係に在るのか，という問題も生じてこよう。

(イ) 「所有権の二重性」に対する調整――ＡＬＲ下の調整手段――

「所有権の二重性」という法体系的矛盾に対して，ＡＬＲは，自然的所有権者と市民的所有権者との間での，その解決・調整として，対取引相手方との関係において，次のような方策を提示している。以下，具体的設例に即して説明しておこう。

(a) 自然的所有権者Ｅと市民的所有権者Ｂの対立の止揚・諸利益調整（ALR Ⅰ 10 §§ 7-10）――「公信主義」との関連性――

(ⅰ) 具体的設例として，次の三者の法律関係を想定する（**図解**参照）。

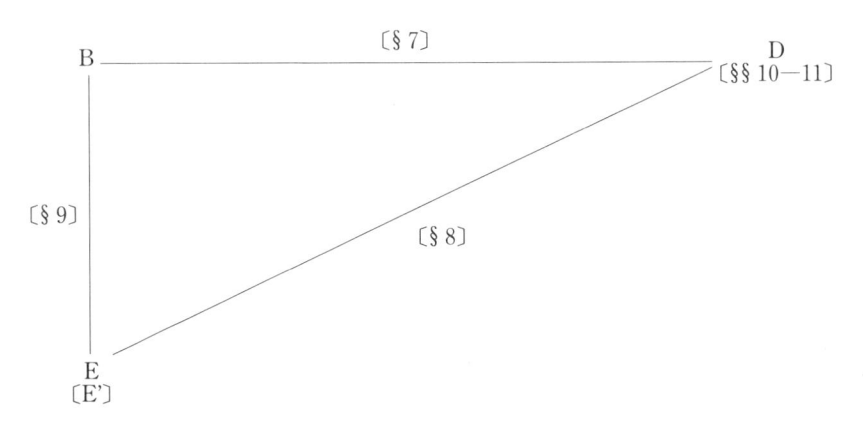

```
B ─────────〔§7〕───────── D
│                          〔§§10—11〕
│                      ╱
〔§9〕              〔§8〕
│            ╱
│      ╱
E
〔E'〕
```

┌① 抵当登記簿上の登記ある占有者Ｂ（市民的所有権者）

├ ② 登記なき所有者E（並びにその承継人E′）（自然的所有権者）
└ ③ Bと取引をなしたその相手方D
(ii) 法7条の規定内容：対D関係におけるBの土地所有者としての擬制（§7）──BD間関係における「Bの利益保護」──

(α) BD間関係において，法7条は「登記」と「占有」を併有する者を土地所有者とみなしており，その限りで「登記簿の公信」を明記するものである。

(β) すなわち，ＡＬＲ第1部第10章7条によれば，抵当登記簿上に登記された占有者（Besitzer）Bは，当該土地につき第三者Dと締結されたすべての取引において，当該土地の所有者と看做される，とされている。ここで「抵当登記簿上に登記された占有者B」とは，「登記」と「占有」を併有する者に他ならず，この者Bが土地につき第三者Dと締結されたすべての取引において土地所有者と看做される，とされるのである。したがって，本条は，「登記」と「占有」が同時的に併有されている場合（換言すれば，登記と占有を同時的に併有する者）という限定された範囲において，対取引相手方との関係においてその者を土地所有者と看做すという形で，「登記簿の公信」を明記するものである，といえよう。

(iii) 法8条の規定内容：対D関係におけるE（E′）の否認権（E・E′→D）の不存在（§8）──E（E′）D間関係における「Bの利益の反射的保護」──

E（E′）D間関係において，法8条は，E（E′）はBと取引した相手方Dの権利を否認できない，と定めている。すなわち，法8条によれば，法7条の「登記ある占有者B」とかかる取引において相手方となった者Dが存在するところ，「登記なき所有者E並びにその承継人E′」は取引において取得されたDの権利を否認することはできない，とされている。Dの権利が否認されないという限りにおいて，反射的にBの利益が保護される結果となっている。

(iv) 法9条の規定内容：対B関係におけるEの法定の損害賠償請求権（E→B）（§9）──BE間関係における「Eの利益保護」──

BE間関係において，法9条は法8条より生じ得るEの不利益（BD間取引

においてBは土地所有者として擬制され，その取引により取得されたDの権利をEは否認できない，という不利益）を救済するために，Eは法律上当然にBに対する損害賠償請求権を有する，とする。すなわち，法9条によれば，「登記なき所有者E」には，法8条の帰結より生じた不利益から救済するために，「登記ある占有者B」に対する損害賠償請求権が，留保され，その損害賠償請求権は法律上当然に生ずるものである，とされている。

　(v)　Dが悪意である場合（§10）並びにBの権利の不確実性が抵当登記簿上明らかである場合（§11）におけるDの法的地位――BD間関係における「Eの利益の反射的保護」――

　BD間取引においてBは土地所有者として擬制され（法7条），EはBD間取引により取得されたDの権利を否認できない（法8条），という限りにおいて，B並びにDの法的地位は擁護されている。しかし，法10条はDが悪意であるとき，さらに法11条はBの権利の不確実性が明らかであるとき，このようなときにはDはなんらの権利をも取得できない旨，定めている。その限りで，Eの利益が保護される結果となっている。すなわち，

　(α)　法10条によれば，「登記ある占有者B」と土地につき取引をなした者Dが存在するところ，このDが，Bが真実の所有者ではない旨，知っていた場合には，Dは真実の所有者Eの不利益においてはいかなる権利をも取得できない，とされている。

　(β)　法11条によれば，「登記ある占有者B」の権利に疑義があり又は争われており，且つそのような疑義が抵当登記簿上に記載されている場合には，第三者Dは権利を取得できない，とされている。

　(b)　その実務上の調整としての「登記強制主義」の妥当（「二重的所有権」現出の予めの回避）――ALR I 10 §§ 12-14――

　(i)　「引渡し」による自然的所有権（者）と「登記」による市民的所有権（者）の分裂・対立を回避するるために，その調整手段として，ALRは「引渡し」による自然的所有権者に対して「登記強制」を課している（ALR I 10 §§ 12-14）。「引渡し」による自然的所有権者が存在するときには，この者に対し

て「登記」を強制し（したがって，この「引渡し」による自然的所有権者は，同時に「登記」による市民的所有権者ともなる），このことによって「所有権の二重性（両所有権者の分裂・対立）」の法現象の現出を予め回避しよう，としたのである。ここでは，「二重所有権」の法現象に対して，その調整手段として，ＡＬＲは「登記強制主義」を妥当させている，ということができよう。

(ⅱ) ＡＬＲの法規制の下，登記強制主義は次のように妥当するものとされている。すなわち，

(α) 土地所有権の不確実性，そしてそれを起因として生ずる訴訟（紛争），を回避するために，各々の新たな取得者は自己の「占有権限（Besitzrecht）」を抵当登記簿上に登記させるべき義務を負っている（Teil I, Tit. 10, §12.）。土地所有権の取得者，すなわち「引渡し」による自然的所有権者には，強制的登記義務が課せられる，のである。

(β) しかも，この登記義務がなされぬまま遅滞するときには，罰金の威嚇の下で，所轄裁判官（登記官）は職権により新取得者に対して登記をなすべき旨命ずることができる（Teil I, Tit. 10, §13）。登記を管轄する所轄裁判官により職権に基づく登記強制命令が出される，のである。

(γ) さらに，強制的登記義務に基づいて新取得者が登記をなす場合におけるその期間，すなわちいかなる期間内に登記をなさなければならないのか，さらに登記を懈怠する占有者（Besitzer）に対して登記をなさしめるべき具体的手段如何，については，83年・ＡＨＯの諸規定（Tit. 2, §49 AHO）が準用される旨（Teil I, Tit. 10, §14），定められている。

(ⅲ) 二重所有権の法現象に対するその解決・調整としての「登記強制主義」，その妥当は，ＡＬＲが，「引渡し」による自然的所有権は「登記」を経由することにより「登記」による市民的所有権へと高められる，との基本的立場を有していた，ということを意味していたといえよう。

(ニ) 「二重所有権」と抵当権（土地所有権法と抵当権法の交錯）
　　　──「二重所有権」の法現象からの抵当債権者の解放──

(ⅰ) ＡＬＲの下では，抵当債権者は，「二重所有権」の法現象より生ずる

「土地取得者の不確実性」から，解放されている，という点に注目される。ここで「二重所有権」の法現象とは，「登記なき真実の所有者E」（引渡しによる自然的所有権者）と「登記ある占有者B」（登記簿上の所有権者，登記による市民的所有権者）の競合に他ならない。そして，「土地所有権法と抵当権法の交錯」という視点よりすれば，「抵当債権者の法的地位」如何については，結論として，次のように分析されよう。

(ii) すなわち，ＡＬＲ第１部第20章410条によれば，それ自体法律上有効な権原に基づいて，「登記ある占有者Ｂ」に対してなされた抵当権設定は，「占有者Ｂ」が真実の所有者ではなかったことが後日判明したときでも，その効力を保持する，とされている。「土地所有権の取得者についての不確実性」より，抵当債権者は解放されている，のである。より具体的には，

(α) 50年・ＨＯの下では，「より有利な権利者」が自己の請求権を主張してきたときには，単に「登記ある仮装所有権者の権利」のみならず，「すべての・その仮装所有権者から承継された者の権利」（たとえば，土地所有権上に設定・取得された抵当権）もまた，直ちに崩壊するに至った（既述第１節２(2)(ロ)(b)(ii)）。ここでは，「所有者として登記ある者Ｂ」が存在するところ，側面から知られざる「より有利な権利者」が登場して，この者がＢの権利を威嚇する，という危険状況が，存在していた，のである。そして，このような危険な構図の中に，抵当債権者もまた位置していた，あるいは組みこまれていた，といえよう。

(β) しかし，ＡＬＲはこのような危険状況より抵当債権者を解放している。すなわち，土地上の抵当債権者Ｄは，抵当権設定時における「登記ある占有者Ｂ」のその登記を，絶対的に援用することができる。その対応として，万一の場合にはあるいは存在するかもしれない「登記なき真実の所有者Ｅ」は，Ｄの抵当権を完全なる範囲において忍受しなければならなかった。この場合，土地上の抵当債権者Ｄにおいてこの権能が付与される要件として，一般原則としての「権利取得者の善意（gute Glaube des Rechtsbewerbers）」が必要とされていた。以上を前提とすれば，ＡＬＲの下では，土地上の抵当債権者Ｄは，「二重所有権」の法現象より生ずる「土地取得者の不確実性」より，解放されている，

といえよう。

3　小　括

18世紀後期・末期の三軌軸・抵当立法（①形式的抵当権法としての83年・AHO，②手続的抵当権法としての93年・AGO，③実体的抵当権法・所有権法としての94年・ALR）の展開（トリアーデの法構造）を小括すれば，次の五点を指摘できよう。

(i)　第1に，AHOにおける抵当登記簿制度の一層の整備，「公示主義」の一層の貫徹である。公示主義の徹底化は，所有権移転についてのみならず，抵当権設定についても，なされた。また，それは，AGOにおける破産順位規定にもみられ，登記と結合した抵当権はより優先的地位を確保し得た。

(ii)　第2に，AHOにおける「実質的審査主義」の採用である。それは，所有権移転についてのみならず，抵当権設定についても，妥当した。これにより，実体的法律関係と登記簿上の記載との一致が，図られた。所有権並びに抵当権の形式的・実質的有効性が保証され，これにより土地所有者の信用享受の利益において，抵当権の安全確実性の下，抵当土地信用の促進が可能となった。いわば「光」の側面であった。

なお，付言すれば，実質的審査主義（その貫徹）の延長線上には「公信主義（登記簿の公信力）」が理論上位置づけられるが，AHOでは未だ明確な形では公信主義は採用されていなかった。公信思考は未だ成熟していなかった。

(iii)　第3に，「実質的審査主義」の採用の，いわばその「影」の側面である。実質的審査主義の採用は，登記裁判官の人的責任と合議制の下に，発現したが故に，登記手続は著しく遅滞化し，抵当当事者よりすれば厄介な後見と感じられるようになった，からである。現実的には，実質的審査主義の妥当の下では，私的な個別抵当権が抑止され，土地信用への私的資本の流入が阻止されることとなった。抵当土地信用は，現実の結果としては，実質的審査主義により抑制されざるを得なかった，のである。私見によれば，高利の私的資本の流入を阻止し土地所有貴族層を保護せん，とする「土地所有者」の利益保護を目的とす

るプロイセン国家の土地信用政策（LS信用制度によるPBをメインとすべし，との政策でもある）が，ここにみられる，と考える（終章参照）。

(iv) 第4に，ALRにおける「所有権の二重性」の法体系的矛盾の現出，そしてその解決・調整の具体的方策の実現，である。まず，AHOにおける「登記主義」の妥当（「登記」による所有権取得），ALRにおける「権原と引渡し」による所有権取得の許与，との法体系的矛盾の現出である。次いで，① ALRにおける「登記強制主義」の妥当，②善意要件具備の下での抵当権者の「登記」（＝抵当権設定時の土地占有者の「登記」）の絶対的援用，という解決・調整の具体的手段の許容，である。これにより，「所有権の二重性」より生ずる「土地所有権の不確実性」より，抵当権者は解放された，のである。土地所有者の信用享受の利益において，抵当権の安全確実性確保の下，抵当土地信用に対する重大な阻害要因（所有権の二重性）が事実上除去された。

(v) 第5に，AGOにおけるインミシオーン担保権を有する裁判上債権者（強制抵当権者）の破産順位上の実質的な劣位化，である。48年・MF勅法草案では破産第5順位（←22年・HKOでは第3順位）に位置していたころ，93年・AGOでも同様に第5順位に位置していた。しかし，順位上優先する諸権利の増加を考慮すれば，同順位存置ではあるが，実質的な劣位化であった。抵当権者を含めて，より多くの物的債権者が自ら登記と結びつけられることにより，より順位が上昇したこととの，反射的作用（インミシオーン担保権には登記権原が制定法上許与されていなかった）であった。

1）Weyermann, Immobiliarkreditwesens, S. 27 ff., Dernburg-Hinrichs, P. Hypothekernrecht, S. 16; S. 15（Anmerkung 14）., Hedemann, Fortschritt, II ②, S. 23-24., 有川・「取得法(3)」15―16頁。
2）Dernburg-Hinrichs, P. Hypothekernrecht, S. 17., 石部・絶対主義81頁以下，鈴木（正）・「プロイセン民訴法(1)」109頁以下，有川・「取得法(3)」16頁。
3）83年・AHO の条文については，Allgemeine Hypotheken-Ordnung für die gesammten Königlichen Staaten, 1784., heausgegeben von Paul, Allgemeine Hypothekenordnung für die gesammten Königlichen Preußischen Staaten, I.

Band, 1837.

　プロイセン抵当権諸立法の展開における AHO の位置づけや概要については, Weyermann, Immobiliarkreditwesen, S. 134 ff., Dernburg-Hinrichs, P. Hypothekernrecht, S. 16 ff.

　AHO に論及する邦語文献として，石部・絶対主義51頁・52頁以下（カルマーとシュワルツについて），伊藤（眞）・「消除・引受主義(2)」110頁以下，鈴木（禄）・抵当制度19頁，有川・「取得法(3)」16頁，田中（克）・「成立史」443頁以下．

4）93年・AGO の条文については, Allgemeine Gerichtsordnung für die Preußischen Staaten, I. Theil. (Prozeß-ordnung), 1855 (unveränderter Abdruck der Ausgabe von 1816).

　プロイセン抵当権諸立法の展開における AGO の位置づけや概要については, Weyermann, Immobiliarkreditwesens, S. 145 ff., Dernburg-Hinrichs, P. Hypothekernrecht, I. Abt, S. 24 ff.

　AGO について論及する邦語文献として，伊藤（眞）・「消除・引受主義(1)」409頁以下，田中・「成立史」449頁，鈴木（正）・「プロイセン民訴法(3)」334頁．

5）94年・ALR の条文については, Allgemeine Landrecht für die Preußischen Staaten, I. Theil. 1. Band, Neue Auflage (unveränderter Abdruck der Ausgabe von 1821), 1825., Allgemeine Landrecht für die Preußischen Staaten, I. Theil. 2. Band, Neue Auflage (unveränderter Abdruck der Ausgabe von 1821), 1825., Allgemeine Landrecht für die Preußischen Staaten von 1794, Textausgabe, 1970.

　プロイセン抵当権諸立法の展開における ALR の位置づけや概要については, Weyermann, Immobiliarkreditwesens, S. 141 ff., Dernburg-Hinrichs, P. Hypothekernrecht, S. 21 ff.

　ALR について論及する邦語文献として，石部・絶対主義125頁以下・159頁以下・166頁以下（二重所有権），好美・「jus ad rem」319頁以下（二重所有権の問題について分析されている．同書339頁以下），鈴木（禄）・抵当制度18頁以下，伊藤（眞）・「消除・引受主義(2)」1109頁以下，有川・「取得法(3)」32頁以下，田中（克）・「成立史」446頁以下．

〔18世紀のプロイセン抵当権法一般，とりわけ1794年・ＡＬＲ（実体的抵当権法）の基本文献〕

(a) 一般的な立法資料として,
① Siewert, Materialien zur wissenschaftlichen Erklärung der neuesten

preußischen Landesgesetze, 8 Bde., 1800-07.

(b) コンメンタールとして,
① Koch, Allgemeines Landrecht für die preußischen Staaten, 4. Teile, 7. Ausgabe, 1878.（最も重要なコンメンタール）
② Merkel, Kommentar zum ALR für die preußischen Staaten, 2. Teile, 2. Aufl., 1812.
③ Bielitz, Praktischer Kommentar zum ALR für die preußischen Staaten, 8 Bde und 2 Hefte Nachtrag, 1823-32（1 Bd, in 2. Aufl., 1835）.
④ 立法資料等をも含むコンメンタールとして, v. Ronne, Die Ergänzungen und Erläuterungen der preußischen Rechtsbücher, 6. Ausgabe, 1873（Bd. 1 und 2, Landrecht; Bd. 3 und 4, andere Quellen）.

(c) 体系書として,
① Klein, System des preußischen Civilrechts, 1801（2. Aufl., von Rönne, 1836）.
② Temme, Lehrbuch des preußischen Civilrechts, 2. Aufl., 1846.
③ Bornemann, Systematische Darstellung des preußischen Civilrechts, 6 Bände, 1834-39; 2. Aufl., 1842-45.
④ Laspehres, System des preußischen Privatrechts im Grundrisse, 1843.
⑤ Koch, Lehrbuch des preußischen Privatrechts, 3. Aufl., 1857.
⑥ Hedemann, System des preußischen Civilrechts im Grundrisse, 1851.
⑦ ders., Eileitung in das System des preußischen Civilrechts, 1. Bde., 2. Bde., 1. Lief., 1859 und 1868.
⑧ Förster, Theorie und Praxis des preußischen Privatrechts, 4. Bde., 1. Aufl., 1865-; 3. Aufl., 1873-.
⑨ Dernburg, Lehrbuch des Preußischen Privatrechts und der Privatrechtsnormen des Reichs, I. Band, 1879.

第3節　インミシオーン担保権制度の展開
——18世紀末期—19世紀初期：「裁判上債権者」の法的地位の確実化（登記権原の許与）を求めての改革運動——

> 論述の進行
> 1　AGO並びにALRの下でのインミシオーン担保権制度
> 　　——裁判上債権者の破産順位の劣位化——
> (1)　AGOの下での破産順位
> (2)　ALRの下での破産順位
> (3)　その理由としての「登記権原」の不存在
> 2　新立法に向けての改革の動向
> 　　——裁判上債権者の法的地位の確実化を求めて——
> (1)　三通達と意見書
> (2)　実務上の解決すべき諸問題
> (3)　新立法に向けての動向，その(1)——ヴェストファーレンのラント議会の請願書——
> (4)　新立法に向けての動向，その(2)——フォン・ヴィンケの報告意見書による賛意，プロイセン政府の受容——
> 3　小括

論述の進行

（i）22年・HKOを起点とする18世紀・プロイセン抵当権諸立法の展開は、「実体的」抵当権法としての94年・ALR，「形式的」抵当権法としての83年・AHO，そして「手続的」抵当権法としての93年・AGO，の三軌軸・抵当立法によって、その到達点を得るものであった。最後を飾る到達点としての三法典の下において、とりわけAGOとALRの下において、インミシオーン担保権制度がどのように法構成されているのか、について検討する。そして、ここでは、AGOとALRの下で、「登記」重視の方向性において、抵当債権者の

法的地位が確実化していったが，その反面として，登記権原を有していないために裁判上債権者の法的地位は相対的に弱化・劣位化していかざるを得なかった，という点に注目される（なお，その限りで，登記権原あることを前提として，その登記手続一般について定める土地登記法たる「形式的」抵当権法としてのＡＨＯは，ここでは関連してこない）（１）。

（ii）　裁判上債権者の法的地位が相対的に弱体化していかざるを得なかったために，その法的地位の向上ないし確実化を求めて，より具体的には「登記権原」（登記手段）の許与を求めて，新たな制定法改革運動が接続してくる。18世紀末より19世紀初頭にかけてのことであった。この改革運動の基本的方向をプロイセン政府は是とするものであった（２）。

1　ＡＧＯ並びにＡＬＲの下でのインミシオーン担保権制度[1]
――裁判上債権者の破産順位の劣位化――

(1)　ＡＧＯの下での破産順位[2]

（i）　インミシオーン担保権制度は，22年・ＨＫＯによる制度的体系化の後，その後のプロイセン抵当権諸立法において，ほとんど主たる関心の対象とはされていない。結果として，ＨＫＯの下での制度的構成がほぼ同様に踏襲されてきたにすぎなかった。それは，18世紀の最後の到達点としての「手続的」抵当権法たる93年・ＡＧＯの下においても，同様であった。

（ii）　しかし，他方，制度的体系の大枠としての維持ないし踏襲にもかかわらず，注目すべき変更も生じていることに，注意されなければならない。それは，法定の破産順位においてである。より具体的には，

(α)　22年・ＨＫＯの下では，インミシオーン担保権を有する裁判上債権者（immittirter Judikatsgläubiger）は破産第３順位に位置していた（既述第１章第３節３）。この破産順位クラスは，本来，抵当債権者（Hypothekengläubiger）のために与えられていたものであり，裁判上債権者もまた破産手続において同様の処遇を得ていた，のである。

(β)　しかし，48年・ＭＦ勅法草案並びに93年・ＡＧＯの下では，インミシオ

ーン担保権を有する裁判上債権者は破産第5順位に位置しており，その法定順位が劣位化されている，という点に注目される（既述第2節2(3)）。抵当債権者が従前と同様に破産第3順位に位置している（Tit. 50 §§387 ff）にもかかわらず，裁判上債権者には劣位化の処遇がなされている，のである。

——なお，同じく破産第5順位内において，複数の裁判上債権者相互間の優劣関係については，裁判官行為たるインミシオーン行為の時点の先後によって，その優劣が決定されるものとされている（Tit. 50 §§447-449 ; Tit. 51 §12）。インミシオーン行為によりインミシオーン担保権が成立するものとされている，からである。——

(2) ＡＬＲの下での破産順位[3]

(i)「実体的」抵当権法たる94年・ＡＬＲもまた，インミシオーン担保権を有する裁判上債権者の破産順位について，なんらの変更も加えるものではない。ＡＬＲ第1部第20章5条（Teil I Tit. 20 §5）によれば，執行の方法における担保権（＝インミシオーン担保権）がどのように成立するものであるかについては，これを訴訟法典（＝ＡＧＯ）に委ねるものとする旨，定められているにすぎない，からである。ＡＬＲはその規律につき全面的にＡＧＯ中の訴訟法規に委ねており，ＡＧＯが裁判上債権者を破産第5順位に位置させている以上，破産順位はその限りにおいて何の変更も生じていなかった，といえるのである。

(ii) なお，Teil I Tit. 20 §5の原条文は次の如くである。

§5 ; Wie im Wege der Execution ein Pfandrecht entstehe, bestimmt die Prozeßordnung.（執行の手段により質権（担保権）がどのように成立するかについては，これは訴訟法（ＡＧＯ）の定めるところに依るものとする）。

(3) その理由としての「登記権原」の不存在[4]

(i) 22年・ＨＫＯにおける破産順位と比較して，93年・ＡＧＯ上，裁判上債権者の破産順位が劣位化したが，その理由としては次の点が指摘されよう。すなわち，それは，抵当債権者には登記の手段が認められ，その登記により自ら

の法的地位を確実化できた（ＡＧＯの下では，登記ある抵当債権者は破産第３順位に位置させられていた）のに対して，インミシオーン担保権を有する裁判上債権者には登記手段が許容されていなかった，からであった。より具体的に説明してみよう。

(ii)　裁判上債権者とは，裁判官行為としてのインミシオーンによりインミシオーン担保権を取得した債権者である。しかし，インミシオーン担保権を取得したにもかかわらず，それを抵当登記簿上に登記するという権原が裁判上債権者にはＡＬＲの下では許与されていなかった。ＡＬＲの下では，裁判官によるインミシオーン行為がなされたとしても，それは裁判上債権者にとってインミシオーン担保権の「登記権原（Titel zur Eintragung）」とはなりえない，とされていたのである（但し，付言すれば，登記権原を許与しない旨の明文規定が存在していたわけではなく，ＡＬＲ上，登記権原を許与する旨の根拠規定が存在していなかった，のである）。したがって，48年・ＭＦ勅法草案並びに50年・ＨＯ以降（既述第１節２(1)・(2)），登記と優先権の結合の下，「登記主義」の妥当により抵当権（抵当債権者）の法的地位が安全確実化の途を歩んできたのに対して，登記権原なきインミシオーン担保権を有する裁判上債権者の法的地位は著しく不確実化ないし不安定化することとなり，それは法定の破産順位の劣位化という形で現出していた，といえよう。

(iii)　裁判上債権者が登記権原を有していないために，その法的地位を著しく危殆化するということ，より具体的には，それは裁判上債権者が登記ある抵当債権者にいつでも，したがって後日登場した登記ある抵当債権者に対してもまた，劣後する，ということであった。登記ある抵当債権者は破産第３順位に位置し，裁判上債権者は破産第５順位に位置するところ，インミシオーンの裁判官行為によりインミシオーン担保権を取得したところの裁判上債権者は，それにもかかわらず，その後に登記を取効した抵当債権者（この者は登記をなした以上，常に破産第３順位に位置する）に順位上必然的に劣後することとなった，のである。したがって，裁判上債権者の法的地位は後日の登記ある抵当債権者の登場によって絶えずおびやかされていた，といえよう。

101

──なお，インミシオーン行為の時点如何は，後日の登記ある抵当債権者に対しては無意味ないし無力ではあったが，同じく第5順位クラス内での複数の裁判上債権者相互間では，その優劣決定基準たりうるものであること，既述のとおりである（既述(1)）。時期的・時間的に先行するインミシオーン行為によるインミシオーン担保権，それは後行するインミシオーン行為によるインミシオーン担保権に優先する，のである。──

2 新立法に向けての改革の動向
──裁判上債権者の法的地位の確実化を求めて──

(1) 三通達と意見書[5]

(イ) 三つの通達（1797年－99年）──「処分制限の仮登記」の手段の許容──：Rabe, Sammlung preußischer Gesetze und Verordnungen, 1820-1825, Bd. 4 S. 348；Bd. 5 S. 488, 550.

裁判上債権者の法的地位を確実化するために，1797年－99年，順次的に三つの通達（Reskript vom 6. 11. 1797；vom1. 7. und2. 9. 1799）がなされている。これは，「強制競売（Subhastation）並びに強制管理（Sequestration）の開始」という要件の下で，インミシオーン担保権を有する裁判上債権者に「処分制限の仮登記（protestatio de non amplius intabulando）」の手段を許容したものである。したがって，このような「処分制限の仮登記」の手段がなされることにより，債務者（所有者）は目的土地の処分につき一定の制限（たとえば，抵当権設定の処分行為についての制限）を受けることとなり，裁判上債権者の立場よりすれば，後日の登記ある抵当債権者の登場を未然に防止しうることとなった，のである。

(ロ) 1808年・制定法委員会意見書：Rabe, Sammlung, Bd. 9 S. 187ff.

(i) 1808年・制定法委員会意見書（Gutachten der Gesetzeskommission vom 29. 4. 1808）によれば，インミシオーン担保権を有する裁判上債権者の法的地位を確実化するために，裁判官によるインミシオーン行為それ自体がインミシオーン担保権の「登記権原」たりうるものとすべし，と論じている。ローマ市民が

仮に抵当登記簿制度を有していたとすれば，やはり彼等もまたインミシオーン担保権の抵当登記簿への登記を許容したであろう，との趣旨が述べられている。インミシオーン担保権制度がローマ法上の法務官質権制度の理論的影響の下に認められたものであった（既述第1章第1節）が，そのことを念頭においた理由づけであったのであろう。

(ii) 同意見書の立場によれば，既述の三通達におけるとは異なり，「強制競売並びに強制管理の開始」はなんら登記要件とはされていない。しかも，「処分制限の仮登記」ではなく，正面から登記の手段を許容すべし，とするものである。したがって，これにより後日の登記ある抵当債権者に対して，すべての場合において裁判上債権者を保護せん，と意図するものであった。かくして，三通達と比較して，同意見書の立場は，裁判上債権者の法的地位の確実化のために，なお一層の徹底化を示したものである，といえよう。

(iii) しかし，制定法委員会の意見書の立場は，当時妥当の制定法の基礎から明白に背反するものであった。ＡＬＲは，インミシオーン担保権の破産順位等についてその規制を訴訟法典としてのＡＧＯに委ねており，しかも自らはインミシオーン担保権につきなんらの登記権原をも許容していなかった，からである。裁判上債権者のインミシオーン担保権は裁判官のインミシオーン行為により既に直接的に成立するものなのであり，この担保権あるいはインミシオーン行為からあらためて登記権原を演繹するということは，ＡＬＲ等の制定法基礎，さらには立法者意思から明瞭に矛盾した，といえよう。かくして，登記権原を許容するためには，その新たな立法が必然化せざるを得なかった。

(2) **実務上の解決すべき諸問題**[6]

(i) インミシオーン担保権を有する裁判上債権者の法的地位の確実化，という現実的要請を背景として，実務は裁判上債権者のインミシオーン担保権の抵当登記簿への登記を許容した。しかし，制定法上の基礎が欠缺する（明文の根拠規定が欠けている）ために，実務上，裁判上債権者の登記につき，なお解決しなければならない諸問題（具体的にどのような要件の下で，登記手続が進めら

れなければならないのか）が生じていることも事実であった。それは次の三点に集約できよう。

(ii) すなわち，

(α) 第1に，「登記態様」についての問題である。当時の登記実務にあっては，「終局的・確定的登記（Definitiveintragung）」がなされるのは極めて稀であり，ほとんどすべての場合には「異議申立記入（protestative Einschreibung）」がなされるにすぎなかった。裁判上債権者は登記の手段として「異議申立記入」に限定されていた，のである。しかし，この「異議申立記入」は公示手段としては極めて不明瞭なものであり，裁判上債権者の立場よりすれば，なお不十分なものであった。

(β) 第2に，「登記要件」如何の問題である。裁判上債権者がインミシオーン担保権を登記するに際し，その登記要件如何については，実務上様々な慣行が存在しており，端的に実務上の処理につき不統一がみられた。制定法上においては何の統一的規制もなされてはいなかったが故に，裁判上債権者の登記に際しても，登記要件如何については各裁判所（登記所）における様々な慣行に委ねられざるを得なかった，のである。

──様々な実務慣行とは，より具体的には，次の三つのタイプが指摘されよう。なお，当時の実務慣行がどのようなものであったのかについては，後述（3）のヴェストファーレンのラント議会の請願書中において，論及されている（Begründung der Petition des westfälischen Provinziallandtags vom 3. Dez. 1828.）。

①まず，第1に，裁判官のインミシオーン命令（Immissionsdekret）（その証明文書）を登記要件するものである。その文書の提出により登記を実施することとなる。

②第2に，インミシオーン命令書の提出に加えて，「強制競売手続の許可（Verhängung der Subhastation）」をも，登記要件とするものである。インミシオーン命令書の提出のみならず，強制競売手続が開始されている場合にのみ，裁判上債権者にインミシオーン担保権の登記を認める，のである。

③第3に，第二のタイプの要件に加えて，「強制管理手続の予めの開始」をも登記許容要件に付加するものである。インミシオーン命令書の提出がなされれば，強制競売手続が開始された場合のみならず，強制管理手続が開始された場合においても，裁判上債権者のインミシオーン担保権の登記を許容する，というものである。これは，枢密最高法院会議（der Geheime Obertribunalsrat）が，1825年7月8日の裁判において，賛同したものである。なお，この点につき付言すれば，「強制管理手続の予めの開始」を登記要件とする実務処理に対しては，後日のヴェストファーレンにおける制定法改革運動において，その攻撃対象の一つとされた（後述(3)）。――

(γ) 第3に，判決により未だ確定されていない債権についても，登記が許容されるか，の問題である。裁判上債権者の人的債権は本来的にはあくまで判決により既に確定されたものであり，それを前提としてインミシオーン担保権の登記が許容されるものである。しかし，その実務上の必要性ということから，実務は一定の要件（債権者より仮差押申立て（Arrestbeschläge）がなされ，それに基づいて訴訟裁判官により仮差押が許可された，という要件）の下で，判決確定前においても人的債権につきその登記（より正確には，異議申立記入）を許容するに至っていた。しかし，これもまた制定法（ALR）における明文の根拠規定を欠くものであった。

(iii) 以上の分析よりすれば，実務上のこれらの諸問題の解決のためには，いずれにせよ，裁判上債権者のインミシオーン担保権の登記手続一般につき，制定法上の明文の根拠規定を求めて，明確な新たな立法化が必要とされる，というのが，その当時の段階における大きな課題となっていた，といえよう。

(3) 新立法に向けての動向，その(1)――ヴェストファーレンのラント議会の請願書[7]――

(i) インミシオーン担保権を抵当登記簿に登記することは明白に制定法の基礎に背反した（既述1(3)・2(2)）。制定法はインミシオーン担保権に登記権原を許与していなかった，からである。しかし，実務はその登記を許容したが，登

記実施に際しては様々な慣行が存在し，実務上の不統一がみられた。したがって，インミシオーン担保権を有する裁判上債権者の法的地位は，登記の手段が許容されていたとはいえ，未だ不確実性の中に留まっていた，といえよう。かくして，次なる段階として，裁判上債権者の法的地位の不確実性を除去することを目的とする，新立法への現実的要請が，次第次第に大きなものとなっていった。

(ii) 新立法のための具体的モデルとして，まず，当時ライン地方に妥当していたフランスの立法例が指摘されていた。この立法例によれば，人的債権者は判決宣告により直ちに「裁判上抵当権（hypothéque judiciaire）」（ドイツ語表記としては，gerichtliche Hypothek）を取得し，当該判決に基づきその登記をなし，これにより自己の人的債権につき物的保全（dingliche Sicherung）を確実化できる，というものであった。このようなフランス法系の裁判上抵当権制度は，従来からのインミシオーン担保権制度と比較して，極めて簡易且つ効率的な制度形態である，と力説された，のである。換言すれば，そこでは，プロイセン法展開の流れにおけるインミシオーン担保権制度のもつ「複雑性（Weitläufigkeit）」や「煩瑣性（Schwierigkeit）」が，とりわけネガティブに強調されていた，といえよう。

(iii) 新立法を求める要請はいくつかの諸地方において登場したが，とりわけラインラント地方に隣接するヴェストファーレン地方（Provinz Westfalen）における制定法改革運動に注目される。そこでは，裁判上債権者の法的地位の保護のために新たな立法の公布が必要である旨，ヴェストファーレンのラント議会は国王に対して請願書（Petition des westfälischen Provinziallandtags vom 3. Dez. 1928）を提出している。その請願書中の新立法案の内容については，次の二点に注目されよう。すなわち，

(a) 第1に，債権につき確定判決を取得した人的債権者，すなわち裁判上債権者には登記権原が許与され，当該債権を保全すべく債務者帰属の土地所有権に対して抵当登記簿への登記が許容され，その登記取効により当該人的債権に物権的保全が確保されるべし，とする。その内容上，ライン地方に妥当してい

るフランス法系の裁判上抵当権制度の影響が強くみられるが，ヴェストファーレン地方がそれに隣接する地域であったことが，あらためて想起されなければならないであろう。

 (β) 第2に，「強制管理手続の予めの開始」という登記要件は削除されるべし，とする。この要件は枢密最高法院（裁判所）がその判決において付加していたものであったが（既述(2)），その要件の撤廃が主張された，のである。

——その理由として，ヴェストファーレンのラント議会の考慮によれば，強制管理手続は，過去の体験上，そもそもひじょうに非効率的なものであった。しかも，すべての執行方法の中でももっとも堕落的な (lästigste und verderblichste) 方法であり，債権者・債務者のいずれの者にとっても多大のデメリットがみられるものである。強制管理手続の追行がなされるときには，債務者はしばしば経済的破滅にまで至り，同時にそのことは債権者にとっても大きな痛手ないし危険を意味するものであった，からである，とするのである。ヴェストファーレンのラント議会が強制管理の執行方法それ自体に対して極めてネガティブな価値評価をしていた，ということが明らかである。——

(4) 新立法に向けての動向，その(2)——フォン・ヴィンケの報告意見書による賛意，プロイセン政府の受容[8]——

(i) ヴェストファーレンのラント議会の請願書は，時のプロイセン政府により肯定的に受容された。枢密顧問官フォン・ヴィンケ (Geheimer Rat von Vincke) は，請願書につき，自ら政府報告者として意見書 (Berichte vom 15. Dez. 1828) を司法大臣に提出するものであったが，このフォン・ヴィンケ意見書がその受容の一つの大きな契機となった，といえよう。

(ii) フォン・ヴィンケ意見書によれば，請願書の主張ないし立論は単にヴェストファーレンというその地特有の特殊的・地域的利益（裁判上抵当権制度の妥当するラインラント地方に隣接する地域であること）によるものではなく，一般的且つ普遍的利益に基づくものである。従前の立法者は「誠実なる債務者 (ehrliche Schuldner)」という像を念頭に置き，この者が保護されるべしとして，

裁判上債権者に登記権原を許与してこなかった。しかし,「誠実なる債務者」の保護という立法者の意図は,現実にはしばしば故意的に濫用されている。制定法上の債務者保護は,あくまで債務支払いが確実化されている場合のみ,具体化ないし意図されてよい。したがって,既判力ある判決を取得した人的債権者,すなわち裁判上債権者には,次のような権原が付与されて然るべきである。既判力ある判決の取得により,ちょうどフランス法上におけるように,裁判上抵当権の権原(Titel)が人的債権者に附与され,その権原は登記をなすための権能(Befugnis)をも包含するものとすべきである(但し,フランス法上の裁判上抵当権はあくまで判決から直接に且つ既判力とは無関係に成立するものであり,この点でフォン・ヴィンケ意見書の立場と異なっている)。かくして,ここで裁判上債権者にとって登記が可能となる。しかも,①債務者の全債務の支払いがもはやなされないこと,②さらには3ヶ月を最大限度として,当該事情を考慮した上で,裁判官が判決により指定した期間(債務者の支払いのための猶予期間),その期間が債務支払いなきまま徒過したこと,そのような要件の下で,裁判上債権者には「競売申立権」が許与されるべし,とするものであった。

　以上,このようなフォン・ヴィンケ意見書は,その内容上,ヴェストファーレンのラント議会の請願書と比較して,より進歩的であり,法律構成的に精密なものであった,といえよう。

　(iii) プロイセン政府は,その請願書に対する応答として,その趣旨は今後の立法の一般的改正(Revision)の際に十分に考慮すべきものとする旨,確約するものであった。かくして,確定判決を取得した裁判上債権者の法的地位については,その不確実性の除去のための明確な保証がここに明示されたのである。

　以後,裁判上債権者の法的地位の保護は,具体的な新たな諸立法において,漸次的に具体化されていくこととなる。しかも,それは従来からのプロイセン法の伝統的なインミシオーン担保権制度の理念を維持ないし継承しつつ,形式的・制度的にはそれを捨て去り,フランス法上の裁判上抵当権制度の理念に基づく新たなプロイセン法独自の法制度の創出を意味していた,という点に注目されよう。

3 小 括

18世紀末期・19世紀初期におけるインミシオーン担保権制度の展開（改革運動の動向）を小括すれば，次の三点を指摘することができよう。

(i) 第1に，ALRとAGOの下では，インミシオーン担保権を有する裁判上債権者の法的地位が，破産順位上，劣位化したこと，である。抵当債権者等の物的債権者が登記を具備することによりより優位化されたのに対して，裁判上債権者には「登記権原」が許与されていなかった，からである。

(ii) 第2に，裁判上債権者の法的地位の確実化を求めて，登記権原を求めての制定法改革運動が生じ，就中ウェストファーレンにおける運動が注目され，そこではラインラント地方でのフランス法上の裁判上抵当権制度の理念が意識されていたこと，である。

(iii) 第3に，プロイセン政府の決断として，プロイセン法上の伝統的なインミシオーン担保権制度の理念を踏襲しつつ，フランス法上の裁判上抵当権制度の理念を参照しながら，新たなプロイセン法上の独自の法制度を作出せん，としたこと，である。

1) 18世紀・プロイセン抵当権諸立法中のインミシオーン担保権制度の展開については，Schanz, ZH, S. 13 ff., Hinrichs, Studien, S. 15 ff., Dernburg, P. Hypothekenrecht, II, Abt., S. 112 ff.
2) Schanz, S. 15., Dernburg, S. 114:, Hinrichs, S. 16 f.
3) Schanz, S. 15., Dernburg, S. 114:, Hinrichs, S. 16 f.
4) Schanz, S. 15.
5) Schanz, S. 16., Dernburg, S. 114.
6) Schanz, S. 16.
7) Schanz, S. 17 ff.
8) Schanz, S. 18 ff.

結　論

　本章結論として，抵当土地信用の視点から，次の三点を指摘することができよう。

　(i)　第1に，抵当土地信用の促進の方向性，である。18世紀前期・中期の三軌軸・抵当立法にあっては，抵当登記簿制度が整備され，「公示主義（登記主義）」の方向性が明瞭となった。その限りでは，抵当土地信用は発展の契機を得た，のである。しかし，他方，「所有権の二重性」の法体系的矛盾の萌芽もみられ，これは抵当土地信用に対する阻害要因となった。

　さらに，18世紀後期・末期の三軌軸・抵当立法にあっても，「公示主義（登記主義）」はなお一層貫徹されたが，「所有権の二重性」の法体系的矛盾は極めて顕著であった。しかし，この解決・調整の具体的方策が存置されており，その限りでは抵当土地信用に対する阻害要因は事実上解消されていた，といえよう。

　(ii)　第2に，抵当土地信用の抑止の方向性，である。AHOにおける「実質的審査主義」の採用は，抵当土地信用促進化のためのものであった。しかし，現実の結果としては，これは抵当土地信用（私見にいう一般ルール）の抑止として機能した。しかも，これは当時のプロイセン国家の土地信用政策（特別ルールの利活用）でもあった，といえよう（終章で分析する）。

　(iii)　第3に，強制抵当権制度についてみれば，インミシオーン担保権を有する裁判上債権者（強制抵当権者）の法的地位（破産順位）の劣位化したこと，である。抵当債権者等の「物的債権者」の法的地位が，登記と結びつくことにより確実化・強化され，抵当土地信用の促進の契機を得たが，そのこととの対応上，登記権原なきインミシオーン担保権を有する裁判上債権者（元来は「人的債権者」）の法的地位は劣化せざるを得なかった。登記権原を求めての制定法改革運動は，プロイセン法独自の法制度として，次なる1834年・民執令中で体系的に整備され，結実することとなった。

〔基本文献とその解題〕
〔1〕 18世紀・プロイセン抵当権諸立法の展開並びにZH制度（強制抵当権制度）について，
(a) ドイツ法文献として，

① Weyermann, Zur Geschichichte des Immobiliarkreditwesens in Preußen, mit besonderer Nutzanwendung auf die Theorie der Bodenverschuldung, 1910. ――プロイセン不動産信用制度の展開をその時々の抵当権諸立法の規制内容の進展とリンクさせて論ずるものであり，プロイセン土地信用並びにその背景を成す経済史的状況が抵当権立法の展開を動機づけ，その流れの中でプロイセン抵当権法あるいは抵当権制度が形成されるに至った，ということが同書により極めて明瞭となっている。我が国でも，鈴木（禄）・抵当制度や伊藤（眞）・「消除・引受主義」などの諸研究がこのヴァイエルマンの著作を重視して分析を試みている。経済学的信用論と抵当権法が交錯ないし融合し，示唆的で貴重な研究である。――

② Dernburg = Hinrichs, Das Preußische Hypothekenrecht, I. Abt.（Die Allgemeinen Lehren des Grundbuchrechts), 1877. ――いうまでもなく，プロイセン抵当権法の碩学による第一級の体系書であり，Dernburg 教授の手に成る学理的な体系化の水準は比類なきものであり，実務家 Hinrichs により実務的視点も大きく付加される結果となり，学理的にも実務的にも極めて完成度の高い体系書となっている。なお，この第 I 分冊は，そのサブタイトルよりも明らかなように，「形式的」抵当権法としての土地登記法（1872年・GBO）について，論ずるものである。本章にあっては，同書序論（Einleitung）：プロイセン抵当権諸立法の展開（至・1872年 EEG・GBO），第 5 編（Fünfter Abschnitt）：各種の物的負担（含・抵当権並びに土地債務）が，参照ないし依拠されている。――

③ Dernburg, Das Preußische Hypothekenrecht, II. Abt., 1891. ――プロイセン抵当権法の体系書の第II分冊であり，いわゆる「実体的」抵当権法と「手続的」抵当権法とを論ずるものである。より具体的には，「実体的」抵当権法としての1872年・EEG（土地所有権取得法）（同書：第 1 部・担保債券制度（Pfandbriefwesen），第 2 部・個別抵当権（Individualhypothek））を，「手続的」抵当権法としての1883年・不動産強制執行法（同書：第 3 部・土地に対する強制執行（Zwangsvollstreckung in Grundstücke））を，その法解釈論の法源とするものである。プロイセン ZH 制度については，その沿革をも含めて，同書112頁以下（§16：執行力ある金銭債権の抵当権としての登記（Eintragung vollstreckbarer Geldforderungen als Hypotheken））が論じている。第 I 分冊と同様に，学理的にも実務的にも，プロイセン抵当権法の第一

111

級の体系書である，といえよう。――

④　Dernburg, Lehrbuch des Preußischen Privatrechts und der Privatrechtsnormen des Reichts, I. Band, 5. Aufl., 1894: Die Allgemeinen Lehren und das Sachenrecht des Privatrechts Preußens und des Reichs. ――プロイセン私法並びにライヒ私法一般の体系書であり，その第1巻は私法総論と物権法について論ずるものである。本章では，同書800頁以下（§321・強制抵当権（Zwangshypothek））を参照ないし依拠するものである。――

⑤　Hinrichs, Studien aus dem Gebiete des Preußischen Hypothekenrechts, I. Heft: Die auf vollstreckbaren Titeln beruhenden hypothekarischen Eintragungen und Vorzugsrechte der Personalgläubiger, 1883. ――18世紀・プロイセン抵当権諸立法中のZH制度については，同書15頁以下（II強制執行の手段による人的債権の登記・強制抵当権（Eintragung Personlicher Forderungen im Wege der Zwangsvollstreckung・Zwangshypothek））に，簡潔な説明がなされている。同書中の法解釈論の法源は1872年・EEG並びに1872年・GBO，さらに1877年・ライヒCPO並びに1879年・PAG（プロイセン不動産強制執行「施行法」）である。刊行年の関係上，1883年・プロイセン不動産強制執行法（中のZH制度関連規定）を法源とするものではないが，同法の立法的基盤を成すべき法解釈論が展開されている。――

⑥　Schanz, Die Zwangshypothek. Forschungen zu ihrer Geschichte und Theorie, II. Heft: Die Zwangshypothek de deutschen Rechts in ihrer geschichtlichen Entwicklung und Verbreitung, 1933. ――18世紀・プロイセン抵当権諸立法中におけるZH制度については，同書14頁以下に簡潔な叙述があり，本章もその概要に依拠・参照するものである。――

⑦　Fuchs, Die Zwangshypothek, 1936. ――基本的にはシャンツ研究に準拠して，プロイセン抵当権法中のZH制度の歴史的展開にも論及する（同書2頁以下）が，その叙述は極めて簡易である。――

⑧　Hedemann, Die Fortschritte des Ziuilrechts im XIX. Jahrhundert, II. Teil, 2. Halbband, 1935. ――プロイセン形式的・実体的不動産法の展開については，同書16頁以下に論じられている。――

⑨　Achilles = Strecher, Preußischen Gesetze über Eigenthum und Hypothekenrecht vom 5. Mai 1872 (Einleitung und Kommentar), 4. Aufl., 1894. ――1872年・EEGのコンメンタールであるが，同書7頁以下にプロイセン不動産法・抵当権法の歴史的展開について簡潔に論じられている。――

⑩　Förster = Eccius, Preußisches Privatrecht, I. Band (Die Grundbegriffe und die Grundlehren des Rechts der Schuldverhältnisse), 1896. ――プロイセン私法の歴史的展開について同書1頁以下，ALR並びにAGOの沿革につい

第2章　18世紀・プロイセン抵当権諸立法中の強制抵当権制度

て同書6頁以下，履行強制（強制執行）について同書758頁以下，にそれぞれ注目される。――

⑪　Förster, Theorie und Praxis des heutigen gemeinen preußischen Privatrechts auf der Grundlage des gemeinen deutschen Rechts, III. Band, 3. Aufl., 1874.――抵当権や土地債務については，同書455頁以下。――

(b)　条文等の法令集として，右に掲げたヴァイエルマンやデルンブルク＝ヒンリッヒスの著作（(a)参照）に引用された原条文の他に，

①　1783年・AHO: Allgemeine Hypothekenordnung vom 20. 12. 1783.; zit. nach: Allgemeine Hypothekenordnung für die gesammten königlichen Staaten, Berlin 1784.

②　1793年・AGO: Allgemeine Gerichtsordnung von 1793.; zit. nach: Allgemeine Gerichtsordnung für die Preußischen Staaten, I. Theil: Prozeßordnung, Neue Ausgabe, Berlin 1816.

③　1794年・ALR: Allemeines Landrecht für die Preuischen Staaten von 1794.; zit. nach: Allgemeine Landrecht für die Preußischen Staaten von 1794 (Textausgabe), Frankfurt a. M/Berlin 1970.

〔2〕　18―19世紀・プロイセン抵当権諸立法の展開については，プロイセン投資抵当権の形成ないし発展過程の分析として，我が国においても論者の各視点より諸研究がおこなわれてきている。

(イ)　プロイセン抵当権法の発達史について論及するものとして，

(a)　本章テーマとの関連において，

①　鈴木禄弥・抵当制度の研究・1968年――第1部「ドイツ抵当権法の発達」・同書1頁以下・1952年・1955年・1956年――我妻シェーマに対して批判的分析をおこなった研究である。――

②　鈴木禄弥・物的担保制度の分化・1992年――「近代ドイツにおける抵当権法発達史補論――信用抵当制度の生成について――」・同書154頁以下・1971年

③　伊藤眞・「不動産競売における消除主義・引受主義の問題(1)(2)(3)――プロイセン法の発展を中心として――」・法協88巻4号375頁以下，同89巻9号1091頁以下，同90巻3号509頁以下・1971―73年――ドイツ・プロイセン不動産強制執行法に関する「比較法制度論的研究」として，後述の竹下研究（〔三〕①）と並ぶ，その代表的研究の一つである。――

④　有川哲夫・「『土地所有権取得法』（1872年）の研究(1)(2)(3)(4)――所有権譲渡理論を中心として――」・名城法学19巻3・4号111頁以下，同20巻3・4号76頁以下，同22巻2号1頁以下，同24巻1号19頁以下・1970―74年――ドイツ民

113

法の物権契約理論の研究の基礎作業として，プロイセンEEGの成立史並びに立法過程をフォローし，アウフラッスング理論の構造的解明を試みる研究である。──

⑤　田中克志・「プロイセンにおける投資抵当権成立史」・民商法雑誌75巻3号425頁以下・1976年──プロイセン農業の資本主義化の特異性に注目して，その法的反映としての不動産担保権制度の形成・発展を把握せんとする研究である。──

(b)　既に古典的研究として重要な位置を占めるものとして，
　①　我妻栄・近代法における債権の優越的地位・1952年（1986年・SE版）
　②　同・「資本主義と抵当制度の発達」・民法研究Ⅳ 3頁以下・1967年（初出・1930年）
　③　石田文次郎・投資抵当権の研究・1932年
(c)　「近代的抵当権論」についての比較的に近時の研究として
　①　高島平蔵・近代的物権制度の展開と構成・1969年
　②　同・「ドイツ抵当法の発達について」・比較法学7巻2号121頁以下・1972年
　③　松井宏興・「ドイツ所有者抵当制度史(1)」・法学雑誌21巻1号・1974年
　④　同・「近代的抵当権論について」・甲南法学23巻1号1頁以下・1982年
　⑤　同・「近代的抵当権論」・民法講座所収
　⑥　同・抵当制度の基礎理論・1997年──前記④⑤を含めて，著者の総合的研究書である。近代抵当権論についてのこれまでの諸研究を集大成したものである。──
(d)　体系書中にて論及するものとして，
　①　我妻栄・担保物権法（民法講義Ⅲ）・1968年（同書6頁・214頁以下）
　②　柚木＝高木・担保物権法（3版）・1982年（同書4頁以下・164頁以下）
　③　槇悌次・担保物権法・1981年（同書114頁以下）
(ロ)　プロイセン法史等の研究として，
　①　石部雅亮・啓蒙的絶対主義の法構造──プロイセン一般ラントの成立──・1969年──我が国におけるプロイセン法史研究として最高度の水準を示す研究である。──
　②　好美清光・「Jus ad rem とその発展的消滅──特定物債権の保護強化の一断面」・一橋法学研究3　180頁以下・1961年──単なる法解釈論的研究の水準を越える研究であり，特定物債権に着目して「物権・債権という近代法の権利体系」の法構造を歴史的且つ理論的に解明される。──
　③　鈴木正裕・「18世紀のプロイセンの民事訴訟(1)(2)(3)」・神戸法学雑誌23巻2・3号115頁以下，同24巻2号109頁以下，同24巻4号333頁以下・1974—75年──プロイセン職権主義訴訟の法構造を分析する。──

④　村上淳一・ドイツの近代法学・1964年——プロイセンにおける Machtspruch——
　⑤　上山安敏・ドイツ官僚制成立試論・1964年
　㈠　近代的土地所有権論との関係において，
　①　川島武宜・所有権法の理論・1949年
　②　山田晟・近代的土地所有権の成立過程・1958年
　③　甲斐道太郎・土地所有権の近代化・1967年
〔3〕　プロイセン不動産強制執行法の研究として，
　①　竹下守夫・不動産強制執行法の研究・1977年——同書68頁以下・「中世ドイツの不動産執行の歴史」——立法論的・沿革史的研究として分析をなす研究である。——
　②　宮脇幸彦・「1883年・プロイセン不動産執行法（条文訳）」・民商法雑誌14号90頁以下——母法としての1883年法に注目する翻訳作業である。——
　③　伊藤眞・既述〔2〕(a)③。

第3章　1834年・プロイセン「民事執行令」中の強制抵当権制度

――執行名義を取得した「人的債権者」（裁判上債権者）の法的地位の確立――

> はじめに
> 第1節　1834年・「民執令」中の裁判上債権者の抵当権制度
> 　　　　――その全体的法構成――
> 第2節　若干の「補充」と「修正」
> 　　　　――裁判上債権者の抵当権制度のより一層の整備に向けて――
> 第3節　裁判上債権者の抵当権制度の伝播
> 　　　　――他地域への新たな制度的導入――
> 結論

はじめに

　18世紀末期より，インミシオーン担保権を有する判決債権者（裁判上債権者）の法的地位を確実化・強化するために，登記の可能性の承認を求めて，制定法改革の動きが開始された。改革のモデルとして，そこではフランス裁判上抵当権制度が意識されていた。このような改革の要請は，1793年・ＡＧＯの展開線上における1834年・プロイセン民事執行令中において，結実化された。これにより，執行名義を取得した「人的債権者」（裁判上債権者）の法的地位が，執行手続上，より一層確実化し，ドイツ強制抵当権制度のその後の展開の制度的基

盤が確立されるに至った（第1節）。以上をふまえて，本章は，ドイツ強制抵当権制度の法構造につき，その後のプロイセン法独自の歴史的展開（第2節・第3節）の起点となった1834年・プロイセン民事執行令に焦点をあて，その理論的解明を試みん，とするものである。

第1節　1834年・「民執令」中の裁判上債権者の抵当権制度
——その全体的法構成——

```
論述の進行
1　1834年・プロイセン「民事執行令」の成立
　　——プロイセン強制抵当権制度の展開の起点——
2　「民執令」中の裁判上債権者の抵当権制度
　　——関連規定と規定内容——
3　フランス裁判上抵当権制度との対比
　　——プロイセン法独自の制度的形成への志向——
```

論述の進行

(i)　裁判上債権者の法的地位の確実化を求めての制定法改革運動は，1834年・プロイセン民執令において，結実した。従来からのインミシオーン担保権制度を廃止し，フランス裁判上抵当権制度の理念を参考としながらも，それをプロイセン抵当権法の独自の発展の中に位置づけた，いわば新秩序が構築されるに至った，のである。1722年・ＨＫＯ中のインミシオーン担保権制度を第1の出発点とすれば，これは，ドイツ強制抵当権制度の新たな展開の起点であり，第2の出発点でもあった。そして，裁判上債権者の抵当権制度は，執行名義を取得した人的債権者の法的地位を，物権的保全により確実化しよう，とするものであった，といえよう（**2**）。

(ii)　次いで，1834年・民執令中の裁判上抵当権制度について，その関連諸規定に即して，全体的法構造の解明が試みられる。既に強制抵当権制度の近代的法構造の萌芽がみられる，ということに注目されよう（**2**）。

(iii)　さらに，プロイセン抵当権法の独自の発展に即応して，フランス裁判上抵当権制度とは自ずと相違を示さざるを得なかったプロイセン裁判上抵当権制

度，それらの注目すべき相違点が指摘されなければならない（3）。

1 1834年・プロイセン「民事執行令」の成立[1]
――プロイセン強制抵当権制度の展開の起点――

(i) 裁判上債権者の法的地位を確実化するための，時のプロイセン政府に対する請願を中心とする改革運動は，1834年・「民事執行令（Verordnung über die Exekution in Civilsachen vom 4. März 1834）」中において，その具体的な成果を得ることとなった。

――なお，プロイセン抵当権立法の展開の流れの中で同令を位置づけるならば，1834年・民執令は，18世紀・プロイセン「手続的」抵当権法の展開の最後の到達点としての1793年・ＡＧＯの妥当領域において，その「判決執行（Exekution）」についての新たな規律を目的としていた[2]。この意味では，同令は判決等の執行名義を取得した人的債権者の利益を確保するために，強制執行としての「判決執行」を規律する，いわば「判決執行令（Exekutions-Verordnung）」とも称されるものであった。――

(ii) 民執令中における裁判上債権者の法的地位の確実化は，形態的・形式的にはそれまでのインミシオーン担保権制度の廃止という形を採って，現出している（法11条1項参照）。旧来のインミシオーン担保権制度を廃止し，それに代わる新秩序として，フランス裁判上抵当権制度の理念を原則的に踏襲・参照しつつも，同時にそれをプロイセン抵当権法の独自の形成――公示性・特定性――に即応した形で，裁判上債権者の抵当権制度が，制定法上の明文の根拠規定によって，定められたのである。この意味では，ドイツ強制抵当権制度は同令により制定法上の根拠をはじめて確保できたのであり，今後新たな展開・形成を示していくドイツ強制抵当権制度の"ゆりかご（Wiege）"でもあった，といえよう[3]。

(iii) 裁判上債権者の法的地位を確実化するための，その法技術としての裁判上債権者の抵当権制度は，換言すれば，「人的債権（persönliche Forderung）」が「物的債権（dingliche Forderung）」に近接化する，という法現象でもあった。

より具体的には，単なる人的債権を有する債権者が存在するところ，その人的債権者が既判力ある判決等の執行名義を取得するときには，債務者所有の不動産上への「担保権名義」を法律上当然に許与され，これにより人的債権者，すなわち裁判上債権者は債務者の特別の登記許諾を必要とすることなく抵当登記簿への登記を取得できる権限を有する，というのが民執令中の裁判上債権者の抵当権制度における法構成であった。したがって，ここでは，単なる人的債権が，それについての執行名義の具備によって，物的債権化への契機を有するに至り，人的債権者は執行名義の取得により物的債権者にその法的地位上著しく接近していく，という法現象に注目される，といえよう。それは，執行名義を取得した人的債権者に，抵当権的保全を有する物的債権者化への途を開き，そのことによって人的債権者の法的地位を確実化させよう，とするものに他ならなかった。しかも，そのことが実務上の強い要請に基づくものであったことが，あらためて銘記されなければならないであろう。

2　「民執令」中の裁判上債権者の抵当権制度
　　　——関連規定と規定内容[4]——

(1)　**関連規定**

民事執行令中，強制抵当権制度に関連する諸規定は，次の二ケ条である。

(イ)　法22条

§22 ① Der Gläubiger erwirbt durch solche Erkenntnisse, Vergleich und Zahlungsverfügungen, aus welchen eine Exekution stattfindet, für Kapital, Zinsen und Kosten, und für die Kosten der Eintragung, einen Titel zum Pfandrecht auf die dem Schuldner zugehörigen Immobilien (Allg, Landrecht Tl. I Tit. 20 §5).

② Er ist nach Ablauf der im Zahlungsbefehl (Prozeßordnung Tit. 24 §31) bestimmten Frist befugt, die Eintragung in das Hypothekenbuch auch ohne besondere Einwilligung des Schuldners bei dem Prozeß-Richter nachzusuchen, und Letzterer ist verbunden, die Eintragung bei der

Hypotheken-Behörde unter Mitteilung einer mit dem Atteste der Rechtskraft versehenen Ausfertigung des Erkenntnisses, Vergleichs usw. und, wenn ein Instrument über den Anspruch vorhanden ist, unter Beifügung desselben in Antrag zu bringen, auch gleichzeitig den Schuldner davon zu benachrichtigen.

③ Dem Gläubiger steht schon vor Nachsuchung des Zahlungsbefehls frei, mit überreichung des Erkenntnisses Vergleichs usw. oder einer beglaubigten Abschrift derselben, sich unmittelbar an den Hypotheken-Richter zu wenden und die Eintragung einer Protestation zur Erhaltung seines Vorrechts nachzusuchen. Der Hypotheken-Richter hat in solchem Falle die Eintragung sofort zu bewirken, ist jedoch verpflichtet, die Protestation von Amts wegen wieder zu löschen, wenn der Antrag des Prozeß-Richters auf Eintragung einer förmlichen Hypothek nicht binnen drei Monaten eingeht.

④ Kommt es noch auf die Feststellung des Betrages der Forderung an, oder ist die Exekution nur provisorisch zulässig, so kann der Gläubiger auf demselben Wege die vorläufige Eintragung seines Rechts verlangen.

(ロ) 法23条

§ 23 Besitzt der Schuldner mehrere Immobilien, und der Gläubiger will sich nicht mit der Eintragung auf eines derselben begnügen, so darf Letzterer nur einen von ihm zu bestimmenden Teil der Forderung auf jedes Immobile eintragen lassen.

(2) 裁判上債権者の抵当権制度の根拠規定（法22条1項）
　　——執行名義・担保権名義・被担保債権[5]——

(i) 法22条1項によれば，債権者は，執行を発動させる原因たる判決・和解・支払処分に基づいて，元本・利息・手続費用・登記費用につき，債務者所

有の不動産上への担保権名義（Titel zum Pfandrecht）を，取得する（1794年・ＡＬＲ第１部第20章５条参照），とされている。これが，裁判上債権者の抵当権制度の根拠規定に他ならない。

(ii) 本条本項のポイントを要約すれば，

(α)「担保権名義」の取得原因としての執行名義[6]

執行名義を有する裁判上債権者には，債務者所有の不動産上への「担保権のための権原（Titel zum Pfandrecht・担保権名義）」が，付与されている。この担保権名義に基づいて，裁判上債権者は国家機関（stattliche Behörde）に対して自己の債権のための抵当権の登記を求めることができる，のである。ここでは，執行名義の存在が債務者所有の不動産上への「担保権名義（Pfandrechtstitel）」の取得原因とされている，という点に注目されよう。

(β) 執行名義の種類[7]

執行名義の種類としては，具体的には，判決・和解・支払処分（支払命令）の三つが，列挙されている。この執行名義は終局的執行力を有するものでなければならず，それが仮執行力を有するにすぎないものであるときには，抵当権の本登記は許容されない。

――法22条１項では明言されていないが，強制抵当権の登記のためには，各執行名義は終局的執行力（endgültige Vollstreckbarkeit）をもつものでなければならない，と解される[8]。仮執行力を有するにすぎない場合には，債権者は仮登記を求めることができるにすぎない，旨の明文規定が存在している（法22条４項参照），からである。――

(γ) 被担保債権の範囲[9]

被担保債権の範囲としては，①元本・②利息・③手続費用・④登記手続費用の四種の金銭債権が，列挙されている。しかも，その債権額が明確なものとされなければならない（これは，被担保債権が非金銭債権である場合にも，同様である）。より具体的には，被担保債権が金銭債権である場合には，その債権額が抵当登記簿上に明記されるものでなければならない。それが不特定（未特定）のままでは抵当権の登記それ自体が許されず，まずその特定が求められる（本

条 4 項参照），のである[10]。同様に，登記手続費用額債権についても，その債権額が抵当登記簿上に明記されるものでなければならない（1794年・ＡＬＲ第 1 部第20章488条参照）[11]。

(iii) 裁判上債権者の抵当権の被担保債権は元本債権等の金銭債権（Geldforderung）に限定されるものではなく，法解釈論上，非金銭債権もまたその被担保債権としての適格性が承認されるべきである，と解される[12]。すなわち，

(α) 本条 1 項の規定文言よりすれば，裁判上債権者の抵当権の被担保債権としては，元本や利息等の金銭債権に限定される，かのようである。

(β) しかし，枢密院上級裁判所（Geh. Obertribunals）の判決（Entscheidungen des Geheimen Obertribunals Bd. 22 S. 223, Bd. 60 S. 359）[13]によっても支持されているように，法解釈論上，その被担保債権は必ずしも金銭債権に限定されるものではない，と解される。同条同項は単に金銭債権についてのみいわば例示的に言及しているにすぎず，非金銭債権について，その被担保債権「適格」性を否定する趣旨ではない，と理解される，からである。換言すれば，同条同項の「担保権のための権原」は金銭債権のみならず非金銭債権に基づくものであってもよい，のである。

(γ) その理由を以下に簡潔に指摘すれば，1834年・民執令の公布時点においてなお現行法として妥当する1794年・ＡＬＲの規定趣旨が指摘されよう[14]。すなわち，ＡＬＲ第 1 部第20章11条によれば，債務上の給付を求める人的請求権（ein persönlicher Anspruch auf eine obligatorische Leistung）を有するところのすべての債権者は，抵当権を取得できる旨，定められている。ここでは，抵当権の取得について，単に「債務上の給付を求める人的請求権」の必要性が指摘されているのみであり，その人的請求権が金銭債権と非金銭債権とのいずれであるのかは問題とされていない。したがって，ＡＬＲのこの規定がこの時点においてもなお妥当するものとすれば，民執令22条 1 項の担保権権原（担保権名義）によりカヴァーされる被担保債権は金銭債権のみに限定されるものではなく，それが非金銭債権である場合にも裁判債権者は担保権権原（名義）を取得できる，と解されよう。

なお，上記の枢密上級裁判所の判決もまた，この趣旨を明言するものである，ということに注目されよう。

(3) 成立要件としての「登記」——「登記成立要件主義」の妥当[15]——

(i) 裁判上債権者の抵当権は，抵当登記簿への登記によって，成立する。登記は裁判上債権者の抵当権の成立要件とされており，普通抵当権の場合におけると同様に，ここでも「登記成立要件主義」が妥当している。プロイセン実体的・形式的抵当権法の展開の流れの中で形成されてきた「登記主義」が存在するところ，1834年・民執令はそれを裁判上債権者の抵当権の場合にも妥当させたものである，といえよう。

(ii) 裁判上債権者の法的地位の確実化を目指す改革の動きは，基本的にはフランス裁判上抵当権制度を改革モデルとするものであり，それが1834年・民執令中の裁判上債権者の抵当権制度に結実した，ということは事実である[16]。しかし，1834年・民執令もまた広くそれまでのプロイセン抵当権法一般の形成の流れの中に位置付けられるものであり，その限りにおいて，ここでの改革モデルとしてのフランス裁判上抵当権制度も一定の変容を受けざるを得なかった。その変容の最たるものとして，この「登記成立要件主義」の妥当を指摘することができよう。

より具体的には，フランス裁判上抵当権制度にあっては，執行名義の成立によって，債権者は当然に債務者所有のすべての不動産上に抵当権を取得するものとされていた。執行名義の成立，それは直ちに裁判上抵当権を成立させ，しかもそれは一般抵当権として強い力を有するものであった[17]。このようなフランス裁判上抵当権制度より，1834年・民執令中のプロイセン強制抵当権制度は，まず「登記成立要件主義」の妥当という点で，大きく乖離していくこととなった，のである。

(4) 抵当権の法形態——「流通抵当権」としての法的性格[18]——
(i) 裁判上債権者の抵当権の法型態如何については，1834年・民執令中には

125

なんらの具体的な規定もおかれていない。したがって，この問題については，当時妥当の1794年・一般ラント法（ＡＬＲ）上の諸規定に準拠して判断するより他はない[19]，といえよう。

(ii) 1794年・ＡＬＲ中の「慣習抵当権（Konventionalhypothek）」に関する諸規定に準拠すれば，裁判上債権者の抵当権はその登記によって成立し，それは「流通抵当権（Verkehrshypothek）」としての法的性格を付与される，ということになるであろう[20]。

より具体的には，1794年・ＡＬＲの下では，抵当債権につき代価を払いこれを取得した「譲受人（Zessionar）」が存在するとき，この譲受人に対して債務者Ｓは「譲渡人Ｇ（Person eines Vormanns）」（債権者）に対する債権についての抗弁を，その抗弁が譲受人によって認識されていた場合，さらにはその抗弁が抵当登記簿に適時に記載されていた場合，に限ってのみ，主張することができる（ＡＬＲ第１部第20章422条—426条），とされていた[21]。債務者Ｓが債権者Ｇに対して本来主張し得べき債権についての抗弁が，譲受人保護の視点より，譲受人に対しては大幅に制限されている，のである。かくして，裁判上債権者の抵当権もまた，1794年・ＡＬＲの「実体的」抵当権法の諸規定の下，その流通性が確保されていた，といえよう。

(5) 支払命令手続の予めの実施（法22条２項）——登記手続，その(1)[22]——

(i) 法22条２項は，1793年・ＡＧＯ中の第１部・訴訟法典第24章31条の規定を援用しつつ，裁判上債権者の抵当権の登記手続にあっては，債務者に対する支払命令手続が予め実施されなければならない旨，定めている。すなわち，執行名義を有する裁判上債権者はまず訴訟裁判官に対し抵当権の登記の申立てをなし，この申立てが適法であるときには，支払命令手続（Zahlungsbefehlsverfahren）が予め実施されなければならず，それをふまえて登記手続が現実的に開始・進行していく，とされるのである。執行債務者に一定の猶予を与えるという意味において，「執行債務者保護」の理念の一つの具体化である。

(ii) 支払命令とは，債務者に対してその債務の支払いを警告的に督促するも

のである。1793年・ＡＧＯ第１部・訴訟法典第24章31条によれば，支払命令手続が予め実施されることを執行手続の開始の要件の一つとしている。支払命令手続がなされたにもかかわらず，債務者により債務支払いがなされなかったときにはじめて，強制執行手続が開始される，とされるのである。

——参考までに，ＡＧＯ第１部第24章31条の原条文を引用すれば，次のようなものである[23]。

§ 31, Wenn die Exekution verordnet wird, so muß dem Exekutor jedesmal, außer in Wechselsachen, eine gewisse Frist, welche, nach Beschaffenheit der Umstände, auf 8 oder 14 Tage bis höchsten 4 Wochen, zubestimmen ist, nach deren Ablaufe mit der Hülfsvollstreckung ohne weitere Rückfrage verfahren werden soll, vorgeschrieben, diese Verordnung auch dem Gegenteile bekannt gemacht, und derselbe bedeutet werden, daß, wenn er innerhalb dieser Frist den Extrahenten nach seinen Gesuche nicht vollständig befriedigen würde, er die wirkliche Exekution unfehlbar zu erwarten habe.——

(iii) 本条２項の規定を前提とすれば，裁判上債権者の抵当権の登記手続において，支払命令手続は次のように実施されよう[24]。すなわち，裁判上債権者の抵当権の登記申立てをうけて，訴訟裁判官（訴訟裁判所）はまず債務者に対して支払命令を宣告する。支払命令中には一定期間内に債務支払をなすべしとの債務者への警告（Aufforderung　催告）が述べられており，当該期間内に債務者により債務支払いがなされたときには，執行手続（抵当権の登記手続）の実施は回避される。これに対して，債務支払いがなされぬまま当該期間が徒過したときには，抵当権の登記手続が実施されることとなる。

(iv) 法22条２項が裁判上債権者の抵当権の登記手続の場合においても「支払命令手続の予めの実施（vorgägige Durchführung des Zahlungsbefehlsverfahrens）」を必要としていること，そのことは裁判上債権者の抵当権の登記手続が執行手続の一種である，あるいはその一環を成すものである，ということを意味するものに他ならない。1834年・民執令は，裁判上債権者の抵当権制度を

明確に手続執行法理論・体系の中に位置づけている（後述3参照），という点に注目されよう。

(6) 訴訟裁判所の「登記嘱記」の必要（法22条2項）
――登記手続，その(2)[25]――

(i) 法22条2項によれば，支払命令（1793年・ＡＧＯ中の第1部・訴訟法典第24章31条）において定められた期間が経過したときには，債権者には次の権限，すなわち，債務者の特別の登記許諾なくして抵当登記簿への登記を訴訟裁判官に求めるという権限が，付与される。この場合，訴訟裁判官には次の義務，すなわち既判力ある判決・和解等の執行名義の正本（それは既判力の存在を証明するものに他ならない）を――当該請求権について債務証書（請求権に関する記録）が存在するときには，それをも添付して――提出して，抵当登記所に対して登記申立てをなすべき義務が，課せられている。同時にまた，訴訟裁判官には，このような登記申立てをなした旨，債務者に通知すべき義務が課せられている，とされている[26]。

(ii) 本条2項は裁判上債権者の抵当権の登記手続について定めたものである。ここでは，その抵当権の登記の取効が，裁判上債権者による抵当登記所（Hypothekenbehörde 抵当局）に対する直接的な登記申立て（登記申請）によってなされるものではなく，訴訟裁判所による登記嘱記（Vermittlung des Prozeßgerichts）が必要とされる，という点に注目されよう[27]。

(iii) 本条2項の規定内容よりすれば，その登記手続は次のようにおこなわれることとなろう。すなわち，執行名義を有する裁判上債権者は「訴訟裁判官（訴訟裁判所）」に対して抵当権の登記申立て（登記申請）をなす。それが適法なものであるときには，債務者に対して支払命令手続が予め実施される。そして，債務支払いがなされぬまま一定の支払期間が徒過したときには，訴訟裁判官は「抵当裁判官（抵当登記所）」に対して登記申立て（登記嘱記）をなさなければならず，この登記嘱記については訴訟裁判官に義務づけられているものである。その際，その申立てには執行力ある債務名義の正本（Ausfertigung des

Vollstreckungsgerichts）や債務証書（Schuldurkunde）が添付されるものでなければならない。さらに，その登記の直接の利害関係人として，債務者に対しては訴訟裁判官よりその旨通知がなされなければならない，のである[28]。

(7) 裁判上債権者の抵当権の「異議登記」（本条3項・4項）
——登記遅滞の危険性よりの裁判上債権者の利益保護[29]——

(イ) 異議登記の手段の許容（本条3項第1文）——優先権の確保——

(i) 法22条3項第1文によれば，「支払命令手続の予めの実施」の前にあっては，裁判上債権者は，判決・和解等の原本又はその謄本を直接に抵当裁判官（Hypotheken-Richter 抵当登記所において抵当権の登記の実務処理を取り扱う登記官吏）に提出することによって，その（強制）抵当権の異議登記（Eintragung der Protestation）を求めることができる，とされている。

(ii) 本条本項第1文は，裁判上債権者の利益保護の視点において，その抵当権につき，異議登記の手段を裁判上債権者に許容したものである。すなわち，裁判上債権者の抵当権の登記手続にあっては，その登記の取効に至るまでに，「支払命令手続の予めの実施」や「訴訟裁判所の登記嘱記」の諸要件が必要とされており，登記取効は著しく遅滞するという危険性が存在していた。かくして，このような遅滞危険性より裁判上債権者を保護するために，本条本項第1文は裁判上債権者の抵当権に異議登記の手段を許容した，のである[30]。

——なお付言すれば，当時のプロイセンにあっては，既に「仮記入制度（vorläufige Einschreibung）」が存在していた[31]。この仮記入制度は，「権利と順位の異議登記（protestatio pro conservando jure et loco）」という形で，認められていた。そして，1794年・ＡＬＲにあっては，「Protestation」なる概念の下で，各種の仮登記が包括的に制度化されていた。このような形式的抵当権法（形式的不動産物権法）（＝登記法）の展開・形成をふまえて，1834年・民執令は裁判上債権者の抵当権にも Protestation なる仮登記の手段を許容したものである，といえよう。——

(iii) 本条本項第1文により，「支払命令手続の予めの実施」の前に，裁判上

債権者は直接に「抵当裁判官＝抵当裁判所」に異議登記の申立て（申請）をなし[32]，この抵当裁判所において異議登記という仮登記の一種が実施されることとなった。この異議登記は，本登記との比較において，極めて迅速に取効されることとなり，これにより裁判上債権者は自己の「優先権（Vorrecht）」を迅速に確保できることとなった。

　(ロ)　異議登記の手続（本条3項第2文）[33]

　(i)　法22条3項第2文によれば，裁判上債権者の異議登記の申立てが適法であるときには，抵当裁判官（Hypotheken-Richter）はすみやかにその異議登記を実施・与効しなければならない。しかし，適式の抵当権についての登記を求める訴訟裁判官（Prozeßrichter）による申立てが3ヶ月以内になされなかったときには，抵当裁判官はその異議登記を職権により抹消しなければならない，とされている。

　(ii)　異議登記の手段は，そもそも本登記取効の遅滞危険性，すなわち端的にそのことより生ずる優先権危胎化を回避するために，裁判上債権者の抵当権に許容されたものであった。しかも，それはあくまでも・一・時・的・に・の・み許容されたものにすぎなかった。したがって，本条本項第2文は，適法な申立てに基づいて実施された異議登記であっても，3ヶ月以内に訴訟裁判官による本登記申立てがなされなかったときには，抵当裁判官はこれを職権により抹消すべき旨，定めたのである。

　(ハ)　本登記がなされない場合における異議登記（本条4項）——異議登記の手段が利用されるその他の場合[34]——

　(i)　法22条4項によれば，債権額の特定が未だなされていない場合（債権額が未だ特定されていない場合），あるいは強制執行が仮にのみ（nur provisorisch）適法とされる場合（執行名義が仮執行力を有するにすぎない場合）には，裁判上債権者は，本条3項の定めると同様の方法により，自己の権利につき仮記入（vorläufige Eintragung）を求めることができる，とされている。

　(ii)　本条4項の定める上記の二場合にあっては，いずれも強制抵当権の本登記が不可能であるところ，裁判上債権者の利益において，その仮記入・仮登記

が許容された,のである。

(8) 「共同抵当権による負担化」の禁止（23条）
　　——債権の「分割登記」の強制[35]——

(i)　法23条によれば，債務者が複数の不動産を所有する場合において，債権者がそのうちの一つの不動産上への登記では不満であるときには，債権者はそれらの複数の各不動産上に自ら特定した債権の一部分についてのみ登記をなしてよい，とされている。

(ii)　ここでは，強制抵当権の場合において，「共同抵当権による負担化（gesamthypothekarische Belastung)」が禁止され，その被担保債権は各不動産上に分割登記されなければならず，その分割額については債権者自らこれを定めることができる，とされている。したがって，その対象たる各不動産はそれぞれ被担保債権の一部分についてのみ抵当権的責任を負担するにすぎないものとされる。このような本条の立法趣旨としては，債権者が過剰な保全（übermäßige Sicherheit）を取得することなく，そのことにより債務者を保護せん，とする点に求められよう[36]。

(iii)　さらに，法23条は法22条1項の規定（既述(2)）を制限するものとして存在している，という点に注目される。すなわち，

(α)　法22条1項の規定よりすれば，裁判上債権者の担保権名義は債務者所有のすべての不動産（die dem Schuldner zugehörige Immobilien）に対して向けられたものである[37]。裁判上債権者の抵当権の登記の取効に向けての手続があくまで強制執行手続の一分肢であるとすれば，その担保権名義が債務者所有の不動産に向けられるべきものであること，当然であろう。しかも，それは債務者所有のすべての不動産（das gesamte Liegenschaftsvermögen des Schuldners）に向けられているものであるが故に，裁判上債権者は一個の不動産上への抵当権の登記によって満足する必要はなく，任意に自らの意思により執行拡張的に複数の不動産上に抵当権の登記を取効できる，のである。これが法22条1項の規定趣旨といえよう。

(β)　しかし，他方，裁判上債権者が債務者所有の複数の不動産上に抵当権の登記を取効しようとするときには，無制約的にそれをなしうるのではなく，債務者保護（Schutze des Schuldners）の視点より法23条の制限，すなわち「共同抵当権による負担化」の禁止＝債権の「分割登記」の強制という制限を，受けざるを得ないのである[38]。

(γ)　以上を前提とすれば，法23条は法22条1項の規定趣旨を制約するものである，といえよう。また，法23条の禁止条項を実務上実施していくためには，「一個の不動産」の画定基準が必要であるが，それが存在していなかったために，実務上の困難が生ずることとなった。その打開策については，後述第2節にて言及する。

(iv)　なお，法23条の「共同抵当権による負担化」の禁止条項は，強制抵当権のその後の法史的展開において，積極・消極の様々な論議の焦点となるものであった（後述第5章第3節3[13]）。

3　フランス裁判上抵当権制度との対比
――プロイセン法独自の制度的形成への志向[39]――

　1834年・民執令中の裁判上債権者の抵当権制度は，従来からのプロイセン抵当権制度一般の固有の展開ないし形成と対応しつつ，実質的・実態的にはドイツ強制抵当権制度の独自の展開の起点となった。それは，同時に，フランス裁判上抵当権制度（hypothéque judiciaire, C. civ. art. 2123, Vgl. auch art. 2117, 2148 und Gesetz vom 3. Sept. 1807 art. 1）からの乖離・背反を意味するものでもあった。いわば，モデル・チェンジがなされた，のである。したがって，ここでは本章第1節の小括として，私見の立場より，両制度の対比を以下に試みておきたい。その対比は，次の三点においてなされよう。

(1)　一般抵当権か，個別抵当権か

　第1に，①フランス裁判上抵当権制度にあっては，債務者の現在所有するすべての不動産上においてのみならず，将来取得するすべての不動産上において

もまた，裁判上抵当権を取得する，とされている。それはまさしく「一般抵当権」としての法的性格を有し，その権能は極めて大なるものがあった。

②これに対して，1834年・民執令中の裁判上債権者の抵当権制度にあっては，裁判上債権者は債務者の現在所有する不動産上に抵当権を取得するにすぎない。しかも，「共同抵当権による負担化」が明文規定（法23条）により禁止されており，債権は個別の各不動産上に分割登記されることとなっており，ここでは実質上「個別抵当権」が複数成立するにすぎない。したがって，ここでは，プロイセン抵当権法の独自の発展としての「特定主義」の志向の下，「包括判決抵当権（Korreal-Urteilshypothek）」の成立をあくまで阻止せんとする立法姿勢が，明瞭となっている，といえよう。

(2) 執行名義の成立による法律上当然の成立か，登記による成立か

第2に，①フランス裁判上抵当権制度にあっては，執行名義の成立により，債権者は法律上当然に債務者所有の全不動産上に裁判上抵当権を取得する，ものとされている。

②これに対して，1834年・民執令中の裁判上債権者の抵当権制度にあっては，執行名義の成立・取得をふまえて，債権者はまず強制抵当権の登記の申立て（執行申立て）をなさなければならず，それによってはじめて登記の取効に向けての手続が開始される，のである。そして，しかも，強制抵当権は現実に登記が実施されてはじめて成立するのであり，プロイセン抵当権法の独自の発展としての「公示主義」（登記主義）の志向の下，「登記成立要件主義」が妥当している。

(3) 実体的抵当権法の制度か，強制執行法の制度か

第3に，①フランス裁判上抵当権制度にあっては，それは強制執行法の理論・体系より完全且つ明瞭に峻別され，あくまで実体的抵当権法の理論・体系の枠内に位置づけられている。それは実体的抵当権法の一制度として存立する，のである。

②これに対して，1834年・民執令中の裁判上債権者の抵当権制度にあっては，それはあくまでも強制執行法の理論・体系の中で承認・存置されたものであり，しかも同時に実体的・形式的抵当権法の理論・体系とも密接不可分に関連するものとして位置づけられている。

③以上，両制度にあっては，法理論的・法体系的位置づけが顕著に相違している，といえよう。

1） 同令の条文については，Preußische Gesetz = Sammlung von 1834, S. 31 ff.
2） Schanz, S. 19.
3） Schanz, S. 19.
4） 原条文については，前注のプロイセン法令集に依る。
   また，民執令上の裁判上債権者の抵当権制度については，① Schanz, S. 19 ff.; ② Dernburg, P. Hypothekenrecht, II. Abt., S. 115; ③ ders., P. Privatrechts, S. 801 ff.; ④ Hinrichs, Studien, S. 19 ff., insb. 47 ff., 37 ff.
   なお，以下の注引用では，もっとも詳細な①④の両文献をもって代表させる。
5） Schanz, S. 19 ff., Hinrichs, S. 19 ff.
6） Schanz, S. 19., Hinrichs, S. 19.
7） Schanz, S. 19., Hinrichs, S. 20.
8） Schanz, S. 19., Hinrichs, S. 20.
9） Schanz, S. 19-20.
10） Schanz, S. 20（Anm. 17）.
11） Schanz, S. 20（Anm. 17）.
12） Schanz, S. 19 f.
13） Schanz, S. 19（Anm. 16）.
14） Schanz, S. 20（Anm. 18）.
15） Schanz, S. 19 f., Hinrichs, S. 20.
16） Schanz, S. 19.
17） Schanz, S. 13-14.
18） Schanz, S. 20 f., Hinrichs, S. 22.
19） Schanz, S. 20-21.
20） Schanz, S. 20-21.
21） Schanz, S. 21（Anm. 20）.
22） Schanz, S. 21., Dernburg, P. Hypothekenrecht, S. 115.
23） AGO の同条文については，Schanz, S. 22（Anm. 21）にも引用がある。

24) Schanz, S. 21.
25) Schanz, S. 21., Hinrichs, S. 23 f.
26) Schanz, S. 21.
27) Schanz, S. 21.
28) Schanz, S. 21.
29) Schanz, S. 21 f., Hinrichs, S. 23 f.
30) Schanz, S. 21.
31) Schanz, S. 21. 当時のプロイセン法の体系書も同様の記述である。
32) この異議登記の申立てにあっては，執行名義の原本又は謄本の提示でもって，足りた。Vgl. Schanz, S. 22.
33) Schanz, S. 22.
34) Schanz, S. 22.
35) Schanz, S. 20., Hinrichs, S. 21 f.
36) Schanz, S. 20.
37) Schanz, S. 20.
38) Schanz, S. 20.
39) Vgl. Schanz, S. 13 f., Hinrichs, S. 20 f.

第2節　若干の「補充」と「修正」
　　　——裁判上債権者の抵当権制度のより一層の整備に向けて——

> 論述の進行
> 1　1836年・「司法省通達」による「補充」
> 　　——不動産（土地）の個数の決定基準の定立——
> 2　1854年・「民事訴訟手続並びに民事執行手続に関する諸規定の若干の変更についての法律」による「修正」
> 　　——裁判上債権者の抵当権の登記手続の簡易化・迅速化——

論述の進行

　1834年・民事執行令により裁判上債権者の抵当権，すなわち強制抵当権はプロイセン抵当権法の展開の流れの中で独自の新たな法構成を受けるに至り，裁判上債権者の法的地位はかなりの確実性を帯有することとなった（既述第1節）。しかし，他方，同令の法規制は，無論，完全なものとは言い難く，実務上の現実の実施や運用のためには，なお若干の不明瞭性・不十分性や欠陥も存在していた。かくして，強制抵当権制度のより一層の整備に向けて，とりわけ実務上の実施・運用におけるより一層の合理化を図るために，民事執行令の法規制は若干の「補充」と「修正」を受けることとなった（1）（2）。

1　1836年・「司法省通達」（Justizministeriumbescheid vom 25. April 1836）による「補充」——不動産（土地）の個数の決定基準の定立[1]]——

　(i)　民執令23条によれば，裁判上債権者の抵当権については，「共同抵当権による負担化」が禁止されており，裁判上債権者は各不動産上に債権を分割して登記しなければならない，とされていた（既述第1節2(8)）。このような規定

が存在することからも判明するように，裁判上債権者の有する判決等の担保権名義は債務者所有のすべての不動産（土地）に対して向けられており，それらの複数の不動産（土地）が裁判上債権者の抵当権により攫取され，その場合には不動産（各土地）上に債権が分割して登記されなければならない，のである。したがって，同令23条の規定内容を実務上実施していくためには，「一個の不動産（土地）（ein Immobile）」としての画定基準，換言すれば不動産（土地）の個数を決定する基準，それがいかなるものであるのか，が予め明確化されていなければならない，といえよう。しかし，そのような明瞭な画定基準，あるいは決定基準については，民執令中には何も定められてはいなかった。かくして，その画定，あるいは決定のメルクマールを定立するために，1836年，プロイセン司法省は，直接的にはアルンスブルク上級裁判所（Oberlandesgericht Arnsberg）の照会に答えるという形で，民執令23条を「補充」するものとして，次のような通達を発している。

(ii) すなわち，同通達によれば，"登記簿の一用紙（一葉）に登記された土地が，民執令23条にいう一個の土地として，みなされるべきである（Grundstücke, die auf ein Folium eingetragen waren, sollten als ein Immobile im Sinne des §23 der Exekutionsordnung betrachter werden）"，とされている[2]。一用紙（一葉）への登記された土地，それが一個の土地に他ならない，との決定基準が定立されている，のである。したがって，仮に物理的・地理的に一体性を有する土地が存在していた場合においても，それが登記簿の二用紙（二葉）にそれぞれ区分して登記されているときには，それらは別々の独立した二個の土地としてみなされることとなる。以上，かくして，一個の土地としての画定基準，あるいは土地の個数の決定基準が同通達により明確に提立されるに至り，民執令23条の「共同抵当権による負担化」の禁止（債権の分割強制）の条項については，その実務上の実施が客易化・可能化することとなった，のである。

(iii) なお付言すれば，1836年・司法省通達にもかかわらず，その通達としての制度的限界からすれば，民執令23条の規定趣旨を実務上実施していくには，やはり若干の障害が存在することも事実であった。かくして，同通達の趣旨が

137

実務上徹底し，民執令23条の規定趣旨が実務上障害なく実施されるに至ったのは，1841年の「布告」(Erlaß vom 12. Januar 1841) を境とした[3]，のである。

2　1854年・「民事訴訟手続並びに民事執行手続に関する諸規定の若干の変更についての法律」(Gesetz, betreffend einige Abänderungen der Vorschriften über das Civil＝Prozeß＝verfahren und die Exekution in Civilsachen vom 20. März 1854) による「修正」
　　　——裁判上債権者の抵当権の登記手続の簡易化・迅速化[4]——

　1854年，「民事訴訟手続並びに民事執行手続についての改正法（以下，民事執行等改正法と略記する）」が，制定公布された。裁判上債権者の抵当権制度については，「支払命令手続の予めの実施」という要件を廃止するという，注目すべき変更を加えている。裁判上債権者の抵当権の登記手続が遅滞する傾向があるところ，「支払命令手続の予めの実施」の要件を廃止することにより，その登記手続の簡易化・迅速化を意図するものであった。これにより，裁判上債権者の抵当権制度は裁判上債権者にとってより利便なものとなり，裁判上債権者の法的地位はより確実化されるに至った。

(1)　関連条文[5]
　裁判上債権者の抵当権についての関連条文は，次の二ケ条である。

　　(a)　§ 15

　①　Wenn die Exekution zulässig ist, so hat das Gericht auf den Antrag des Gläubigers sogleich die Exekution zu verfügen, den Befehl zur Vollstreckung dem Exekutor zuzufertigen und den Schuldner davon zu benachrichtigen. Der Erlaß eines monitorischen Zahlungsbefehls an den Schuldner (§ 31. Tit. 24 Th I. der Allgem. Gerichtsordnung) findet nicht ferner statt.

　②　Wenn eine Subhastation beantragt ist, behält es bei dem § 5 der Verordnung vom 4. März 1834 (Gesetz＝Sammlung S. 32), und in Betreff der Exekution zur Leistung einer Handlung bei dem §9. a. a. O. sein Bewenden.

③ In Wechsel＝Prozessen verbleibt es bei dem §45. Tit. 27. Th. I. der Allgem. Gerichtsordnung. Die acht-tätige Zahlungsfrist in den Fällen des §7. Tit. 28. Th. I. der Allgem. Gerichtsordnung fällt weg.

(b) §16

Alle Anträge des Exekutionssuchers, die nach §22. der Verordnung vom 4. März 1834 erst dann zulässig sind, wenn die in dem Zahlungsbefehl (§31. Tit. 24. Th. I. der Allgem. Gerichtsordnung) bestimmt frist abgelaufen ist, sind fortan schon dann statthaft, wenn die Exekution zulässig ist §（15）.

(2) 規定内容[6]

(i) 民事執行等改正法中，15条より19条までの諸規定は，執行審級たる執行裁判所における手続（Verfahren in der Exekutions＝Instanz）について，定めるものである。

(ii) 法15条1項によれば，執行が適法であるときには，執行裁判所は債権者の申立てに基づき直ちに執行開始の処分をなし，執行追行者（Exekutor・執行申立者）に執行命令を送達し，債務者にはその旨通知しなければならない（同第1文）。債権者への警告的な支払命令の宣告（1793年・ＡＧＯ第1部第24章31条）については，もはやここではおこなわれない（同第2文），とされている。したがって，ここでは，「支払命令手続の予めの実施」がなされることなく，執行申立てが適法であるときには，直ちに執行開始の処分がなされ，執行手続がスタートしていく旨，明規されている，といえよう。

(iii) 法16条によれば，1834年・民執令22条の規定により支払命令（1793年・ＡＧＯ第1部第24章31条）中に定められている期間が経過したときにはじめて適法となるところの，執行申立人のすべての申立ては，今後にあっては，執行が適法であるときに（本法15条），許容される，とされている。したがって，こ

こでは，裁判上債権者の抵当権の登記申立てを含めて，執行申立人のすべての申立てが，従前の1793年・ＡＧＯの規定の下では，支払命令中に定められた一定の期間の経過後においてはじめて許容されるものであったところ，本改正法の下では，執行が適法であるときには（本法15条），直ちに許容されるものとなる旨，明規されている，といえよう。

(iv) なお付言すれば，民事執行等改正法は「支払命令手続の予めの実施」の要件を執行方法一般について廃止したわけではなく，「強制競売（Subhastation）」の場合については，この要件を従前どおり維持せん，とするものである[7]。より具体的には，法15条2項によれば，強制競売の申立てがなされたときには，1834年・民執令5条の規定（「支払命令手続の予めの実施」の要件を定めている）が適用される旨，明規されている，からである。したがって，強制競売手続の進行は，支払命令中に定められた4週間の支払期間が徒過したときにはじめて，許容されるものとなる，といえよう。

(v) 法15条・16条により「支払命令手続の予めの実施」という要件が廃止されるに伴ない，裁判上債権者に認められていた抵当権の「異議登記」（民執令22条3項）（既述第1節2(7)）それ自体が，その存立意義を喪失するに至っている，という点に注目される[8]。

――従前，1834年・民事執行令の下では，「異議登記」の手段は，裁判上債権者にとって，次の二つの存在意義を有するものとなっていた。すなわち，①第1に，「支払命令手続の予めの実施」の要件により，裁判上債権者の抵当権の登記の取効が遅滞する傾向があったところ，裁判上債権者に抵当権の「異議登記」の手段が許容されることによって，裁判上債権者はその遅滞危険性より保護される結果となっていた。②第2に，裁判上債権者の被担保債権額が未特定である場合，さらにそれが仮執行力ある名義に基づくものである場合には，裁判上債権者の抵当権は本登記をなしえないこととなるが，このような場合において「異議登記」の手段は裁判上債権者にとって本登記の代替的手段として機能する結果となっていた。――

すなわち，1834年・民執令の下では，「支払命令手続の予めの実施」の要件が

存在したために，裁判上債権者の抵当権の取効は著しく遅滞する危険性を有しており，その遅滞危険性より裁判上債権者を保護するために，その抵当権につき「異議登記」の手段を許容するものであった。しかし，1854年・民事執行等改正法が「支払命令手続の予めの実施」の要件を廃止するものであった以上，裁判上債権者の抵当権の取効はその遅滞危険性より免れることとなり，かくしてここではその限りで「異議登記」の手段が裁判上債権者にとって無意義化することとなった，のである[9]。

1) Schanz, S. 23 f., Hinrichs, S. 22 (Anm. 10).
2) Schanz, S. 23., Hinrichs, S. 21-22.
3) JustMinBl. 1841 S. 38 f.
4) Schanz, S. 24., Dernburg, P. Privatrecht, S. 801 (Anm. 4).
   また，54年法については，Strey, Die Exekutionsordnung für die Gerichte, 1856, S. 135 ff., Uecke, Exkutionsordnung für die Gerichte, 1856, S. 57 ff.
5) 原条文については，Preußische Gesetz = Sammlung von 1854, S. 115 ff.
6) Schanz, S. 24., Dernburg, P. Privatrecht, S. 801 (Anm. 4).
7) Schanz, S. 24.
8) Schanz, S. 24 (Anm. 24).
9) 但し，54年・改正法の下でも，債権額が未特定である場合，または終局的執行力が未だ具備されていない場合には，異議登記の手続が採られていた。Vgl. 、Schanz, S. 24 (Anm. 25).

第3節　裁判上債権者の抵当権制度の伝播
――他地域への新たな制度的導入――

> 論述の進行
> 1　エーレンブライトシュタインへの制度的導入
> 　　――1864年法：関連規定と規定内容――
> 2　ノイフォアポンメルン地方並びにリーゲン地方への制度的導入
> 　　――1873年法：関連規定と規定内容――

論述の進行

　1834年・民執令は，1793年・AGOの適用地域において，施行されていた。したがって，1834年・民執令中の裁判上債権者の抵当権制度もまた，1793年・AGOの適用地域において，適用・妥当していた。しかし，その後，裁判上債権者の抵当権制度は，1793年・AGOの適用地域を越えて，順次，その他の地域においても，新たに制度として導入されるに至っている。裁判上債権者の抵当権制度の地域的伝播ないし法継受，という法現象がみられる，といってよいであろう（1）（2）。

1　エーレンブライトシュタインへの制度的導入
　　――1864年法：関連規定と規定内容[1]――

(1)　1864年法

　裁判上債権者の抵当権制度は，まず，1864年，エーレンブライトシュタイン地方の司法部管轄区域において，制度的に導入されている。

——Gesetz zur Verbesserung des Kontrakten und Hypothekenwesens im Bezirke des Justizsenats zu Ehrenbreitstein vom 2. Februar 1864（1864年・エーレンブライトの司法部管轄区域における契約制度並びに抵当権制度の改善のための法律）[2]——

(2) **関連規定**[3]

関連規定は，次の二ケ条である。

(a) §7. Abs. 1

Zur Erwirkung der Eintragung in das Hypothekenbuch ist eine, nach Vorschrift des §2. Nr. 1. aufgenommene oder beglaubigte Verpfändungs＝Urkunde erforderlich, in welcher die verpfändeten Grundstücke und Gebäude nach dem Grundsteuerkataster bezeichnet sind.

(b) §8. Abs 3.

Ein gesetzlicher Titel zum Pfandrecht in Ansehung aller Immobilien des Schuldners wird für Kapital, Zinsen und Kosten und für die Kosten der Eintragung auch demjenigen Gläubiger beigelegt, welcher die Exekution gegen den Schuldner auf Zahlung einer bestimmten Summe oder Gewährung anderer vertretbarer Sachen nachzusuchen befugt ist. Zur Begründung des Eintragungsgesuchs ist außer der nach §7. zu bewirkenden Bezeichnung der Immobilien, worauf die Eintragung erfolgen soll, die Beibringung einer mit dem Atteste der Vollstreckbarkeit versehenen Ausfertigung des Erkenntnisses, Vergleichs oder Mandats erforderlich.

(3) **規定内容**[4]

(ⅰ) 法8条3項は，裁判上債権者の抵当権制度の導入につき，定めるものである。すなわち，同条同項によれば，債務者所有のすべての不動産（Immobilien）上への法定の担保権名義（ein gesetzlicher Titel zum Pfandrecht）が，一定額の金銭支払い又は他の代替物の給付を求めて債務者に対して執行（Exekution）をなしうる権限ある債権者に，元本・利息・手続費用・登記費用のために，付与される（同第1文）。登記申請（Eintragungsgesuch）を理由づけるためのものとしては，登記がなされるべき不動産を本法7条の定めるところにより特定して表示すべきことの他に，裁判・和解・委任命令につき，その執行力を証明するために，執行力ある正本（Ausfertigung）の提出が，必要とされる（同第2文），とされている。

(ⅱ) 同条同項の規定内容のポイントを要約すれば，①一定額の金銭支払い又は他の代替物の給付を求めて債務者に対して執行をなしうる権限ある債権者，すなわち執行権限ある債権者には，債務者所有のすべての不動産上への法定の担保権名義が，付与されること，②その被担保債権としては，元本・利息・手続費用・登記費用が合算ないし総計されること，③その登記申請にあっては，裁判・和解・委任命令の執行力を証明する正本が提出されなければならないこと，等が指摘されよう。

(ⅲ) さらに，裁判上債権者の抵当権もまた抵当権の一種である以上，抵当権の一般規定がこれに適用されること，無論である。したがって，その一般規定の適用により，裁判上債権者の抵当権は，全体的な法構造上，次のように法構成されるものとなっている[5]。すなわち，

(α) 対象（目的物）　第1に，本法にいう「不動産（unbewegliche Sachen＝Immobilien）」とは，法1条2項によれば，土地・建物・授与された鉱山所有権（verliehenes Bergwerkseigenthum）を，意味するものとされている。したがって，強制抵当権はこのような「不動産」上に成立するものとされている。

(β) 成立要件としての「登記」　第2に，法5条2項によれば，抵当権は不動産上にのみ成立・取得されるものであり，担保権登記簿（Unterpfandsbuch）・抵当登記簿（Hypothekenbuch）への登記によってのみ成立・取得される，とされている。「登記主義（登記成立要件主義）」が妥当する，のである。したがって，強制抵当権もまた，このような登記簿への登記によって，成立するものである。

(γ) 訴訟裁判所の「登記嘱託」の不要　第3に，強制抵当権の登記の取効

にとって，訴訟裁判所の「登記嘱託」は不要である，と解される。その理由としては，それを必要とする旨の規定が本法中のどこにもみられない，からである。より具体的には，法8条3項が援用する法7条1項によれば，抵当登記簿への登記の取効のためには，本法2条1号の規定により作成され又は認証された「担保証書（Verpfändungsurkunde）」（これは，土地租税台帳Grundsteuer-kataster に基づいて，その担保目的物たる土地・建物を表示するものである）が必要である，とされているのみである，からである。

——なお，ここでは，担保目的物たる土地・建物が，地理学的測量を前提とする土地租税台帳の表示・記載を基準として，特定されている，という点に注目されよう。これにより，「土地」概念の特定は極めて正確なものとなった，のである。——

(iv) なお付言すれば，1834年・民執令22条の「共同抵当権による負担化」の禁止条項のような規定は，本法中には存在していない。したがって，裁判上債権者は債務者所有の複数の不動産上に，債権を分割して登記することなく，それを一括した形で，強制抵当権の登記を取効しうる，と解されよう。

2 ノイフォアポンメルン地方並びにリーゲン地方への制度的導入
——1873年法：関連規定と規定内容[6]——

(1) 1873年法

裁判上債権者の抵当権制度は，次いで，1873年，ノイフォアポンメルン並びにリーゲンの地域において，制度的に導入されている。

——Gesetz über das Grundbuchwesen und die Verpfändung von Seeschiffen in Neuvorpommern und Rügen vom 26. Mai 1873（1873年・ノイフォアポンメルンとリーゲンにおける土地登記簿制度並びに海上用船舶への質権設定に関する法）[7]——

(2) 関連規定[8]

関連規定は，次の二ヶ条である。

(a) § 20

　① Gesetzliche Hypotheken gewähren in Beziehung auf Grundstücke und deren Zubehör, soweit solches nach § 30. des Gesetzes über den Eigenthumserwerb vom 5. Mai 1872. und nach § 15. des gegenwärtigen Gesetzes den eingetragenen Gläubigern haftet, nur einen Anspruch auf Eintragung einer Hypothek mit bestimmter Summe. Kommt eine Einigung unter den Betheiligten über einen bestimmten einzutragenden Betrag nicht zu Stande, so erfolgt dessen Festsetzung durch den prozeßrichter. Inzwischen ist eine Vormerkung auf den höchsten von dem Hypothekengläubiger geforderten Betrag einzutragen. Die Summe einer vormundschaftlichen Sicherheitshypothek setzt der Vormundschaftsrichter fest mit Ausschluß des Rechtsweges.

　② In Beziehung auf das bewegliche Vermögen giebt die gesetzliche Hypothek nur ein Vorrecht im Konkurse. Das gesetzliche Pfandrecht des Vermiethers an den eingebrachten Sachen des Miethers bleibt unberührt.

　(b) § 22.

　① Die durch Nr. 67. des Vistationsrezesses von 1707. zur Hofgerichtsordnung II. 12. § 1. verordnete Hypothek vom Tage des erhobenen Rechtsstreits wird aufgehoben.

　② Durch Erkenntnisse oder Vergleiche, aus welchen das Zwangsverfahren stattfindet, erlangt der Gläubiger für Kapital, Zinsen und Kosten mit Einschluß der Kosten der Eintragung eine gesetzliche Hypothek an den Grundstücken des Schuldners nach Maßgabe des § 20. dieses Gesetzes. Die Eintragung ist auf Ersuchen des Pruzeßrichters zu bewirken.

(3)　規定内容[9]

（i）法22条2項は，裁判上債権者の抵当権制度の導入につき，定めたものである。すなわち，同条同項によれば，強制手続（強制執行）の発動を原因づけ

る裁判並びに和解に基づいて，債権者は，元本並びに利息及び登記手続費用を含めた手続費用につき，本法20条の定める基準により，債務者所有の土地上に「法定抵当権（eine gesetzliche Hypothek）」を取得する（同第1文）。その登記は，訴訟裁判官の登記要請（Ersuchen）に基づいて，与効される（同第2文），とされている。

(ii) 同条同項の規定内容のポイントを要約すれば，①裁判上債権者の抵当権は「法定抵当権」の一種であること，②その成立原因としては強制執行を発動させ得る裁判・和解の二つであること，③その被担保債権は元本・利息・手続費用であること，④その目的物は債務者所有の土地であること，⑤その登記は訴訟裁判官の登記要請に基づきなされること，等を指摘することができよう。

(iii) なお，法20条1項によれば，法定抵当権が土地上への一定額の抵当権の登記を求める請求権を権利者に許与するものである旨，定められている。したがって，裁判上債権者の抵当権もまた法定抵当権の一種である（法22条2項）とされるところから，裁判上債権者もまたその抵当権につき債権者所有の土地上への一定額の抵当権の登記を求める請求権を有することとなる，のである。かくして，同条同項の規定内容を承けて，法22条2項第2文は，なお登記の与効のためには，付加的な要件として訴訟裁判官の登記要請が必要とされる旨，定めている，といえよう。

(iv) 上記の二法条（22条2項・20条1項）を前提とすれば，裁判上債権者の抵当権の登記手続は次のようにおこなわれることとなろう。

すなわち，裁判・和解の執行名義は当該債権者に強制抵当権の登記の実施（Vornahme）を求める請求権を許与する。この請求権に基づき，債権者は訴訟裁判所にて強制抵当権の登記の申請をなす。申請を受けた訴訟裁判所（訴訟裁判官）は土地登記所に対して登記要請をなす。この登記要請をうけてはじめて，土地登記所において登記が実施されることとなる。ここでは，訴訟裁判所・訴訟裁判官の登記要請の介在が必要的である，という点に注目されよう。

(v) なお付言すれば，エーレンブライトシュタイン地方の1864年法におけると同様に（既述1），本法においても，「共同抵当権による負担化」の禁止条項

は存在しておらず，したがって債権の分割強制はなされない，ということに注目されよう。

    1） Schanz, S. 25.
    2） Preußische Gesetz = Sammlung von 1864, S. 34 ff.
    3） 原条文については，前記の法令集に依る。
    4） Schanz, S. 25.
    5） 以下については，Schanz, S. 25.
    6） Schanz, S. 25-26.
    7） Preußische Gesetz = Sammlung von 1873, S. 229 ff.
    8） 原条文については，前記の法令集に依る。
    9） Schanz, S. 25-26.

結　論

　本章結論として，次の五点を指摘することができよう。
　(i)　第1に，1722年・HKO中のインミシオーン担保権制度（第1章）をプロイセン強制抵当権制度展開の「第1の出発点」とすれば，1834年・民執令中の強制抵当権制度はその「第2の出発点」であった。制定法上，はじめてのトータルな一般的規定が作出された，からである。制度としての制定法上の根拠（法的根拠）が，一般的規定として確示・整序されたのである。
　(ii)　第2に，1834年・民執令は，形態的・形式的には，従来からのインミシオーン担保権制度の廃止という形を採って，新たに裁判上債権者の抵当権制度を明文規定により存置していた。しかし，それは，新制度が従来からのインミシオーン担保制度と切断された無縁のものであることを意味するものでは，まったくなかった。判決等の執行名義を取得した人的債権者の法的地位の確実化のためには，インミシオーン担保権制度の改革が必要であり，その根本理念を継承しながら（連続性の確保），新たに抜本的改革としての新制度を作出する，というのが同令の意図であった。
　(iii)　第3に，1834年・民執令中の強制抵当権制度は，単にフランス法上の裁判上抵当権制度の制度趣旨を範とした（判決債権者への「登記権原」の明文規定による許与）ものにすぎず，その全面的な法継受ではまったくなかった。むしろそれとは截然と区別された，「プロイセン法独自の制度的形成」を明確に位置づけるものであった。一般抵当権ではなく個別抵当権であること（「特定主義」の妥当），執行名義成立によるものではなく登記により成立するものであること（「登記主義」の妥当），実体法上の制度ではなく執行法上の制度であること（「執行法理論」の妥当），という諸点において，その独自性が極めて明確であった。
　(iv)　第4に，1834年・民執令中の強制抵当権制度は，実務運用上，なお一層の合理化のために，その後，若干の補充と修正を受けながら，なおその妥当領域を拡大していった。プロイセン法上，その法制度としての信認の下，いわば

その市民権をより一層確実化していった。

　(v)　第5に，1834年・民執令は，「判決執行令」と称されるように，判決等の執行名義を取得した「人的債権者」のための権利実現手続（執行手続）を，規律するものであった。同令により強制抵当権制度の諸規定が存置されていた，のである。権利実現の手続としての手続的整備という限りにおいて，人的債権者の利益において手続的配慮がなされていた，といえよう。なお，付言すれば，同じく1834年には，「手続的抵当権法」としての不動産強制競売令（Verordnung über den Subhastations-und Kaufgelderliquidations-Prozeß vom 4. 3. 1834）が，公布されている，ということに，注目されよう。

第4章　1872年・プロイセン「所有権取得法」の成立と強制抵当権制度
――不動産信用の新秩序の形成とその影響――

```
はじめに
第1節　1868年・EEG草案「理由書」の基本姿勢
　　　――前史的状況――
第2節　1872年・EEG並びにPGBO中の強制抵当権制度
　　　――その全体的法構造の解明――
```

はじめに

（ⅰ）　1872年，プロイセンでは，新たな不動産物権法（Immobiliarsachenrecht）が成立した。まず，①「実体的」不動産物権法としての「所有権取得法（Gesetz über den Eigenthumserwerb und die dingliche Belastung der Grundstücke, Bergwerke und selbstständigen Gerechtigkeiten vom 5. Mai 1872：所有権取得・土地の物的負担・鉱山・独立した諸権利に関する法）（EEG）」，そして，②「形式的」不動産物権法としての「土地登記法（Grundbuchordnung vom 5. Mai 1872）（PGBO）」，これらの両法の成立である。両法は，抵当権法の視点よりすれば，「実体的」抵当権法としてのEEG，「形式的」抵当権法としてのPGBO，ということができよう。このような「実体的・形式的」不動産物権法ないし抵当権法の成立・施行により，プロイセン不動産信用（土地信用）制度（抵当制度）は新秩序へと移行していくこととなった。

（ⅱ）　プロイセン抵当権法を組成する「三軌軸」に注目すれば，①「実体的」

151

抵当権法としての EEG, ②「形式的」抵当権法としての PGBO に加えて, ③同時代の「手続的」抵当権法としては, 1869年・プロイセン「不動産競売法 (Subhastationsordnung vom 15. März 1869)」が指摘されよう。これは, 1879年・プロイセン不動産強制執行「実施法 (PAG)」によって, 部分的修正を受けたが, その後の1883年・プロイセン「不動産強制執行法」の, 過渡的前身であった, といえよう。

(iii) 強制抵当権制度についてみれば, 1869年・不動産競売法は, 必要的競売 (強制競売) についてのみこれを定めており, 強制管理や強制抵当権については, 定めを置いていない。したがって, 強制抵当権制度に関しては, 従前の1834年・民執令が基本的には妥当しつづけていた, といえよう。しかし, 1872年・EEG・PGBO の成立・施行は, 強制抵当権制度の法構造にも, 多大の影響を与えるものであった, ということも確かな事実であった。両法典には, 直接的には, 強制抵当権制度の関連規定は存在していなかったが,「実体的・形式的」抵当権法の新たな大改革は, その限りでは1834年・民執令の変更を招来し, 必然的に自ずと強制抵当権制度にも重要な影響を及ぼさざるをえなかった, のである。

(iv) 以上を前提として, 本章は, EEG と PGBO の制定・施行に伴ない, 強制抵当権制度の法構造の変革を解明せん, とするものである。

その論述の進行としては, まず, 1868年・草案理由書に即して, その基本姿勢如何が解明される。プロイセン主導のドイツ統一への方向性の下での統一的な国民法作出のための基盤として立法作業がなされなければならないこと (第1節 1), 抵当権令 (形式的抵当権法→PGBO) は新法典編纂 (Kodifikation) でなければならないこと (第1節 2), 土地所有権譲渡・土地担保権設定理論についてはドイツ法理論に回帰し, 公示性 (登記) が重視されなければならないこと (第1節 3), 農業信用の危機的状況の打開のために抵当制度 (抵当権法) の改革が必要であること (第1節 4), が論じられよう。

次いで, 1872年・EEG・PGBO の具体的諸規定に即して, 強制抵当権制度の全体的法構造が解明される。1783年・AHO (形式的抵当権法) 並びに1794年・

第4章　1872年・プロイセン「所有権取得法」の成立と強制抵当権制度

ALR（実体的抵当権法）との対比において，1872年の両法はどのような改革を示すものであったのか，が概括的に論ぜられる（第2節　2）。そして，それらの諸改正（諸変更）が強制抵当権制度に個別具体的にどのような変更を生ぜしめるものであったのか，が検討・分析される（第2節　3）。

第 1 節　1868年・EEG 草案「理由書」の基本姿勢
　　　　——前史的状況——

> 1　前史的状況
> 2　改革の立法形式如何について
> 　　　——Novelle（修正法）か，Kodifikation（新法典編纂）か——
> 3　土地所有権譲渡・土地担保権設定理論について
> 　　　——ローマ法理論との相克，そしてドイツ法理論の勝利——
> 4　抵当権制度の改革について
> 　　　——農業信用危機の打開のために——

1　前史的状況

（i）68年11月30日，政府は以下の三法案を衆議院本会議に提出した。プロイセン法の展開を時代的要請に合致させるべし，というのが政府の意図であった。

——その三法案とは，①土地所有権取得法案（Gesetz über Eigenthumserwerb., 実体的抵当権法），②抵当権法案（Hypothekenordnung・形式的抵当権法），③不動産競売法案（Subhastationsordnung. 手続的抵当権法），である[1]。——

（ii）その提出に際し，司法大臣・レオンハルトは衆議院本会議で次のような演説をおこなっている。いわゆるレオンハルト演説である[2]。プロイセン司法大臣としての自らの職責を自覚しながら，プロイセン司法省の必須の課題の一つとして，このプロイセン立法を決然として遂行しなければならない旨，直接的には議員たちに向けられたものではあったが，究極的には国民に対しても訴えたものであった。

（iii）レオンハルト演説の骨子としては，プロイセン王国にはいまや三つの法

系（法圏）が鼎立し，それらに代わる一つの新たな国民法が制定される必要があり，その立法は現代の発達した法と文化に準拠したものでなければならない，とするものであった。その論旨のポイントは次の二つである[3]。

(α) 三法圏の鼎立，その一本化の必要　66年以前（対オーストリー戦争前）にあっては，ラント法圏（大多数の地域）とライン法圏（ラインラントの地域）との二つの地域が併存していた。ラインラントの人々はライン法（フランス法系）に愛着を感じこれを受容してきており，ラント法に対しては，1800年代の数十年にもわたって，抵抗心を持ちつづけてきている。しかし，両法は大変に似かよっており，融和が可能であった。別々のゲルマン部族に属する異なった父親がおり，両法はその姉妹（異父姉妹）にすぎなかった，からである。

他方，66年以降，状況は変化した。マイン河を境として北海やバルト海に至るまでの地域が，新たな領域として，併合されるに至った，からである。ここは普通法圏の地域であり，第3の法圏である。

かくして，三つの法系が鼎立しているのだから，これに代わる一つの新たな法体系，すなわち一本化された国民法が必然の要請となろう，とするものであった。

(β) 北ドイツ連邦の統一法の基盤作出のために　1866年，それまでのドイツ連邦が解体し，オーストリーを排除した形で，マイン河を境として北部地域に，プロイセンの主導の下，北ドイツ連邦が組織された。これにより，プロイセンはすべての面で主導的活動をせざるを得ないものとなった。これは法の領域でも然りである。国民というものは慣習と言語により他者より区別されるように，（国民）法によっても区別される，からである。

かくして，プロイセン王国に適する立法は，そのまま北ドイツ連邦の立法のための基盤と，なりうるであろう。ここでの立法作業が北ドイツ連邦のために完成したときには，全ドイツ，とりわけマイン河以南の南ドイツ諸国にも妥当されるものとなろう，とするものであった。

——なお，補足しておけば，北ドイツ連邦の組成に際し，当初，マイン河以南の南ドイツ諸国にあっては，独自の連邦の組成も予定されていたが，結成さ

れずに終った。しかし，講和時の秘密攻撃同盟，さらには67年7月に再編・更新された新関税同盟により，プロイセンないし北ドイツ連邦に強く結び付けられることとなっていた（林・プロイセン・ドイツ史研究201頁以下・227頁以下参照）。

2 改革の立法形式如何について
　　　――Novelle（修正法）か，Kodifikation（新法典編纂）か[4]――

(i)　68年・草案理由書は，抵当権法草案（HO草案・形式的抵当権法・土地登記法）それ自体が新たな体系的法典としての法形式をとっていることの根拠として，今回の改革の立法形式如何――Novelleか，Kodifikationか――について，次のように論じている。新法典編纂の法形式をとったことの論旨は，以下の二点である。

(ii)　迅速・確実・簡潔なる抵当事件処理のために　第1に，既存の法律を前提として，それらの諸問題点をとり出し，これらに改正を加える修正法を作出する，というやり方は，これまでのプロイセン立法の特徴的なものであった。現行法のもつ欠点を迅速に応急的に是正する，という利点なるが故に，であった。

しかし，他方，このような修正法形式の立法にあっては，その変更が既存法の原則や全体系に影響を及ぼすものであるときには，多大のデメリットを生じさせる。法律状態から簡潔性や明確性が奪われ，しかも実務上の要請にも僅かしかこたえ得ない，ということが生ずるからである。

したがって，とりわけ抵当制度の改革にあっては，修正法形式ではなく，新法典編纂の形式がとられる必要がある。これにより，新たな抵当権法は，抵当登記官庁に要請されている簡易・迅速・異議なき抵当事件処理のために，必要とされる簡潔・確実な基盤を作出することができよう，と論じている。

(iii)　統一的立法の基盤作出のために　第2に，66年・対オーストリー戦争により，プロイセンはマイン河以北の北ドイツ諸国を併合したが，これらの地域における土地所有権法・抵当権法は我々におけるものとは大変に異なってい

156

第4章　1872年・プロイセン「所有権取得法」の成立と強制抵当権制度

る。取引の要請にこたえるべく，国家全体に妥当する統一的規制が必要とされるし，識者により主張されているように，北ドイツ連邦全体のための統一的立法さえ今後必要とされよう。

　しかし，現時のプロイセン諸立法は，このような統一的立法の基礎としては，全くふさわしくない。私法におけるいかに偉大な立法作品であっても，それが法的生活の継続的な進展やその先導のための柔軟性を欠いているが故に，取引や学問の発展に伴なって，時代遅れと化してしまう，ということがありうる。18世紀末のプロイセンの偉大な諸立法もその例外ではない。今や多くの点において時代に遅れ，取引の要請にもこたえられなくなっている。とりわけ不動産物権法の領域において，然りである。しかも，メクレンブルクやザクセン王国，さらにはチューリンゲンの諸地域にあっては，その新立法は，プロイセン法と比較しても，はるかに取引の要請にこたえるものとなっている，と論じている。

　(iv)　プロイセン司法省（立法者）の責務　　かくして，今後の不動産物権法の改革にあっては，プロイセンもまた，今までのような修正法形式をとってはならない。立法者は，1794年・ALRと1783年・AHOの両法のみを改正し，これらの法典の施行地域についてのみ，その露呈された現実的欠陥のみを応急的に直接的に是正する，といった局限目的に限定されてはいけないし，また許されもしないであろう。その視野を全面的に拡げなければならない。少なくともプロイセンの全領域に妥当する統一法のために，その基盤を提示しうるような改革のために，立法者は努めるものでなければならない，と論ずるものであった。

　(v)　なお，付言すれば，Kodifikationがなされたのは形式的抵当権法であるHO草案（抵当権令→PGBO）についてであり，実体的抵当権法であるEEG草案（これは同時に実体的所有権法でもあった）については，Novelleの形式が採られていることに，注目されなければならない。1872年・EEGはあくまで1794年・ALRについてのNovelleにすぎなかったのである。

157

3 土地所有権譲渡・土地担保権設定理論について
——ローマ法理論との相克，そしてドイツ法理論の勝利[5]——

(i) 68年・草案理由書は，土地所有権譲渡・土地担保権設定に関して，ドイツ法理論とローマ法理論との相克，そしてドイツ法理論の勝利について，次のように整理・分析している。これは，既述の如く，抵当権問題における登記重視，所有権問題における——登記とは無関係に——「引渡しによる所有権取得」の許容，という，Hedemann のいう「二元主義」の構造的背景である（第2章第2節参照）。

(ii) ドイツ法理論——「公示性」の要請—— 土地所有権譲渡や土地担保権設定についてのドイツ法理論にあっては，それが第三者に対しても完全な法律効果が生ずるためには，譲渡や担保設定の法的行為（Rechtsakte）には「公示性（Öffentlichkeit）」が必要である，とするものであった。この点に，ドイツ法理論の顕著な特徴が存在している。したがって，譲渡契約や担保設定契約がなされても，公示性が伴なわなければ，所有権移転も担保設定（担保成立）も生じないし，また土地引渡しや担保権行使がなされるに至っても，同様である。公開の行為——後にはそれは公的台帳への記入という形をとったが——があってはじめて，またそれがあってのみ，譲受人は土地所有権者となったし，担保設定をなさしめた者は担保権者となった。

(iii) ローマ法理論——「引渡し」による移転—— 他方，この点についてのローマ法理論にあっては，causa（所有権移転に適合する法的原因 Rechtsgrund）に基づきなされた Traditio（引渡し）により，動産所有権並びに不動産所有権が移転した。引渡しにより土地所有権が移転し，ここでは公示性や公開行為はまったく必要とされてはいなかった。

(iv) ローマ法継受以降——両理論の対立・衝突—— ローマ法の継受以降，ドイツ法理論とローマ法理論とが対立・衝突する。二元化の現出である。すなわち，ローマ法理論は普通法となり，普通法理論は，causa と traditio の理論をベースとして，権原 titulus と取得方式の理論を発展させていった。これに対して，ドイツ法理論は，その実効性を各地方的領域で保ち得たにすぎず，主

として都市法の中に維持された。そこでは，土地所有権は「公的台帳への記入」によってのみ取得され，契約や契約に基づく引渡しがなされても，それなくしては移転しない，とされていた。

(ⅴ) 新たな改革立法の動向——プロイセン—— 1600年代の末期頃から，ローマ法理論（普通法理論）では，土地の権利変動のための確実な安全が保障されえない，との主張が強くなされるようになった。新たな改革立法はドイツ法理論に復帰し，その実効性の領域は再び拡大された。公的台帳制度が存置され普及し，それへの記入（登記）の効力は，各地域的な相克が見られたけれども，概括的には，より一層強化された。

プロイセンについてみれば，1704年・勅令の試みが一旦挫折したけれども，22年・HKOにより土地・抵当権登記簿制度が存置された。その流れの中で，83年・AHOはこの登記簿制度を完成させ，「所有権」と「土地所有者の信用（抵当権）」（傍点著者）を確実化させ，と同時に土地貸付をなした一般公衆（債権者）の信頼をも保護している。AHOは今なお現行法として妥当しているし，94年・ALRは，実体的所有権法・抵当権法（所有権移転・物権設定・不動産担保）として，このAHO（形式的抵当権法）を基礎とする形で起草された。

以上の如く論じるものであった。このように草案理由書は，ドイツ法理論をベースとして，「公示性（登記）」重視の基本的方向性を是とすべし，との基本姿勢に立っていた，といえよう。

4　抵当権制度の改革について[6]
　　——農業信用危機の打開のために——

(ⅰ) 草案理由書では，土地改良資金や農業経営資金が農業経営者にとって大変に欠乏しており，このような農業信用の危機が打開されなければならない，との現状認識が述べられている。そして，農業信用への資金の導入，そのためにはどのような改革がなされなければならないのか。草案理由書は二つの方向性を提示しているが，現行法の改革でなしうるのは抵当権法の改革の方法である，としている。

(ii) 抵当権法の領域「外」での改革方向性　　草案理由書は，第1の方向性として，投下資本を解約不能のものとすること，そのための保証機関が設立されなければならないこと，を論じている。

農業経営における現時の信用危機は，その貸付が債権者サイドからの解約告知可能な資本によってなされている，からである。解約告知により資本が土地から引き上げられ，それにもかかわらず土地所有者は他から新たな資本を調達し得ない，のである。それでは，解約告知を不可能とすることはできるのか。債権者サイドよりすれば，解約告知ができないものとされるのであるとすれば，投下資本の他の形での随時の任意の回収が前提とされなければならないし，そのためには土地所有者（債務者）と債権者との間に「保証機関」を介在させることが必要となろう，としている。

(iii) 抵当権法の領域「それ自体」での改革方向性　　草案理由書は，第2の方向性，そしてこれこそ本草案の意図するものであるとして，農業信用への資本導入のための抵当権法それ自体の改革，その必要性について，次の趣旨を論じている。

現行法の改革の第一歩として，まず土地信用における利息制限（最高限度枠）の廃止がなされている（これはそもそも債権者の暴利行為を抑制するものであったが，かえって信用危機の一因ともなっていた）。これに引き続いて，本草案の抵当権法の改革がなされなければならない，としている。

(iv) 三つの基本原則とその問題状況　　草案理由書は，抵当権法それ自体の改革として，次の如く論じている。

1783年・AHO と94年・ALR の両法では，三つのすぐれた原則が定立されてきた。①公示主義（Publizitätsprinzip），②特定主義（Spezialitätsprinzip），③実質的審査主義（Legalitätsprinzip），の三つである。緊密な関係にある前二者の原則に，第3の原則を付加している，という構造である。プロイセン抵当権法のこの三原則は，長い間，他の立法における範とされてきた。

しかし，1800年代に入り，その20年代以降，「土地所有と資本所有（両者は抵当投資の両当事者である債務者サイドと債権者サイドの各状況でもある。著者注

記)」の各状況が変化しはじめ，と同時に両所有の社会的・法律的な諸関係も自ずと変化しはじめた。その変化は，50年代から60年代以降，急激な展開をみせ，著しく顕著なものとなった。このような急激な時代状況の変化に伴ない，公示主義と特定主義の両主義は極めて不十分な働きしかなし得ないものとなり，実質的審査主義は過度に作用しすぎたものとなってきた，としている。

　——「土地所有」のサイドでは，その変化はどのようなものであったのか。草案理由書は，一連の農民解放立法や農業改革立法を，その変化の要因として，挙げている。
　すなわち，農業関連諸立法により，土地所有者も土地も，身分的制約や土地負担からより自由となった。土地は分割や合併によりその広さ（範囲）をしばしば変更したし，土地の譲渡や取得は旧来の諸制約より解放された。しかも，農業経営の合理化とは無縁の，農地（農場）の投機取引さえ，急激に登場するに至った。

　——「資本所有」のサイドでは，その変化はどのようなものであったのか。草案理由書は，農業信用（土地信用）に代わる，他の新たな有利な投資先・投資手段（株式や公債）の出現を，その変化の要因として，指摘している。
　すなわち，利便性・確実性・有利性ある投資手段として，株式や公債への動産信用が急激に進展してきた。それが，迅速性と流動性という資本の要請に，こたえるものであった，からである。しかし，他方，現状の不動産は，「信用」の対象として，この資本の要請に十分にこたえることができなかった。投下資本の確実性を保障する仕組みが，あまりに画一的・硬直的なものであった，からである。
　家屋や土地の所有権があまりに頻繁に異動したが，そのたび毎に占有名義（Besitztitel・所有名義）を変更することは，新取得者にとって手続費用の負担も含め，面倒であった。

――「資本所有」と「土地所有」の各状況のこのような変化を前提として，草案理由書は，「資本サイド」よりみて，抵当権の形式による資本投下が，次の二点で不便である，としている。

　①　土地を抵当にとったとしても，その目的土地が合併や分割により頻繁に且つ容易にその広さ（範囲）が変更される。しかも，土地台帳制度の不備のため，その変更が統御されなくなってしまっている。

　②　実質的審査主義の妥当により，登記申請の基礎たる法律行為を証する法律文書に対して，裁判所により小心なる審査がなされ，手続はのろく遅く面倒なものとなっている。当事者に対する煩わしい監督となってしまっている。

　――草案理由書は，プロイセン抵当権法を特徴づける三主義が，いずれも欠陥を露呈するに至っている，とする。公示主義と特定主義は機能不十分であり，実質的審査主義は機能過剰である，とするのである。

　①　「公示主義」の不十分性　　公示主義はどのように不十分なのか。草案理由書は，抵当登記簿上，第三者の権利関係についての情報開示が不十分である，としている。

　すなわち，現行法（ALR）の物権法上の「悪意の理論」の下では，抵当登記簿上明白でない権利を有する第三者が新取得者に優先したり，抵当権実行に際し債権者（並びにその譲受人）が抵当登記簿上明白でない債務関係に基づく抗弁や異議に対抗される，ということが生じうる。土地の取得者や土地上の抵当債権者（並びにその譲受人）にとって，現時の抵当登記簿は第三者の権利関係についての情報開示のよりどころとなり得ていない。

　②　「特定主義」の不十分性　　特定主義はどのように不十分であるのか。草案理由書は次の如く指摘する。

　すなわち，特定の契約より生ずる債権を被担保債権として抵当権が登記されるときには，被担保債権の特定性が確保されるが，現行法（ALR）の下では，特定の契約に基づかない債権についても抵当権の登記が認められている。また，現行の抵当登記簿上，目的土地の範囲（大きさ）は必ずしも明確なものとはな

っていないため，目的物の特定性は不十分である。加えて，抵当土地の一部分離がなされているのか，抵当土地に従物が付加されたのか，といったことも，抵当登記簿上，不明瞭である，としている。

③ 「実質的審査主義」の過剰性　　実質的審査主義はどのように過剰なのか。草案理由書は，登記裁判官の過剰責任化を，指摘している。

すなわち，登記申請や抹消申請に際し，登記裁判官はその基礎たる法律関係を証する文書を審査しなければならないが，専門家としての相当の注意を払わずして法律文書の明白な欠陥を看過した場合には，実質的審査主義の妥当の下では，登記裁判官は記入の抹消についての責任を負わなければならず，これは過剰責任化である，としている。

(v) 改革目標の定立　　以上のような問題状況を前提として，草案理由書は，単に現行法のもつ形式的障害を除去することに留まらず，抵当権法の本質自体が改革されなければならない，としている。具体的には，その改革目標として次の二つが定立されている。

(α) 登記重視，権利構造の二元性の除去——第1の改革目標——　　土地上の権利については，抵当登記簿上のものと抵当登記簿とは無関係のものとの，二つのタイプが存在している。この権利構造の二元性（Duplizität）が除去されなければならない。権利取得における抵当登記簿への登記，これを重視する（前者の権利を重視する），ということである。

これは何を実現するための目標定立なのか。草案理由書は次の三点を指摘している。①確実な土地信用にとって必要とされる基盤を作出すること，②土地所有権を確固として安全化・安定化すること，③土地の大きさ（量的範囲）と同一性を確定化すること，それらの実現のための目標である，とするのである。

(β) 抵当権の人的債務関係からの解放——第2の改革目標——　　抵当権の物権性を高め，抵当権を人的債務関係（被担保債権）から解放しなければならない，としている。

これは何を実現するための目標定立なのか。草案理由書は，上記の目標定立

により，次の四点が実現可能となる，としている。

① 抵当権の安全確実化　債権から生ずるあらゆる抗弁から抵当権を安全確実化することができる。と同時に，これにより，抵当権の実行も譲渡も確実化する。

② 抵当権証書の簡易単純化，移転方式の簡易化　抵当権移転に際し重要な意味をもつ抵当権証書につき，その記載・内容を簡易単純化できる。と同時に，移転方式それ自体を簡易化することも可能となる。

③ 所有者抵当権の制度的承認の可能化　所有者抵当権を制度的に承認することが可能となる。これにより，土地所有者は自ら事後的な債権者のために優先順位を保持することができ，信用享受のための有利な機会が得られることとなる。

④ 実質的審査主義の廃止の可能化　実質的審査主義を廃止することが可能となる。実質的審査主義が債務関係の有効な存在を審査するものであるところ，抵当権が人的債務関係から解放された，からである。

抵当官庁の審査は設定登記・抹消登記の申請行為にのみ限定されるべきであり，これにより抵当事件の迅速処理が可能となる。また，抵当事件を裁判所管轄より分離することも可能となる。いずれにせよ，今までの合議制による緩慢な事件処理が排除され得る，としている。

(vi) 小括　草案理由書は，農業信用危機を打開すべく，抵当制度の抜本的改革を意図するものであった。18世紀・プロイセン抵当権法によって定立された卓越した三原則，そのいずれもが今や欠陥を露呈するに至っているとして，①公示主義と②特定主義のなお一層の徹底化とそのための前提基盤の作出，さらには③実質的審査主義の廃止，を試みたのである。ここでは，登記を重視し従来からの権利構造の二元性を除去すること，抵当権を人的債務関係より解放すること，の二つが，抵当制度（抵当権法）の改革目標とされた。これは，農業信用への資本導入のための抵当権法改革であり，草案理由書はまさしく「土地所有者（債務者）」保護の基本姿勢に立脚するものであった，といえよう。

1） 68年に公表されたEEG草案とPGBO草案（抵当権令草案）との二つを包摂して，本文中では「68年・草案」と表記している。

同草案については，Werner, Die Preußischen Grundbuch = und Hypothekengesetze vom 5. Mai 1872 nebst Materialien, 2. Teil (Materialien)., Schubert, P. Gesetzrevision, I 1, S. XXXVIII ff. 参照。

また，Achilles = Strecker, Komm., 4. Aufl., S. 12 ff., Dernburg = Hinrichs, S. 57 ff.

2） レオンハルト演説（法案の趣旨説明）については，Die Prerßischen Gesetzentwürfe über Grundeigenthum und Hypothekenrecht nebst Materialien, herausgegeben von Koniglichen Justiz = Ministeriun に収録（議事録より転載）されている（有川・「(1)」85—86頁）。また，有川・「取得法(2)」83—85頁が，これに論及する。

なお，その後の法案審議の経過については，Achilles = Strucker, S. 15ff. に詳しい。

3） 以下のポイント整理にあっては，Motive, S. 157 ff. (V)，林健太郎編・ドイツ史・284頁・288頁等により，歴史的経緯の考慮の下，レオンハルトの法案趣旨説明を再構成したものである。また，Dernburg = Hinrichs, P. Hypothekenrecht, I. Abt., S. 58 f.

4） Motive, S. 28 ff., Dernburg = Hinrichs, S. 58-59. 等参照。なお，有川・「取得法(2)」81—83頁参照。

また，72年法にあっては，PGBOがKodifikationであったのに対して，EEGはNovelleであったことに注意されなければならない。この点の評価については，Dernburg = Hinrichs, S. 62-63. 参照。

5） Motive, S. 29. なお，有川・「取得法(3)」1—3頁参照。

6） Motive, S. 24. なお，有川・「取得法(2)」77—81頁参照。

〔68年・二草案（EEG・PGBO）の公表後，その草案立場に関する諸文献リスト〕

68年・草案の公表後，これらの二草案はラント議会での審議に付せられ，順次的にその修正・変更をみた（1868—69年，1871—72年，という戦時の中断をはさんだ二つのラント議会会期において，である。Vgl., Dernburg = Hinrichs, S. 59., Achilles = Strecker, S. 15 f.)。したがって，68年・草案の公表後，その修正・変更を考慮して，時系列的に諸文献を挙げておく。

(a) 68年・二草案公表後の69年刊行のものとして，

① Bremar, Hypothek und Grundschuld, 1869.

② Hartmann, Das preußische Immobiliarsachenrecht und dessen Reform nach den neuesten Entwürfen, 1869.（抵当取引の容易化，とりわけ抵当証券による自地譲渡の適法性の承認について，論究する。）

③　Hübner, Die Reformen auf dem Gebiete des Immobiliar = Sachenrecht, 1969.

（b）　70年刊行のものとして，

①　Ziebarth, Die Reform des Grundrechts, 1870.（草案中の形式主義について，形式的土地登記法が実体法といかなる関係に立つのかの視点より，詳細に論究する。）

②　Bähr, Die preußischen Gesetzentwürfe über die Rechte un Grundvermögen, 1870.（形式法と実体法とを対比させながら，草案中の諸原理についての問題点について，詳細に分析・検証する。）

（c）　71年刊行のものとして，

①　Johow, Zur Lehre von den Rechten des Pfandgläubigers an den Fruchten der verpfändeten Sache.

②　Winter, Bemerkungen zu den Beschlüßen des Preußischen Abgeordnetenhauses über den Gesetzentwurf, den Erwerb u. betreffend.

（d）　諸草案に対する諸批判としては，主として国民（国家）経済上の諸理由（nationalökonomische Gründe）に基づくものであり，それまでの伝統的なプロイセン法への熱き擁護であった。たとえば，Leo Sternberg, Mediationes discontinuae über die Realkreditfrage und die preußischen Gesetzentwürfe u. 1872.

（e）　なお，諸草案中の諸問題点について論ずるものとして，Kurlbaum, in Behrend's Zeitschrift III, S. 737 ff.

第2節　1872年・EEG並びにPGBO中の強制抵当権制度
――その全体的法構造の解明――

```
1  関連条文
    ――EEG並びにPGBO――
2  両法における一般的な注目点
3  両法における個別的な注目点
    ――強制抵当権制度との関連性において――
4  小括
```

1　関連条文――EEG並びにPGBO[1]――

両法典における注目すべき関連規定は，次のものである。

(イ)　EEG

(1)　§19

Die Eintragung erfolgt:

①　wenn der eingetragene oder seine Eintragung gleichzeitig erlangende Eigentühmer sie bewilligt.

Die Bewilligung kann mit Angabe eines Schuldgrundes geschehen (Hypothek) oder ohne Angabe eines Schuldgrundes (Grundschuld). Im ersteren Falle muß die Schuld vorgelegt werden;

②　wenn der Gläubiger auf Grund eines rechtskräftigen Erkenntnisses, durch welches der eingetragene Eigentühmer zur Bestellung einer Hypothek oder Grundschuld verurtheilt worden ist, die Eintragung beantragt;

③　wenn eine zuständige Behörde gegen den eingetragenen Eigenthümer die Eintragung nachsucht.

(2) §22

① Der Gläubiger hat das Recht, unter Vermittelung des Prozeßrichters eine Vormerkung auf dem Grundstück seines Schuldners eintragen zu lassen.

② Auch diejenigen Behörden, welche die Eintragung einer Hypothek gegen den Eigenthümer nachzusuchen gesetzlich berechtigt sind, können die Eintragung einer Vormerkung verlangen.

③ Durch die Vormerkung wird für die endgültige Eintragung die Stelle in der Reihenfolge der Eintragungen gesichert.

(3) §23

Die Eintragungsbewilligung muß auf den Namen eines bestimmten Gläubigers lauten, das verpfändete Grundstück bezeichnen, und eine bestimmte Summe in gesetzlicher Währung, den Zinsatz oder die Bemerkung der Zinslosigkeit, den Anfangstag der Verzinsung und die Bedingungen der Rückzahlung angeben.

(4) §24

Wenn die Größe eines Anspruchs zur Zeit der Eintragung noch unbestimmt ist (Kautions = Hypotheken), so muß der höchste Betrag eingetragen werden, bis zu welchem das Grundstück haften soll.

(5) §30

① Für das eingetragene Kapital, für die eingetragenen Zinsen und sonstigen Jahreszahlungen und für die Kosten der Eintrgung, der Kündigung, der Klage und Beitreibung haften:

das ganze Grundstück mit allen seinen, zur Zeit der Eintragung nicht abgeschriebenen Theilen (Parzellen, Trennstücken);

die auf dem Grundstück befindlichen oder nachträglich darauf errichteten, dem Eigenthümer gehörigen Gebäude;

die natürlichen An = und Zuwuchse, die stehenden und hängenden Früchte;

die auf dem Grundstück noch vorhandenen abgesonderten, den Eigenthümer gehörigen Früchte;

die Mieth = und Pachtzinsen und sonstigen Hebungen;

die zugeschriebenen unbeweglichen Zubehörstücke (Pertinenzien) und Gerechtigkeiten;

das bewegliche, dem Eigenthümer gehörige Zubehör, so lange bis dasselbe veraußert und von dem Grundstück räumlich getrennt worden ist;

die dem Eigenthümer zulassenden Versicherungsgelder für Früchte, bewegliches Zubehör und abgebrannte oder durch Brand beschädigte Gebäude, wenn diese Gelder nicht statutenmäßig zur Wiederherstellung der Gebäude verwendet werden müssen oder verwendet worden sind.

(6) §70

Der Prozeßrichter hat auf den Antrag einer Partei die Eintragung einer Vormerkung bei dem Grundbuchamt nachzusuchen, wenn ihm der Anspruch oder das Widerspruchsrecht, welche durch die Vormerkung gesichert werden sollen, glaubhaft gemacht sind.

(ロ) PGBO

(1) §41

Dem auf Eintragung oder Löschung gerichteten Ersuchen einer zuständigen Behörde, welches den gesetzlichen Erfordernissen entspricht, insbesondere auch alle wesentlichen Punkte des einzutragenden Vermerks enthalten muß, haben die Grundbuchämter zu genügen, oder den aus dem Grundbuch sich ergebenden Umstand der ersuchenden Behörde bekannt zu machen.

(2) §55

In den Fällen, in welchen der Erwerb des Eigenthums an Grundstücken eine Auflassungserklärung des bisher eingetragenen Eigenthümers nicht voraussetzt, kann der Eigenthümer zur Eintragung seines Eigenthums angehalten werden, wenn
1) eine zuständige Behörde dieselbe erfordert,
2) wenn ein dinglich oder zu einer Eintragung Berechtigter dieselbe beantragt.

(3) §56

Wird von einem nach §55. hierzu Berechtigten die Eintragung des Eigenthümers beantragt, so hat der Grundbuchrichter den Eigenthümer unter Mittheilung des Antrages aufzufordern, binnen einer bestimmten Frist bei Vermeidung einer die Summe von 50 Thalern nicht übersteigenden Geldstrafe sich eintragen zu lassen.

Lätzt derselbe die Frist fruchtlos verstreichen und bescheinigt auch nicht Hindernisse, welche einen ferneren Aufschub rechtfertigen, so setzt der Grundbuchrichter die Strafe fest und erneuert die frühere Aufforderung an ihn unter der Verwarnung, daß nach Ablauf der neuen Frist auf ferneres Andringen des hiervon zu benachrichtigenden Antragstellers im Wege der Zwangnvollstreckung die Eintragung seines Eigenthums werde herbeigeführt werden.

第4章　1872年・プロイセン「所有権取得法」の成立と強制抵当権制度

Bestreitet der Eigenthümer im Fall des §55. Nr. 2. das Recht des Antragstellers, so ist Letzterer zum Prozeßwege zu verweisen.

1）　1872年・EEG 並びに PGBO の原条文については，Gesetz ＝ Sammlung für die Königlichen preußischen Staaten vom 1872, Nr. 28, S. 433 ff（EEG）.; S. 446 ff（PGBO）.

2　両法における一般的な注目点

両法は，従前の法（1783・AHO，1794・ALR，その後の修正補充の法など）と比較して，どのような改革をおこなっているものなのか。一般的には，次の諸点において注目されよう。

(1)　「土地登記簿」主義の確立
　　　──「抵当登記簿」主義より「土地登記簿」主義への転換[1]──

（i）　1872年・PGBO の制定・施行により，プロセイン登記制度は，「抵当登記簿」主義（Hypothekenbuchsystem）より「土地登記簿」主義（Grundbuchsystem）に転換した，という点に注目される。「抵当登記簿」が原則として土地上の「負担」のみを表示するものであるのに対して，「土地登記簿」は土地に関する「すべての権利関係」を表示するものであり，プロセイン登記制度はこのような「土地登記簿」制度に基づくものとなった，のである。

（ii）　「土地登記簿」主義への転換，その転換を支えたものは，「土地所有権の取引の増大」という実務上の現象であった。すなわち，

（α）　「抵当登記簿」主義の下では，登記簿はもっぱら土地上に成立する担保権の公示を目的とするのみであり，土地所有権の移転という取引自体とは無関係であった。土地所有権の移転という取引は，登記（簿）とは無関係に，「引渡し」によってなされていた，のである。

（β）　しかし，土地所有権の移転という取引が増大化するに伴ない，それを登記簿上の記載に依らしめるべし，とする実務上の要請が次第に大きなものとなってきた。かくして，この実務上の要請をうけて，1872年・PGBO は「土地登

171

記簿」主義を導入することとなった，のである。

(iii) 「土地登記簿」主義への転換に伴ない，「土地（ein Grundstück)」の概念が，その内容上，自ずと変容を受けることとなった。すなわち，

(α) 「抵当登記簿」主義の下では，「土地」は「現実上ないし事実上の一体性」を基準として識別され，これを基準として土地所有権の取引がなされていた。

(β) しかし，「土地登記簿」主義への転換に伴ない，「土地」の概念は「土地登記簿上の記載」を基準として識別されることとなった。「土地」概念は，いわば「観念的」（↔「事実的」）なものとなり，従前の「事実上の経済的一体性」の識別メルクマールとは一応別個のものとなった。

(iv) 「土地登記簿」主義への転換，その法実務上の意義としては，土地所有権をめぐる法律関係が飛躍的に明確化されるに至った，ということが指摘されよう。土地所有権の「移転」のみならず，土地所有権上の「負担」，すなわち不動産担保権制度や土地信用にも大きなインパクトを与え，その後の制度的展開を支えるものとなった，からである。この意味よりすれば，1872年・PGBOは，「土地登記簿」主義の制度的導入という点で，極めて注目すべき立法であった，といえよう。

(2) 「公信主義」の妥当領域の拡大
——抵当権以外の「物権」についての善意取得の可能性の許容[2]——

(i) 1872年・EEG の制定・施行に伴ない，「公信主義」の妥当領域が拡大され，抵当権以外の「物権」についても，その善意取得の可能性が認められるに至った。それは，「抵当登記簿」主義から「土地登記簿」主義への転換（PGBO）に伴なうものであった。

(ii) 「公信主義（Öffentlichkeitsprinzip; Grundsatz des öffentlichen Glaubens)」とは，概括的には，登記簿上の記載（表示）が真実の権利状態と不一致であるときにも，その記載（表示）を信頼して取引をなした者を保護せん，とする原則を意味している。このような「公信主義」の原則は，土地取引の安全に奉仕

し，近代における多くの土地法制に採用されるものであったこと，周知のとおりである。たとえば，18世紀末期より19世紀前期にかけての諸ラントの立法例についてみれば，1794年・プロイセンALR，1822年・バイエルン抵当権法，1825年・ヴュルテンブルク担保法においては，「抵当登記簿」上の登記に公信力が，未成熟ではあったが，付与されており，「抵当権」の善意取得の可能性が認められていた，のである。

(iii) 他方，1843年・ザクセン法や1872年・プロイセンEEGにあっては，「抵当登記簿」主義から「土地登記簿」主義への転換に伴ない，自ずと必然的に「土地登記簿」上の登記に公信力が付与される結果となり，抵当権以外の「物権」にも広く善意取得の可能性が認められた，のである。

(3) 「実質的審査主義」から「形式的審査主義」への転換[3]

(i) EEG並びにPGBOにあっては，「実質的審査主義（materielles Legalitätsprinzip・実質的合法主義）」から「形式的審査主義（formelles Legalitätsprinzip・形式的合法主義）」への転換が，注目される。

(α) 既にプロイセンでは，「公信主義」が未成熟ながらも妥当し，それを支える基盤として「登記主義（Eintragungsprinzip）」もまた確立されるに至っていた。すなわち，「公信主義」の下では，登記簿上の記載が仮に真実の権利状態と不一致であるときにも，その記載を信頼して取引をなした者が保護されることとなる。そのような原則を妥当させるべき前提としては，物権の変動を登記簿上の記載とリンクさせるべき必要があり，かくして「公信主義」の基盤を支えるものとして，物権の変動が物権的契約と登記により成立するものとする，いわゆる「登記主義」もまた，妥当されるに至っていた，のである。

(β) しかも，それとタイアップして，登記を真実の権利状態と可能な限り一致させるためには，登記主義の妥当に加えて，登記の実施に際して登記官は厳重な審査をすべし，とされていた。たとえば，1783年・プロイセンAHOをはじめとして，それ以降，19世紀初期にかけての各ラントの抵当権諸立法にあっては，抵当権の「設定及び移転」の有効性について，登記官に厳重な審査義務

を課するものであった。ちなみに，抵当権の登記が申請された場合には，登記官は，申請の書式の適否のみならず，抵当権設定という物権変動について，その原因たる債務関係をも，審査すべきものとされていた（AHO第2章第2節58条・59条）。「実質的審査主義」が妥当していたのである。このような「実質的審査主義」の妥当により，登記簿上の記載は，より一層，真実の権利状態に即応することとなり，「公信主義」妥当の基盤もより一層強化された，といえよう。

(γ) しかし，他方，この「実質的審査主義」の妥当は，過度の弊害をも生じさせていた。登記手続は著しく遅滞し，抵当土地信用取引にとって大きな障害となっていた，からである。かくして，1848年・メクレンブルク抵当権法は，登記官の審査義務を大きく軽減し，その弊害の除去を試みており，これに接続したのが1872年・プロイセンEEG・PGBOであった。このような軽減化された審査主義は「形式的審査主義」と呼ばれた。

(ii) EEG並びにPGBOにあっては，「形式的審査主義」は次のような形で提示されていた。関連条文に即して，説明しておこう。すなわち，

(α) EEG 18条によれば，抵当権並びに土地債務は，土地登記簿への登記により，成立する，とされている。ここでは，登記が抵当権等の成立要件とされており，「登記主義（登記成立要件主義）」が妥当している。

(β) EEG 19条1号によれば，抵当権並びに土地債務の登記が，既に登記（土地所有者としての登記）された土地所有者の「許諾（登記許諾）」によって，なされる，とされている。ここでは，土地所有者の「登記許諾」が抵当権等の登記のための要件とされている，ということが明らかである。なお，この「登記許諾」は，抵当権の登記の場合には，「債務原因」の陳述と共に，なされる。

(γ) また，EEG 23条によれば，「登記許諾」の陳述事項として，債権者氏名・目的土地・法定通貨による一定額・利息条項等・支払諸条件，等を明規している。

(δ) PGBO 46条によれば，①登記裁判官は，「登記許諾」又は「抹消許諾」について，それをその「形式と内容」とにおいて審査すべき義務を有している

(同条1前段)。②申請された登記又は抹消について障害あるときには，登記裁判官はその旨申請者に告知しなければならない（同条1項後段）。③「登記許諾」又は「抹消許諾」の基礎となっている法律行為について瑕疵が存在するときにも，そのことは申請された登記又は抹消を却下することの理由とはならない（同条2項），とされている。

(iii)　EEG並びにPGBOにあっては，「形式的審査主義」と「登記許諾」とは，次のような相互関係にある，といえよう。すなわち，「形式的審査主義」の妥当の下では，①登記義務者の「資格」（その者が土地所有者として登記されているのか）と②「登記許諾」という形式的意思表示との二つについてのみ，登記官は審査すれば足り，その基礎たる原因債務関係までをも審査する必要はまったくなかった。この意味よりすれば，抵当権の登記における「登記許諾」の要件化は，「形式的審査主義」採用のための一つの法技術であった，といえよう。

(iv)　なお，付言すれば，抵当権の登記におけるとは異なって，所有権移転の登記にあっては，「アウフラッスング（Auflassung）」という特別の方式が導入されているが，これもまた「形式的審査主義」採用のための一つの法技術である，と理解される。EEG並びにPGBOの関連規定よりすれば，所有権移転の登記にあっては，登記裁判官は「アウフラッスング」の有効性のみを審査すれば足り，「アウフラッスング」の基礎たる原因関係まで審査する必要はまったくなかった，からである。以下に，関連規定に即して，所有権移転の登記における「形式的審査主義」の妥当について，説明してみよう。

(α)　EEG 1条によれば，土地所有権の任意譲渡の場合には，土地所有権は，アウフラッスングに基づきおこなわれた・土地登記簿上への・所有権移転の・登記によってのみ，取得される，とされている。ここでは，任意譲渡における土地所有権の取得が登記によってなされる，という「登記主義」が妥当している。

(β)　EEG 2条によれば，「アウフラッスング」の表示について，その概念内容ないし構造が定められている。それによれば，土地のアウフラッスングにあ

っては，所有者として登記された土地所有者，そして新取得者，という両者が存在するところ，この両者によりそれぞれ次のような内容の表示がなされる。土地所有者によっては，新取得者の登記を許諾する旨の表示がなされるのに対して，新取得者によっては，その登記を申請する旨の表示がなされる。このような両表示は，口頭により且つそれにつき管轄権のある土地登記所の面前において，陳述されなければならない，とされている。ここでは，アウフラッスングの構造として，その「要式行為性」が明らかとなっている。

(γ) EEG 3条によれば，土地所有者の現実のアウフラッスング表示に代替するものとして，「既判力ある判決」の存在が明規されている。それによれば，所有者として登記された土地所有者が存在するところ，その者のアウフラッスング表示はこの者にアウフラッスングを課す旨の「既判力ある判決」（意思の陳述を命ずる判決）により代替される，とされている。

(δ) PGBO 46条によれば，登記裁判官の審査義務の範囲として，登記裁判官は，実施されたアウフラッスングの「有効性（Rechtsgültigkeit）」についてのみ，その審査を義務づけられる（同条1項）。しかも，実施されたアウフラッスングについて，その基礎たる「法律行為」に瑕疵が存在するときにも，そのことは所有権移転登記の申請を却下する理由とはならない（同条2項），とされている。ここでは，登記官の審査義務が従来の法との比較において大幅に軽減されていること，形式的審査主義が妥当していること，が明らかとなっている。

1) Dernburg, Lehrbuch des preusischen Privatrechts, I Band, S. 442 ff, S. 437 ff.; ders, Hypothekenrechts, I Abt, S. 61 ff, Hedemann, Fortschritte, II Teil, 2 Halbband, S. 267 ff.
2) Dernburg, Lehrbuch des preußischen Privatrechts, S. 465 ff.
3) Dernburg, Lehrbuch des preußischen Privatrechts, S. 476 ff, S. 458 ff.; Hübner, Grundzüge des deutschen Privatrechts, S. 382.

3 両法における個別的な注目点
――強制抵当権制度との関連性において[1]――

強制抵当権制度との関連にあっては，両法はどのような変更を迫るものであったのか。次の諸点において注目されよう。以下，個別的に論じておこう。

(1) 土地所有者の「登記許諾」の概念の新たな登場（EEG19条・23条）
――抵当権の登記のための一要件[2]――

(i) EEG にあっては，土地所有者の「登記許諾（Eintragungsbewilligung）」という概念が新たに登場し，これは抵当権の登記のための要件の一つとされた。

(ii) EEG 19条によれば，抵当権並びに土地債務について，その登記は次の三つの場合になされた。すなわち，

(α) 第1に，既に登記された所有者，あるいはその登記を同時になした所有者が，抵当権等の登記について，これを許諾した場合のみ，その登記がなされうる。このような許諾は，抵当権の場合には，「債務原因（Schuldgrund）」の陳述と共に，おこなわれるものであるのに対して，土地債務の場合には，「債務原因」の陳述なくして，おこなわれる。また，抵当権の場合には，その許諾に際し「債務証書（Schuldurkunde）」が提出されなければならない（同条1号），とされている。

(β) 第2に，既に登記された所有者に対して抵当権または土地債務の設定を命ずる既判力ある裁判が存在するときに，この裁判に基づいて債権者がその登記を申請した場合には，抵当権又は土地債務の登記がなされうる（同条2号），とされている。

(γ) 第3に，それにつき管轄権（権限）ある公機関が，既に登記された所有者に対して，その登記を「要請（Nachsuchen）」した場合には，抵当権又は土地債務の登記がなされうる（同条3号），とされている。

(iii) さらに，EEG 23条によれば，「登記許諾」の陳述事項として，「特定の債権者の氏名，抵当権の設定される目的土地，被担保債権について法定通貨による一定額，利息条項あるいは無利息の約定，利息の生ずる開始日，支払いの

諸条件」が「登記許諾」において陳述されなければならない，とされている。

(iv) EEG 19条1号より明らかなように，土地所有者の「登記許諾」は抵当権の登記のための一要件とされている。登記義務者（登記の受働的当事者）としての土地所有者が存在するところ，その土地所有者が土地登記所に対してなした一方的意思表示，それが「登記許諾」に他ならなかった。したがって，このような「登記許諾」の要件化によって，真実の権利者（土地所有者）はその意思に反する登記を前もって拒否する機会ないし手段を許与されることとなり，自己の権利（土地所有権）が登記簿上侵害される危険を未然に防止しうることとなった，という点に注目されよう。

(2) 土地所有者の「登記許諾」に代わる訴訟裁判所の「登記要請」
——強制抵当権の登記の取効のための一要件[3]——

(i) 強制抵当権の登記の取効の場合には，土地所有者の「登記許諾」に代替するものとして，訴訟裁判所の「登記要請」が要件とされている。これは，既述の EEG 19条3号が指示するところであり，訴訟裁判所の「登記要請」をふまえて，強制抵当権の登記がなされうる。

(ii) 土地所有者の「登記許諾」についての EEG 23条は，その当時の一段的見解によれば，訴訟裁判所の「登記要請」についても適用される，とされている。したがって，同条の適用の下，強制抵当権の登記にあっては，次のように処理されることとなろう。

すなわち，

(α) EEG 23条にあっては，「登記許諾」の陳述事項が定められているが，訴訟裁判所が「登記要請」をするにあたっては，それらの陳述事項が執行名義より明らかとなっていることを確認しなければならない。換言すれば，執行名義より明らかであるときのみ，訴訟裁判所は「登記要請」をなしうることとなる。

(β) また，訴訟裁判所の「登記要請」をうけた土地登記所に，PGBO 41条によれば，疑義が土地登記簿上明白とならない限りでは，その「登記要請」に応ずべきことを，義務づけている。

(γ) したがって，その手続としては，まず，債権者は強制抵当権の登記の「申請」を訴訟裁判所になし，この申請をうけて，訴訟裁判所は申請を審査し，その上で土地登記所に「登記要請」をおこなう。訴訟裁判所での審査，すなわち執行名義に基づく債権者の登記申請についての本質的な判断（実体的・訴訟的諸規定に基づく判断）は，あくまで訴訟裁判所（官）の手中に委ねられていた，のである。

次いで，「登記要請」をうけた土地登記所（土地登記裁判官）にあっては，土地登記簿上その内容から疑義が明らかである限りでのみ，その疑義を主張しうるにすぎない，といえよう。

(3) 債務者の土地所有者としての登記の存在（EEG 19条）
――抵当権設定の一前提[4]――

(i) 債権者が抵当権を取効するための前提の一つとして，債務者が負担化されるべき土地について土地所有者として土地登記簿上登記されている者であることが，要件化されている（EEG 19条）。抵当権登記のためには，債権者の土地所有者としての登記が必要なのである。

(ii) 一般的にいえば，土地所有者が土地登記簿上所有者として登記ある者であること，通例であろう。EEG 1 条によれば，土地所有権の「任意譲渡（freiwillige Veräußerung）」の場合には，土地所有権は，アウフラッスングに基づいてなされた・所有権移転の・土地登記簿上への・「登記」によって，取得される，とされており，土地所有権がアウフラッスングに基づく登記によって取得されるものに他ならなかったからである。したがって，この意味よりすれば，債務者が同時に土地所有者であるとすれば，この者が土地登記簿上土地所有者として登記ある者であること，論理上当然のことである，といえよう。

(iii) しかし，他方，それ以外の場合，すなわち土地所有権の「任意譲渡」以外の場合には，土地所有権は従来からの諸制定法の諸規定に基づいて取得される（EEG 5 条1項），とされていた。したがって，たとえば債務者が同時に土地所有者であったにもかかわらず，この者が土地登記簿上土地所有者として登

記されていないという，そのようなケースも存在しえたのである。とりわけ，相続（Erbschaft）・公用収用（Enteignung）・共同分割（Gemeinheitsteilung）といった方法により土地が取得される場合には，土地所有権は登記なくして取得された。加えて，従来よりの制定法に基づいて，土地所有権は「契約並びに引渡し」により取得されていたのであり，このように登記なくして土地所有権が取得されていたケースは，EEG の施行時にあって既にかなり存在していた，といえよう。

(4) **土地所有者としての登記の「強制手続」**（PGBO 55条・56条）[5]

(i) 土地所有者が土地登記簿上登記されていない者である場合について，PGBO はそのような土地所有者に対して登記強制手続を定めている。このような登記強制手続をふまえて，抵当権の登記が実施された，のである。

(ii) PGBO 55条によれば，土地所有者が土地所有者としての登記なき場合には，①権限（管轄権）ある公機関がその所有権の登記を要請するとき，②物権的なあるいは登記についての「権限者」がその所有権の登記を要請するときには，土地所有者はその自己の所有権の登記に拘束される，とされている。さらに，PGBO 56条によれば，同55条に基づく登記要請の権限者により所有者としての登記が要請されたときには，土地登記裁判官は，所有者に対してその申請を送達すると共に，一定期間内に50ターレルの罰金を避けるためにはその登記をなすべき旨，催告しなければならない，とされている。

(iii) このような両法条を前提とすれば，強制抵当権の登記の取効の場合には，次のような手続をふまえることとなろう。

まず，債務者が土地所有者であるにもかかわらず，土地所有者としての登記がなされていないときには，その登記を予め実施するために，PGBO の登記強制手続が採られる。より具体的には，

(α) 登記要請につき管轄権ある訴訟裁判所が PGBO 55条の登記強制手続の申請権者である。したがって，この訴訟裁判所が土地登記裁判官に対して土地所有者の所有権者としての登記を申請する。この申請に基づいて，土地登記裁

判官は，土地所有者に対してこの申請を送達し，制定法上の一定期間内に所有者としての登記をなすべきことを催告し，同時に期間内に登記がなされなかったときには一定額の罰金が課せられる旨告知する。

(β) 土地登記裁判官によるこのような「登記命令」に対しては，土地所有者は「異議（Widerspruch）」により不服申立てをなしうる。不服申立事由として，土地所有者（とされた者）が自らの所有権を争う場合（自ら所有者ではないと主張する場合）には，土地登記裁判官はその異議につき事実状態に即して裁判する。また，不服申立事由として，土地所有者が申請権者（ここでは訴訟裁判所）の申請権限について争う場合には，土地登記裁判官は，当該訴訟裁判所において訴訟手段を採るべき旨，不服申立人たる土地所有者に指示する，こととなる。

(γ) 登記命令にもかかわらず，登記がなされぬまま法定の一定期間が徒過されたときには，土地所有者に罰金が課せられる。しかも，強制執行の手段の威嚇の下で，その登記を取効するためのさらなる第2の一定期間が許与される。しかし，登記がなされぬままこの第2の期間も徒過されたときには，訴訟裁判所のさらなる申請に基づいて，土地登記裁判官は，所有権者としての登記を「強制執行の手段」により，現実化することとなる。

(5) 債権額が未特定である場合における「担保抵当権」としての成立（EEG 24条）──強制抵当権への適用[6]──

(i) EEG 23条にあっては，「登記許諾」の陳述事項の一つとして，「被担保債権についての法定通貨による一定額」の陳述を，定めている。とすれば，抵当権の登記の時点にあって，被担保債権額が未特定である場合如何，が問われることになるが，これについてはEEG 24条によれば，いわゆる「担保抵当権（Kautionshypothek）」としての登記ないし成立が認められている。そして，同24条については，通説によれば，強制抵当権への適用が承認されていた。

(ⅲ) EEG 24条によれば，請求権額（債権額）が，その登記時点までに未特定であるときには，いわゆる「担保抵当権」としての成立が認められるが，この場合には，土地がその限度まで責任を負うべき「最高額（höchster

Betrag)」が登記されなければならない，とされている。したがって，強制抵当権の登記にあっても，その債権額が登記時点までに未特定であるときには，強制抵当権は「担保抵当権」の法型態において成立し，目的土地が負担すべき「最高額」限度が土地登記簿上登記されなければならないことになる。また，その「最高額」限度が法定通貨により表示されなければならないこと，EEG 23条より明らかである。そして，強制抵当権にあっては，執行名義上，「最高額」限度が明らかでなければならないこと，無論である。

(6) 抵当土地の法定責任（EEG 30条）
——抵当権の被担保債権の範囲[7]——

(i) EEG 30条によれば，登記された元本（債権），登記された利息（債権）並びに年時支払（Jahreszahlung），登記・解約告知・訴え・申立ての費用，については，土地がその責任を負担する，とされている。抵当権の範囲として，抵当土地が法律上当然に負担すべきものについて定められており，登記費用もまたその一つの例とされている。

(ii) 強制抵当権の場合にあっても，元本（債権）・利息（債権）・債務者によって支払われるべき費用については，登記事項とされなければならず，その登記によって抵当土地によりカヴァーされる。他方，登記費用にあっては，その額を登記することなく，EEG 30条により抵当土地が法律上当然にこれを負担することになった，のである。1834年・民執令における取り扱いが変更されている。

(7) 「仮登記」制度の新設（EEG 22条・70条）
——「異議登記」制度から「仮登記」制度へ[8]——

(i) 1794年・ALR は「異議登記（Protestation）」制度を存置していたが，1872年・EEG は，これに代替するものとして，新たに「仮登記（Vormerkung）」制度を創設している。但し，これは，ALR の「異議登記」制度をその内容上大きく変更したものではなく，すべての仮の登記を「仮登記」とい

う概念・名称の下で体系的に整序したものに他ならなかった。したがって，ALR 下での抵当権の「異議登記」の手段は，EEG にあっても，抵当権の「仮登記」という形で，同様に認められていた，のである。

(ii) 「仮登記」制度については，EEG 22条・70条が定めを置いているが，ここでは訴訟裁判官の「登記嘱託」が必要とされていることに注目されよう。すなわち，

(α) 訴訟裁判官の「登記嘱託」の必要性　　債権者は，訴訟裁判官の「登記嘱託」をふまえて，仮登記を債務者所有の土地上に記入させうる権利を有している（§22 I）。そして，仮登記を確実化する請求権（Anspruch）又は異議権（Widerspruchsrecht）が信頼できるに足るものであるときには，訴訟裁判官は当事者の申立て（申請）に基づいて仮登記記入を土地登記所に対して要請（登記要請）しなければならない（§70），としている。

(β) 公機関の仮登記の記入権　　抵当権の登記を土地所有者に対して要請（＝登記要請）することにつき法律上権限ある公機関もまた，仮登記の記入を求めることができる（§22 II）。

(γ) 仮登記の順位保全効　　仮登記には，終局的登記（endgültige Eintragung 本登記）のために，その記入順位における地位が保全される（§22 III）。仮登記の時点における順位が終局的登記のために保全されている，のである。

(iii) EEG 22条・70条を前提とすれば，強制抵当権の仮登記は次のようにおこなわれる。

(α) 裁判上債権者にも「仮登記」の手段（仮登記の記入の権利）が認められる。それは，訴訟裁判官の「登記嘱託」ないし「登記要請」に基づいてのみ，おこなわれる。

(β) より具体的には，裁判上債権者は訴訟裁判官（所）に対して強制抵当権の仮登記の申立て（申請）をなす。この申立てに基づいて，訴訟裁判官は土地登記所に対して強制抵当権の仮登記の記入を要請（嘱託）する。この要請をふまえて，土地登記所は仮登記を実施する。

(γ) なお，1834年・民執令の下でも，強制抵当権の仮登記（名称上は異議登記）の手段が許容されていたが，それは裁判上債権者による土地登記所に対する直接的な登記申請により実施された。訴訟裁判官の「登記嘱託」は不要とされていた，のである。したがって，この点において，EEGによる転回に注目されよう。

(iv) 債務額が未確定であり，それが故に終局的登記が実施できない，という場合には，仮登記が実施されるのではなく，「担保抵当権（Kautionshypothek）」という法型態として登記がなされる。判決より最高額が推定できる場合のみ，その最高額を基準として，登記が実施される，のである。

(8) 土地登記所による「抵当証券」の発行（PGBO 121条—123条）
　　——発行・交付・告知[9]——

(i) PGBO 121条—123条によれば，土地登記簿上に抵当権の登記がなされた場合には，「抵当証券（Hypothekenbrief）」が発行される旨，定めている。したがって，強制抵当権の登記の場合にあっても，抵当証券が発行され，債務名義の執行力ある正本に合体されることとなった。

(ii) 既に，19世紀のプロイセン抵当権諸立法にあっては，抵当権それ自体の「流通性」を求める実務上の要請に応えるために，様々な試みをおこなってきていた。たとえば，そこでは，抵当権の「譲渡」について，それを土地登記簿上の表示（記載）より切断し，より簡易で迅速な譲渡方式が実務上求められていた。かくして，「抵当証券」という法技術的システムは，まさしくこのような実務上の要請に正面から応えようとするものであった。ここでは，抵当権は「証券」に化体し，抵当権の「譲渡」は，土地登記簿上に表示されることなく，「証券の移転」によっておこなわれる，からである。したがって，強制抵当権の登記の場合にも抵当証券の発行が許容された結果，その流通性が確保されるに至った。

(iii) PGBO 121条以下によれば，抵当証券の発行は次のようにおこなわれる。
(α) 発行・交付・連絡・放棄　　抵当権の登記については「抵当証券」が発

行され,土地債務の登記については「土地債務証券(Grundschuldbrief)」が発行される。それらの証券は,土地所有者又は登記要請をなした公機関に対して,交付される(§121 I)。公機関に対して証券が交付されたときには,土地所有者にその旨連絡される(同II)。債務証書(Schuldurkunde)は抵当証券に添付・合体される(同III)。抵当証券の発行については,これを適法に放棄できる。これに対して,土地債務証券の発行については,これを放棄できない(同IV)。

(β) 放棄された場合における連絡　抵当証券の発行が放棄されたときには,本法121条の規定により,土地所有者並びに債権者に対して,土地登記所からその旨連絡される(§123)。

(γ) 抵当権の仮登記については,関係人並びに登記要請をなした公機関に対して,土地登記所からその旨連絡される(§121)。

(iv) 強制抵当権の登記がなされたときには,その登記について,土地登記所により抵当証券が発行され,登記要請をなした訴訟裁判所に交付され,その旨土地所有者に連絡される。抵当証券は債務名義の執行力ある正本に合体される。強制抵当権の登記についても,抵当証券の発行は適法に放棄されるが,この場合には,その登記がなされたことについてのみ,土地登記所よりその旨土地所有者に連絡される。強制抵当権の仮登記については,その仮登記がなされたことについてのみ,土地登記所よりその旨土地所有者等に連絡される。

1) Schanz, Zwangshypothek, S. 26 ff.; Dernburg゠Hinrichs, Hypothekenrecht, I. Abt., S. 61 ff.
2) Achilles゠Strecker, Kommentar, S. 125 ff, S. 157 ff.
3) Schanz, S. 27; Achilles゠Strecker, S. 135 ff.
4) Achilles゠Strecker, S. 125 ff, S. 44 ff, S. 28 ff.
5) Achilles゠Strecker, S. 359 ff.
6) Achilles゠Strecker, S. 162 ff.
7) Achilles゠Strecker, S. 177 ff.
8) Achilles゠Strecker, S. 154 ff, S. 286.; Schanz, S. 28.; Dernburg, P. Privatrecht, S. 472 ff.
9) Achilles゠Strecker, §§ 121-123; Schanz, S. 30.

4 小 括

(i) 1872年・「実体的」抵当権法としてのEEG，そして「形式的」抵当権法としてのPGBO，の制定・施行により，プロイセン抵当権法は様々な新たな転換を受けた。それは強制抵当権制度にも大きなインパクトを与えるものであった。

(ii) 強制抵当権の登記は，抵当登記簿上にではなく，新たな土地登記簿上において，実施された。「登記許諾」が抵当権の登記のための要件とされたことに伴ない，強制抵当権の登記の場合には，「登記許諾」に代わるものとして，訴訟裁判所の「登記要請」が位置づけられ，これにより土地登記所にて登記が実施された。また，「登記許諾」の陳述事項は，訴訟裁判所の「登記要請」に際しても確認されなければならないが，それらの陳述事項は「執行名義」上明らかとされるものでなければならなかった。同時に，訴訟裁判官と登記裁判官との権限の分担も明らかとなっている。さらに，強制抵当権の登記の前提の一つとして，土地所有者の所有者としての登記が必要であるが，その登記なき場合には，土地所有者への登記強制手投が実施された。そして，被担保債権額が未特定であるときには，強制抵当権は「担保抵当権」の法型態において成立し，その登記がなされた。仮登記制度の整備と共に，強制抵当権についても，仮登記の手段が可能となった。強制抵当権の登記に伴ない，抵当証券も発行されうることとなり，その流通性も確保された。以上の如く，両法により強制抵当権制度も新たな発展をみた，といえよう。

(iii) 「三軌軸・抵当権法」の視点よりすれば，「実体的・形式的」抵当権法としてのEEG・PGBOの制定・施行に伴い，次なる立法的任務として，新たな「手続的」抵当権法（不動産強制執行法）の作出が喫緊の問題となった。新たな手続的抵当権法の編纂によって，三軌軸・抵当権法の「トリアーデの法構造」が完結することになる，からである。しかも，また，強制抵当権制度についてみても，実体的・形式的抵当権法における新規制の影響の下，執行法上の抵当権として，次なる手続的抵当権法典（不動産強制執行法典）において，明文規定により新規化（新構成）されざるを得ず，それが必然化していた，といえよ

第4章　1872年・プロイセン「所有権取得法」の成立と強制抵当権制度

う。

〔1872年・EEG（実体的抵当権法）・PGBO（形式的抵当権法）の基本文献リスト〕

（a）　立法資料集として，

① 72年法の解説を兼ねるものであるが，Werner, Die Preußischen Grundbuch = und Hypothekengesetze vom 5. Mai 1872 nebst Materialien（1. Teil, Gesetze und Ausführungsberfügungen; 2. Teil, Materialien）, 1872.

（b）　コンメンタールや体系書として，

① Achilles = Strecker, Die Preußischen Gesetze über Grundeigenthum und Hypothekenrecht vom 5. Mai 1872（herausgegeben mit Einleitung und Kommentar）, 4. Aufl., 1894.（72年・EEG と PGBO のコンメンタール。）
② Dernburg = Hinrichs, Das Preußische Hypothekenrecht, I. Abt., Die allgemeinen Lehren des Grundbuchrecht, 1877.; II Abt., Das Hypothekenrecht im Besonderen, von Dernburg, 1891.
③ Philler, Das Gesetz über den Eigentuhums erwerb vom 5. Mai 1871 mit einem ausführlichen Kommentar, 1872（dazu zwei Nachtragshefte, 1873）.
④ Bendix, Das Preußische Gesetz über den Eigenthumserwerb vom 5. Mai 1872, 1888.
⑤ Heidenfeld, Das Preußische Immobiliarrecht nach den Gesetzen vom 5. Mai 1873（Juristische Wochenschrift, 1872 und 1873. 所収論文の特別版）, 1873.
⑥ Delius, Das Grundeigenthum und die Rechte der Grundgläubiger nach dem Allg. Landrecht und den Gesetzen vom 5. Mai 1872, 1872.
⑦ Hesse, Immobiliarrecht und Immobiliarexekution nach den preußischen Gesetzen vom 5. Mai 1872 und 13. Juli 1883, 1884.

（c）　主として形式的抵当権法である72年・PGBO を中心的に論ずるコンメンタールや体系書・概説書として，

① Turnau, Die Grundbuch = Ordnung vom 5. Mai 1872 mit Ergänzungen und Erläuterungen, 5. Aufl., 1892（2 Bände; 1. Band: Die Gesetze mit Kommentar; 2. Band: Hülfsbuch）.
② Bahlmann, Das preußische Grundbuchrecht. Die Gesetze vom 5. Mai 1872 und einem ausführlichen Kommentar in Anmerkungen, 3. Ausgabe, 1879 und

1880.
③　Willenbücher, Das Preußische Grundbuchrecht in seiner gegenwärtigen Geltung, 2. Aufl., 1893.
④　Oberneck, Die Preußisches Grundbuchgesetze, 1888.
⑤　Mathis, Die Preußische Grundbuchgesetze mit Anmerkungen, 1884.
⑥　Fischer, Die Preußische Grundbuchgesetzgebung (Textausgabe), 2. Aufl., 1892.
⑦　Schwartz, Das Preußische Grundbuchrecht, 2 Bände, 1892 und 1893.
⑧　Basch, Kurzgefaßter Kommentar zur Preußischen Grundbuchordnung, 1887.
⑨　Werner, Die Preußischen Grundbuchgesetze vom 5. Mai 1872 mit Einleitung und Noten, 1873.
⑩　Förster, Preußisches Grundbuchrecht, 1872.

（d）　72年・EEG・PGBO の下での強制抵当権制度（83年・不動産強制執行法の制定・施行前の）に論究するものとして，
①　Hinrichs, Studien aus dem Gebiet des preußischen Hypothekenrechts, 1. Heft; Die auf vollstreckbaren Titeln beruhenden hypothekarischen Eintragungen und Vorzugsrechte der Personalgläubiger, 1883.
②　Wolff, Die Eintragung in das Grundbuch zur Vollstreckung einer Forderng, 1886.

（e）　72年・EEG についての正面からの邦語研究として，
①　有川哲夫・「土地所有権取得法（1872年）の研究(1)(2)(3)(4)──所有権譲渡理論を中心として──」・名城法学19巻・20巻・22巻・24巻所収（第2章・文献リスト参照）

〔1883年・AHO から1872年・PGBO に至るまでの形式的抵当権法の基本文献リスト〕

（a）　72年・PGBO の立法資料集として，
①　Werner, Die Materialien.（諸草案，委員会報告書，ラント議会での総会審議録，成案条文：既出）

（b）　形式的抵当権法の関連でのプロイセン私法の体系書として，
①　Schmidt, Grunsätze des gemeinen und preußischen Pfandrecht, 1840.（登

記法などの形式法については，付随的に論及する。）
② Evelt, Systematische Darstellung des Vormundeschaft = und Hypothekenrecht, Verwaltung in Preußen, 1859.（登記法などの形式法にも，詳細に論及し，実務上の要請に応えるものとなっている。）

（c） 1783年・AHO のコンメンタールとして，
① Merkel, Kommentar zur A. Dep. Und Hyp. O., 4. Aufl., 1861.
② Förster, Kommentar zur AHO, 1855, 2. Aufl., 1861.
③ Koch, Kommentar zur AHO, 1856.
なお，②③は，1783年・AHO 以降の各種の修正・変更法についても，言及する。とりわけ，修正・変更法の重要なものとしては，1853年・Novelle である。

（d） より一般的な視点から，形式的抵当権法の本質に論究するものとして，
① Plathner, Die Grundzüge der preußischen Hypothekenverfassung und deren Umsturz durch die neuere Rechtswissenschaft, 1856.
② Prinz, Der Einfluß der Hyp.= Buchs = Verfassung auf das Sachenrecht, insbesondere die Lehre von den Protestationen, 1858.
③ Götze, Die Reform des Hypothekenswesens, zwei amtliche Berichte, 1856.

（e） 諸草案の起草者などによる72年法の直後の解説（とりわけ，1794年・ALR との関係如何）として，
① Förster, Preußisches Grundbuchrecht, 1872.（起草者として，新法の公布に伴ない，法典編纂作業の教義的・学理的内容，さらには新法が1794年・ALR といかなる関係に立つのか，について，論究する。）
② Heidenfeld, Das preußische Immobiliarrecht nach den Gesetzen vom 5. Mai 1872.
③ Delius, Das Grundeigenthum und die Rechte der Grundgläubiger nach dem ALR und Gesetzen vom 5. Mai 1872.

（f） 72年法（EEG・PGBO）の公布直後のコンメンタールとして，
① Bahlmann, Das preußische Grundbuchrecht, 2. Ausg., 1872, 3. Aufl., 1880.
② Achilles, Die preußischen Gesetze über Grundeigenthum und Hypothekenrecht, 2. Ausg., 1873; 3. Aufl., 1881.
③ ders., Separatabdruck des Koch'schen Kommentars zum ALR, 1975.（Koch の ALR コンメンタール，1852-56は，72年のその死後，Achilles 等によって改訂がなされている。72年法の制定・公布との関連で，ALR 第Ｉ部第19

189

章・20章部分については，Achilles が，また同第 9 章・10章部分については，Förster が，それぞれ改訂している。）
④　Turnau, Kommentar zur GBO, 1874.（72年・PGBO に先行する諸学説などにも詳細に論及する）; Nachtragshefte, 1876; 4. Aufl., 1888.
⑤　なお，その後のコンメンタールとして，Willensbücher, 1882.; Oberneck, 1883.（実務上の有益性にも配慮している。）

（g）　土地登記事件についての実務的処理については，Wolff, Verfügungen in Grundbuchsachen, 3. Ausgabe, 1875.

（h）　ライヒの1897年・GBO（形式的抵当権法）との接続・関連の中でプロイセン形式的抵当権法に論及するものとして，Schubert, Die Beratung（Sachenrecht III), S. 5 ff.

第5章　1883年・プロイセン「不動産強制執行法」中の強制抵当権制度

——プロイセン強制抵当権制度の展開，その最後の到達点：「人的債権者」の「物的債権者」への強制的な近接化の可能性の承認，そして「執行債務者（土地所有者）」保護の法理の確立——

はじめに

第1節　1877年・ライヒ「民訴法（CPO）」中の強制抵当権制度
　　　　——ラント立法への留保——

第2節　1879年・プロイセン不動産強制執行「実施法（PAG）」中の強制抵当権制度
　　　　——関連規定と規定内容——

第3節　1883年・プロイセン「不動産強制執行法」中の強制抵当権制度
　　　　——近代的モデルとしての法構造の確立——

結論

はじめに

　プロイセン強制抵当権制度は，プロイセン抵当権法の独自の形成・発展の流れの中で，1834年・プロイセン民事執行令において，フランス法上の判決抵当権制度をモデルとして，新たに体系化された。それは，1877年・ライヒ民訴法（CPO）による立法委任を契機として（第1節），1879年・プロイセン不動産強

制執行・実施法（PAG）中において若干修正され（第2節），1883年・プロイセン不動産強制執行法において，全面的にその近代的な法構造を確立した。「三軌軸・抵当権法」の視点よりすれば，1872年・EEG（実体的抵当権法）並びにPGBO（形式的抵当権法）に引き続いて，手続的抵当権法たる1883年・不動産強制執行法典の成立によって，三法の「トリアーデの法構造」が完結した，のである。1883年法は，プロイセン強制抵当権制度の展開の，その最後の到達点であり，執行名義を取得した「人的債権者」は同制度により「物的債権者」に強制的に近接化できることとなった。しかも，強制抵当権制度の法的基礎として，83年法・草案理由書は「執行債務者の利益」保護を明確に指摘するものであった，ということに注目されなければならない。以上をふまえて，本章は，1877年・ライヒＣＰＯを契機として成立した1883年・プロイセン不動産強制執行法中の強制抵当権制度につき，その法構造を理論的に解明せん，とするものである（第3節）。

　なお，本章各節以下の論述の進行に必要な限りにおいて，そしてまた，既論述の流れの一つのまとめとして，若干の私見を確認的に提示しておきたい。

(1)　プロイセン抵当権法の展開——分析の基本的視点——

（i）　プロイセン抵当権法の史的展開を分析・フォローする際には，多くの関連諸法典については，①抵当権の実体的規制をおこなう「実体的抵当権法（materielles Hypothekenrecht）」，②抵当権の形式的規制をおこなう「形式的抵当権法（formelles Hypothekenrecht）」，③抵当権の手続的規制をおこなう「手続的抵当権法（Verfahrens＝Hypothekenrecht）」，を三軌軸として，その分析がなされるものでなければならない。これが，本研究における基本的視点の一つである。

　——なお，ここで，①実体的抵当権法とは，抵当権の成立・存続・移転・消滅等の，実体的法律関係を規制する法典（たとえば，民法典中の物権法），を意味している。②また，形式的抵当権法とは，土地所有権のそれを含めて，抵当権の登記制度・登記手続等一般の，形式的法律関係を規制する法典（たとえば，

土地登記法・抵当登記法)，を意味している。③さらに，手続的抵当権法とは，抵当権の実行手続一般の，手続的法律関係を規制する法典（たとえば，不動産強制執行法・不動産競売法），を意味している。これらの三つの法は，抵当権法一般を支える三つの支柱であり，その相互の有機的な関連性に注目されなければならない。――

(ii) 上記の三軌軸に準拠すれば，まず，「18世紀」プロイセン抵当権法の展開の到達点として，①実体的抵当権法としての「一般ラント法（ALR）」（同第一部第20章390条―535条）(1794年)，②形式的抵当権法としての「一般抵当令（AHO）」(1783年)，③手続的抵当権法としての「一般裁判所令（AGO）」（同第52章1条―65条）(1793年)，の三法典（既述第2章第2節）に注目されなければならない。

(iii) さらに引き続いて，「19世紀」プロイセン抵当権法の展開の到達点として，①実体的抵当権法としての「土地所有権取得並びに土地上の物的負担等の法（EEG・土地所有権取得法）」(1872年)，②形式的抵当権法としての「土地登記法（PGBO）」(1872年)，③手続的抵当権法としての「不動産競売法（Subhastationsordnung）」(1869年)，の三法典に注目されなければならない。

――なお，第三番目の手続的抵当権法としての1869年・「不動産競売法（Subhastationsordnung vom 15. März 1869)」(Preußische Ges.-Samml. 1869) は，その法典名称よりも明らかな如く，不動産に対する「強制方法（Zwangsmaßregeln)」として，「必要的競売（notwendige Subhastation・競売）」のみを定めており，他の「強制管理（Sequestation）」や「抵当登記簿への債権の記入（強制抵当権の登記）」の方法については，これを定めていない。したがって，その限りで，同法は，「必要的競売」（競売）という執行方法についてのみ，その規制を定めた，手続的抵当権法である，といえよう。さらに，この1869年法は，1877年・ライヒCPOの「ラント立法への留保」を契機として，1879年・プロイセン不動産強制執行「実施法（PAG）」によって，暫定的にその部分的な修正を受けている。そして，その延長線上において，本格的・画期的な新法として，1883年・プロイセン「不動産強制執行法」が成立したのである。――

193

(2) 「手続的」抵当権法としての「不動産強制執行法」
　　——「動産強制執行法」との法的性質上の峻別——

　(i) 1898年・現行民訴法（ＺＰＯ）典中の第8編「強制執行」においては，金銭債権執行として，①動産強制執行（有体動産執行並びに債権その他の財産権の執行），②不動産強制執行，の二つを定めている。しかし，動産強制執行が多数の諸規定によって規律されている（ＺＰＯ803条—863条）にもかかわらず，不動産強制執行は僅か八ケ条の諸規定によってのみ規律されている（同864条—871条）にすぎない。不動産強制執行においては三つの執行方法が許容されているが，それにもかかわらずＺＰＯは「強制抵当権の登記」の執行方法につき定めるのみであり（同868条），残りの「強制競売」・「強制管理」の二執行方法については，これを1897年・「強制競売並びに強制管理法（ＺＶＧ）」の規制に委ねている（同869条），のである。

　——なお，付言すれば，①1898年・現行ＺＰＯ典中の第8編「強制執行」は，本来，判決等の債務名義を取得した（その取得手続として判決手続が存在する）「人的債権者」のために，その債権の強制的回収を実現するために，存立するものである，と考えられる。②これに対して，1897年・ＺＶＧは，本来，判決等の債務名義を取得した「抵当債権者」のために（ドイツ法上，抵当権の実行においても，債務名義の取得が必要とされている），抵当権実行としての債権の強制的回収を実現するために，存立するものである，と考えられる。——

　(ii) 同様の法典編成は，その前身としての1877年・ＣＰＯ（ライヒＣＰＯ）においても，みられる。その第8編「強制執行」においては，金銭債権執行として，①動産強制執行（有体動産執行並びに債権その他の財産権の執行），②不動産強制執行，の二つが定められているが，後者については僅か三ケ条の諸規定が存在する（ＣＰＯ755条—757条）のみである。不動産強制執行については，大幅に各ラントの立法に委ねられた（ラント立法への留保，同757条），のである。ここでは，「強制競売」・「強制管理」の二執行方法のみならず，「強制抵当権の登記」の執行方法もまた，各ラントの立法に委ねられていた（後述一(3)(ロ)）。

　——なお，付言すれば，旧ＣＰＯ757条1項による「ラント立法への留保」

に基づくラント立法として，プロイセンでは，暫定的な1879年・ＰＡＧ，そして画期的・本格的な1883年・不動産強制執行法を，指摘することができる。この1883年・不動産強制執行法は，その内容上，既述の1897年・ライヒＺＶＧの，基本母体でもあった。ここでは，1883年・不動産強制執行法が，1869年・不動産競売法の延長線上において，それを抜本的に改正する「手続的」抵当権法，すなわち「抵当権の実行手続」を規律するものであった，という点に注目したい。——

(iii) 以上を前提として，①旧ＣＰＯ・現ＺＰＯ典中の動産強制執行規定は債務名義を取得した「人的債権者」のために定められている，と判断される。なお，旧時のラントの立法例としては，「人的債権者」はまず動産強制執行をなすべきであり，それが奏効しなかったときにはじめて不動産強制執行をなしうる，とする立場もあった。②これに対して，不動産強制執行法（ＺＶＧや1883年・プロイセン法）は債務名義を取得した「抵当権者」のために定められており，それは「手続的」抵当権法である，と判断される。

(3) 「物的債権者」と「人的債権者」の競合
——「強制抵当権制度」の展開の契機——

(i) 「債権者」の概念は，「物的債権者（Realgläubiger）」と「人的債権者（Personalgläubiger）」の二つに，峻別される。①物的債権者とは，担保債権者のことであり，たとえば抵当債権者がその典型例である。②また，人的債権者とは，無担保債権者のことであり，担保（優先権）なき一般債権者である。

(ii) ここで二種の「債権者」につき，その法的地位（の強弱）の相互関係において，若干対比してみよう。

(α) まず，「抵当債権者」とは，①実体的抵当権法に基づいてその抵当権を取得し，②形式的抵当権法に基づいてその登記をなし，③手続的抵当権法に基づいてその実行（債権の回収）をなす，そのような債権者である。プロイセン法の展開においては，このような抵当債権者の法的地位は，「実体的・形式的・手続的」抵当権法の展開に伴なって，安定化・確実化するに至った。

(β)　さらに，「人的債権者」とは，①債権債務法上の諸規定に基づいてその債権を取得し，②債務名義の取得をふまえて強制執行法上の諸規定に基づいて債権の強行的回収をなす，そのような債権者である。プロイセン法の展開においては，このような人的債権者の法的地位は，債権債務法・民訴判決手続法（判決・債務名義取得手続）・強制執行手続法の展開に伴なって，安定化・確実化するに至った。

　(γ)　しかし，他方，「同一債務者（S）」に対する「抵当債権者（HG）」と「人的債権者（PG）」との競合，という視点よりすれば，HGの法的地位の確実化は，必然的にPGの法的地位の相対的な弱化を，招来した。Sに対する破産手続・不動産強制執行手続において（なお，旧時のプロイセン法の下では，「破産の誘因力」の法原則の下，両手続は未分化のまま融合するものであった），PGはHGにいつでも劣後せざるを得なかった，からである。

　(iii)　以上を前提として，私見によれば，「人的債権者」中，既に判決等の執行名義を取得した債権者については，対物的債権者とのバランス上，その法的地位を強化すべく，抵当債権者のそれに準じた法的地位（物権的な優先的地位）を付与するものとして，「強制抵当権制度」が展開してきた，と考えられる。

　——なお，不動産強制執行の執行方法として三つの方法が存在するが，その法的性質上，次の二つに峻別できる。①まず，「強制競売」並びに「強制管理」の二執行方法は，本来，抵当債権者のために認められてきたものであった，といえる。「強制競売」の執行方法は抵当権の把握する「元物」価値に対して向けられ，「強制管理」の執行方法は抵当権の把握する「収益」価値に向けられている。②これに対して，「強制抵当権の登記」の執行方法は，本来，人的債権者のために認められてきたものであった，といえる．③なお，諸ラントの立法例にあっては，人的債権者が「強制競売」や「強制管理」の執行方法を追行するためには，まず自ら抵当債権者とならねばならず（二つの執行方法は抵当債権者にのみ認められていた，からである），そのために「強制抵当権の登記」の執行方法を予め追行すべし（そして抵当権を取得すべし），とする立場（1843年・ザクセン法）(Gesetz, betreffend das Grund- und Hypothekenbücher und das

Hypothekenwesen vom 6. November 1843., GVGI S. 189ff.) も存在したのである。——

(4) 「執行債務者（土地所有者）」保護の制度

　ここでさらに注目すべきことは，プロイセン抵当権法の基盤に流れる「土地所有者（債務者）」保護の理念が，強制抵当権制度にあっても，明瞭に看取し得る，ということである（本章第3節3（4）参照）。物的債権者（抵当権者）のみならず，人的債権者をも含めて，執行力ある債権の債権者が強制競売・強制管理の執行方法を選択・追行し得るにもかかわらず，自ら強制抵当権の登記の執行方法を選択・追行するのであるならば，そのことによって土地所有者たる執行債務者はその経済的破滅（所有土地よりの放逐）を避け得る，からである。強制抵当権制度はまさしく「執行債務者（土地所有者）」保護の制度に他ならなかった。

第1節　1877年・ライヒ「民訴法（ＣＰＯ）」中の強制抵当権制度
──ラント立法への留保──

```
論述の進行
 1  前史的状況
      ──「法分裂」の状況，「不動産強制執行」の統一的規
        制の断念──
 2  ライヒＣＰＯ典中の強制抵当権制度
      ──法典編成・関連規定・規定内容──
```

論述の進行

（ｉ）1877年・ライヒＣＰＯが制定・公布され，1879年10月1日より施行されるものとされた。しかし，ライヒＣＰＯは，不動産強制執行（手続的抵当権）については，その統一的規制を断念している。その理由は一体何であったのか。その解明がなされなければならない。また，それとの関連において，ライヒＣＰＯの制定前の状況が概観される（1）。

（ⅱ）ライヒＣＰＯ典中の強制抵当権制度については，ほとんど直接的な関連規定は存在していない。ライヒＣＰＯが不動産強制執行についての統一的規制を断念しているが故に，論理必然的にそうなのである。かくして，不動産強制執行に関して僅かに存在する若干の概括的・一般的諸規定についてのみ，ここではその分析がなされる（2）。

1　前史的状況
　　──「法分裂」の状況，「不動産強制執行」の統一的規制の断念[1]──

(1) 序　説

第5章 1883年・プロイセン「不動産強制執行法」中の強制抵当権制度

(イ) 四「ライヒ司法法」の制定・公布（1877年）

　従来よりの「法域」分立の状況を克服して，1877年，全ライヒの統一的民訴法典（ライヒＣＰＯ）が制定・公布され，1879年10月1日より施行されることになった。そして，同時に，「裁判所構成法（ＧＶＧ）」・「破産法（ＫＯ）」・「刑訴法（ＳｔＰＯ）」の三法典もまた，同年同月同日より施行されることとなった。「ライヒ司法法（Reichsjustizgesetze）」としてのこれらの四法典は，ここでもまた，民法典等の「実体的民事法」の制定・成立に，先行した，のである。

(ロ) ライヒＣＰＯ──「不動産強制執行」の統一的規制の断念──

　(ⅰ) しかし，この1877年・ライヒＣＰＯは，その第8編「強制執行」（同644条以下）として，強制執行の総則規定を含めて，「動産強制執行（有体動産執行，債権等執行）」については多数の諸規定により，その統一的規則をなしている（同708条─754条）にもかかわらず，「不動産強制執行」については僅か三ケ条の規定を置いているにすぎず，実質上，その統一的規制を断念している。それは，当時の各ラント間において，①「実体的不動産法」としての物権法（土地所有権法並びに抵当権法）並びに②「形式的不動産法」としての土地登記法（抵当登記法）が，大きく「法分裂」しており，抵当権実行としての不動産強制執行手続をライヒ法の下に統一的に規制することは，まったく不可能のことであった，からである。そして，当時の各ラント間において，抵当権の実行（強制競売）を規律する「不動産競売法（Subhastationsordnung）」それ自体もまた，「法分裂」していた，という点にも注目されるべきであろう。

　(ⅱ) ライヒＣＰＯ757条は，当時既に順次進行しつつあったライヒの統一的「民法典」編纂，そしてその付属の「諸法典（土地登記法典や抵当権実行としての不動産強制執行法典）」編纂の動向を念頭に置きつつ，大幅に不動産強制執行に関する規制を各ラントの立法に委ねている。それは，強制抵当権制度についても同様であり，その執行方法としての制度的存置如何を含めて，その行使手続等の規制を全面的にラント立法に委ねた，のである。かくして，ライヒの統一的民訴法典の成立（1877年）にもかかわらず，強制抵当権制度を含めて，不動産強制執行規定は，依然として，各ラントの立法に全面的に依拠したままで

199

あった。

(2) 1877年・ライヒＣＰＯ制定前史[2]——「法分裂」の克服の試み——
(イ) 「法域」分立の状況

1800年代前半，ドイツでは，諸ラント分立の状況を反映して，「法域」分立の状況が存在していた。「民法」におけるとほぼ同様に，「民訴法」の妥当領域においても，いわゆる「三大法域」，すなわち①普通法・②プロイセン法（1793年・一般裁判所令（ＡＧＯ））・③フランス法（ライン法）の三つ妥当法域が，分立していた。しかも，これ以外にも，各諸ラントの個別の民訴法典の制定・施行がなされるに至って，その「法分裂」の状況はなお一層顕著となっていた。

(ロ) ハノーヴァー「民訴法典草案」（1866年）

(i) 民事訴訟法についての「法域」分立の状況の下，その是正のためのアンチテーゼとして，統一的民訴法典の編纂の試みが開始される。

(ii) まず，1862年，ドイツ連邦議会は，統一的民訴法典（allgemeine Prozessordnung）を起草するために，そのための「専門家委員会」の設置を決議する。この決議に基づき，各ラント政府からの代表者をその構成委員として，専門家委員会の活動が開始された。ハノーヴァーの地における数次にわたる委員会活動の成果として，1866年，統一的な「民訴法典草案」（Entwurf einer allgemeinen Zivilprozessordnung für die deutschen Bundesstaaten）が起草され，これは直ちにドイツ連邦議会に提出された。これが，いわゆる「ハノーヴァー草案」（Hannoverische Entwurf）と呼ばれるものであり（その委員会開催地を冠とするのである），ハノーヴァー一般民訴法典（1850年）の強い影響の下，起草されたものであった。

(iii) なお，レオンハルトの起草に係るハノーヴァー一般民訴法典は，その成立・施行後，その卓越した内容なるが故に，直ちにその後の各ラント立法（バーデンやヴュルテンブルクの訴訟法）の範とされるに至っていたものであった。

(ハ) プロイセン「民訴法典草案」（1864年）

(i) 他方，プロイセン主導あるいは優位の下での統一的法典起草を意図して

いたプロイセンは，各ラント間での任意の個別協定方式に基づくべきであるとして，結局のところ，この統一的民訴法典起草のための「専門家委員会」に参加せず，独自の「民訴法典」の起草を試みていた。その立法委員会の独自の成果として，既にハノーヴァー「民訴法典草案」に先行して，1864年，プロイセン「民訴法典草案」（Entwurf einer Prozessordnung in bürgerlichen Rechtsstreitigkeiten für den Preussischer Staat）が，公表されていた。これが，いわゆる「プロイセン草案」（Preussischer Entwurf）と略称されるものであり，当時ラインプロヴィンツの地域に妥当していたフランス訴訟法の影響の下に，起草されたものであった。

(ii) しかし，このプロイセン「民訴法典草案」は，プロイセンの法実務界より激しい批判を受け，結局のところ正規の法典として成立するに至っていない。

㈡ 北ドイツ連邦「民訴法典草案」（1870年）

1866年，北ドイツ連邦が成立する。その北ドイツ連邦憲法4条13号によれば，債務法・刑法・商法・手形法と並んで，「裁判手続」に関する統一的な共通立法をも，連邦の立法権限とすべき旨，定められていた。かくして，直ちに1867年，連邦参議院は，アドルフ・レオンハルト（Adolf Leonhardt）を議長とする「立法委員会」を設置し，これに統一的民訴法典の起草を委ねた。1870年，この立法委員会の活動の成果として，統一的な「民訴法典草案」（Entwurf einer Zivilprozessordnung für den Norddeutschen Bund von Jahre 1870）が公表される。これが，いわゆる北ドイツ連邦「民訴法典草案」（Norddeutschen Entwurf）と呼ばれるものであり，ハノーヴァー草案の影響を大きく受けている。

㈤ ドイツライヒの統一的民訴法典「第1草案・第2草案・第3草案」（1870年―1876年）

(i) 1871年1月8日，ドイツライヒが成立する。統一的民訴法典編纂の動向は，新たな局面を迎えるに至った。

(ii) 既にドイツライヒ成立前，プロイセンでは，時の司法大臣レオンハルト（その在任は，1867年12月以降）の指揮の下，来たるべき統一的民訴法典起草のため，北ドイツ連邦「民訴法典草案」（1870年）の修正が試みられていた。そ

の成果として，いわゆる「司法大臣・民訴法典草案」（Justizministerialentwurf）が，公表されている。これは，統一的民訴法典編纂史上，いわゆる「第1草案」として位置づけられるものである。

(iii) 1871年，ドイツライヒの成立に引き続いて，新たな統一的民訴法典草案起草のために，連邦参議院にレオンハルトを委員長とする立法委員会が設置される。その活動の成果として，1872年，いわゆる「第2草案」が公表されている。これは，その内容上，上述の「第1草案」に，接続するものである。

(iv) この「第2草案」は，連邦参議院での審議を経由し，若干の修正の下，その「理由書」と共に，1874年，ライヒ議会に提出された。これが，いわゆる「第3草案」（ライヒ議会提出案）である。この「第3草案」は，ライヒ議会での第1読会審議を経由し，ミーケルを委員長とする「ライヒ司法委員会」（Reichsjustizkommission）に付託され，若干の修正を受けた上，第2読会審議に付された。かくして，1876年12月，それはライヒ議会で可決され，連邦参議院の承認を受け，翌1877年2月，その施行法と共に公布されるに至った。その施行は，1879年10月1日より，とされている。これが，いわゆる「1877年・ライヒＣＰＯ」（→1898年・現行ＺＰＯ）である。

(v) なお，この統一的民訴法典の公布と共に，裁判所構成法（GVG）・破産法（KO）・刑訴法（ＳｔＰＯ）の三法典もまた，順次公布され，その施行は，共に1879年10月1日より，とされている。

2　ライヒＣＰＯ典中の強制抵当権制度[3]
　　　──法典編成・関連規定・規定内容──

(1)　法典編成

(イ)　若干の特徴

1877年・ライヒＣＰＯ（Civilprozeßordnung von 30. Januar 1877）は，我が国の民訴法典（明治23年・1890年）の母法として著名である。その内容的特徴を若干指摘すれば，①当事者追行主義（当事者主義）（↔職権進行主義・職権主義），②口頭主義（↔書面主義），③直接審理主義（↔間接審理主義），④古典的弁論主義，

202

等の重視であり，その基調として流れるものは，当時の市民的自由主義（↔官憲主義・国家後見主義）の法的発露に他ならない。

  (ロ)　編成

1877年・ライヒＣＰＯは，次のような編成より，成っている。

- ①　第1編・「総則」（§§ 1—229）
    - 第1章・裁判所
    - 第2章・当事者
    - 第3章・訴訟手続
- ②　第2編・「第一審訴訟手続」（§§ 230—471）
    - 第1章・地方裁判所の訴訟手続
    - 第2章・区裁判所の訴訟手続
- ③　第3編・「上訴」（§§ 472—540）
    - 第1章・控訴
    - 第2章・上告
    - 第3章・抗告
- ④　第4編・「再審」（§§ 541—554）
- ⑤　第5編・「証書訴訟並びに為替訴訟」（§§ 555—567）
- ⑥　第6編・「婚姻事件並びに禁治産事件」（§§ 568—627）
    - 第1章・婚姻事件の訴訟手続
    - 第2章・禁治産事件の訴訟手続
- ⑦　第7編・「督促手続」（§§ 628—643）
- ⑧　第8編・「強制執行」（§§ 644—822）
    - 第1章・総則
    - 第2章・金銭債権執行（＊）
    - 第3章・有体物引渡並びに作為・不作為の強制執行
    - 第4章・開示宣誓並びに拘留
    - 第5章・仮差押並びに仮処分
- ⑨　第9編・「公示催告手続」（§§ 823—850）

```
└─⑩ 第10編・「仲裁手続」(§§ 851—872)
        (*)  第2章・金銭債権執行 (§§708—   )
              ┌─ 第1節・動産強制執行 (§§ 708—754)
              │     第1款・通則 (§§ 708—711)
              │     第2款・有体物強制執行 (§§ 712—
              │          728)
              │     第3款・債権及びその他の財産権に
              │          対する強制執行 (§§ 729—
              │          754)
              ├─ 第2節・不動産強制執行 (§§ 755—757)
              └─ 第3節・配当手続 (§§ 758—768)
```

(2) 関連規定

┌─ (イ) ライヒＣＰＯ755条

§ 755　Für die Zwangsvollstreckung in ein Grundstück ist als Vollstreckungsgericht das Amtsgericht zuständig, in dessen Bezirke das Grundstück belegen ist

Die Zwangsvollstreckung wird von diesem Gericht auf Antrag angeordnet.

┌─ (ロ) ライヒＣＰＯ756条

§ 756　Ist es mit Rücksicht auf die Grenzen verschiedener Amtsgerichtsbezirke ungewiss, welches Amtsgericht zuständig sei, oder ist das Grundstück in den Bezirken verschiedener Amtsgerichte belegen, so ist auf Antrag eines Betheiligten von dem zunächst höheren Gerichte unter Berücksichtigung der im § 36 enthaltenen Vorschriften eines dieser Gerichte zum Vollstreckungsgerichte zu bestellen.

Dieselbe Anordnung kann getroffen werden. wenn die Zwangsvollstreckung in mehrere Grundstücke desselben Schuldners, welche in verschiedenen Amtsgerichtsbezirken belegen sind, beantragt wird.

＊参考条文——ライヒＣＰＯ36条——

§36　Die Bestimmung des zuständigen Gerichts erfolgt durch das im Instanzenzuge zunächst höhere Gericht：

1. wenn das an sich zuständige Gericht in einem einzelnen Falle an der Ausübung des Richteramts rechtlich oder thatsächliche verhindert ist：

2. wenn es mit Rücksicht auf die Grenzen verschiedener Gerichtsbezirke ungewiss ist, welches Gericht für den Rechtsstreit zuständig sei：

3. wenn mehrere Personen, welche bei verschiedenen Gerichten ihren allgemeinen Gerichtsstand haben, als Streitgenossen im allgemeinen Gerichtsstande verklagt werden sollen und für den Rechtsstreit ein gemeinschaftlicher besonderer Gerichtsstand nicht begründet ist：

4. wenn die Klage in dem dinglichen Gerichtsstande erhoben werden soll und die Sache in den Bezirken verschiedener Gerichte belegen ist：

5. wenn in einem Rechtsstreite verschiedene Gerichte sich rechtskräftig für zuständig erklärt haben：

6. wenn verschiedene Gerichte, von welchen eines für den Rechtsstreit zuständig ist, sich rechtskräftig für unzuständig erklärt haben.

(ハ)　ライヒＣＰＯ755条

§757　Dio Zwangsvollstreckung in das unbewegliche Vermögen einschliesslich des mit derselben verbundenen Aufgebots-und Vertheilungsverfahrens bestimmt sich nach den Landesgesetzen.

Nach den Landesgesetzen bestimmt sich insbesondere auch, welche Sachen und Rechet in Anschung der Zwangsvollstreckung zum unbeweglichen Vermögen gchören, inwiefern der Gläubiger berechtigt ist, seine Forderung in das Hypothekenbuch eintragen zu lassen, und wie die Eintragung zu bewirken ist.

Entstehen in dem die Zwangsvollstreckung betreffenden Verfahren Rechtsstreitigkeiten, welche in einem besonderen Prozesse zu erledigen sind, so erfolgt die Erledigung nach den Bestimmungen dieses Gesetzes. Auf Vertheilungsstreitigkeiten finden die §§ 756 bis 768 entsprechende Anwendung.

(3) 規定内容

(イ) ライヒＣＰＯ755条[4]——「土地」強制執行の管轄裁判所（→1897年・ＺＶＧ１条・５条）——

(ⅰ) 同755条１項によれば，土地に対する強制執行に関しては，その管轄地域内に目的土地が存在するところの区裁判所（Amtsgericht）が、執行裁判所としての管轄権を有する，とされている。「区裁判所」が執行管轄権を有する，という点に注目される。

(ⅱ) 同条２項によれば，土地強制執行は，当事者の申立て（Antrag）に基づき，前項により定められた執行裁判所としての区裁判所がこれをおこなう，とされている。当事者の執行申立てにより，これを契機として土地強制執行が発動される。

(ロ) ライヒＣＰＯ756条[5]——管轄裁判所の指定（→1897年・ＺＶＧ２条）——

(ⅰ) 同756条１項によれば，複数の区裁判所の各管轄地域の境界よりみて，いずれの区裁判所が執行管轄権を有するのか不明である場合，または一個の目的土地が複数の区裁判所の各管轄地域において存在する場合には，直近の上級裁判所は，利害関係人の申立てにより，本法36条の規定の趣旨を斟酌して，これら複数の裁判所の一つを，執行裁判所として指定しなければならない，とされている。前条の規定によっては一つの執行裁判所が定まらない場合（いずれの区裁判所が執行裁判所なのか不明である，あるいはどちらの区裁判所も執行裁判

第5章 1883年・プロイセン「不動産強制執行法」中の強制抵当権制度

所として考えられ得るような場合）には，直近の上級裁判所が，申立てにより，一つの執行管轄裁判所を指定する。

(ii) 同条2項によれば，同一債務者の所有に属する複数の土地が，複数の区裁判所の各管轄地域において存在する場合には，これに対する強制執行については，前項の規定による管轄執行裁判所の指定がおこなわれる，とされている。同一所有者の複数の土地に対する強制執行（共同抵当権の実行，さらには一括競売）の場合においても，一つの管轄執行裁判所の指定がなされる。

(ハ) ライヒCPO757条[6]——ラント立法への留保（↔1898年・ZPO869条）——

(i) 同757条1項によれば，不動産強制執行は，これと関連する公示催告手続（Aufgebotsverfahren）並びに配当手続（Vertheilungsverfahren）を含めて，各ラント立法により定められる，とされている。実体的土地法（土地所有権法並びに抵当権法）並びに形式的土地法（土地登記法）における各ラント間の法分裂を前提として，不動産強制執行法もまた，各ラントの個別的法規制（↔統一的法規制）に委ねられた（ラント立法への留保 Vorbehalt zu Gunsten der Landesgesetzgebung）。

(ii) 同条2項によれば，不動産強制執行において，いかなる物（Sachen）並びに権利（Rechte）が「不動産」に属するのか，また債権者はその債権（Forderung）をいかなる範囲において抵当登記簿（Hypothekenbuch）に記入させ得るのか，そしていかなる方法でその登記（Eintragung）を取効できるのか，についても，各ラント立法により定められる，とされている。「不動産」強制執行において，土地以外に「不動産」なる概念に包摂されるものとして，いかなる「物・権利」がこれに該当するのか（換言すれば，この「不動産」の概念に該当するものとされた「物・権利」に対しては，不動産強制執行が発動される，のである），そして，「抵当登記簿への債権者の債権の登記」（これは，強制抵当権の登記に他ならない）の権限・方法についても，各ラント立法に留保された。

(iii) 同条3項によれば，強制執行手続において，特別訴訟手続にて終結されるべき法的紛争（Rechtsstreitigkeiten）が生じるときには，本法の諸規定の定めるところにより終結される。配当に関する紛争については，本法765条—768

条の規定が準用される，とされている。ここでは，特別訴訟手続にて解決される法的紛争が強制執行手続中において生じるときには，その限りにおいてＣＰＯ中の該当諸規定が適用されること，そして，不動産強制執行における配当異議訴訟について「動̇産̇」強制執行中の該当諸規定（ＣＰＯ765条—768条）が準用されること，が定められている。

- 1） 77年・ライヒ CPO の不動産強制執行法がライヒの統一的規制を断念していたことについては，Kurlbaum, S. 2 ff., Jäckel, S. 3 ff.
- 2） 77年・ライヒ CPO 制定前の民訴法典史については，数多くの文献が存在するが，本節では Rosenberg = Schwab = Gottward, ZPO, 15. Aufl, 1993, §4, §5., Stein = Jonas, ZPO（Komm.）Einl. A §1., Hellwig, Archiv für das ziv. Praxis. Bd. 61, Bettermann, Hundert Jahre ZPO, ZZP 91, 365. など参照。なお，邦語文献としては，外国法典叢書(10)・ドイツ民訴法〔Ⅰ〕・1頁以下。
- 3） ライヒ CPO の不動産強制執行規定の三ヶ条については，Kurlbaum, S. 5 ff., Jäckel, S. 247 f., Schanz, S. 45 f.

    また，ライヒ CPO の編成・条文・立法理由・内容については，Hahn = Stegemann, Materialien zur Civilprozessordnung, 1881., Endemann, Der deutsche CivilProzeß, 1878., Struckmann = Koch, Die Civilprozeßordnung für das Deutsche Reich, 1878., v. Wilmowski = Levy, Die Civilprozesordnung und Gerichsverfassungsgesetz für das Deutsche Reich, 1878.
- 4） Kurlbaum, S. 8 f.
- 5） Kurlbaum, S. 9 f.
- 6） Kurlbaum, S. 5 f.

〔基本文献〕

（a） 体系書やコンメンタールとして，

① Rosenberg = Schwab = Gottwald, Zivilprozeßrecht, 15. Aufl, München, 1993.

② Kurlbaum, Die Preußische Subhastationsordnung vom 15. März 1869. Unter dem Einfluße der Deutschen Justizgesetze und der Preussischen Ausführungsgesetze zu derselben（Komm.）, Stuttgart, 1879, S. 5 ff.

③ Jäckel, Die Subhastationsordnung vom 15. März 1869, ergänzt durch das Gesetz betreffend die Zwangsvollstreckung in das unbewegliche Vermögen vom 4. März 1879. Mit einen ausführlichen Kommentar in Anmerkungen

第5章 1883年・プロイセン「不動産強制執行法」中の強制抵当権制度

(Komm.), Berlin, 1879, S. 247 ff.

（b） 77年・ライヒCPO制定前の立法資料として，

① 1866年・ハノーヴァー「民訴法典草案」並びに「審議録」について，Protocolle der Commission zur Berathung einer allgemeinen Civilprozeßordnung für die deutschen Bundesstaaten, Bd. 13（Prot. 249-274, S. 4553-4992), Hannover 1865.

② 1870年・北ドイツ連邦「民訴法典草案」については，Entwurf einer Civilprozeßordnung für den Norddeutschen Bund（§§1-1178 und Einführungsgesetz), Berlin 1870.

③ 1864年・プロイセン「民訴法典草案」並びに「理由書」については，ⓐ Entwurf einer Prozeß-Ordnung in büugerlichen Rechtsstreitigkeiten für den Preußischen Staat, Berlin 1864.; ⓑ Motive zu dem Entwurfe einer Prozeß-Ordnung in bürgerlichen Rechtsstreitigkeiten für den Preußischen Staat, Berlin 1864.

④ 1870年・プロイセン「司法大臣・民訴法典草案」（司法大臣草案・第1草案）並びに「理由書」については，Entwurf einer Deutschen Civilprozeßordnung nebst Begründung, bearbeitet im Königlich Preußischen Justiz-Ministerium, Berlin 1871.

⑤ 1872年・ライヒ「民訴法典草案」（第2草案）並びに「理由書」については，ⓐ Entwurf einer Deutschen Civilprozeßordnung nebst dem Entwuefe eines Einführungsgesetzes, Berlin 1872.; ⓑ Begründung des Entwurf einer Deutschen Civilprozeßordnung und des Einführungsgesetzes, Berlin 1872.

⑥ 1873年・ライヒ「民訴法典草案」（第3草案・ライヒ議会提出案）並びに「理由書」については，Entwurf einer Civilprozeßordnung für das Deutsche Reich, mit Motiven und Anlagen, besonderer Abdruck der Vorlage für den Reichstag, 3. Ausgabe, Berlin 1874.

⑦ 1874年—1876年・ライヒ議会での「司法省委員会審議」（第3草案「審議」の討議）については，Protokolle der Justiz-Kommission des Deutschen Reichstags, betreffend die Berathung der Civilprozeßordnung und des Einführungsgesetzes (Drucksachen, 2. Legislatur-Periode, II. Session 1874 und IV. Session 1876, Nr. 6), Berlin 1876.

第2節　1879年・プロイセン不動産強制執行「実施法（ＰＡＧ）」中の強制抵当権制度
　　　──関連規定と規定内容──

> 論述の進行
> 1　前史的状況
> 　　　──ＰＡＧの制定・公布・施行（1879年）──
> 2　ＰＡＧの一般的構造
> 　　　──法典編成・総則規定・法体系的位置──
> 3　ＰＡＧ典中の強制抵当権制度
> 　　　──関連規定と規定内容───

論述の進行

　(ⅰ)　1877年・ライヒＣＰＯの制定・公布に伴ない，その施行に至るまでの間に，その立法委任を受けての各ラントは，独自の不動産強制執行法典（手続的抵当権法典）を準備する必要に迫られていた。プロイセンについてみれば，1869年・不動産競売法典が既に制定・公布・施行されており，かくして同法典をライヒＣＰＯに即応させるために，1879年・不動産強制執行「実施法（ＰＡＧ）」が制定・公布された（１）。

　(ⅱ)　1879年・ＰＡＧの立法任務の独自性を考慮すれば，ＰＡＧという法典の一般的構造が解明されなければならない。まず法典編成について，そして不動産強制執行に着目しつつその総則規定について，さらに法典それ自体の法体系的位置について，順次その分析が試みられる（２）。

　(ⅲ)　ＰＡＧ典中，強制抵当権制度の関連規定は僅か一ヶ条であるが，ライヒＣＰＯの新たな立法姿勢・規制に即応して，強制抵当権制度もいくつかの注目すべき修正を受けるに至っている（３）。

第5章　1883年・プロイセン「不動産強制執行法」中の強制抵当権制度

1　前史的状況
　　　——ＰＡＧの制定・公布・施行（1879年）[1]——
　⑴　ライヒＣＰＯの公布に伴なう各ラントの「立法的対応」（1877年以降）
　㈠　「ラント立法への留保」とその「実施」[2]
　(i)　1877年・ライヒＣＰＯは，不動産強制執行につき，僅か三ケ条の規定を存置するのみであり，その規制を大幅に各ラントの立法に委ねていた（die in einem Reichsgesetze zu Gunsten der Landesgesetzgebung gemachten Vorbehalte）。既に従前より，各ラントでは，個別の独自の「不動産強制執行法典」が制定・施行されてきていたが，ライヒＣＰＯの制定に伴ない，その施行に間に合わせるために，各ラントは各自の「不動産強制執行法典」を修正する必要に迫られていた。

　(ii)　まず，その立法的任務の第一段階として，各ラントは，各自の「不動産強制執行法典」の「部分的」修正に，早急に着手せざるを得なかった。いわば，さしあたりの，暫定的な「立法的対応」をなさなければならなかった，のである。そして，そこでは，①各自の「不動産強制執行法典」をライヒＣＰＯにより作出・許容されている「ラント立法への留保」の「範囲」の中に適合・編入させるべきこと，②そして，とりわけライヒＣＰＯ中の強制執行の「開始」と「要件」に関する一般要件（総則規定）に適合させるべきこと，が各ラントにとって緊要の課題となっていた。それは，ライヒＣＰＯによる「各ラント立法への留保」を，各ラントが実施する（ausführen）こと，に他ならなかった。

　(iii)　1877年に公布されたライヒＣＰＯは，「ライヒ司法法（Reichsjustizgesetze）」としての他の三法典と共に，1879年10月1日より，施行されるものとされていた。各ラントにとって，各自の「不動産強制執行法典」の部分的修正は，必然的にライヒＣＰＯの施行日に遅れるものであってはならず，もはや僅かの時間しか残されていなかった，のである。かくして，1877年・ライヒＣＰＯの公布を契機として，各ラントでは，各自の「不動産強制執行法典」の部分的修正の作業が，現実的に着手された。

　㈡　「実施」の困難性[3]

(i) しかし,「留保」の実施（Ausführung）は, 各ラントの立法者にとって, 極めて困難な任務であった。①ライヒ制定法（ＣＰＯ）により, 一体いかなる範囲でラント制定法（ＡＧ）が許容されているのか, ②したがって, ライヒ制定法（ＣＰＯ）とそれにより許容されたラント制定法（ＡＧ）の効力的干与（Einwirkung）」との限界線如何, が必ずしも明瞭ではなかった, からである。

(ii) より具体的に説明してみよう。すなわち, ラント制定法（ＡＧ）の立法者は, その立法に際し, まずライヒ制定法（ＣＰＯ）を正しく「法解釈（Auslegung）」することより, 出発しなければならない。ライヒ制定法（ＣＰＯ）がいかなる範囲でラント制定法（ＡＧ）による「効力的干与」を許容しているのか, を明確にしなければならない, からである。その際, ラント立法（ＡＧ）の立法者自身, 自らのためにライヒ制定法（ＣＰＯ）についての正しい「法解釈」のための最高度の「権威（Autorität）」を, 要求するものでなければならない。しかし, その「法解釈」の正当性につき, いかなる確実性も存在していない, というのが現実であった。それが故に, 立法されたラント制定法（ＡＧ）の諸規定が, ライヒ制定法（ＣＰＯ）の内容に必ずしも適合するものではない, との危険性が絶えず存在していた。かくして, 立法されたラント制定法（ＡＧ）の諸規定が, ライヒ制定法（ＣＰＯ）による「留保」の枠を越えるものであったり, あるいはその枠（「留保」の枠）を不十分にしか埋めるものでしかなかったりの, いわば過不足の状況も存立し得るものであった, のである。

(iii) なお, 1879年・ＰＡＧの立法者は, 1877年・ライヒＣＰＯが不動産強制執行につきかなりの広範囲において各ラント立法の自由な判断（freie Beurteilung）に委ねるものである, との認識を, その出発点としている。そして, その認識を前提として, ライヒＣＰＯが各ラント立法に許容したその「効力的干与」の「範囲」が, より明確に確定されなければならないが, それは, 究極的には, 1879年・ＰＡＧの現実の制定・施行をふまえての, その後の学理的研究並びに裁判実務の重要な任務の一つとして, 考えられていた。

(2) 各ラントにおける不動産強制執行「実施法（ＡＧ）」の制定・公布（1879年）[4]

(イ) プロイセン——ＰＡＧの制定・公布（1879年）[5]——

(i) プロイセンについてみれば，既に従前より，その独自の「不動産強制執行法典」として，1869年・不動産競売法（Subhastationsordnung vom 15. März 1869）（Preußische Ges.-Samml. 1869）が制定・公布されていた（既述　本章はじめに(1)）。この1869年・不動産競売法は，1877年・ライヒＣＰＯの制定・公布に伴ない，その現実の施行に間に合わせるために，早急に修正されなければならなかった。かくして，いわば暫定的立法として，プロイセンでは，1879年3月4日，不動産強制執行「実施法」（ＰＡＧ）が制定・公布された。この1879年・ＰＡＧにより，ライヒＣＰＯとの調和を具体化しながら，1869年・不動産競売法は，なおその後においても，その実効性（法典としての適用可能性）を有し続け得た，のである。換言すれば，1869年・不動産競売法は，1879年・ＰＡＧによる部分的手直しにより，従前からと同様に，なお現行法（妥当法）として妥当するものとなった。

※1879年・プロイセン不動産強制執行「実施法」（ＰＡＧ）

：Gesetz, betreffend die Zwangsvollstreckung in das unbewegliche Vermögen, vom 4. März 1879.

；zit. nach：Gesetz＝Sammlung für die Königlichen Preußischen Staaten, 1879, S. 109ff.

(ii) なお，ここで「ＰＡＧ」とは，本節中においては，「preußisches Ausführungsgesetz」（プロイセン実施法）の略記として，利用している。1877年のライヒＣＰＯの公布に伴ない，プロイセンをはじめとして，各ラントではそれぞれ不動産強制執行「実施法（ＡＧ）」が制定されている。そして，その法典名称は，単に「不動産強制執行に関する法」として，表記されているのみである。しかし，それは，不動産強制執行についての「ライヒＣＰＯのための実施法（Ausführungsgesetz zur CPO）」に他ならない，のである。以上の趣旨をふまえて，ここでは，プロイセンでの1879年法を「ＰＡＧ」と表記するものであ

る。また，ここで「実施法（ＡＧ）」とは，不動産強制執行についての，いわば各ラントの「施行法（Einführungsgesetz）」を，意味するものである。

　　(ロ)　その他の諸ラント——ＡＧの制定・公布（1879年）[6]——

　(i)　また，プロイセン以外の各ラントにおいても，1879年の初頭から前半において，それぞれ個別の独自の不動産強制執行「実施法（ＡＧ）」が制定・公布されている。これにより，従前よりの各ラントの「不動産強制執行法典」は，ライヒＣＰＯと調和しながら，なおその現行法としての実効性を有し続けた，のである。

　(ii)　ドイツライヒ（1871年）は，実質的にみれば，それまでの北ドイツ連邦が，南ドイツへと，政治的・統治的に拡大されつつ，成立するに至ったものである。ドイツライヒは，22にも及ぶ君主国と３つの自由都市より成る，いわば緩やかに連合した連邦国家にすぎなかった，のである。したがって，ここでは，プロイセンを除いたバイエルン・ザクセン・ヴュルテンブルクの四大ラント，そしてその他の若干の主だった諸ラントについてのみ，新たに制定されるに至った各不動産強制執行「実施法（ＡＧ）」を，個別に列挙しておこう。

　——なお，1877年・ライヒＣＰＯの施行は，1879年10月１日を以てする，とされており，それに時間的に対応するために，各ラントの「実施法（ＡＧ）」は，1879年前期において，集中的に公布されている，という点に注目されよう[7]。——

　　①　1879年・バイエルン不動産強制執行「実施法」

　　：Gesetz, betreffend die Zwangsvollstreckung in das unbewegliche Vermögen wegen Geldforderungen vom 23. Februar 1879 （Subhastationsordnung).

　　；zit. nach：Gesetz-und Verordnungsblatt für das Königreich Bayern （München) 1879, S. 203.

　　②　1879年・ザクセン不動産強制執行「実施法」

　　：Gesetz, einige mit der Civilprozeßordnung vom 30. Januar 1877 zusammenhängende Bestimmungen enthaltend, vom 4. März 1879.

第5章　1883年・プロイセン「不動産強制執行法」中の強制抵当権制度

;zit. nach: Gesetz-und Verordnungsblatt für das Königreich Sachsen (Dresden) 1879, S. 69ff.

―　③　1879年・ヴュルテンブルク不動産強制執行「実施法」

:Gesetz, betreffend dis Zwangsvollstreckung in unbewegliches Vermögen vom 18. August 1879.

;zit. nach: Siegle, Gesetze und Verordnungen über das in Württenburg geltende Pfandrecht, Stuttgart 1885, S. 310ff.

―　④　1879年・バーデン不動産強制執行「実施法」

:Gesetz, betreffend die Einführung der Reichs-Justizgesetze im Großherzogthum Baden vom 3. März 1879.

;zit. nach: Gesetzes-und Verordnungsblatt für das Großherzogtum Baden (Karlsruhe) 1879, S. 91.

―　⑤　1879年・ヘッセン不動産強制執行「実施法」

:Gesetz, betreffend die Ausführung der Deutschen Civilprozeßordnung und Konkursordnung vom 4. Juni 1879.

;zit. nach: Großherzoglich Hessisches Regierungsblatt (Darmstadt) 1879, S. 251.

―　⑥　1879年・メクレンブルク＝シュヴェーリン不動産強制執行「実施法」

:Verordnung, betreffend die Zwangsvollstreckung in das unbewegliche Vermögen wegen Geldforderungen vom 24. Mai 1879.

;zit, nach: Regierungs-Blatt für das Großherzogtum Mecklenburg-Schwerin (Schwerin) 1879, S. 253, 455.

―　⑦　1879年・オルデンブルク不動産強制執行「実施法」

:Gesetz für das Herzogthum Oldenburg und das Fürstenthum Birkenfeld vom 2. April 1879, betreffend die Zwangsvollstreckung in das unbewegliche Vermögen wegen Geldforderungen.

;zit. nach: Gesetzblatt für das Herzogthum Oldenburg (Oldenburg) 1879, S. 271.

215

⑧　1879年・リューヴェック市不動産強制執行「実施法」

　：Gesetz, betreffend die Zwangsvollstreckung in das unbewegliche Vermögen vom 16. Juli 1879

　；zit. nach: Sammlung der Lübeckischen Verordnungen und Bekanntmachungen, 46. Band. (1879), Lübeck 1880, S. 161ff.

(3) 新たに強制抵当権制度を導入した諸ラントのＡＧ[8]

(i) 1877年・ライヒＣＰＯ757条2項によれば，「強制抵当権の登記」の権限並びにその方法につき，各ラント法は明確にその態度決定をなすべし，とされていた。したがって，たとえばそれ以前より強制抵当権制度を存置していた諸ラントでは，①強制抵当権制度をそのまま新「実施法（ＡＧ）」中に法継受する（ほとんどすべての諸ラントの立場）のか，②あるいは，強制抵当権制度に若干の微修正を施しつつこれを新「実施法（ＡＧ）」中に法継受する（ごく少数のラントの立場）のか，のいずれかの態度決定がなされた，のである。

(ii) さらに，それ以前には強制抵当権制度を有していなかった諸ラント中，1877年・ライヒＣＰＯ757条2項の定めを契機として，新「実施法（ＡＧ）」中に新たに強制抵当権制度を導入する，という態度決定をなしているラントも，存在している。次の三ラントが，それである。

　①　1879年・オルデンブルク不動産強制執行「実施法（ＡＧ）」

　：Gesetz, betreffend die Zwangsvollstreckung in das unbewegliche Vermögen wegen Geldforderungen vom 2. April 1879

　；zit. nach: Gesetzblatt für das Herzogtum Oldenburg, S. 271ff.

　②　1879年・ザクセン―コーブルク―ゴータ不動産強制執行「実施法（ＡＧ）」：Gesetz, betreffend dre Zwangsvollstreckung in unbewegliches Vermögen vom 7. April 1879

　；zit. nach: Gemeinschaftliche Gesetz-Sammlung für das Herzogtümer Coburg und Gotha, Nr 370

　③　1879年・ザクセン―マイニンゲン不動産強制執行「実施法（ＡＧ）」

第5章　1883年・プロイセン「不動産強制執行法」中の強制抵当権制度

Gesetz, betreffend die Zwangsvollstreckung in das unbewegliche Vermögen vom 21. Juni 1879.

; zit. nach : Sammlung der landesherrliche Verordnungen im Herzogtum Sachsen-Meiningen, Bd 21 S. 141ff.

2　ＰＡＧの一般的構造
―――法典編成・総則規定・法体系的位置―――

(1)　編　成[9]

(i)　1879年・ＰＡＧは，1869年・プロイセン不動産競売法が現行法として妥当していたところ，それを1877年・ライヒＣＰＯの諸規定に適合させるために，部分的修正を試みた暫定的立法にすぎず，総計37ヶ条の小法典である。

(ii)　この編成は，三部より構成され，①総則規定（1条以下），②経過規定（26条以下），③結末規定（36条以下），より成っている。

```
┌─ ①　総則規定（1条―25条）
├─ ②　経過規定（26条―35条）
└─ ③　結末規定（36条―37条）
```

(2)　総則規定―――その内容的検討[10]―――

その第1部の「総則規定」について注目しながら，ＰＡＧの内容について，本節の論述の進行に必要な限りにおいて，論及しておこう。

(イ)　「不動産」の概念の明確化[11]

(i)　ライヒＣＰＯは不動産強制執行における「不動産」の概念を明確化すべし，と指示していた（同757条2項）（既述第1節2(3)(ハ)）。

(ii)　それに対応して，ＰＡＧは，その「不動産」の概念に包摂されるべきものとして，「土地」以外に，「物並びに権利（Sachen und Rechte）」―――現行法によれば，土地の強制売却（Zwangsverkauf）に関して定められた手続において，それについての強制売却がおこなわれるところの，そのような「物並びに権利」―――を，特定している（ＰＡＧ1条1項）。また，不動産上に存在する

「担保権又は優先権（Pfand=oder Vorzugsrecht）」の効力が法律上当然に及ぶところの「動産（bewegliche Gegenstände）」もまた，強制執行の客体としての「不動産財産体（Immobiliarmasse）」を，組成する，と定められている（PAG 1条2項）。この定めにより，不動産強制執行手続に服すべき「不動産」が明確化・特定化され，動産強制執行手続との限界もまた明確化された，のである。

(ロ) ライヒＣＰＯ典中「総則規定」の適用[12]

(i) ライヒＣＰＯは，不動産強制執行については僅か三ケ条の規定を，存置するにすぎなかった（同755条—757条）（既述第1節2(2)）。しかし，その法典編成の体裁よりすれば，不動産強制執行については，上記の三ケ条の規定のみならず，ＣＰＯ第8編第1章の「総則規定」もまた，適用され得る，と判断される。この三ケ条の規定の位置に注目すれば，それが，ＣＰＯの同じく第8編中の第2章第2節において，存置されている，からである。

(ii) それに対応して，PAGは，不動産強制執行につき，ライヒＣＰＯの総則規定（第8編第1章）に加えて，本法（PAG）の諸規定が適用されるべきものであることを，定めている（PAG 2条）。この定めにより，不動産強制執行につき適用されるべき諸規定（ライヒＣＰＯ中の総則規定とPAG中の諸規定）が何であるのか，が明確化された。

(iii) かくして，以上の意味では，ＣＰＯは「強制執行の全手続（das gesamte Verfahren der Zwangsvollstreckung）」をその規制対象とするものである，といえよう。

(ハ) 土地以外の「不動産」への強制執行[13]

(i) ライヒＣＰＯは，「土地」に対する強制執行が，管轄裁判所としての区裁判所（執行裁判所）への申立てによって，おこなわれる，と定めている（同755条2項）。また，複数の区裁判所中からの一つの管轄裁判所としての区裁判所の指定が，定められている（同756条）（既述第1節2(3)(イ)(ロ)）。

(ii) それを承けて，PAGは，ライヒＣＰＯ755条2項と756条という，これらの二ケ条が，土地以外の「不動産」が執行対象である場合にも，準用される旨，定めている（PAG 3条）。

㈡ 「執行裁判所の指定」の手続[14]

（i）ライヒＣＰＯは，複数の区裁判所中からの管轄裁判所としての執行裁判所の指定の場合，直近の上級裁判所が関係人の申立てによりこれを指定する旨，定めている（同756条）（既述第1節2(3)(ロ)）。

（ii）それを承けて，ＰＡＧは，その申立てに係る裁判（執行裁判所の指定の裁判）が，予めの口頭弁論なくしておこなわれること，その決定が職権により送達されなければならないこと，その指定の決定が取消不能であること，といった以上の諸点を定めている（ＰＡＧ4条）。

㈤ ライヒＣＰＯの定める以外の執行名義の許容[15]

（i）ライヒＣＰＯは，強制執行を発動させ得る「執行名義」として，確定終局判決並びに仮執行宣言付判決（同644条），そして訴訟上の和解並びに抗告により不服を申し立て得る裁判や執行命令等（同702条），を定めている。

（ii）それを承けて，ＰＡＧは，ライヒＣＰＯの定める執行名義以外の名義に基づいてなされる不動産強制執行につき，その適法性を承認するラント法上の諸規定は，ライトＣＰＯ660条（外国裁判所の判決に基づく強制執行）の規定に反するものでない限り，その効力を持続する旨，定めている（ＰＡＧ5条）。

㈥ 執行種類[16]

（i）ライヒＣＰＯは，不動産強制執行につき，その「執行種類」につきなんらの限定も付することなく，それ自体を大幅に各ラントの立法に留保している（同757条1項）（既述第1節2(3)(ハ)）。

（ii）それを承けて，ＰＡＧは，不動産強制執行の執行種類（Zwangsvollstreckungsarten）につき，その適法性がラント法上の諸規定により定められる旨，定めている（ＰＡＧ6条1項）。また，不動産強制執行におけるその執行種類（執行方法）の適法性が，動産強制執行手続の奏効なき先行の必要性に，依存するものではない旨，定めている（ＰＡＧ同条2項）。"不動産強制執行の執行方法を追行するためには（あるいは，その追行の適法性のためには），予め動産強制執行手続を追行しなければならず，後者の動産強制執行手続が奏効しない結果となったときのみ，はじめて不動産強制執行手続を追行できる"，という

ような「立法例」を，ＰＡＧは正面から否定したのである。

(ト) その他[17]

定められた不動産強制執行の「執行方法」の追行にあっては，本法（ＰＡＧ）中の8条—21条の諸規定に反しない限りでは，ラント法上の諸規定に基づいて，おこなわれる旨，定めている（ＰＡＧ7条）。また，以下，ＰＡＧ8条—21条では，「強制競売」の執行方法による不動産強制執行につき，全般的に定めが置かれている。

(3) 法体系的位置——ライヒＣＰＯとの関係[18]——

ＰＡＧは，1869年・不動産競売法を，ライヒＣＰＯの諸規定（とりわけ，同757条1項の「ラント立法への留保」）に対応するために，その部分的修正を試みたものである（既述(1)）。このようなＰＡＧは，ライヒＣＰＯとの関係において，どのような法体系的位置を占めるものであろうか。

(イ) 相互関係[19]

まず，既に個々に論及してきたところではあるが，ライヒＣＰＯとＰＡＧとの相互関係について，それを整理しておきたい。①1877年・ライヒＣＰＯは不動産強制執行につき僅か三ヶ条の規定のみを存置し，その規制を大幅にラント立法に留保した。②これを承けて，1879年・ＰＡＧは，ライヒＣＰＯの諸規定と調和させることを主目的として，1869年・不動産競売法を部分的に修正した。③この修正により，1869年・不動産競売法は，その後においても，その現行法としての実効性を持続し得た。④しかし，1879年・ＰＡＧは，1877年・ライヒＣＰＯに対して，いわば暫定的に対応したにすぎず，その抜本的・本格的対応は，1883年・プロイセン不動産強制執行法によって，なされたのである。

(ロ) ライヒＣＰＯの一部分としてのＰＡＧ[20]

(i) 1879年・ＰＡＧは，1877年・ライヒＣＰＯの一部分として，構成されているものである，と理解される。

(ii) すなわち，ライヒＣＰＯ757条は，不動産強制執行につき，その規制を各ラントの立法に「留保」した。この「留保」とは，ライヒＣＰＯ中より不動

産強制執行「規定」が除外されている、ということを意味するものではない。むしろ、それは端的に、不動産強制執行につき、ライヒＣＰＯ中の諸規定（とりわけ、同755条―757条）は、不動産強制執行に関する各ラントの制定法の諸規定（たとえば、1879年・ＰＡＧや1869年・不動産競売法）によって、「補充（Ergänzung）」されるものである（その補充を自ら予定するものである）、ということを意味するものである。したがって、ＰＡＧの制定・施行の後にあっては、不動産強制執行につき、ライヒＣＰＯは、ＰＡＧによって、補充されている、のである。以上を前提とすれば、ＰＡＧは、ライヒＣＰＯの一部分として、構成され位置づけられているものである、といえよう。

　(ハ)　**優劣関係**[21]

（ⅰ）不動産強制執行につき、1877年・ライヒＣＰＯは、1879年・ＰＡＧに対して、その法適用上、優先する、と理解される（ライヒＣＰＯ＞ＰＡＧ）。このことは、単にＣＰＯ755条―757条の三ケ条の諸規定についてのみならず、ＣＰＯの強制執行「総則規定」（644条―707条）や強制執行諸規定（それらが特別の留保に委ねられていない限りでは）についてもまた、妥当することである。

（ⅱ）すなわち、ライヒＣＰＯ中の諸規定は、①「既存のラント制定法」に対して優先するのみならず、②「将来のラント制定法」に対してもまた優先する。より具体的に、ＰＡＧとの関係についていえば、ライヒＣＰＯ中の強制執行規定（総則規定や不動産強制執行規定）は、①既存のラント不動産競売法（1869年・プロイセン不動産競売法）に対して優先し、②将来のラント不動産強制執行法（1879年・ＰＡＧ並びに1883年・プロイセン不動産強制執行法）に対して優先する、といえよう。ここでもまた、ライヒ制定法は、ラント制定法に、その法適用上の優先劣後関係として、優先した、のである。

3　ＰＡＧ典中の強制抵当権制度
　　　――関連規定と規定内容――

(1)　関連規定[22]

（ⅰ）ＰＡＧ中、強制抵当権制度は、直接的には次の一ケ条においてのみ、言

及されている。

　＊PAG22条

§ 22 ① Die nach den bestehenden Vorschriften im Wege der Zwangsvollstreckung zu beanspruchende Eintragung einer vollstreckbaren Forderung in einem Grund＝oder Hypothekenbuche erfolgt auf den unmittelbar an den Grund＝oder Hypothekenbuchrichter zu richtenden Antrag des Gläubigers. Die Beglaubigung des Antrags ist nicht erforderlich.

② Die auf Grund erkannter Immission zulässige Eintragung erfolgt auf das von Amtswegen zu erlassende Ersuchen des Vollstreckungsgerichts.

③ Aus einem nur vorläufige vollstreckbaren Urtheil ist nur eine Vormerkung einzutragen.

(ii) なお，付言すれば，1869年・不動産競売法を1877年・ＣＰＯの諸規定に適合させるために部分的修正を試みたもの，これがＰＡＧであった。しかし，既に述べたように，1869年・不動産競売法は強制抵当権制度については，諸規定を置いていない（既述本章はじめに(1)）。したがって，同制度についての現行妥当法は1834年・民執令（既述第3章）（同22条・23条）であった。したがって，この意味よりすれば，強制抵当権制度についていえば，ＰＡＧは34年法をＣＰＯに適合させようとしたものである，といえよう。

(2)　規定内容[23]

(イ)　ＰＡＧ22条1項前段——訴訟裁判所の「登記嘱託」の不要，「自己追行主義」の妥当——

(i)　ＰＡＧ22条1項前段によれば，存在する諸規定にしたがい強制執行の手段により訴求されるべき「執行力ある債権の土地登記簿への登記（強制抵当権の登記）」は，土地登記裁判官又は抵当登記裁判官に対して直接的に向けられた債権者の「申立て（Antrag・申請）」に基づき，おこなわれる，とされている。

(ii)　「強制抵当権の登記」の執行方法がなされる場合，執行力ある債権の土

第5章 1883年・プロイセン「不動産強制執行法」中の強制抵当権制度

地登記簿への「登記」は，訴訟裁判所の「登記嘱託」を必要とすることなく，登記所に対する債権者の直接的な登記申請により，取効される，のである。ここでは，"訴訟裁判所の「登記嘱託の不要，登記所に対する債権者の直接的な登記申請，それによる「登記」の取効"，というプロセスがふまえられるのである。「職権主義」に代わり，「当事者主義」が妥当している，という点に注目されよう。

(iii) 従前よりのプロイセン法（1834年・民執令22条2項）によれば，強制抵当権の「登記」は，訴訟裁判所の「登記嘱託（Vermittlung）」を経由することにより，取効された。より具体的には，"①訴訟裁判所に対する「債権者」の登記申立て（登記申請），②登記所に対する「訴訟裁判所」の登記要請（登記嘱託），③登記所による「登記」の実施（債権者の利益における「登記」の取効）"，がなされた（既述第3章第1節2(6)）。しかし，1879年・ＰＡＧは，訴訟裁判所の「登記嘱託」を不要とし，債権者は強制抵当権の「登記」の申立て（申請）を直接的に土地登記裁判官又は抵当登記裁判官（いずれも登記所官吏である）に対してなすべし，としたのである。ここでは，「職権主義」に対峙する「当事者主義」の一つの顕現として，いわゆる「自己追行主義（Prinzip des Selbstbetriebs）」が，妥当しており，あくまで当事者たる債権者自身の直接的なイニシアティブにより，「登記」が取効されたのである。

(iv) ライヒＣＰＯは，「当事者主義」の採用並びにその貫徹という理念の下，"各強制執行は，債権者自身により，債務名義の「執行力ある正本」に基づき，おこなわれるものでなければならない"，との原則を確立していた（ＣＰＯ644条・652条・671条・755条2項，等参照）。この原則に対応する一つのあらわれとして，このＰＡＧ22条1項の規定を理解することができよう。

(v) なお，「自己追行主義」は，「強制抵当権の登記」の執行方法が仮執行宣言付終局判決に基づく場合においても，無論，妥当する。この場合，「自己追行主義」の妥当の下，訴訟裁判所の登記嘱託なくして，債権者は直接的に強制抵当権の「仮登記」を取効できる，のである。

(ロ) ＰＡＧ22条1項後段[24]——登記申立て（登記申請）についての「認証」の

不要——

(i) ＰＡＧ22条１項後段によれば，強制抵当権の「登記申請」につき，その「認証（Beglaubigung）」は不要である，とされている。その限りにおいて，この登記申請は非要式（↔要式）で足りる，のである。

(ii) 既に，1872年・プロイセン土地登記法（ＰＧＢＯ）(Preußische Ges.-Samml. 1872)が成立（同年５月５日）・施行（同年10月１日）されていた。そのＰＧＢＯ33条によれば，①登記又は登記抹消につき必要とされる書面による「申請（Anträge）」並びに「証書（Urkunden）」は，裁判上（gerichtlich）又は公証人により（notariell）「作成又は認証された（aufgenommen oder beglaubigt）」ものでなければならない（同条１項前段）。②しかし，関係人は申請された登記又は登記抹消につき既に「許諾（Bebilligung）」するものであった，という旨の「認証された証書」が，その書面による「申請」に添付されているときには，特別の「認証」を必要としない（同条同項後段）。③その「認証」についての特別のプロトコールの作成並びに証人の援用は，ここでは必要とされない（同条２項），とされている。ここでは，登記申請につき，「認証」が必要とされる旨の，明文規定が存在していた，のである。

(iii) ＰＡＧ22条１項後段の規定は，ＰＧＢＯ33条の規定に，正面から背反するかのようである。しかし，前者は，その内容上，後者と矛盾するものではない，と考えられる[25]。強制抵当権の「登記申請」に際しては，「執行力ある終局判決」が添付されることとなるが，その「執行力ある終局判決」は，その形式上，「登記許諾の証書」に同置されるものであり，したがって，「執行力ある終局判決」に加えて，さらなる「認証」はもはや不要である，といえるからである。二重の「認証」は無用である，のである。「ＰＡＧ草案理由書」（1878年）[26]もまた，その趣旨を明言するものである。

(iv) なお，債権者の利益において彼を代表するところの「代理人（Bevollmächtigte）」によってもまた，強制抵当権の「登記申請」がなされる。この場合，ＰＧＢＯ37条によれば，その「登記申請」に際し，代理人は「裁判上又は公証人により作成又は認証された全権（Vollmacht）」によって自らの権限を証

明しなければならない,とされている[27]。

——なお,ここで,強制抵当権の「登記申請」につき,その他の諸要件に言及しておけば[28],

(α) まず,第1に,その登記申請においては,登記一般につき必要とされるすべての記載事項(Angabe)を具備するものでなければならない。とりわけ,その基本とされる「執行力ある債権(執行債権)」については,その表示上,当該債権の「主事項(Hauptsache)」と「付随事項(Nebensache)」とにおいて,明確に特定しているものでなければならない。

(β) 第2に,強制抵当権の「登記申請」は,その実質上,不動産強制執行の「執行申立て」に他ならず,したがって,それは強制執行の一般的諸要件(ＣＰＯ第8編第1章「総則」規定)をも具備するものでなければならない。より具体的には,その登記申請(登記申立て)には,①債務名義の執行力ある正本(ＣＰＯ662条),②債務者に対して債務名義(終局判決や訴訟上の和解等。ＣＰＯ664条・702条)が送達されたこと(その送達の必要性につき,ＣＰＯ671条・703条)についての証明書,が添付されなければならない。

(γ) 第3に,登記されるべき債権(執行債権)につき,「債務証書(Schuldschein)」や「手形(Wechsel)」等の一定の証書が存在しているときには,これらの「証書」もまた,「登記申請」に際してこれに添付されるものでなければならない。従前よりのプロイセン法の規定(1834年・民執令22条)によれば,それらの「証書」の提示あるときのみ,「登記を求める権利(Recht auf Eintragung)」が承認されている(既述第3章第1節2(1)),からである。——

(ハ) ＰＡＧ22条3項——仮執行力ある判決に基づく強制抵当権の「仮登記」[29]——

(i) ＰＡＧ22条3項によれば,仮執行力を有するにすぎない判決に基づく場合には,土地登記簿又は抵当登記簿に,強制抵当権の「仮登記(Vormerkung)」がなされるにすぎない,とされている。強制執行を発動させる債務名義として,確定した終局判決のみならず,仮執行宣言付判決もまた,これに該当する(ＣＰＯ644条以下),とされているところ,「強制抵当権の登記」の執行方法が後者に基づいてなされるときには,強制抵当権は「仮登記」されるにす

225

ぎない，のである。

(ii) 本条の立法趣旨は次のように理解されよう。すなわち，

(α) 1877年・ライヒＣＰＯは，フランス民訴法を淵源とする「判決の仮執行宣言（vorläufige Vollstreckbarerklärung von Urteilen）」制度を，はじめて導入している（ＣＰＯ644条以下）[30]。そこでは，強制執行は，「確定の終局判決」又は「仮執行宣言付の終局判決」により，おこなわれる，と明規されている。従前，ライヒの多くのラント法にあっては，「判決の仮執行宣言」制度（以下，「仮執行宣言付判決」制度と略記する）なるものは存置されていなかったが，その実務上の有意義性を理由として，ライヒの統一的民訴法典としてのＣＰＯは，これを明文規定により導入した，のである。

(β) ライヒＣＰＯによる制度的導入に伴ない，ライヒの各ラントにとって，次なる課題が投げかけられた。すなわち，単に仮執行宣言付判決を有するにすぎない債権者が存在するところ，この債権者は「強制抵当権の登記」の執行方法を追行できるのか，またそれが可能であるとした場合，強制抵当権の「本登記」を取効できるのか，という問題についての態度決定が，なされなければならなかった，のである[31]。

(γ) かくして，ＰＡＧは，その22条3項において，その態度決定を明示したのである。それは，次のような考慮に基づくものであった[32]。すなわち，

①第1に，まず，ライヒＣＰＯ644条1項は，「強制執行」を発動させる債務名義の一つとして，仮執行宣言付終局判決を明規している。同条が，ライヒＣＰＯ第8編「強制執行」の第1章・「総則」中の規定であり，その法典編成上，それが不動産強制執行（第2章第2節）にもやはり総則規定として適用されるべきこと，当然である。したがって，不動産強制執行も，動産強制執行（第2章第1節）におけると同様に，仮執行宣言付終局判決に基づいて，なされ得るのであり，不動産強制執行の執行方法の一つである「強制抵当権の登記」の執行方法も，仮執行宣言付終局判決に基づいて，なされること，自明であろう。

②第2に，しかし，他方，仮執行宣言付終局判決は単に仮執行力を有するものにすぎず，完全な執行力を有するものではない。したがって，完全な執行力

を有する確定終局判決に基づく場合とは異なり，仮執行力を有するにすぎない仮執行宣言付終局判決に基づく場合には，債権者は強制抵当権の「仮登記」を取効できるにすぎない，と法構成すべきであろう（なお，ＣＰＯ658条参照）[33]，と考慮するものであったのである。

(iii) なお，付言すれば，仮執行宣言付終局判決が確定的に既判力・執行力を有するに至ったときには，債権者は強制抵当権の「仮登記」を「本登記」に変更（Umschreibug・書換）すべき旨，申請（申立て）することができる，と解される。換言すれば，判決が既判力を有するに至った場合には，既になされていた「仮登記」は，債権者のために「担保権原の実施（Ausübung des Pfandrechtstitels)」を確保するものとなっている。この場合，強制抵当権の「登記」の順位は，仮登記の順位保全的効力により，その仮登記の時点において，遡及的に保全・確保されることとなろう[34]。

1) Kurlbaum, S. 1 ff.
2) Kurlbaum, S. 1.
3) Kurlbaum, S. 1 f.
4) Kurlbaum, S. 1 f.
5) Kurlbaum, S. 1 f., Schanz, S. 45 f., insb. Anm. 3.
6) Schanz, S. 45 ff.
7) 各ラントのAGの制定・施行・内容的特徴の概観については，Schanz, S. 46 ff.
8) 強制抵当権制度を新たに導入した諸ラントのAG並びにその内容的特徴の概要については，Schanz, S. 50 ff.
9) PAG典については，P. Gesetz = Sammlung, 1879, S. 109 ff.
10) Schanz, S. 45 f., Kurlbaum, S. 5 ff., Jäckel, S. 247 ff.
11) Schanz, S. 45, Jäckel, S. 253-254.
12) Kurlbaum, S. 2, Jäckel, S. 254.
13) Kurlbaum, S. 9-10., Jäckel, S. 254.
14) Kurlbaum, S. 9-10., Jäckel, S. 254-255.
15) Kurlbaum, S. 14 f., Jäckel, S. 255.
16) Kurlbaum, S. 17 f., Jäckel, S. 255-256.
17) Kurlbaum, S. 4., Jäckel, S. 256f.

18) Kurlbaum, S. 2f., Jäckel, S. 247 f.
19) Kurlbaum, S. 2f., Jäckel, S. 1 ff.
20) Kurlbaum, S. 3., Jäckel, S. 1 ff.
21) Kurlbaum, S. 3., Jäckel, S. 1-3.
22) 原条文については，前注9）の P. Gesetz = Sammlung, S. 109 ff.
23) 以下，Jäckel, S. 58-63. による。なお, Schanz, S. 49 (Anm. 20)., Hinrichs, S. 41.
24) Schanz, S. 49-50 (Anm. 21).
25) Schanz, S. 49. も同旨。
26) Begründung zum Gesetzentwurf, Verhandlung des Hauses der Abg, 13. Leg. —Per., 3. Sess., 1878/79, Anl. Zu den Sten. Berichten Bd. 1 S. 350.
27) Schanz, S. 50.
28) Schanz, S. 50.
29) Schanz, S. 48 (Anm. 12).
30) Schanz, S. 47.
31) Schanz, S. 47.
32) Schanz, S. 48.
33) Schanz, S. 48.
34) Schanz, S. 48.

〔1879年・PAG の基本文献〕（1869年・不強法，77年・CPO を含めて，それ以前の不強法関連文献も含まれる）

① Kurlbaum, Die Preußische Subhastationsordnung vom 15. März 1869, unter dem Einflusse der Deutschen Justizgesetze und der Preußischen Ausführungsgesetze zu denselben (Komm.), Stuttgart, 1879.

② Jäckel, Die Subhastationsordnung vom 15. März 1869, ergänzt durch das Gesetz betreffend die Zwangsvollstreckung in das unbewegliche Vermögen vom 4. März 1879 (Komm.), Berlin, 1879.

③ Schanz, S. 48 ff.

④ Hartmann, Die Preußische Subhastations = Gesetzgebung in ihrer gegenwärtigen Geltung, 1861.

⑤ Wachler, Die Subhastations = Ordnung vom 15. März 1869 mit Erläuterungen, 2. Ausgabe, 1872.

⑥ Förster, Theorie und Praxis des heutigen gemeinen preußischen Privatrechts, Band 1 bis 3 in 3., Band 4 in 1. Auflage, 1872-1874.

⑦ Koch, Allgemeines Landrecht für die Preußischen Staaten, Kommentar in

第5章　1883年・プロイセン「不動産強制執行法」中の強制抵当権制度

Anmerkungen, 5. Aufl., 1870-1872.
⑧ Koch = Achilles, Dasselbe Werk, 1874-1876.
⑨ Dernburg, Lehrbuch des preußischen Privatrechts, 1871.
⑩ Endemann, Der deutsche Civilprozeß, 1878.
⑪ Wilmowski = Levy, Die Civilprozeßordnung und Gerichtsberfassungsgesetz für das Deutsche Reich, 1878.
⑫ Struckmann = Koch, Die Civilprozeßordnung für das Deutsche Reich, 1878.
⑬ Rönne, Ergänzungen und Erläuterungen der preußischen Rechtsbücher, 5. Ausgabe.

第3節　1883年・プロイセン「不動産強制執行法」中の強制抵当権制度
　　　——近代的モデルとしての法構造の確立——

> 論述の進行
> 1　前史的状況
> 　　——1883年・「不動産強制執行法」典の成立——
> 2　法典の一般的構造
> 　　——法典編成と若干の注目点——
> 3　「不動産強制執行法」典中の強制抵当権制度
> 　　——関連規定と規定内容——
> 4　小括

論述の進行

　(i)　1877年・ライヒＣＰＯの立法委任を受けて，プロイセンでは，1883年・不動産強制執行法が制定・公布された。同法は我が国の不動産強制執行法（民訴法旧第6編）の母法として注目されるべきものであるが，これによりプロイセンの不動産強制執行はほぼ近代的な新秩序へと移行・展開した。抵当権の実行手続を規制する「手続的」抵当権法という，私見の分析視点よりすれば，1793年・ＡＧＯ（手続的抵当権法）以来の，19世紀プロイセン法展開の一つの輝かしい到達点が，この1883年法に他ならなかった。三軌軸・抵当権法の「トリアーデの法構造」の完結である（1）。

　(ii)　1883年・不動産強制執行法典は，1889年・ＺＶＧ（抵当権実行手続法・手続的抵当権法）の基本母体とされたものであるが，同法典中の最大の注目点としては，「土地所有者（債務者）保護」の法理に基づいて，「剰余主義」の新たな採用，そしてそれへの「引受主義」の結合，すなわち「引受主義と結合した剰余主義」の新理念の登場，ということが指摘されよう（2）。

(iii) 強制抵当権制度については，1883年法はかなりの整備された諸規定を存置している。これにより，強制抵当権制度は，「執行債務者保護」の制度趣旨を明確にしながら，ほぼ近代化された法構造を確立した，といえよう。立法審議過程での論議をも視野に入れながら，重要論点ごとに，同法典中の強制抵当権制度について，その全体的法構造が解明される（3）。

1 前史的状況
――1883年・「不動産強制執行法」典の成立[1]――

(i) まず，その立法的任務の第一段階として，プロイセンラントは，1877年・ライヒＣＰＯの諸規定に対応するために，1869年・不動産競売法を部分的に修正する1879年・ＰＡＧを制定・公布した。しかし，それはあくまでも暫定的な立法にすぎず，既に当時より進捗していた本格的立法の編纂作業の完了に至るまでの，過渡的なものであった（既述本章第2節）。

(ii) 次いで，その立法的任務の第二段階として，各ラントは，各自の「不動産強制執行法典」の「全面的・抜本的」改正に，着手した。1877年・ライヒＣＰＯが，不動産強制執行につき，その規制を大幅にラント立法に委ねていた（同757条），からである（既述本章第1節）。かくして，1877年・ライヒＣＰＯの制定・公布に伴ない，プロイセンでは既に不動産強制執行についての包括的な立法編纂作業（その準備作業をも含む）が進行していた。この意味では，1879年・ＰＡＧは，それ自身，あくまでも一過的にのみ，妥当するものにすぎなかった。かくして，慎重にして充実した編纂作業・審議をふまえて，プロイセンでは，1883年6月13日，新たな画期的な新立法として，「不動産強制執行法」が制定・公布されるに至った。

(iii) 1883年法の編纂についてみれば，①既に1878年に，その「第1草案」並びに「理由書」が公表されている。②この「第1草案」は，1880年に，その修正を受けている。③さらに，1881年にも，再度その修正を受けている。これらの修正は，各専門領域から提出された「鑑定書」を参照ないし参考としながら，なされたものである。④1882年11月14日，その草案は，そこでの審議に付すた

めに,貴族院に付託された。まず,貴族院「委員会」の審議に付され,次いで,衆議院「委員会」の審議に付された。それぞれの先行した「委員会」審議をふまえて,貴族院並びに衆議院は,その最終草案を承認している。⑤1883年6月13日,それは「不動産強制執行法」として国王の裁可を受け,同年8月23日,プロイセン王国法令集において公表された。⑥そして,同法は,1883年11月1日より,施行される,とされた。⑦その適用領域として,それは,1872年・PGBO(既述本章はじめに(1))の適用領域において,妥当する,とされていた。1872年・EEG(実体的抵当権法)・PGBO(形式的抵当権法)と並ぶ第3の抵当権法(手続的抵当権法)としての,83年法の成立であった。

——1883年・プロイセン「不動産強制執行法」

: Gesetz, betreffend die Zwangsvollstreckung in das unbewegliche Vermögen, vom 13. Juli 1883.

; zit nach: Gesetz=Sammlung für die Königlichen Preußischen Staaten, 1883, S. 131 ff.——

2 法典の一般的構造
——法典編成と若干の注目点——
(1) 法典編成
1883年・「不強法」典は,次のような編成より,成っている。

 ┌第1編 土地に対する強制執行
 │ 第1章 総則規定(2条—5条)
 │ 第2章 土地登記簿への登記(6条—12条)
 │ 第3章 強制競売
 │ 第1節 手続の開始(13条—20条)
 │ 第2節 利害関係人の参加権(21条—38条)
 │ 第3節 競売(39条—100条)
 │ 第4節 買受代金の支払い及び配当(101条—138条)
 │ 第4章 強制管理(139条—154条)

第5章　1883年・プロイセン「不動産強制執行法」中の強制抵当権制度

┌─第2編　不動産たる・土地以外の他の目的物に対する強制執行
│　　　第1章　総則規定（155条―156条）
│　　　第2章　鉱山所有権に対する強制執行（157条―161条）
│　　　第3章　船水車及び権利に対する強制執行（162条）
│　　　第4章　船舶に対する強制執行（163条―179条）
├─第3編　特別の場合における強制競売及び強制管理（180条―187条）
├─第4編　登記簿が未完成の場合における手続（188条―198条）
└─第5編　結末規定並びに経過規定（199条―211条）

(2)　ＺＶＧ（1897年）の母体としての83年・不強法
　　　──「手続的」抵当権法──

　1883年・不動産強制執行法は，「手続的」抵当権法（抵当権の実行手続法）としての1793年・ＡＧＯ以来の，不動産強制執行についての包括的な法典であり，19世紀プロイセン法展開の最後の，輝やかしい到達点を意味している。同法により，プロイセンの不動産強制執行はほぼ近代的な新秩序へと移行したが，それはひとりプロイセンラントの地域にのみ，留まるものではなかった。1883年・プロイセン不動産強制執行法は，後日，ライヒの統一的「不動産強制執行法」典としての，1897年・ライヒ強制競売・強制管理法（ＺＶＧ）の，基本的母体とされた，からである。

(3)　新理念としての「剰余主義」の採用，そして「引受主義」との結合[2]

　(i)　1883年法において，もっとも注目すべきことは，「土地所有者」保護の視点において，不動産強制執行の新理念として，「剰余主義（Deckungsprinzip）」が新たに採用された[3]，ということであろう。

　従前のそれまでのプロイセン法によれば，不動産強制競売においては，「目的土地は，競落（Zuschlag）によって，すべての抵当権的負担より自由となる」との法的効果を伴ないつつ，「各債権者は，自己に優先する諸権利者の諸権利と無関係に，目的土地を売却（Verkauf）できる」との原則が堅持されて

233

きた。いわゆる「消除主義（Löschungsprinzip）」が妥当していた，のである。

これに対して，83年法においては，「不動産強制競売は，申立債権者の権利に優先するすべての諸権利をカヴァーする（decken　剰余する）という条件の下で，おこなわれなければならない」との新原則（剰余主義）が，採用されるに至ったのである（法22条1項）。これは「土地所有者（債務者）」保護の法理に基づくものであった。

(ii)　「剰余主義」の妥当の下，競買申出は当該強制競売を追行する債権者の権利に優先するすべての諸権利を剰余するものでなければならず，この優先する先順位の諸債権の額を確定するものが，「最低競買申出価額（das geringste Gebot)」の制度（法53条—56条）であった。

(iii)　83年法は，「剰余主義」の採用の下，これに「引受主義（Übernahmeprinzip)」を結合させている（法57条以下）。ここで「引受主義」とは，「不動産強制競売においては，目的土地上の諸権利は競落人によって引き受けられるべし」，とする原則を意味している。これも「土地所有者（債務者）」保護の法理に基づいていた。このような「剰余主義と引受主義との結合」という法原則の下では，競落人は最低競買申出価額の確定において考慮されるべき「諸権利」を，自らの買受価額の計算において引き受けなければならなかった。

3　「不動産強制執行法」典中の強制抵当権制度
　　——関連規定と規定内容——

(1)　**関連規定**[4]

1883年・「不強法」典中，強制抵当権制度は，次の八ケ条（(イ)—(チ)）において，言及されている。

(イ)　法2条

§.2 ① Die Zwangsvollstreckung in Grundstucke erfolgt:

1) durch Eintragung der vollstreckbaren Forderung in das Grundbuch,

2) durch Zwangsversteigerung,

第5章 1883年・プロイセン「不動産強制執行法」中の強制抵当権制度

3) durch Zwangsverwaltung.

② Der Glaubiger kann nach seiner Wahl eine dieser Maßregeln oder mehrere derselben neben einander ausführen lassen.

③ Die Eintragung in das Grundbuch und die Zwangsvewaltung erfolgen auch zur Vollziehung eines Arrestbefehles.

④ Die gesetzlichen Vorschriften, nach welchen die Zwangsversteigerung wegen gewisser Forderungen nicht erfolgen darf, bleiben bestehen.

(ロ) 法6条

§.6 ① Eine vollstreckbare Geldforderung, deren Betrag in gesetzlicher Währung bestimmt ist, wird auf Antrag des Gläubigers als Hypothek eingetragen, wenn der Schuldner im Grundstücke als Eigenthümer eingetragen ist oder seine Eintragung gleichzeitig erlangt wird. Der Gläubiger kann die Eintragung auf alle Grundstücke des Schuldners beanspruchen.

② Die Forderung wird auf mehre Grundstücke ungetheilt eingetragen, sofern der Gläubiger nicht etwas Anderes beantragt. In Falle der Uebermäßigkeit der für eine Forderung durch die Eintragung entstandenen Sicherheit steht dem Schuldner das Recht zu, mittels einer gegen den Gläubiger anzustellenden Klage die Vertheilung der Forderung auf einzelne Grundstücke beziehungsweise die Befreiung einzelner Grundstücke von der eingetragen Hypothek zu beantragen.

③ Aus vollstreckbaren Urkunden (§.702 Nr. 5 der Civilprozeßordnung) und aus vollstreckbaren Vergleichen außerhalb der in §. 702 Nr. 1 und 2 der Civilprozeßordnung vorgesehenen Fälle wird nur eine Vormerkung eingetragen.

④ Ist der Schuldner Eigenthümer, als solcher aber nicht eingetragen, so ist der Gläubiger berechtigt, an Stelle desselben dessen Eintragung als Eigenthümer zu beantragen und die zum Zwecke derselben erforderlichen Urkunden von Gerichten und Notaren zu fordern.

(ハ) 法7条

§. 7　Ist die Forderung nur vorläufig oder nur gegen Sicherheitsleistung vollstreckbar, so wird nur eine Vormerkung eingetragen. Dieselbe wird auf Antrag des Gläubigers

(二) 法8条

§. 8　① Mit dem Antrage auf Eintragung muß die vollstreckdare Ausfertigung des Schuldtitels vorgelegt werden.

② Wenn sich der Schuldtitel auf Inhaberpapiere oder Wechsel grundet oder auf Papiere, welche auf Order lauten und durch Indossament übertragen werden können (Handelsgesetzbuch Artikei 301 bis 304), so sind auch die Urkunden, und wenn die Forderung bereits auf andere Grundsstücke eingetragen ist, auch die vorhanden Hypothekenurkunden oder Grundschuldbriefe mit dem Antrage vorzulegen, widrigenfalls nur eine Vormerkung eingetragen werden darf. Diese wird nach Vorlegung der bezeichneten Urkunden in eine Hypothek umgeschrieben.

(ホ) 法9条

§. 9　① Die im §. 9 bezeichneten Urkunden sind mit dem Hypothekenbriefe als Schuldurkunden zu verbinden.

② Der Hypothekenbrief ist dem Gläubiger auszuhändigen.

③ Wird ein Hypothekenbrief nicht ausgefertigt, so wird die erfolgte Eintragung auf der vollstreckbaren Ausfertigung des Schuldtitels vermerkt.

④ Der Schuldner erhält eine Benachrichtigung.

(ヘ) 法10条

§. 10　① Soll ein Arrestbefehl vollzogen werden, so wird auf Antrag des

第5章　1883年・プロイセン「不動産強制執行法」中の強制抵当権制度

Gläubigers eine Vormerkung zur Höhe des zu sicherunden Geldbetrags eingetragen.

② An Stelle der Vormekung erfolgt die endgültige Eintragung nach den Vorschriften der §§. 6, 8, 9.

(ト) 法11条

§. 11　Die Einwilligung des Gläubigers zur Löschung einer nach Vorschrift der §§. 6, 7, 10 erfolgten Eintragung wird durch eine Urkunde ersetzt, auf Grund deren nach den Vorschriften der Civilprozeßordnung die Zwangsvollstreckung mit der Wirkung einzustellen ist, daß die bereits erfolgten Vollstreckungsmaßregeln aufgehoben werden.

(チ) 法12条

§. 12　① Die nach den Vorschriften der §§. 6 bis 11 erforderlichen Anträge sind unmittelbar an den Grundbuchrichter zu richten.

② Eine Beglaubigung der Anträge oder der Vollmachten der die Anträge stellenden Prozeßbevollmächtigten ist nicht erforderlich.

(2)　**表　記**

(i) 83年法では，強制抵当権制度はどのように表記されているのであろうか。①まず，法2条1項によれば，不動産強制執行の三執行方法が列挙されているが，そこでは，強制抵当権制度は，「土地登記簿への執行力ある債権の登記 (Eintragung der vollstreckbaren Forderung in das Grundbuch)」と，表記されている。②また，強制抵当権制度についての諸規定の独立項目として，83年法第1編第2章（6条以下）のタイトルでは，「土地登記簿への登記 (Eintragung im Grundbuch)」として表記されている。③さらに，その法6条1項によれば，「執行力ある金銭債権が債権者の申立てにより抵当権として登記される (Eine vollstreckbare Geldforderung wird auf Antrag des Glaubigers als Hypothek eingetragen)」と，されている。

(ii) 以上を前提とすれば，強制抵当権制度は，その法典文言上，未だ特定的且つ明確には表記されていない，といえよう。たとえば，Judikatshypothek（裁判抵当権）・Urteilshypothek（判決抵当権）・Zwangshypothek（強制抵当権）・Zwangseintragung（強制登記）といった様々な表記は，あくまで諸学説による講学上，用いられていたにすぎなかった，のである。

(3) 強制抵当権制度「不要論」の主張——立法審議過程での議論[5]——

(i) 貴族院での83年法の「法律草案（Gesetzesentwurf）」に関する委員会審議において，強制抵当権制度の導入に対して，制度「不要論」が主張されている。この「不要論」によれば，①強制抵当権制度の目的は「慣習抵当権制度（Konventionalhypothek）」によっても達成され得るのであり，あえてわざわざ強制抵当権制度を導入することはないといえること，②とりわけ，「執行証書」に基づいても「執行力ある債権の登記」がなされるとすると，その「強制登記（Zwangseintragung）」は様々な弊害，たとえばその濫用による無益なる登記の充満等，を招来する危険性をもつであろうこと，等の諸点が指摘されていた。

(ii) しかし，貴族院「委員会審議」（Kommisionsberatung im Herrenhause）では，制度採用論が終始多数を占めていたのであり，この「不要論」は票決により葬り去られたのである。以後，83年法「草案」はラント議会での審議（Landtagsverhandlung）を経由したが，ここではもはや制度「不要論」はなんら主張されなかった。

(4) 法的基礎——制度利益としての「債務者保護」の視点[6]——

(i) 83年法の「草案理由書（Begründung des Entwurfs）」によれば，強制抵当権制度の法的基礎（制度趣旨）として，執行力ある債権の債権者はその債権の「満足（Befriedigung）」を直ちに現実化（強制競売並びに強制管理の執行方法による現実化）できる法的地位にあるが，その法的地位を危険にさらすことなく，「債務者の利益（Vorteil des Schuldners）」において，その現実化を猶予（延期）するものである，とされている。ここに最大の注目点がある，と私見は

第5章　1883年・プロイセン「不動産強制執行法」中の強制抵当権制度

考える。

　(ii)　強制抵当権制度は不動産強制執行の一執行方法として法的に性格づけられており，その意味では，それは執行力ある債権を有する債権者に付与された一つの「権能」に他ならない。しかし，「執行力ある債権の登記」の執行方法は，「強制競売並びに強制管理」の執行方法との比較において，より微弱な執行方法にすぎない。債権の「満足」を現実化できる債権者に，債権の「保全」を具体化するにすぎない「権能」が，付与されているのである。したがって，「執行力ある債権の登記」の執行方法は，自ら所有の土地から今やその債務を回収されようとする債務者が存在するときに，その保護のために，債権者の「満足」を「猶予（履行猶予）」させるものである，という点に真の狙いがある，というのが「草案理由書」の趣旨である，といえよう。それは，債権者の「厚意」であり，債務者への「恩恵」でもある，という点に注目される。

　(iii)　債務者たる「土地所有者」保護，というプロイセン抵当権法の独特の理念が，執行法上の抵当権である強制抵当権制度においても明瞭に看取しうる，ことに私見は注目するものである。

(5)　「土地登記簿への執行力ある債権の登記」の法的性格（2条）
――不動産強制執行の一執行方法[7]――

(イ)　執行種類――三執行方法の許容――

　(i)　法2条1項によれば，土地に対する強制執行は，①土地登記簿への執行力ある債権の登記，②強制競売，③強制管理，によって，おこなわれる，とされている。

　(ii)　ここでは，不動産強制執行の執行方法として，三つの執行方法が許容されていること（三つの「執行種類」の許容），「執行力ある債権の登記」（以下，「強制抵当権の登記」と表記する）もまた不動産強制執行の執行方法の一つであること，が明瞭となっている。

(ロ)　相互関係

　(i)　これらの三つの執行方法の相互関係として，法2条2項によれば，債権

者は，その自らの選択により，一つの執行方法を追行することも，又は複数の執行方法を併行的に追行することも，できる，とされている。ここでは，①三つの執行方法が相互に独立した執行方法であること，したがって債権者はその自由意思によりそのいずれか一つを選択して追行できること，②それにもかかわらず，同時に複数の執行方法を併行して追行することもでき，その意味では三執行方法はそれぞれ相互補完的な執行方法であること，が明瞭となっている。

(ii) 複数の執行方法を同時並行的に追行する場合について，より具体的に説明してみよう。たとえば，「強制競売」の執行方法を追行しながら，同時に併行して「強制管理」の執行方法を追行する，という場合を採り上げてみよう。この場合，最終的には「強制競売」の執行方法により，土地の競売による競売売得金から債権の満足を受けることとなるのだから，あえてわざわざ「強制管理」の執行方法を同時的に併行して追行することは，あまり意味がない，とも一応いえよう。しかし，「強制競売」手続の進行は，必ずしもいつでも迅速であるとは限らない。また目的土地はしばしば農業経営上のもの（農地など）であり，「強制競売」手続の継続中においても，なお農業経営上の合秩序的な続行が必要的である。とりわけ，既に経済的に破滅に瀕した債務者によって目的土地上の農業経営がないがしろにされ，そのために土地の荒廃・減価が生じる，という事態が阻止されなければならない。このような目的にとって，「強制管理」の執行方法の同時併行的な追行は，大きな意義を有する，といえよう。

(ハ) 対比

(i) 三つの執行方法は，既に先行していた従来からのプロイセン法において，知られていたものであり，ここで一つ残らず導入された，のである。これらの三執行方法は，私見によれば，次のように対比されよう。

(ii) まず，三執行方法は，その「目的」如何において，次の二つに峻別される。すなわち，①「強制競売」並びに「強制管理」の二執行方法は，債権者の「満足（Befriedigung）」を目的とするものである。②これに対して，「強制抵当権の登記」の執行方法は，債権者の直接的な満足に至るものではなく，その債権のために「担保権的保全（pfandrechtliche Sicherheit）」を許与するものであ

る。③前者は債権の「満足」を目的とするものであるのに対して，後者は債権の「担保権的保全」を目的とするものである，という点に注目されよう。

　(iii)　さらに，「強制競売」並びに「強制管理」の二執行方法は，共に債権者の満足を目的とするものであるが，その満足を受けるべき「価値対象」において相違する。①まず，「強制競売」の執行方法においては，土地の「競売（Versteigerung）」の手段によって，土地の「元物（Substanz・元物価値）」，したがって土地に代替して生じてきた競売売得金（Versteigerungserlöse）」から，債権者はその満足を得るものである。②これに対して，「強制管理」の執行方法においては，土地の「用益（Verwerthung der Nutzungen）」の手段によって，「土地収益（Grundstückseinkünsten・収益価値）」から，債権者はその満足を得るものである。③前者は「元物価値」から債権の満足を得るものであるのに対して，後者は「収益価値」から債権の満足を得るものである，という差違に注目されよう。

　(iv)　(α)「強制競売」並びに「強制管理」の二執行方法においては，その追行あるいは手続貫徹のためには，その債権につきなんらの「抵当権的保全」も必要ではない。これらの二執行方法は本来抵当権者等の「物的権利者」のために認められてきたものであるが，単なる「人的債権者」もまた，これらを追行あるいは貫徹できる[8]，のである。

　(β)　他方，「強制抵当権の登記」の執行方法においては，それは本来「人的債権者」のために認められてきたものであった。しかし，既に当該債権につき他の土地上に抵当権（約定抵当権）を取得している「物的債権者」もまた，この執行方法を追行できる，のである。

(6)　執行名義の種類——広範囲の許容[9]——

　(i)　「強制抵当権の登記」の方法は不動産強制執行の執行方法の一つであり，したがってそれは「執行名義」に基づいてなされる。強制執行を発動させる「執行名義」のすべての種類のものは，やはり同様に「強制抵当権の登記」の執行方法をも発動させる，のである。

241

(ⅱ) その「執行名義」の種類として，より具体的には，ライヒ法並びにラント法上，その執行力を承認されているすべての「名義（Titel）」が，これに該当する。たとえば，ライヒＣＰＯ644条の確定終局判決や仮執行宣言付終局判決，さらに同702条の訴訟上の和解や執行命令等が，これである。督促手続で下された執行命令もまた，「強制抵当権の登記」の執行方法を発動させ得るものとされている，点に注目されよう。

(7) 被担保債権としての「適格」——その諸要件[10]——
(イ) 被担保債権
　執行力ある金銭債権が抵当権として登記される（6条1項）に至る。したがって，強制抵当権の被担保債権は「執行力ある金銭債権」である。それは，「執行力」に加えて，抵当権としての登記により同時に「物的保全」をも具有するものとなる。
(ロ) 「適格」要件
　(ⅰ) 強制抵当権の被担保債権たり得る債権，すなわち被担保債権としての「適格」を有する債権は，次の要件を具備するものでなければならない。
　(ⅱ) すなわち，
　(α) 第1に，債権は「執行力ある債権（vollstreckbare Forderung）」でなければならない。「強制抵当権の登記」の方法は不動産強制執行の執行方法の一つである（2条1項参照），からである。
　(β) 第2に，債権は「金銭債権（Geldforderung）」でなければならない（6条1項参照）。ここで「金銭債権」とは，一定の金銭的給付を目的とする債権，を意味している。
　——他方，債権が物の引渡し等を目的とするいわゆる「非金銭債権」であるときには，それは強制抵当権の被担保債権としての「適格」を欠いている。その「非金銭債権」が執行力を有するときでも，執行力ある「非金銭債権」に基づいては，「強制抵当権の登記」の執行方法を採り得ず，したがってまた強制抵当権の「登記」をなし得ない，のである。この点において，1834年・プロイ

セン民執令における法構成（既述第3章第1節2(2)）と，相違がみられる。──

(γ) 第3に，債権はその「金銭債権額（Geldforderungsbetrag）」が法定通貨により特定したものでなければならない（6条1項参照）。法定通貨による明確な金額的特定が必要とされる，のである。

(δ) 第4に，債権は必ずしも「人的債権（Personalforderung）」（実体法上の物的保全を具備していない債権）たる必要はなく，既に実体法上の物的保全を具備する債権（物的債権・dingliche Forderung）であってもよい（8条2項参照）。たとえば，ある債権のために債務者Ｓの他の土地（甲土地）上に抵当権（約定抵当権）が成立・登記されている場合，その物的保全ある債権のために土地（乙土地）上に強制抵当権の「登記」がなされる，のである。ここでは，同一債務者Ｓに対する同一債権のために，「約定抵当権」と「強制抵当権」との二つの担保権が，重複して成立する，ことになる（後述(10)）。

(8) 成立要件としての「登記」──「登記主義」の妥当[11]──

執行力ある金銭債権は抵当権として登記される（6条1項）が，この抵当権は「登記」により成立する。一般原則どおり，「登記」は成立要件であり，ここでも「登記主義（Eintragungsprinzip）」（登記成立要件主義）が妥当する，のである。

(9) 法型態（6条1項）──「流通抵当権」としての成立[12]──

(i) 法6条1項前段によれば，執行力ある金銭債権は，債権者の申立てに基づき，「抵当権（Hypothek）」として，登記される，とされている。ここで成立する「抵当権」は，その法的性質上，「流通抵当権（Verkehrshypothek）」として，理解されている[13]。

(ii) なお，「流通抵当権」としての法型態より生じてくる「債務者の危険（二重弁済の危険）」に対して，債務者保護の視点より，「仮登記（Vormerkung）」されるにすぎない諸場合が，明規されている（後述(14)）。

(10) 「重複担保」の許容――「約定抵当権」との併存[14]――

(i) 強制抵当権制度は，強制執行の手段により「人的債権」に強制的に物的保全を付与しようとするところに，その制度目的の一つを有している。したがって，未だ物的保全のない債権のために，強制抵当権の「登記」がなされる，というのが通例である。

(ii) しかし，他方，既に物的保全を具備する債権，すなわち「物的債権」のためにも，強制抵当権の「登記」がなされる，と解される。当該債権のために既に債務者所有の他の土地（甲土地）上に抵当権が登記されており，この「約定抵当権」の成立に加えて，「乙土地」上に強制抵当権の「登記」がなされる，のである。法6条において，この点に関して，なんらの限定（たとえば，「物的債権についてはこの限りではない」というような規定文言）も付されていない，という点からも明らかである。

(iii) なお，「重複担保」が許容されることを当然の前提とする規定が，存在している。すなわち，法8条2項によれば，「登記」申請についての添付書類として，債権が既に他の土地上に登記されているときには，その既存の「抵当証書（Hypothekenurkunde）」又は「土地債務証書（Grundschuldbrief）」が提出されなければならない，とされている。この同条同項の文言よりすれば，当該債権のために既に他の土地上に「約定抵当権」が成立しているときにも，強制抵当権の「登記」がなされること，当然の前提とされている，といえよう。

(11) **債務者の「土地所有者」としての登記（6条1項）**
――強制抵当権の「登記」のための一要件[15]――

(i) 法6条1項によれば，執行力ある金銭債権は，債務者が土地登記簿上「土地所有者」として登記されている者であるときのみ，抵当権として登記される，とされている。債務者の「土地所有者」としての登記が，「強制抵当権の登記」の執行方法にとって，一つの要件とされている，のである。この同条同項の趣旨は，次のように理解されよう。

(ii) 「強制抵当権の登記」の方法は不動産強制執行の執行方法の一つであり，

したがってそれはあくまで「債務者」所有の不動産に対してなされるものでなければならない。したがって，執行対象とされるべき不動産が「債務者」所有のものであることを確実化するために，土地登記簿は「債務者」を目的土地の所有者として証明している（als Eigentümer der Liegenschaft ausweisen）ものでなければならない，のである。かくして，これにより，債務者以外の「第三者」所有の不動産に対して強制執行がなされてしまう，という「危険性」が回避されよう。

(iii) なお，同じく法6条1項によれば，執行力ある金銭債権は，債務者が土地登記簿上「土地所有者」として同時に登記されるときには，抵当権として登記される，とされている。債務者の「土地所有者」としての登記が欠缺している場合（後述(12)）にも，その「土地所有者」としての登記が同時になされるときには，強制抵当権の「登記」がなされる，のである。

(12) 「土地所有者」としての登記欠缺の場合における「登記更正」（6条4項，ＰＧＢＯ55条・56条）――その二方法[16]――

(イ) 債務者の「土地所有者」としての登記の作出
――不動産強制執行の一前提――

(i) 「強制抵当権の登記」の方法は，不動産強制執行の執行方法の一つであり，したがってそれはあくまで「債務者」所有の不動産に対してなされるものでなければならない。

(ii) したがって，たとえば，債務者が真実の土地所有者であるにもかかわらず，彼自身，その「土地所有者」としての登記を欠缺しているときには，まずその不動産強制執行のための一前提として，その登記が作出（Berichtigung des Grundbuchs 登記更正）されなければならない。債務者が真実の土地所有者であることが，土地登記簿の記載上，証明されたものでなければならない，からである。そうであってはじめて，不動産強制執行がなされうる，のである。

(ロ) 登記更正の二方法――直接的方法と間接的方法――
(a) 直接的方法（6条4項）――債権者の直接「申請」に基づく登記作出――

(i)　まず，登記更正の第1の方法として，法6条4項の規定が定めを置いている。同条同項によれば，債務者が真の所有者であるにもかかわらず，その「土地所有者」としての登記を欠缺するものであるときには，債権者は債務者に代わり，債務者の「土地所有者」としての登記を申請することができる，とされている。債権者は自ら直接的に債務者の「土地所有者」としての登記を創設することができる，のである。これが第1の方法であり，いわば「直接的方法」（債権者自ら直接的に債務者に代わり土地登記所に申請する）といえよう。

　(ii)　なお，この直接的方法を行使するに際し，債権者は，その「登記」のために必要とされる証書（Nachweisung），たとえば「相続証明書」や「遺言証明書」の交付を，裁判所並びに公証人（Notar）に請求することができる。――なお，これらの証書は，債務者の「土地所有者」としての登記のための申請につき，それを理由づけるのに必要なものであり，本来債務者自身が提示・証明しなければならないものである。――

　(b)　間接的方法（PGBO55条・56条）――債務者への「登記強制」による登記作出――

　(i)　登記更正の第2の方法として，1872年・PGBO55条・56条の規定が，定めを置いている。このPGBOの両法条によれば，債権者は債務者をしてその「土地所有者」としての登記をなさしめる，のである。

　(ii)　すなわち，①まず，当事者主義の妥当の下，債権者は直接に土地登記所に対して強制抵当権の「登記」を申請する。それと同時に，PGBO55条・56条の「登記強制手続」の発動を求める申請をも，なす。②この申請に基づき，土地登記所は所有者に「土地所有者」としての登記をなすべきことを催告し，一定期間内に所有者が登記をしないときには罰金を課し，最終的には強制執行の手段により「土地所有者」としての登記を実施する，という方法である。この第2の方法は，いわば「間接的方法」（債権者は土地登記所にその「登記」の実現を委ねる）といえよう。

⒀　「共同抵当権による負担化」の許容（6条2項）
　　——債権の「不分割登記」，その対抗手段としての「縮減の訴え」の採用[17]——
　㈭　「許容論」（債権の「不分割登記」）への立脚
　83年法は，①「強制抵当権の登記」の執行方法は，債務者所有の全不動産（gesamtes Liegenschaftsvermögen）に対してなされ（6条1項後段），②債権者からの特段の申出のない限り，債権は複数の不動産上に「分割されることなく（ungetheilt）」登記される（同条2項前段），としている。ここでは，債務者所有の不動産上への「共同抵当権による負担化」が許容されており，83年法が「許容論」（債権の「不分割登記」）の立場に立脚している，点に注目されよう。
　㈺　立法審議過程での議論[18]
　「共同抵当権による負担化」の許否如何については，83年法の立法審議過程において，もっとも論議の集中した点であった。既に従前よりの1834年・民執令23条が明文によりこれを「禁止」（債権の「分割登記・分割強制」）していた（既述第3章第1節2⑻）のに対して，83年法は一転してこれを「許容」するに至った，からである。
　(a)　「禁止論」（債権の「分割強制」）の主張
　(ⅰ)　ラント議会での「審議」では，83年法草案の「許容論」の立場に反対して，1834年・民執令の「禁止論」の立場への復帰が，再三再四，反覆されている。その「禁止論」によれば，次のように主張されている。
　(ⅱ)　すなわち，
　(α)　第1に，現実の抵当取引では，「包括抵当権（Korrealhypothek）」の増大が危惧されている。仮に強制抵当権の場合にも「共同抵当権による負担化」が許容されたとすれば，「包括抵当権」はますます増大する結果となり，それは債務者の「物的信用（Realkredit）」を著しく侵害するものとなるであろう。
　(β)　第2に，不動産強制競売手続では，新たに「剰余主義」が採用されており，それに伴ない「最低競買申出価額（geringstes Gebot）」が算出・確定されなければならない。その算出・確定にとって，一般的にいえば，共同抵当権の存在は極めて大きな困難を生じさせるものである。仮に強制抵当権の場合にも

247

「共同抵当権による負担化」が許容されたとすると，その算出・確定はますます困難且つ錯雑したものとなるであろう，とするのである。

(b) 「許容論」の勝利

(i) しかし，「禁止論」はあくまで少数意見に留まり，「許容論」が，終始，多数意見となっていた。貴族院（Herrenhaus）「委員会」での碩学・デルンブルク（Dernburg）の強硬な「禁止論」の主張にもかかわらず，そうであったのである。1834年・民執令23条の「禁止規定」の存在・定立にもかかわらず，その他各ラント法はむしろ「許容論」の方向へと展開してきており，その展開線上において，83年法草案の「許容論」が主張されていた，といえよう。

(ii) その「許容論」によれば，次のように主張されている。すなわち，

(α) 第1に，「共同抵当権による負担化」を禁止したとすれば，債権は各不動産上毎に分割して登記されることとなり，強制抵当権は「一部抵当権（Theilhypothek）」として成立することとなる。しかし，このような「一部抵当権」によっては，債権者は必ずしも十分な「保全」を得られないであろう。

(β) 第2に，債権を各不動産上に個々に分割して登記する場合に，その「不動産（土地）」の個数がまず決定されなければならない。しかし「独立した不動産（土地）」としての明確な基準が，必ずしも存在していない。したがって，債権の「分割強制（Verteilungszwang）」を貫徹することは，登記実務上，極めて困難である，とするのである。

――なお，債権者債務者間の諸利益調整という基本的視点の下で，83年法「理由書」は，次のように論じている。すなわち，債権者の利益は，債権の「分割強制」の制約を撤廃すべきことを，要請する，とする。その理由として，

(α) 第1に，個々の土地としての識別が極めて不確実であり，したがって債権の「分割強制」による一部登記（一部抵当権）もしばしば極めて不確実なものとなってしまっている。

(β) 第2に，「包括抵当権」の増大が危惧されているが，債務者にとって，その任意の約定抵当権の設定により「包括抵当権」を成立させるということは，そもそもその自由に委ねられている。したがって，このような「包括抵当権」

の存在の下では,「一部抵当権」として成立する強制抵当権は,法的にもいかなる確実な価値をも,もち得ないであろう。

(γ) 第3に,同じく不動産強制執行の執行方法の一つである「強制競売」の執行方法にあっては,その執行名義を理由として,人的債権者は債務者所有の複数の不動産に対して「強制競売」の執行方法を追行でき,これにより個々の各土地上に「差押優先権」を取得できる,とされている。したがって,そのような「権限」を有する債権者にとって,それとの対応上,「強制抵当権の登記」の執行方法においても,債権者所有の複数の不動産上に「共同抵当権による負担化」が許容されるべきことは,むしろ当然である。債権の「分割強制」の必然性は,まったく保持され得ない,とするのである。——

(iii) 引き続く衆議院「委員会」(Kommission des Abgeordnetenhauses)では,より妥協的な意見も主張されている。いわば折衷的・中間的意見ともいうべきものであり,それによれば,既に「包括抵当権」の下に服している土地に対しては,いわば例外的取扱いとして,強制抵当権の「共同抵当権による負担化」を禁止し,債権を分割して登記すべし(債権の「分割強制」),とされている。原則の枠組みとして「許容論」に立脚するも,その例外として,「禁止」される余地を残そう,とするのである。それは,ある土地が既に「包括抵当権」の負担の下にある場合に,それにに対してもここで強制抵当権の「共同抵当権による負担化」を許容した(債権の不分割登記)とすれば,その土地は極めて大きな物的負担を負うものとなろう,との危惧に基づくものであった,のである。しかし,この折衷的意見も,いわば全面的「許容論」の下に,敗れ去った。

(ハ) 「縮減の訴え」の採用——債務者の利益における「対抗手段」[19]——

(a) 制度趣旨

債権者の利益において,「共同抵当権の負担化」が許容され,債権は不分割のまま登記されることとなった。しかし,他面,そのことにより,債務者の法的地位は「過剰負担化(übermäßige Belastung)」の危険を有することとなる。かくして,その危険を回避するために,債務者の利益において,その「対抗手段」として,83年法は「縮減の訴え(Reduktionsklage)」を採用している。こ

れは，フランス民法2161条以下に淵源をもち，直接的にはラインプロヴィンツに妥当していたライン・フランス法より，法継受されたものであった。「許容論」の下で生じ得る弊害を除去するために，貴族院「委員会」（Kommission des Herrenhauses）において，「補充規定（ergänzende Vorschrift）」として採用された，のである。

(b) 内容

(i) 法6条2項後段によれば，債権の登記によって成立した「保全」が過剰であるときには，債務者は，債権者に対する訴えによって，債権を個別の各不動産上に分割すること，又は登記された抵当権から個別の不動産を解放することを，求める権利を有する，とされている。

(ii) より具体的に説明すれば，

(α) 「共同抵当権による負担化」により，債権者が債務者所有の複数の不動産上に強制抵当権を登記した場合，その債権額に比較して極めて過大な価額となる諸不動産が，強制抵当権の下に服している，という事態も生じる。これが債務者の土地所有に対する「不相当な重荷（ungebührliche Beschwerung）」であるとすれば，この場合，このような「過剰保全（übermäßige Sicherheit）」に対して，その対抗手段として，債務者にはいわゆる「縮減の訴え」の手段が付与され，その「過剰保全」を縮減化できる，のである。

(β) 縮減化の形として，債務者は，①不分割のまま登記された債権を個別の各不動産上にあらためて分割すること，②あるいは共同抵当権によって負担化された複数の不動産中から，そのいくつかの個別の不動産を抵当権的拘束から解放する（その対象目的物からとりはずす）こと，を求め得る「権利（Recht）」を有する。債権者の「過剰保全」に対して，債務者には，訴えの方法による「縮減化」の「権利」が，付与されている。

(二) 私見の立場からの若干の評価

(a) 「両論」の対立——価値判断の相違——

(i) 「許容論」と「禁止論」は，債権者債務者間での諸利益調整という基本的枠組みの中で，債権者と債務者との対立両当事者間において，いずれの当事

者の利益に相対的によりウェイトを置くのか，という点で，その立場を異にするものである。

(ii) すなわち，

(α) まず，「許容論」についてみれば，債権が分割されて登記された（禁止論の立場）とすれば，そこで成立するのは「一部抵当権」であり，この一部抵当権によっては債権者はほとんど確実な保全を得られない，として，債権者の「保全の利益」をより前面に登場させている。

(β) 次いで，「禁止論」についてみれば，債権が不分割のまま登記された（許容論の立場）とすれば，そこで成立するのは共同抵当権という一種の「包括抵当権」であり，このような包括抵当権の増大によって，債務者の物的信用は著しく損われるであろう，として，債務者の「物的信用維持の利益」をより前面に登場させている。

(γ) 以上を前提とすれば，この「両論」は，現実の抵当信用取引上，強制抵当権の「共同抵当権による負担化」が，債権者債務者間の法律的・経済的関係に，どのような影響を及ぼしてくるものか，につき，その価値判断を異にするものであった，といえよう。

(b) 「縮減の訴え」の問題点——その実効性の欠如——

(i) 「許容論」が多数意見を占め，強制抵当権の場合にも，約定抵当権におけると同様に，「共同抵当権による負担化」が許容されることとなった。しかし，約定抵当権におけるとは異なり，「強制抵当権の登記」は不動産強制執行の執行方法の一つであり，そして不動産強制執行では「超過売却の禁止」の主義・原則が妥当していた（直接的には，「強制競売」の執行方法において，妥当していた）。したがって，不動産強制執行におけるこの「超過売却の禁止」の理念の一つの反映として，「強制抵当権の登記」の執行方法において，「縮減の訴え」の制度が導入された，と判断される。

(ii) しかし，他方，債務者の対抗手段として，「縮減の訴え」制度は，債務者の保護の点からみて，必ずしも十分にはその実効性を発揮できない，といえる。その理由として，私見によれば，次の三点を指摘できよう。すなわち，

(α) 第1に,「過剰保全 (übermäßige Sicherheit)」あるいは「過剰性 (Übermäßigkeit)」の概念が必ずしも明瞭ではない,からである。すなわち,その債権額と比較して,その目的諸不動産の価額があまりに過剰である,というのが「過剰保全」の意味するところであり,これが「縮減の訴え」に対する裁判所での認容又は棄却の決め手となっている。しかし,「過剰保全」の有無につき,明文規定上,その明確な識別メルクマールが欠缺していた。一体どれだけ債権額を超過したとき,「過剰保全」が存在するといえるのか,それが必ずしも判然としない,のである。結局,それは「裁判官の裁量 (richterliches Ermessen)」に委ねられざるを得ず,債務者にとってより確実な判決予測可能性が奪われてしまっていた。

(β) 第2に,「縮減の訴え」という手段それ自体が債務者にとって必ずしも利便なものではない,からである。訴えという訴訟手段に依らなければならない,ということは,対抗手段としての債務者の利用の便宜という観点からは,かなりの制約を意味していた。対抗手段として,もっとより簡易・迅速な手段が,求められていたといえよう。

(γ) 第3に,仮に債務者が「縮減の訴え」を提起したとすれば,いわば寛容的・恩恵的な執行方法としての「強制抵当権の登記」を追行していた債権者は,直ちにもっとも直截的な執行方法たる「強制競売」を追行しようと決断するかもしれない,からである。債権者が寛容さや恩恵を捨て去ってしまう惧れがあるとすれば,債務者にとって,「縮減の訴え」の提起は,事実上,かなり難しいものであった,といえよう。

(14) **強制抵当権の「仮登記」(6条3項・7条)——「債務者保護」の視点[20]——**
(i) 執行力ある債権のために,強制抵当権の「登記」がなされ,ここで成立した抵当権は,その法的性質上,「流通抵当権」である(既述(9))。しかし,この「流通抵当権」としての法型態の下では,債務者の法的地位はかなりの程度に危ういものである。債務者は,債権に対して自己に帰属すべき抗弁を,抵当権の善意の第三取得者に対しては,主張できない,結果となるからである(し

たがって，債務者は二重に弁済せざるを得ないこともあり得る)。かくして，「流通抵当権」の法型態に必然的に結びついている債務者の「危険」から，債務者を保護するために，一定の場合には強制抵当権が「仮登記（Vormerkung）」される，とされている。強制抵当権を「仮登記」という，いわば予備的前段階の状態に留めておくことによって，債務者の「危険」をある程度緩和せん，とするのである。

(ⅱ) この点につき，法6条3項並びに法7条が，定めを置いている。すなわち，①まず，法6条3項によれば，「執行証書」（ライヒＣＰＯ702条5号）並びにライヒＣＰＯ702条1号・2号に掲げる以外の「執行力ある和解」に基づいては，仮登記がなされる，とされている。②さらに，法7条によれば，債権が仮執行力を有するもの又は担保提供に対してのみ執行力を有するにすぎないものであるときには，仮登記がなされる（1項前段）。この場合，この仮登記は，債権者の申請により，債務名義の無条件の執行力ある正本の提出がなされたときには，抵当権の本登記に書き変えられる（同項後段）。仮登記は，強制執行が担保提供に係らしめられているときにも，担保提供を必要とすることなく，おこなわれなければならない（2項），とされている。

(ⅲ) 右の両法条の内容を，より具体的に説明してみよう。すなわち，次の三場合には，「債務者保護」の視点より，強制抵当権は「仮登記」されるにすぎない。

(α) 債権が「執行証書」等に基づく場合（6条3項）——第1の場合[21]——

第1に，①「執行証書（vollstreckbare Urkunde）」に基づいて「強制抵当権の登記」の執行方法がなされる場合には，強制抵当権の「仮登記」がなされる。ライヒＣＰＯ702条5号によれば，「執行証書」もまた強制執行の債務名義の一つとされているが，たとえば確定終局判決と比較すれば，執行証書はその債務名義としての若干の微弱性（その取得がより簡便であり，その権利確証性も若干劣る）を有するが故に，執行証書に基づいては「仮登記」されるにすぎない，とされたのである。

②さらに，同様の理由により，ライヒＣＰＯ702条1号並びに2号に掲げる

もの以外の「執行力ある和解（vollstreckbarer Vergleich）」に基づいて「強制抵当権の登記」の執行方法がなされる場合にも，強制抵当権の「仮登記」がなされる。ライヒＣＰＯ702条１号・２号は「裁判上の和解」を強制執行の債務名義の一つとして列挙するが，それ以外の「執行力ある和解」は，その債務名義性として，より微弱なものである，からである。

③なお，上記の趣旨を補足しておこう。すなわち，「強制抵当権の登記」の執行方法においては，適法且つ有効な執行名義（執行力）の存在を前提として，債権者を予め審尋することなく，強制抵当権の「登記」が実施される。そして，ここで成立した強制抵当権は，その法的性質上，流通抵当権である。したがって，たとえば当該債権が善意の第三者に譲渡されたときには，債務者は自己の異議（Einwendung）の主張を奪われてしまう，のである。ここでは，債務者の法的地位は，極めて弱体化している。したがって，その債務名義性において若干劣化している執行名義については，債務者保護の視点より，いわば例外的に「仮登記」がなされる場合が，許容されなければならない，といえよう。

──なお，ここで，法６条３項の立法経緯につき，付言しておこう[22]。すなわち，①まず，同条同項は，83年法草案についての貴族院「委員会」での決定（Beschluß）に，その端を発している。そこでは，「執行証書」並びに「執行力ある和解」に基づくときには，一律的に（例外なく）仮登記がなされるべし，との決定がなされていた。「執行力ある和解」中に何の例外も認められなかった，のである。②次いで，それに引き続いた衆議院「委員会総会」（Plenum des Abgeordnetenhauses）での第二読会（zweite Lesung）では，その修正がなされている。「執行力ある和解」中より，ライヒＣＰＯ702条１号・２号の「裁判上の和解」を，除外すべし，とされている。ライヒＣＰＯ702条１号・２号の「裁判上の和解」にあっては，強制抵当権の「登記」の濫用（mißbräuchliche Ausnutzung der Hypothekeneintragung）の惧れはなく，したがってこれに基づいて「本登記」がなされてよい，と判断されたのである。③かくして，法６条３項は，「執行証書」に加えて，ライヒＣＰＯ702条１号・２号の「裁判上の和解」を除いた「執行力ある和解」に基づいては，仮登記がなされるべし，とし

第 5 章　1883年・プロイセン「不動産強制執行法」中の強制抵当権制度

たのである。——

(β)　債権が「仮執行力」を有するにすぎない場合等（7条）——第2の場合[23]——

　第2に，①債権が「仮執行力（vorläufige Vollstreckbarkeit）」を有するにすぎない場合には，強制抵当権の「仮登記」がなされる（7条1項前段）。ライヒＣＰＯ644条1項によれば，強制執行の債務名義として，「確定」終局判決の他に，「仮執行宣言付」終局判決をも，列挙しているが，たとえばこの「仮執行宣言付」終局判決に基づいて「強制抵当権の登記」の執行方法がなされる場合には，強制抵当権の「仮登記」がなされる，のである（なお，ＣＰＯ658条参照）。

　②また，仮執行力ある債権が，後日，「終局的執行力（endgültige Vollstreckbarkeit）」を有するに至ったときには——より具体的には，債務名義の無条件の執行力ある正本が提出されたときには——，債権者の申立てにより，強制抵当権の「仮登記」は「本登記」に書き換えられる（umschreiben）（7条1項後段），こととなる。

　③なお，債権が「担保提供（Sicherheitsleistung）」を条件として執行力を有するにすぎない場合には，強制抵当権の「仮登記」がなされる（7条1項前段）。同様に，この「仮登記」は，「担保提供」がなされたときには——より具体的には，債務名義の無条件の執行力ある正本が提出されたときには——，債権者の申立てにより，「本登記」に書き換えられる（7条1項後段）。

　——ここで次の点が注意されよう。執行力ある債権が「担保提供」に係る場合には，強制抵当権の「仮登記」がなされるが，この「仮登記」の記入それ自体は，現実に「担保提供」がなされたことを，条件とするものではない。強制抵当権を「仮登記」の記入に制限すること，それ自体によって，債務者には，その本質上，「担保提供」と同一の「保全（Sicherung）」が，許与されている，といえるからである。法7条2項によれば，「仮登記」は，強制執行が「担保提供」に係るときにも，その「担保提供」を必要とすることなく「記入」しなければならない，とされているが，これは上述の趣旨を確認的に明言するもの

255

に他ならない。――

(γ) 一定の「証書」の提出が懈怠された場合（8条2項）――第3の場合[24]――

第3に、①「強制抵当権の登記」の執行方法の申立てに際しては、債務名義の「執行力ある正本」に加えて、その債務名義の基本たる執行債権が「無記名証券（Inhaberpapiere）」等に基づくときには、その「無記名証券」等の証書（Urkunde）もまた、共に提出されなければならない。そして、債務名義の「執行力ある正本」のみが提出され、これらの一定の「証書」が提出されなかった場合には、強制抵当権の「仮登記」がなされる（8条1項・2項）。

②なお、ここで一定の「証書」とは、「無記名証券」の他に、「手形（Wechsel）」、その他の「記名にて振り出され且つ裏書により譲渡し得る指図証券（Orderpapier）」（当時妥当の旧ＨＧＢ301条―304条）、を意味するものである。

③また、債務名義の基本たる「執行債権」が既に他の土地上に登記されている（したがって、それは既に物的債権である）ときには、それについての既存の「抵当証書（Hypothekenurkunde）」又は「土地債務証書（Grundschuldbrief）」もまた、債務名義の「執行力ある正本」に加えて、提出されなければならない。そして、債務名義の「執行力ある正本」のみが提出され、これらの証書が提出されなかった場合には、強制抵当権の「仮登記」がなされる（8条2項第1文）。

④なお、後日、「無記名証券」や「抵当証書」等が提出されるに至ったときには、強制抵当権の「仮登記」は「本登記」に書き換えられる（8条2項第2文）。

(15) 「抵当証券」の発行・放棄・交付・「証書」添綴・不発行・通知（9条）[25]

(イ) 発行・放棄

強制抵当権の「登記」がなされたときには、それにより成立した強制抵当権につき、土地登記所により「抵当証券（Hypothekenbrief）」が発行される（9条）。但し、債権者がその発行を放棄するときには、「抵当証券」は発行されない。

(ロ) 債権者への交付

発行された「抵当証券」は，土地登記所により，債権者に交付される（9条2項）。

(ハ)　「証書」添綴

(i)　発行された「抵当証券」には，債務名義の「執行力ある正本」に加えて（8条1項），「無記名証券」等の「証書」もまた（8条2項），いわゆる「債務証書（Schuldurkunde）」として添綴されなければならない（9条1項）。これは，債務者をしてその「二重弁済」の危険（Gefahr einer doppelten Zahlung）より保護しなければならない，との「債務者保護の視点」より，定められたものである。

(ii)　より具体的に説明してみよう。すなわち，法8条2項の定める「無記名証券」や「手形」にあっては，債務者の法的地位は弱体化されている。これらの「証券（Papier）」の後日の取得者（譲受人）に対しては，債務者は極めて制限された基準においてのみ抗弁できるにすぎない，からである。かくして，その元来の債権者に債務弁済したにもかかわらず，それにより免責されることなく，あらためて「証券」の後日の譲受人に対しても再度弁済をしなければならない，という「二重弁済」の危険から，債務者を保護するために，これらの「証券（証書）」が「抵当証券」に添綴されなければならない，とされたのである。

(ニ)　不発行

(i)　債権者は「抵当証券」の発行（作成）を放棄（Verzicht）することができるが，この放棄がなされたときには，「抵当証券」は発行されない。この場合，既に強制抵当権の「登記」がなされた旨，債務名義の「執行力ある正本」上に，「掲記（Vermerkung）」されなければならない（9条3項）。これは，「債務者保護」の視点より，定められたものである。

(ii)　また同様に，強制抵当権が「仮登記」されるにすぎなかった場合（8条2項の諸場合）にも，既に強制抵当権の「仮登記」がなされた旨，債務名義の「執行力ある正本」上に，「掲記」されなければならない。これもまた，「債務者保護」の考慮に基づくものである。

㈖　債務者への通知

上述の㈦—㈡の各事項（9条1項—3項）につき，債務者に通知（Nachricht）がなされなければならない（9条4項）。これも，「債務者保護」のために，である。

⒃　強制執行の停止・取消と登記抹消（11条）
　　　——債権者の「抹消許諾」の不要[26]——

（i）「強制抵当権の登記」は不動産強制執行の執行方法の一つであり，したがって強制執行手続が停止・取消されるに至る場合には，強制抵当権の「登記」も抹消（Löschung）されるべきものである。この点につき，法11条によれば，"本法6条・7条・10条の諸規定に基づきなされた登記を抹消するための債権者の「許諾（Bewilligung）」は，ライヒCPOの諸規定により，強制執行が，既になされた執行処分の取消という効果を伴ない，停止されるべきこととなった，その根拠たる「証書（Urkunde）」（強制執行の停止・取消文書）によって，代替される"，と定められている。

（ii）私見によれば，本条の内容は次のように理解される。すなわち，強制執行手続が，既にした執行処分の同時的取消の下で，停止された（強制執行手続の停止・取消）ときには，強制抵当権の「登記」又は「仮登記」は，ライヒCPO上の「強制執行の停止・取消文書」の提出に基づいて，土地所有者の申請により，抹消される。ここでは，登記の一般原則によれば必要とされる債権者の「抹消許諾（Löschungsbewilligung）」は不要とされている。執行裁判所による「手続停止処分（Einstellungsverfügung）」それ自体が，債権者の「抹消許諾」に代替する，と理解される，からである。その限りにおいて，「土地所有者の利益」において，登記抹消手続が極めて簡略化されている，といえよう。

（iii）なお，その抹消登記申請は土地所有者によってなされるが，ここでも「自己追行主義」（後述⒄）の妥当の下，土地所有者はその申請を直接的に「土地登記所」に対してなさなければならない。執行裁判所による「抹消登記嘱託」を必要とすることなく，抹消登記が取効される，のである。また，抹消登

記の申請が「訴訟代理人（Prozeßbevollmächtigte）」によりなされているときには，この申請あるいは代理権（Vollnacht）につき，その「認証（Beglaubigung）」を必要としない。

⒄　登記手続（12条）——「自己追行主義（当事者主義）」の妥当（執行裁判所の「登記嘱託」の不要）[27]——

（ⅰ）　強制抵当権の「登記」手続につき，法12条は，「職権主義」との対比における，「自己追行主義（当事者主義）」の妥当を，定めている。同条によれば，本法6条—11条の諸規定により必要とされる登記申請は，直接的に「登記裁判官（Grundbuchrichter）」に対して，提示されなければならない（1項）。その登記申請につき，あるいは登記申請をなす訴訟代理人の権限につき，その「認証（Beglaubigung）」は，これを必要としない（2項），とされている。

（ⅱ）　本条の趣旨は次のように理解されよう。すなわち，1877年・ライヒＣＰＯは，民事訴訟手続において，大幅に「当事者主義」を，採用していた。それに対応するために，1879年・ＰＡＧもまた，強制抵当権の「登記」手続において，「自己追行主義（Prinzip des Selbstbetriebs・当事者主義）」の妥当を，明規していた（ＰＡＧ22条1項）（既述第2節3⑵㈦）。この展開線上において，1883年法12条の規定が置かれたものである，といえよう。

（ⅲ）　より具体的に説明すれば，

（α）　まず，強制抵当権の「登記」申請の際には，債権者が自己の「登記」申請を直接的に登記裁判官（土地登記所）に対してなせばよく，それにより「登記」が取効されることとなる。ここでは，執行裁判所の「登記嘱託」はまったく必要とはされておらず，「職権主義」が排除されている，という点に注目されよう。

（β）　さらに，その「登記」申請については，公証人等による「認証」も不要とされている。それは，債権者に代わり訴訟代理人（Prozeßbevollmächtigte）が「登記」申請をなすに際しての，その者の「権限（Vollmacht　代理権限）」についても，同様であり，その「権限」につき「認証」を必要としない，ので

259

ある。

4　小　括

(i)　83年法は手続的抵当権法であり，次なるドイツライヒの統一的な不動産強制執行法典たる1897年・ＺＶＧの基本母体となり，我が国の不動産強制執行法の母法でもあった。同法により，プロイセン強制抵当権制度は，「執行債務者保護」の理念の下に，その近代的な法構造を確立したのである。プロイセン法上の展開において，そのゴールに到達した，といえよう。

(ii)　その近代的な法構造については，次の三つの側面から分析することができよう。すなわち，

(α)　第1に，実体的抵当権法（1872年・ＥＥＧ）と形式的抵当権法（1872年・ＰＧＢＯ）の両法による「抵当権の近代化」への対応，という側面である。公示主義と特定主義の貫徹（7，8，11，12），流通抵当権の法形態の承認（9），そのことより生ずる債務者危険の回避手段としての仮登記制度（14），抵当証券発行の可能性の承認（15），等においてである。

(β)　第2に，民事手続法（民訴判決手続法や執行手続法一般）による「執行手続の近代化」への対応，という側面である。執行名義の種類の拡大（6，14），執行手続の停止・取消に伴う登記抹消（16），当事者主義の妥当（17），等においてである。

(γ)　第3に，強制抵当権制度の規制法典としての手続的抵当権法それ自身において，自ら「強制抵当権制度の近代化」を試みた，という側面である。制度不要論の克服（3），制度趣旨としての「執行債務者保護」の明確化（4），執行方法としての法的性格の明確化並びに三執行方法の概念的・制度的・機能的峻別（5），約定抵当権との併存の許容（10），共同抵当権による負担化の許容（12），等においてである。

(iii)　最後に，「三軌軸・抵当権法」の視点よりすれば，19世紀・プロイセン強制抵当権法は，①1872年・ＥＥＧ（実体的抵当権法），②同年・ＰＧＢＯ（形式的抵当権法），③1883年・不強法典（手続的抵当権法），の三法によって，完結した。

三抵当権法の制度的「絆」は、「土地所有者（債務者）保護」のプロイセン法理であり，執行法上の抵当権である強制抵当権制度もまた，その法理に基づくものであった。

1) その制定史については，Krech = Fischer = Schaefer, Die Gesetzgebung, betreffend die Zwangsvollstreckung in das unbewegliche Vermögen im Reiche und in Preußen auf der Grundlage des Kommentars zur preußischen Gesetzgebung, betreffend die Zwangsvollstreckung in das unbewegliche Vermögen (Komm.), Berlin, 1902. S. 15 ff. に依る（2. Aufl., Berlin 1910)。Jakobs = Schubert, Die Beratung des BGB, Sachenrecht IV (Gesetz über die Zwangsversteigerung und die Zwangsverwaltung), 1983.
2) 消除主義・剰余主義・引受主義の三立法主義のプロイセン的構造についての邦語文献として，拙稿・「競売における『先順位』抵当権の処遇原理の『根拠』——『消除主義』，そのドイツ・プロイセン的構造の解明——」・慶應法研72巻12号159頁以下・1999年，同・「剰余主義・引受主義のドイツ的構造と根拠——立法史的研究の方法論的定立のために——」・慶應法研73巻2号13頁以下・2000年，その他の文献については，前記の拙稿を参照。
3) 83年・プロイセン法に先行すること4年，1879年・ヴュルテンブルク不動産強制執行法は，農業上の危機（農業問題）を背景として，既にこの「剰余主義」の理念を導入していた。Vgl. Gesetz vom 18. August 1879, betr. die Zwangsvollstreckung in unbewegliche Vermögen, RegBl. S. 191 ff. Art. 21.
4) 条文については，Gesetz = Sammlung für die Königlichen Preußischen Staaten, 1883, S. 131 ff. なお，以下の注記では，主としてもっとも詳細・的確で，実体的・形式的抵当権法（72年・EEG・PGBO）との関連性を重視したAchilles = Strecker, Schanz の著作でもって，引用を代表させる。
5) 貴族院「委員会審議」については，Stegemann, S. 142 ff.
6) 83年法・「草案理由書」については，Stegemann, S. 48 f. また，Achilles = Strecker, S. 138 f.
7) Vgl. Schanz, S. 56 f., Achilles = Strecker, S. 138, 145.
8) 83年法の下では，これらの二執行方法の「開始（Einleitung)」のためにも，その「貫徹（Durchführung)」のためにも，そのいずれのためにも，手続進行債権者の債権についての抵当権的保全（hypothekarische Sicherstellung der Forderung）は必要とされていない，という点に注目される（Vgl. Schanz, S. 57.)。
9) Schanz, S. 57., Achilles = Strecker, S. 140, 145.

10) Schanz, S. 57., Achilles = Strecker, S. 148, 143.
11) Schanz, S. 57., Achilles = Strecker, S. 148.
12) Schanz, S. 58.
13) 流通抵当権としての理解が一般的見解となっている。たとえば，Dernburg, S. 120 f. も同様である。
14) Schanz, S. 57.
15) Schanz, S. 57-58., Achilles = Strecker, S. 145.
16) Schanz, S. 57-60., Achilles = Strecker, S. 144f., 135.
17) Schanz, S. 60 ff.
18) ラント議会での審議，衆議院「委員会」での審議については，Stegemann, S. 145, 205 ff., 368f.
19) 貴族院「委員会」審議での同規定採用の経緯については，Stegemann, S. 144 f. また，Achilles = Strecker, S. 148 f.
20) Schanz, S. 58 ff., Achilles = Strecker, S. 146 f.
21) Schanz, S. 58-59., Achilles = Strecker, S. 147 f.
22) Stegemann, S. 145. なお，「執行力ある和解」中より「裁判上の和解」を除外すべし，との意見は，ここでの衆議院「委員会総会」の第2読会に先立って，既に衆議院の委員会審議（Kommission-Verhandlung）において，主張されていた。しかし，そこでは，この提案は票決（10対7）により葬り去られていた（Stegemann, S. 369 f.）。
23) Schanz, S. 59., Achilles = Strecker, S. 149 f.
24) Schanz, S. 59-60., Achilles = Strecker, S. 147 f.
25) Schanz, S. 61 f., Achilles = Strecker, S. 148 f.
26) Schanz, S. 62., Achilles = Strecker, S. 149 f.
27) Schanz, S. 61., Achilles = Strecker, S. 145, 149 f.

結　論

本章結論として，次の五点を指摘しておく。

(i) 第1に，77年・ライヒＣＰＯは，不動産強制執行につき，僅か三ヶ条の一般規定を存置するのみであった。これは，不動産強制執行法が，当時に至るまでの各ラント立法による，それぞれのその内容上も，独自の法規制に服していた，からであった。実体的・形式的抵当権法も土地所有権法も，それぞれ差違がみられたのであり，自ずと手続的抵当権法も独自の内容をもった，のである。

(ii) 第2に，79年・ＰＡＧは，ライヒＣＰＯの「ラント立法への留保」規定を承けて，プロイセンでの不動産強制執行法を「実施」するためのものであった。応急的には，69年・不動産競売法をライヒＣＰＯに適合させるべく，ＰＡＧが制定・公布されたのである。プロイセンのみならず，その他の諸ラントでも，同様のＡＧが制定・公布された。

(iii) 第3に，ライヒＣＰＯの「ラント立法への留保」規定は，各ラントに新たな「不動産強制執行法典」の迅速な作出を立法課題として課するものであり，83年・不動産強制執行法はプロイセンでの結実であった。ライヒＣＰＯの統一的且つ近代的な法規制（強制執行総則規定並びに判決手続規定）に適合した，新たな不強法典であった。

(iv) 第4に，強制抵当権制度についても，それが執行法上の抵当権である以上，ラント立法に留保され，83年・強執法はプロイセン法上独自の発展を遂げてきた同制度について近代的な法構造を確立した。単に強制抵当権制度についてのみならず，広く不動産強制執行法一般において，新たな注目すべき理念が採用されていた。近代化された不強法体系として，83年法は97年・ライヒＺＶＧの母体とされたし，我が国の不強法の母法であった。

(v) 第5に，83年法はプロイセン強制抵当権制度の集大成であり到達点であったが，その制度理念として「執行債務者（土地所有者）」保護が明示的に確立されていた。「土地所有者（債務者）」保護のプロイセン法理によって，執行法

上の抵当権である強制抵当権制度（手続的抵当権法）は，実体法上の抵当権制度（実体的・形式的抵当権法）と，一つの絆において結びつけられていた。

〔1883年・不動産強制執行法の基本文献〕
わが国の不動産強制執行法（→現行民事執行法も同様）の母法であり，研究上極めて重要な法典である。

(a) 立法資料集（Gesetzesmaterialien）や書式書として，
① Stegemann, Die Materialien zum Gesetz vom 13. Juli 1883.（83年法制定に際しての，草案や理由書，議会での審議議事録等が，収録されている）
② Wilmanns, Formularbuch zu dem Gesetze betreffend die Zwangsvollstreckung in das unbewegliche Vermögen, auf amtliche Verauflassung.

(b) コンメンタールとして，大小様々なコンメンタールが存在するが，Krech = Fischer の著作（3版）が83年法に関するもっとも信頼し得る文献の一つとして定評あるものである（§§6-12の該当註釈部分については，同書の S. 94-131 参照)。また，Jäckel の著作（3版）もまた，適確である。
① Krech = Fischer, Die Preußische Gesetzgebung betreffend die Zwangsvollstreckung in das unbewegliche Vermögen mit Kommentar, 3. Aufl., 1894.
② Jäckel, Die Zwangsvollstreckungsordnung in Immobilien, 3. Aufl., 1892.
③ Czarniecki, Kommentar zu dem Gesetze betreffend die Zwangsvollstreckung in das unbewegliche Vermögen, 3. Aufl., 1893.
④ Dorendorf, Gesetz betreffend die Zwangsvollstreckung in das unbewegliche Vermögen.
⑤ Knorr, Das Gesetz über die Zwangsvollstreckung in das unbewegliche Vermögen.
⑥ Rudorf, Die Zwangsvollstreckung in das unbewegliche Vermögen.

(c) 83年法の強制抵当権制度についてのモノグラフィーや適確な解説，
① Schanz, Die Zwangshypothek, 2 Heft, 1993, S. 55 ff.
② Wolff, Die Eintragung in das Grundbuch zur Vollstreckung einer Forderung, 1886.
③ Kurlbaum, Neue Grundsätze der Zwangsvollstreckung von Immobilien nach dem Preußeschen Gesetze vom 13. Juli 1883, 1883.（83年法の新たな諸原則について，簡潔・適確に論述する。強制抵当権制度のついては，S. 86 ff.）

第5章　1883年・プロイセン「不動産強制執行法」中の強制抵当権制度

④　Achilles = Strecker, Die preußische Gesetze über Grundeigentum und Hypothekenrecht vom 5. Mai 1872, 4. Aufl., 1894.（実体的抵当権法である72年・EEGのコンメンタールであるが，94年版なので，手続的抵当権法である83年法にも，論及する。83年法の強制抵当権制度のついても，S. 137 ffで詳細に論述する。EEGとPGBOとの関連を重視してZH制度を分析・検討する）
⑤　Dernburg, Das Preußische Hypothekenrecht, II. Abt. 1891.（83年法の強制抵当権制度については，S. 112 ff.）

(d)　クルツレーアブーフや概説書・コメント書として，
①　Mugdan, Die Zwangsvollstreckung in das unbewegliche Vermögen.
②　Schwartz, Die Zwangsvollstreckung in Immobilien.
③　Volkmar, Das Gesetz betreffend die Zwangsvollstreckung in das unbewegliche Vermögen.
④　Fidler, Die Zwangsvollstreckung in das unbewegliche Vermögen.
⑤　Schmidt, Die Zwangsvollstreckung in das unbewegliche Vermögen.
⑥　Heidenfeld, Die Zwangsversteigerung von Grundstücke im Wege der Zwangsvollstreckung, 1883.（但し，ベルリン弁護士会での講演記録）
⑦　Freund, Die Zwangsvollstreckung in Grundstücke im Gebiete das Allgemeinen Landrechts.
⑧　Hesse, Immobiliarrecht und Immobiliarexekution nach den preußischen Gesetzen vom 5. Mai 1872 und vom 13./18. Juli 1883, 1884.（実体的抵当権法である72年・EEGとの関連性で記述する。強制抵当権制度については，S. 204 ff.）

(e)　強制管理の執行方法にも力点を置いた（またはそれを主たる記述対象とする）ものとして，
①　Rinteln, Zwangsversteigerung und Zwangsverwaltung.（小体系書）
②　Peiser, Die Zwangsverwaltung von Grundstücken, 1888.
③　ders., Die Geschäftsführung der Zwangsverwaltung und die gerichtliche Zwangsverwaltung, 1893.
④　Schmidt, Der gerichtliche Zwangsverwalter, 1893.

(f)　特定地域の実務や他ラントとの対比において同法を論述するものとして，
①　Schneider, Zur Einführung der Subhastationsordnung vom 13. Juli 1883 in die Hannoversche Praxis.
②　Henle, Die preußische und bayerische Subhastationsordnung.

(g) 手続的抵当権法としての不動産強制執行法（抵当権実行手続法）であるライヒの1897年・ZVG，それへの接続・関連においてプロイセン手続的抵当権法（1793年・AGO，1834年・強競法，1883年・不強法など）に論及する近時の文献として，Schubert, Die Beratung (Sachenrecht IV), S. 5 ff.

(h) 邦語文献の唯一のものとして，
① 宮脇幸彦・「プロイセン不動産執行法」・民訴雑誌14号90頁以下・（条文訳）
② 我が国の不動産強制執行法の母法であるところから，同・「不動産執行沿革史㈠」・法曹時報20巻10号1頁以下，同・強制執行法（各論）259頁以下・1978年でも，条文引用や若干の論及がなされている。

終章　結論的考察

> はじめに
> 第1節　プロイセン抵当権の「近代化モデル」：結論的
> 　　　　考察(1)――その法構造の解明――
> 第2節　プロイセン土地信用制度の二元的構造：結論的
> 　　　　考察(2)――土地信用の一般ルールと特別ルールの
> 　　　　併存・対立・相克の関係――
> 第3節　プロイセン土地信用における「担保債券制
> 　　　　度」：結論的考察(3)――特別ルールとしての三つ
> 　　　　の土地信用機関の機能と構造――

はじめに

(i) 本研究は，ドイツ強制抵当権制度の法構造の解明を目的として，その母体となったプロイセン強制抵当権制度について，その歴史的展開をフォローするものであった。その際，私見の分析視点の一つとして，「三軌軸・抵当権立法」という枠組みのなかで，その解明が試みられた。

より具体的には，実体的抵当権法・形式的抵当権法とリンクした形で，その相互関連性の中で，執行法上の抵当権たる強制抵当権制度が，そして手続的抵当権法（抵当権実行手続法）が，フォローされてきた。プロイセン強制抵当権制度の解明をとおして，プロイセン抵当権制度一般を「トリアーデの法構造」の中に位置づけん，とするものであった。

(ii) 既に我が国の学説にあっても，プロイセン実体的・形式的抵当権法の展開については，先学による貴重な学問的営為がなされてきた。我妻研究を嚆矢

として，鈴木研究・石部研究・田中研究・松井研究等において，である。学問的実りが顕在化していた，といえよう。

しかし，私見の基本的立場よりすれば，これらの諸研究に対しては，若干の疑念が生ずることも事実であった。抵当権実行手続を規制するものが「手続的抵当権法」であり，これがプロイセンでは「不動産強制執行法（典）」としての生成・発展である，との認識が欠けていたのではなかったのか，との疑念である。したがって，また，手続的抵当権法との相互リンクした形での抵当権法一般のトータルな発展が，必ずしも十分にはフォローされてはいなかった，のである。その限りでは，いわば，「片面的」であった，といえよう。そして，我が国の手続民執学における不強法研究の諸業績（宮脇研究や竹下研究，伊藤眞研究）にも，同様の問題性が存在した。

(iii) それでは，プロイセン抵当権法の「トリアーデの法構造」にあって，その「三軌軸・抵当権立法」のベースとされているものは何か。三立法を結びつける「絆」は何か，そのリンケージの構造如何，ということが，ここで結論的に問われざるを得ないであろう。

私見によれば，それらの三立法を結びつける「絆」は，「土地所有者（債務者）保護」のプロイセン法理であり，これがまさしくプロイセン抵当制度の基本理念であり，基本趣旨である，と考える。実体的抵当権法，それとタイアップしての形式的抵当権法，さらには執行法上の抵当権である強制抵当権制度を規律する手続的抵当権法（不動産強制執行法），これらの抵当諸立法の歴史的展開にあっては，徹頭徹尾，そして首尾一貫して，プロイセン土地所有貴族，すなわちグーツヘル・ユンカー保護にあった，のである。

なお，この点の理解にあっては，従来の我が国の学説一般におけるそれとは，私見は顕著に相違する。プロイセン投資抵当権の成立・確立がプロイセン抵当権法の発展である，というのが，我妻シェーマの骨格であり，その限りでは我が国の学説一般もこれに準拠するものであった，からである。

(iv) 以下，本終章では，本研究の第3の課題（本書・序論）にこたえるべく，論証が試みられる。その論述の進行として，まず，プロイセン抵当権の「近代

化モデル」如何，換言すれば「我妻シェーマ」に対する私見が，結論的に述べられる（第1節）。プロイセン抵当権法の発達についての我が国の学説の理解，それに対する私見の批判のための，一つの予備作業でもある。

次いで，プロイセン実体的・形式的抵当権法の発展にあっては，「土地所有者（債務者）保護」がベースとされていたことを，フォローし論証する。これはいわば「歴史の読み方」であり，私見の「読み方」が問われることとなろう（第2節）。その際，「読み方」における私見のキーワードは，プロイセン土地信用制度における「一般ルールと特別ルールの二元的構造」であり，両ルールの「対立・相克・調整」の歴史的プロセスである。

さらに，補論として，私見のいう特別ルールとしての，「担保債券制度」の発達史論について，ドイツ・プロセイン法上の各土地信用機関に即して，私見の基本認識を提示しておきたい（第3節）。

第1節　プロイセン抵当権の「近代化モデル」：結論的考察(1)
────その法構造の解明────

> 一　近代抵当権論とその批判
>   1　「普遍化」された近代化モデルなのか，との批判
>   2　「五原則」すべてが近代抵当権の特質であるのか，との批判
>   3　「価値権論」は果たして妥当なものなのか，との批判
> 二　近代抵当権論の構造分析
>   1　「三論文」による理論構築
>   2　我が国の学説一般における「概念表記」の問題
>   3　石田（文）シェーマ──保全抵当より投資抵当への転換──
>   4　我妻理論における「近代抵当権」
> 三　私見の基本的立場
>   ──プロイセン抵当権の近代化モデルとは──
>   1　批判学説の論拠について──私見，その(1)──
>   2　近代抵当権論のシェーマの概念表記上の問題について──私見，その(2)──
>   3　近代抵当権論に対する疑念──私見，その(3)──

一　近代抵当権論とその批判

　近代抵当権論と称される我妻抵当権法理論は，我が国の学説・判例・実務に多大の影響力を与えてきた。現在なお，我妻理論は我が国の抵当権法の磐石の基盤とされている，と概括的にはいうことができよう。しかし，他面，若干の個別的部分に対しては，いくつかの学説によって批判的検討がなされてきてい

ることも，事実である。したがって，まずここでは，近代抵当権論がいかなる部分において学説により批判されているのか（松井・抵当制度の基礎理論18頁以下・1997年も，これを簡潔に分析する），を明らかにしておこう。その批判は次の三点にある。

1 「普遍化」された近代化モデルなのか，との批判

(i) 近代抵当権論（我妻研究の骨格たる基本趣旨）は，資本主義の発展に伴ない，抵当制度は債権担保のための抵当権から投資抵当へと発展する，と理解した。しかも，このシェーマは，近代法一般ないし資本主義経済一般における抵当制度において，普遍的に妥当する，と理解した。いわば，普遍的な近代化モデルとして，投資抵当権を把握した，といえるであろう。

(ii) これに対して，鈴木研究（「抵当制度」26―27頁）は，近代抵当権論のシェーマは必ずしも普遍的に妥当しうるものでない，とした。すなわち，投資抵当権は，18世紀後半以降のプロイセン農業の資本主義化に伴なって，発展したものであり，その資本主義化の過程は，ヨーロッパ諸国の近代資本主義の発展の過程のうちで，特異なものであり，他の西ドイツ諸邦においてもみられない。したがって，債権担保のための抵当権から投資抵当権へ発展する，とのシェーマは，資本主義発展が特異の態様を示しているドイツ・プロイセンについてのみ，妥当するものであり，資本主義が典型的に発展したといわれるイギリス・フランスには，むしろ妥当しない，としたのである。

2 「五原則」すべてが近代抵当権の特質であるのか，との批判

(i) 近代抵当権論（我妻・講義III214―215頁）は，近代抵当権の特質は，目的物の有する特定の担保価値を確実に把握し，これをして投資の手段たる作用を営むに遺憾な点のないようにすることである，とした。そして，このような特質よりする目的から，近代抵当権には，①公示の原則，②特定の原則，③順位確定の原則，④独立の原則，⑤流通性確保の原則，という五つの原則が妥当する，とした。

すなわち，元来，物的担保制度としての抵当権は，特定の債権の効力を保障することを中心として構成されたので，その効力は人的信用を基礎とする債権に依存するものであった。これに対して，近代抵当権は，もっぱら財貨の有する交換価値を中心として構成され，人的信用から絶縁した確実な交換価値を把握し，これを投資の客体として金融市場に流通させることを目的とする。しかして，この目的のために，近代抵当権にあっては，①抵当権の存在が厳格に公示され（公示の原則），②その客体は現存特定の財貨に限定され（特定の原則），③同一の財貨の上の抵当権は各自確定する順位を保有し相互に相侵すことなく（順位確定の原則），④抵当権は公示なき債権の瑕疵によって影響されることなく（独立の原則），⑤金融市場に安全迅速に流通しうる能力（流通性の確保），を具備するものである，としたのである。

　(ii)　しかし，これに対して，星野研究（民法概論II240頁以下）は，これらの五つの諸原則のすべてが近代抵当権の特質として考えられるべきかどうか疑問である，とした。

　すなわち，公示の原則（①）と特定の原則（②）は，抵当権が第三者を害しないためのものであるから，当然に近代抵当権の特質となる。しかし，独立の原則（④）と流通性確保の原則（⑤）は，ドイツの特殊な事情から生じたものであるから，これがないと近代抵当権ではないとはいえない。また，順位確定の原則（③）のうち，その第2原則（先順位抵当権が消滅しても後順位抵当権は繰り上がらない，との原則）もまた，近代抵当権の特質には含まれない，としたのである。以上要するに，星野研究は，公示の原則（①）・特定の原則（②）・順位確定の原則（③）のうちその第1原則（抵当権の順位は登記の順位によって決定され，後に登記される抵当権よりも後順位になることはない，との原則），というこれら三つの原則が，近代抵当権の特質である，とするのであろう。

3　「価値権論」は果たして妥当なものなのか，との批判

　(i)　近代抵当権論（我妻・「優越的地位」84頁以下，「抵当制度の発達」4－5頁，講義III209・214－215頁）は，「物質権から価値権の独立」こそ近代法における抵

当制度の発達であり，近代抵当権は「価値権」の純粋な形態として現出する，とした。

すなわち，近代抵当権の特質は目的物の特定の担保価値を把握し，これを投資の手段たる作用を営ましめんとするものである。元来，抵当権は特定の債権の効力を保障し，その効力は人的信用を基礎とする債権に依存した。しかし，近代抵当権は財貨の有する交換価値（人的信用から絶縁した確実な交換価値）を把握し，これを投資の客体として金融市場に流通させる。

また，抵当権は目的物の使用収益を設定者の下に留めるので，目的物は引き続き所有者の下においてその使用価値を発揮することができる。目的物の所有者よりすれば，目的物の使用価値を自らに保留しながら，その交換価値のみを抵当権者に与えることになる。財貨は二重の効用を発揮する。これを抵当権者よりいえば，目的物の利用価値は所有者の下において実現させ，自己は単に目的物の交換価値のみを把握し，これを基礎として利息の吸収を図る。抵当権は目的物の物質的存在からまったく離れた価値のみを客体とする権利，すなわち物質権に対する意味での価値権の純粋の形態である，としたのである。

以上，近代抵当権の本質は価値権である，との理解は，いわゆる「価値権説」として，我が国の担保法学に絶対的な影響を与え，大局的にはほぼ異論なきテーゼとして，法解釈論上のベースとされてきた。

(ii) しかし，他方，価値権論に対しては，いくつかの批判もなされてきている。たとえば，その批判としては，川井研究（担物法12頁以下）（価値権のみの説明では不十分であり，抵当権を含む不動産担保権の本質を説明するものとして，「期待権」概念を提唱される），高島研究（物的担保法論Ⅰ39頁以下）（価値権的構成には一定の評価が認められるが，法解釈学の視点からはそれほど重要な意味をもち得ない），の二つを挙げることができよう。

また，近代抵当権論に対する分析を正面から本格的に試みた近時の松井研究（基礎理論118頁）にあっては，「我妻説や石田説が当時におけるドイツの学問的背景とは無関係に価値権という概念だけをわが国の民法学に導入し，それが現在でもなおわが国の通説的地位を保っていることについては，いささか釈然と

しないものがある」，との疑問が指摘されている。

二　近代抵当権論の構造分析

　近代抵当権論に対する学説による三つの批判は，私見によれば，概括的にいえば，正当な方向性を指摘するものではないか，と考えている。しかし，私見の根源的疑問にあっては，これらの三つの批判の主張するところ（論拠）に，あるのではない。既に本書「序論」にて述べたように，「制度目的論」の視点からの疑念において，である。そこで，疑念解明に先行して，まずもって，ここでは，近代抵当権論と称される我妻シェーマについて，私見の立場からの構造分析を試みておく。

1　「三論文」による理論構築

　(i)　「近代抵当権論」と称される我妻理論は，単一の論文によってではなく，相対的にかなりの期間にわたっての，三つの論文によって構築・展開されたものである。

　すなわち，近代抵当権論という我妻理論は，自らの三論文によって，展開・体系化されている。時系列的に示せば，①「近代法における債権の優越的地位」論文・1929—31年，②「資本主義と抵当制度の発達」論文・1930年，③「新訂・担物法」著作・1968年，の三つである。したがって，我妻理論についての分析・検討にあっては，この三論文をトータルに把握するものでなければならない。しかも，我妻理論それ自体の発展として，これらの三論文を時系列的に把握するものでなければならない。

　(ii)　本章の問題意識に即して（いわば部分的に），我妻理論を時系列的にみれば，

　(α)　第1論文（「優越的地位」87頁以下）では，抵当権が単に不動産所有権者の金銭債務の担保を目的とするものから，資本家による不動産への金銭投資を仲介するものへと変化し，これが近代抵当権である，としている。そして，この資本家による不動産への金銭投資の仲介という新しい目的の下では，金銭債

権の譲渡の場合と同様に，抵当権投資の流通性がもっとも重要な要件となり，抵当権の流通性こそ近代私法における抵当権制度に重大な進歩を促す原動力となった，としている。

(β) 第2論文（「抵当制度の発達」5頁以下）では，抵当制度の発達を「縦」と「横」から考察するならば，「物質権」から「価値権」が独立し，これこそが近代法における抵当制度の発達である，としている。縦の発達とは，抵当権（価値権）の成立の確実性，さらに抵当権（価値権）流通の簡易・迅速・安全，といったことのための様々な法的手段の発達であり，登記簿の公信力制度や抵当証券・抵当債券制度の考案である。また，横の発達とは，「財貨の不動産化」の現象としてあらわれるものであり，あらゆる種類の不動産のみならず，これを基礎とする各種の財団，さらに企業組織そのものの上に抵当権の成立が認められるに至ったことであり，これは価値権の分離独立する範囲拡張の努力に他ならない，としている。

(γ) 第3論文（「講義」208頁以下）では，第1論文と第2論文とをふまえて，さらにその理論の発展・体系化が試みられている。

2　我が国の学説一般における「概念表記」の問題

(i) まず，第1に，我妻理論を表記するに際して，我が国の学説一般はこれを「近代的抵当権論」と表記している（たとえば，松井・基礎理論48頁以下）。

しかし，我妻理論それ自体にあっては，「近代的抵当権」なる概念表記は用いられていない，ということに注意される。ちなみに，我妻第1論文（88頁以下）では「近代法における抵当権」との表現がとられているし，また同第3論文（214頁）では「近代抵当権」と表記されている。したがって，本書では「近代抵当権」と表記している。

但し，いうまでもなく，「近代抵当権」か「近代的抵当権」かの問題は，単に形式的な表現如何のものにすぎず，内容上の相違や不一致，あるいは学説による誤解などを意味するものではまったくないこと，無論である。

(ii) 第2に，我妻シェーマ（発達史観）を表記するに際して，我が国の学説

一般は，これを「債権担保のための抵当権より投資抵当権へというシェーマ」という表現で，紹介している（たとえば，鈴木・抵当制度28頁以下）。また，債権担保のための抵当権を「保全抵当権」と言い換えて，「保全抵当権から投資抵当権への発達」とのシェーマとして，採り上げている（たとえば，松井・基礎理論196頁・1頁）。

しかし，我妻シェーマそれ自体にあっては，「投資抵当権」との概念表記は，有意味的には，用いられていない，ということに注意されよう。我妻シェーマにあっては，端的に「近代抵当権」の概念表記が用いられているのみであり，この概念内容を説明するに際し，「投資の手段たる抵当権」（同第3論文211頁）と表現されているにすぎない，のである。

また，我妻シェーマそれ自体にあっては，「保全抵当権」の概念表記も用いられてはいない。単に「抵当権制度が金銭借入を中心とすることから金銭投資を中心とすることに移った」（同第1論文88頁）といった表現がみられるにすぎない。

——なお，鈴木研究では，当初の形態の抵当権を，「土地所有者の金銭借入の手段という点に重点があるもの，すなわち保全抵当」（同4頁）・「消費のための抵当権」（同12頁）・「消費財購入のための抵当権」（同13頁）・「在来の抵当権（は）消費のための短期の金融である」（同14頁）・「債権担保のための抵当権」（同26・27頁），と表記している。

また，同研究では，発達に至った形態としての抵当権を，「貨幣所有者の金銭投資という点に重点が移る……投資抵当権＝流通抵当権」（同4頁）・「生産のための長期の金融」（同14頁）・「投資のための抵当権」（同14頁）・「投資の対象としての抵当権」（同26頁）・「投資抵当権」（同26・27頁），と表記している。——

(ⅲ) それでは，その後の我が国の学説一般にあって，なぜ「投資抵当権」の概念表記が用いられたのであろうか。それは石田（文）研究の影響であろう。ちなみに，「投資抵当権」なる概念表記は，石田文次郎・「投資抵当権の研究」と題する著作において，自覚的には我が国ではじめて利用されている。近代抵当権論のもう一つの先駆的理論である（次項目参照）。

3 石田（文）シェーマ
――保全抵当より投資抵当への転換――

「投資抵当権」の概念を自覚的に使用したのは，石田（文）研究をその嚆矢とする。「投資抵当権の研究」と題する著作・1932年において，である。しかも，ここでは，資本主義の発達に伴なって，抵当制度は保全抵当から投資抵当へと転換する，とのシェーマが述べられてある（同書「序文」参照）。我妻シェーマ（我が国の学説の紹介による我妻シェーマ）とほぼ同趣旨である。それでは，この研究では，「投資抵当権」はどのような意味内容をもつものとされているのか。次の五点に集約して整理することができよう。

(i) 投資媒介の作用（↔債務者の責任加重）

石田（文）研究（序文1－2頁）によれば，従来の抵当権が「債務者の責任加重」のために設定されるものであるのに対して，近代の抵当権はむしろ「投資媒介の作用」を営むものである，としている。

――なお，石田（文）シェーマ（序文1－2頁）にあっては，「従来の抵当権」との対比において「近代の抵当権」が位置づけられ，この「近代の抵当権」が投資媒介の手段たる「投資抵当権」を意味するものとされている。――

(ii) 債権の成立を媒介する抵当権

石田（文）研究（序文1－2頁・120頁）によれば，従来の抵当権が常に債権の存在を前提としこれに付随する権利であったのに対して，近代の抵当権は債権に付随して抵当権が成立するのではなく，むしろ逆に抵当権に基づいて債権関係が導かれる，としている。債権の成立を媒介する法的手段，それが近代の抵当権である，とするのである。

(iii) その一型態としての抵当証券や根抵当

石田（文）研究（120頁）によれば，金銭貸借を媒介し，資本投資と不動産所有者の金融とを仲介する法的手段としての抵当権，それが投資抵当権であるが，その例は根抵当や昭和6年施行の抵当証券法である，としている。

(iv) 保全抵当から投資抵当への発達

石田（文）研究（序文1頁以下，120頁等）によれば，金融取引の発達により

信用関係は人的信用から物的信用に推移し，それと相俟って，金融資本主義の発達は抵当制度を保全抵当（Sicherungshypothek）より投資抵当（Anlagehypothek）へと転換させるに至った，としている。

——なお，石田（文）研究（119—120頁）によれば，ここで保全抵当とは，既存債権の責任を補充して，その弁済を保全するための抵当権であり，債権の存在を前提とし債権に従たる担保物権である，としている。また，保全抵当より投資抵当への転換に伴ない，「不動産の金銭化」ということが，現在における重要問題である，としている。——

(v) その起源としてのドイツ土地定期金売買

石田（文）研究（120・121頁）によれば，ローマ法に則った抵当法はすべて保全抵当であり，我が国の民法典中の抵当権もまたそうであるのに対して，ドイツ民法やスイス民法は投資抵当を主眼として規定を定めており，保全抵当を例外的地位においている，としている。加えて，ドイツ法上の投資抵当の例として，証券抵当（Briefhypothek）・土地債務（Grundschuld）・定期土地債務（Rentenschuld）が挙げられており，これらの投資抵当の諸型態の起源は，ドイツ土地定期金売買（Rentenkauf）である，としている。

——なお，石田（文）研究（123頁・122—123頁）によれば，ドイツ土地定期金売買は，土地の自由貸借より抵当権による利息付消費貸借へと至る間の，仲介的役割を演じた，としている。すなわち，12〜13世紀より，都市では，土地や家屋の自由貸借制度（freie Leihe）がおこなわれ，これはさらに地方にも及ぶに至って，従来の封建制度による土地隷属関係が排除された。封建的な土地関係が純粋な私法的財産関係へ発展する，その契機となった。自由貸借制度は，近世の土地所有関係や土地信用関係の，出発点であり起源である。他方，貨幣経済の成立・発展に伴ない，貸借形式は金銭の利息付消費貸借（zinsbares Darlehen）となった。この四世紀を要した，都市の自由貸借制度から抵当権により担保された利息付消費貸借制度（zinsbares Darlehen mit Hypothek）への進化の過程に，ドイツ土地定期金売買が介在している，とするのである。——

(vi) 以上，小括すれば，石田（文）シェーマはほぼ我妻シェーマと形式的に

は同趣旨であり，後者がより体系的に理論化されたものである，ということができよう。ちなみに，近代抵当権論を本格的に追究する近時の松井研究にあっては，近代抵当権論のもう一人の論者として石田（文）研究を挙げられながらも，「理論としてまとまっており，それゆえ，現在の担保法学に大きな影響を与えているのは我妻博士のそれであるので，本書では主として我妻理論を検討の対象としている」（同書序章1頁），と述べられている。

しかし，なお私見の立場より付言すれば，我妻理論にあっては，石田（文）理論におけるとは差違を示して，私見のいう「制度目的論」（抵当制度は一体誰を保護すべきなのか）の観点を前面に登場させながら，その理論化がなされている，という点に注目されなければならない。

4 我妻理論における「近代抵当権」

我妻理論における「近代抵当権」の内容について，次の五点において整理・分析しておこう。

(i) 18世紀初頭からのプロイセン立法の展開

第1に，我妻理論にあっては，そのシェーマの範型は18世紀初頭のプロイセン立法を先駆とした抵当制度の発展に求められている。：

すなわち，我妻理論（講義214頁以下）では，近代抵当権の範型としては，18世紀初頭のプロイセン立法を先駆として大きく発達したドイツ法やスイス法が，念頭に置かれている。これに対して，同じくヨーロッパ大陸法に位置するフランス法については，その「制度は大いに劣る」と判断されている。

(ii) 「投資手段」たる抵当権

第2に，我妻理論にあっては，投資の手段たる作用を営む抵当権，これが近代抵当権である，とされている。：

すなわち，我妻理論（講義214頁以下）では，プロイセン立法において発展した近代抵当権は，目的物の存する特定の担保価値を確実に把握し，投資の手段たる作用を営みうるものである，としている。投資手段としての抵当権，これが近代抵当権とされている。

(iii) 「金銭投資」への重心移転

第3に，我妻理論（優先的地位87頁以下）にあっては，抵当権の重心が漸次，所有権者の「金銭借入（Geldbeschaffung）」という点から，資本家の「金銭投資（Geldanlage）」という点に，推移した，とされている。抵当権の，いわば「重心推移論」であり，重心が資本家の「金銭投資」に置かれるに至ったもの，これが「近代法における抵当権」（優越的地位87頁）である，とされている。

(iv) 「投資家（資本家）」中心の抵当制度

第4に，抵当権の「制度目的論」の視点より見れば，我妻理論（優先的地位87頁以下）にあっては，次のように論じられている。私見の立場より，それを要約してみよう。

すなわち，①第1に，法律的形式よりみれば，不動産を担保として所有権者が「金銭借入」をなすことも，その需要に対応して資本家が「金銭貸与」することも，この両者は相表裏し，法律的形式よりみれば両者に差はない。

②第2に，しかし，経済的立場よりすれば，重大な差異がある。都市での建築や農村での耕地購入や遺産分割などの目的で「金銭借入」の需要が生じ，土地上に抵当権が設定されるということは，比較的以前からおこなわれていた。もっぱら特定の場合の「金銭借入」の需要を充たすことが制度目的であった。

しかし，他方，金銭経済の発展に伴なって，一方ではすべての企業において無限に金銭資本の需要が生じ，他面では社会での零細な金銭所有者までもこれに向かって金銭投資を欲するに至り，抵当権がこの大量的の投資の仲介者となるに及んで，制度目的は「漸次投資家を中心としなければならなくなった」（優越的地位88頁），としている。

(v) 「抵当権投資の流通性」の確保

第5に，我妻理論（優越的地位88頁）にあっては，「投資債権」の場合におけるとパラレルに，「投資家」中心の制度目的の下では，抵当権投資者の権利が容易に譲渡しうるものであることが，最も重要な要件である，とされている。そして，この「抵当権投資の流通性」の確保のためには，従来の「金銭借入を欲するものを中心とした抵当権の構成」とは自から異なる制度とならねばなら

ず,「抵当権制度が金銭借入を中心とすることから金銭投資を中心とすることになった」ということは,「抵当権投資の流通性」を導入したことである,としている。最後に,結論として,「抵当権の流通性こそ直接間接近代法において抵当権制度に重大なる進歩を促す原動力となったものである」,としている。

(vi) ヘーデマン理論の影響

第6に,我妻理論(優越的地位88頁)にあっては,ヘーデマン理論 (Hedemann, Fortschritte des Zivilrechts im XIX. Jahrhundert, 1910, I Teil) の影響がみられる。:

すなわち,「ヘーデマンが,金銭経済の発達と共に,抵当権の作用が,土地所有権者の信用取得 (Kreditbeschaffung für de Grundstückseigentümer) から抵当権者の資本投下 (Kreditanlage des Hypothekars) に推移したとなすのは,重大な点を指摘するものといわねばならない」(S. 369),とされている,からである。

三 私見の基本的立場
―― プロイセン抵当権の近代化モデルとは ――

私見は,近代抵当権論の我妻シェーマに対しても,また近代抵当権論に対する批判学説に対しても,その部分的正当性を認識・留保しながらも,若干の疑念を存している。以下,その疑念,そして私見の基本的立場を明らかにする。

1 批判学説の論拠について ―― 私見,その(1) ――

近代抵当権論のシェーマに対する諸学説の批判について,私見の立場を明らかにすれば,次のとおりである。

(i) 第1に,近代抵当権論のシェーマは普遍化されるものではない,との学説の批判についてである。批判論者がいみじくも指摘するように,そのシェーマがドイツ・プロイセンの農業の資本主義化を舞台にして構築されたものである以上,あくまでドイツ・プロイセンの近代化モデルにすぎないこと,極めて

正当であり，その限りでは私見も同様である。

　(ⅱ)　第2に，「五原則」すべてが近代抵当権の特質であるわけではない，との学説の批判についてである。個別的な諸原則についての妥当性如何の見方の差異を別とすれば，その限りでは学説の批判は正当であろう，と私見も考える。五原則中，妥当する原則もあれば，同じく近代化された抵当権であっても，それに妥当しない（妥当を必要としない）原則もある，ということである。

　なお，五原則中，「独立の原則」に対する私見の疑念・立場については，プロイセン抵当権法が「土地所有者（債務者）」保護の理念に立脚するものであるとの視点から，拙稿（「剰余主義・引受主義のドイツ的構造と根拠」・慶應法研73巻2号45頁以下・2000年）にて既に論及している。

　(ⅲ)　第3に，「価値権論」に対する学説の批判についてである。発想の手がかりを特定のドイツ学説（コーラー）に求めたものでありながら，いわば特殊日本的（我妻的）理解の下での理論構成・理論化ではなかったのか，という視点よりすれば，「価値権論」（近代抵当権は価値権の純粋な形態として現出する）に対しても，当然に学問的疑念が向けられて然るべきであろう，と私見も考える。

　なお，「価値権論」に対する私見の疑念については，拙稿（最大判決平11年11月24日の判例研究・私法判例リマークス2001〈上〉22頁以下・2001年）にて若干論及している。

2　近代抵当権論のシェーマの概念表記上の問題について
　　　──私見，その(2)──

　我が国の学説一般にあっては，近代抵当権論のシェーマとして，「保全抵当（権）」より「投資抵当（権）」への発展，としている。概念表記如何の問題として，私見は次のように考えている。

　(ⅰ)　第1に，当初の形態の抵当権として「保全抵当（権）」の概念表記を用いる（用いたい）のだとすれば，そのシェーマは，保全抵当（権）より「流通抵当（権）」への発展，と表現すべきではないか，と考える。ドイツ法・プロイ

セン法の概念内容上，保全抵当権（Sicherungshypothek）に対応するものは，「流通抵当権（Verkershypothek）」であり，「投資抵当権」ではない，からである。

しかも，そのシェーマの内容上も，その限りでドイツ法・プロイセン法の展開に即応している，と考えられるからである。プロイセン法上の展開にあっては，債権への付従性ある保全抵当権がまず当初より組成されてきたところ，いわばそれを旧タイプとすれば，その後，新タイプである付従性が緩和された，流通性ある流通抵当権が構想・具体化された，のである。

(ii) 第2に，発展に至った形態の抵当権として「投資抵当（権）」の概念表記を用いる（用いたい）のだとすれば，そのシェーマは，「消費抵当（権）（Darlehenshypothek）」から投資抵当（権）への発展，と表現すべきではないか，と考える。その理由は二つある。

(α) まず，「投資抵当権（Anlagehypothek）」との概念表記それ自体に対する疑念である。その概念は，必ずしも法律上の用語ではなく（法典用語でも無論ない），「投機（Spekulation）」の目的の下で使われた抵当権との対比（それとは異なる・違うという意味）において，いわば正常且つ健全な投資（Kapitalanlage）の目的の下で使われた抵当権，というそもそも社会経済上の意味として理解すべきものではないか，と考える。この意味で，「投資抵当権」の概念は，むしろ社会経済上の意味のものであり，法律用語（法典用語）である「保全抵当権」と，まったく対応するものではない，といえよう。

(β) また，どのような目的の下で使われた抵当権なのか，という視点よりすれば，土地所有権者の単なる消費目的（資金需要）の下で使われたものは「消費抵当権」と表記することができようし，また投資者の投資目的（資金供給）の下で使われたものは「投資抵当権」と表記することができよう。両概念はこの程度の意味でしかないのではないか，と私見は考える。

とすれば，近代抵当権論のシェーマは，「消費抵当（権）から投資抵当（権）への発展」という形で，単に社会経済上の目的如何に即したものにすぎず，法律的な意味あいを本来もつものではなかったのではないか，あるいはその程度

の用語が使われていたにすぎなかったのではないか，ということができよう。

(iii) 以上，小括すれば，私見によれば，近代抵当権論での「投資抵当権」の概念が一人歩きしたのではないか，我妻理論それ自体にあっても，そしてまた我が国の学説によっても，過大にそのもつ意味がデフォルメされたのではあるまいか，と考えられる。

3 近代抵当権論に対する疑念——私見，その(3)——

(イ) 近代抵当権論の我妻シェーマに対する根源的疑念(1)——「制度目的論」の視点から——

(i) 既に本書・序論にて指摘したように，近代抵当権論の我妻シェーマに対して，私見は「制度目的論」の視点より次のような根源的疑問を有している。

(ii) すなわち，近代抵当権論の我妻シェーマについては，その後の我が国の学説一般にあっては，その普遍化論を排し，単に「保全抵当権より投資抵当権への発展」のドイツ・プロイセン的シェーマとして，把握されてきた。抵当制度の近代化論として一般化・普遍化できないこと，そのことの論証・実証に多くの研究エネルギーが費やされてきた，といえるであろう。それはそれで極めて貴重であり，正当であろうこと，既述のとおりである。

しかし，なお，私見によれば，近代抵当権論の我妻シェーマにあっては，そのもっとも注目されるべきことは，「土地所有者の借入のため」の抵当権から，「資本家の投資のため」の抵当権へと，抵当制度の重心が転換した，との指摘にある，と考える。この抵当制度の発展における，いわば「重心転換論」が，我妻シェーマにおける最大の学問的特徴である，ということである。したがって，近代抵当権論の我妻シェーマは，この「制度目的論」の視点で，把握・分析されなければならない。とすれば，近代抵当権は，我妻シェーマの論ずる如く，資本家の投資のための抵当権として理論構成・体系化されるべきなのか，果たしてそれは正当なのか，という根源的疑念より出発しなければならない。

(iii) 他方，我が国の学説一般にあっては，近代抵当権論の我妻シェーマの検討・分析に際して，私見のいう「制度目的論」の視点からのアプローチが，ま

ったく欠落していた。換言すれば，「制度目的論」の視点をむしろ意識することなく，この点にあっては，我妻シェーマになんらの疑問も批判もなされなかった，のである。

　「投資抵当権」の概念やその内容からの圧倒的な影響の下，近代化された抵当権モデルにあっては，それは資本家の資本投下のための，その手段たる抵当権に他ならない，との理論化・体系化に，我が国の担保法学は一直線に突き進んでいったのではないか，と考えられる。しかも，金融資本の利益を代弁する現実の金融実務にあっては，資本投下の手段たる抵当権という法構成を所与の大前提として，それのなお一層の徹底化がなされていった，といえよう。

　(iv)　しかし，私見によれば，「制度目的論」の視点よりすれば，18～19世紀におけるプロイセン抵当権法の展開にあっては，徹頭徹尾且つ終始一貫して，抵当制度は「土地所有者（債務者）」（農場経営者層）の金銭借入の手段として，その利益のためのものであった。

　それは，18世紀のプロイセン形式的抵当権法の総決算であった1783年・AHO（これは，我が国の学説において，「投資抵当権法の成立」と位置づけられている。たとえば，鈴木19頁）でも同様であり，さらに19世紀のプロイセン実体的抵当権法の到達点であった1872年・EEG（これは，我が国の学説において，「投資抵当権法の確立」と位置づけられている。たとえば，鈴木22頁）においても同様であり，しかもこの到達点にあっては，「土地所有者（債務者）」保護の理念はより徹底化されていた。プロイセンでの近代抵当権は，「土地所有者」（農業経営者層）の金銭借入の手段として，その利益保護（債務者保護）のための制度として，より徹底化された形で，完結化・近代化された，といえるであろう。

　(v)　以上，小括すれば，プロイセンでの近代抵当権は，資本家（債権者）の資本投下の手段たる抵当権として確立したのではなく，その起点（・中間点）より終点に至るまで，終始一貫して土地所有者（債務者）の資本導入の手段たる抵当権としてあった，といえよう。

　この意味よりすれば，「制度目的論」の視点よりすれば，近代抵当権論の我妻シェーマは，それが「抵当権の近代化論」として普遍化できないものである

ことのみならず，ドイツ・プロイセンでの，いわば限定された地域での「抵当権の近代化論」（特殊化論）としても，必ずしも正当ではなかった，ということができよう。

　㈡　近代抵当権論の我妻シェーマに対する根源的疑念(2)——「**資本主義と抵当制度の二面の発達史観**」の視点から——

　(ⅰ)　近代抵当権論の我妻シェーマに対しては，私見は「資本主義と抵当制度の二面の発達史観」如何の視点から次のような根源的疑問を有している。

　(ⅱ)　すなわち，近代抵当権論の我妻研究は，厳密な意味での「実証的研究」や「歴史的研究」の領域に，属するものではない。幾多のドイツ文献を渉猟しながらも，その中でのいくつかの重要文献に依拠し，その示唆を受けながら，独自の透徹した思索に裏付けられた，いわば「理論的・体系的・思弁的研究」（抵当権法の理論化・体系化を試みた研究）である，ということができる。

　たとえば，①「抵当権制度が金融借入を中心とすることから金銭投資を中心とすることに移った」（第１論文88頁）との指摘は，ヘーデマンの指摘に依拠するものである（同89頁参照）し，②また，「『物質権から価値権の独立』こそ近代法における抵当権制度の発達なり」（第１論文84頁，第２論文５頁）との指摘は，コーラーの指摘（Kohler, Recht und Persönlichkeit, 1914 (VIII, Kapitalismus und Haftungsformen, S. 110 ff.)）に依拠するものである（同４—５頁）し，③さらに，「抵当権制度のたて・よこ二方面の発達こそ資本主義の発達に伴なう近代私法の変遷の重要な部分を占めるものである」（第２論文５頁）との指摘は，ライストの研究に依拠するものである（同５頁）。

　(ⅲ)　ここで注目すべきことは，ライスト研究（Leist, Privatrecht und Kapitalismus, 1911）からの影響である（「優越的地位」31頁以下参照）。我妻シェーマの理論化・体系化の一つの柱が，「資本主義の発達」との対応関係の中で（その枠組みの中で），「抵当制度の発達」が分析・把握されているということであり，これがまさしくライスト研究のライトモチーフに他ならなかった，からである。

　たとえば，「資本主義と抵当制度の発達」と題する論文では，次の趣旨が論

終章　結論的考察

じられている。①まず，第 1 に，この論文は「資本主義における抵当制度の発達の法律理論的変遷を概観」（同 3 頁）することにある。

②第 2 に，抵当制度の発達は，「縦」と「横」の二面から考察されなければならない（同 5 頁以下）。「物質権から価値権の独立」のテーゼの下，「縦」の発達とは，「価値権成立の確実とその流通の簡易・迅速・安全とを企図する」（同 5 頁）ものであり，「横」の発達とは，「価値権の分離独立する範囲拡張の努力」（同 5 頁）である。

③第 3 に，ドイツにおける抵当制度の発達を研究したライストは，その題名として，「第19世紀における私法と資本主義」とした。資本主義の法律的基礎はこれ（抵当制度）につきるものではないが，「資本主義発達の少なくとも重要なる一面が投資制度の発達であり，而して投資的発達の最も重要な一面が抵当制度の発達である」（同 5 頁），とすれば，ライストの主張（題名）にも多分の真理を含むであろう。

④第 4 に，抵当制度発達の社会経済上の意義は「金融資本の進展」（同14頁）であり，それは「金銭資本が社会の全経済組織の維持者たる地位に向かう進展」（同14頁）である。そして，「金融資本による全産業組織の支配をもって資本主義最近の発達段階なりとなすことはすべての経済学者の一致して強調するところであるが，価値権発達の歴史・抵当権制度発達の過程はこの金融資本の支配権確立の法律的一頭現にすぎない」（同15頁）。また，「抵当権制度の発達は金銭資本進展の通路として金融資本殿堂に通じる一つの途」（同15頁）である。

⑤第 5 に，その結論として，「金銭債権の進展・抵当権制度の発達をさし当り助長すべき」（同18頁）である，としている。

以上①〜⑤を小括すれば，我妻理論によれば，抵当制度の発達は社会経済的には金銭資本の進展を意味し，金融資本の殿堂に通ずる一つの進路である，としている。抵当制度と金融資本主義とは，いわば相携えて，相互に緊密にリンクしながら，発達してきた，というのである。

(iv)　しかし，私見によれば，プロイセンにあっては，その抵当制度はプロイ

287

セン「金融」の資本主義化に伴なって，発展してきたものではなく，あくまでもプロイセン「農業」の資本主義化に伴なって——私見によれば，いわば間接的・反射的に——，発展してきたものである，と考えられる。既述の第1の疑念（既述(イ)）との関連でいえば，プロイセン抵当制度（含・ＰＢ制度）は，投資家（貸手）サイドで，その資本主義化のプロセスにおいて自らの資本投下・信用供与の手段として発達してきたものではなく，あくまでも土地所有者・農業経営者層（借手）サイドで，その資本主義化のプロセスにおいて自らの資本導入・信用享受の手段として発達してきたものである，というのが，私見の基本的認識に他ならない。

(ハ) 鈴木研究や田中研究に対する疑念(3)——プロイセン抵当制度の発達は「抵当権法の発達」によるものなのか——

(ⅰ) 鈴木研究を嚆矢として，その後の田中研究等にあっては，保全抵当権から投資抵当権への発展，という我妻シェーマに即して，社会経済史的状況をも視野に入れながら，貴重な学問的寄与として，プロイセン抵当権諸立法の展開が詳細にフォローされている。そこでは，自らの詳細な実証的・歴史的研究を踏まえて，次の如く論じられている。たとえば，鈴木研究では，

①第1に，プロイセン農業資本主義の発達に即応して，プロイセン抵当権諸立法の展開において，プロイセン投資抵当権が生成・成立（1783年・ＡＨＯ）し，確立（1872年・ＥＥＧ）した，としている（鈴木18頁以下，22頁以下）。そして，「（プロイセン）投資抵当権法（1783年・ＡＨＯ・1872年・ＥＥＧ）はプロイセンにおける農業資本主義とともに発達した」（鈴木25頁），と総括している。

②第2に，金銭借入の手段たる抵当権から投資手段たる抵当権への発展，との我妻シェーマは，「ドイツの抵当権法の発達過程」として「ドイツについてはまさしく妥当する」（同26頁），と結論づけている。

③第3に，今後の「抵当権法のゆくえ」（同24頁以下）として，「ドイツ経済における工業の地位の進出と農業の地位の相対的後進」（同25頁）を考慮しながら，「工業の勃興そしてこれに対する金融資本の支配の時代たる20世紀においては，金融に関する法制の主役は，抵当権法より経済法へ移行したといえる

のではあるまいか」(同25—26頁),としている。

(ii) このような学説の指摘に対して,私見は次のように考えている。

(α) 第1に,鈴木研究は,投資抵当権法はプロイセンの農業資本主義化に伴なって発達した,とする(田中研究や松井研究も同様)が,それは必ずしも妥当ではないのではないか。より正確には,プロイセン農業の資本主義化に伴なって発達したのは,「抵当権法」ではない。そうではなく,LS信用制度のもとでの「担保債券制度」,まさしくそれが発達した,のである。そして,その相互反射的・対応作用として,「担保債券制度」の発達は,プロイセン農業の資本主義化をなお一層加速し,その原動力(動因)となった,と考えられる。

〈私見のテーゼ(小括)〉:プロイセン農業の資本主義化に伴なって発展したのは,「抵当権法」というよりも,むしろLS信用制度の「担保債券制度」である。:

(β) 第2に,「プロイセン抵当制度」の概念については,①「法制度」としてのプロイセン抵当制度,②「社会的・経済的な実態(実体)」としてのプロイセン抵当制度,との二つの側面に峻別して理解しなければならない。

まず,①「法制度」としてのプロイセン抵当制度,という側面についてみれば,抵当信用の一般ルールとして「抵当権法」があり,その特別ルールとしてLS信用制度の「担保債券制度」があり,プロイセン抵当制度はその両ルールの下にあったが,その形成は主として「抵当権法」の一般ルールにおいてであった,と考えられる。

次いで,②「社会的・経済的な実態(実体)」としてのプロイセン抵当制度,という側面に注目すれば,それは「抵当権法」の発展によって形成されたものではなく,LS信用制度の「担保債券制度」の発展によって形成されたものである,と考えられる。

〈私見のテーゼ(小括)〉:まず,「法制度」としてのプロイセン抵当制度は,「抵当権法」という一般ルール(18世紀の抵当権三立法による成立,19世紀の抵当権三立法による確立)の流れの下で,立法者の立法作品として,形成された。

次いで,「社会的・経済的な実態(実体)」としてのプロイセン抵当制度は,

18世紀の抵当権三立法（抵当権法）の一般ルールがサブ化し，その対応上なお一層メイン化したLS信用制度の「担保債券制度」という特別ルールの下で，形成・存在した。：

　以上，小括すれば，プロイセンにあっては，「一般ルールと特別ルールとの相克」の中で，「法制度」的に，そして「社会的・経済的実態（実体）」として，プロイセン抵当制度が形成され，存在した，と考える。

　(γ) 第3に，プロイセン抵当権法の発達は，「投資」抵当権法の成立・発展・確立として，把握されるべきではない，と考える。プロイセン抵当権法における三軌軸立法にあっては，18世紀・抵当三立法も19世紀・抵当三立法のいずれも，内容的・構造的・年代的（時期的）にみて，ドイツ金融資本の発展・形成・確立とは直接的にはリンケージしてこない，と判断されるからである（たとえば，大野8頁以下・14頁・22頁等参照）。プロイセン農業の資本主義化は，プロイセン国家の後見的意思（土地所有者層の保護・維持・育成の意思）の下に，土地所有者層サイドにおいて，その意思に基づいて——換言すれば，金融資本サイドからの自覚的・積極的な意思を介在することなく——達成された，といえよう。

　私見によれば，抵当権法とは，資本投下の手段として，金融資本の利益に奉仕せんとするものではなく，あくまでも信用享受の手段として，土地所有者（これは一般私人も含まれる）の利益を擁護するものである。それが，「商法」の法領域ではなく，本来的にはあくまでも「民法」の法領域に位置するものであり，現時においてもなお，「市民法の体系」において構成されなければならないものである，と考える，からである。この点よりすれば，抵当権法，そして法制度として抵当制度は，自らへの資本誘引のための「信用享受の手段」として，そもそも「土地所有者」（資金需要者）に許与されたものであり，金融資本（資金供給者）に与えられたものではまったくなかった，といえよう。

終章　結論的考察

第2節　プロイセン土地信用制度の二元的構造：結論的考察(2)
　　　　――土地信用の一般ルールと特別ルールの併存・対立・相克の関係――

一　土地信用制度の二元的構造とは
　　　　――私見の基本的認識の提示――
　1　土地信用の「一般ルール」とは
　2　土地信用の「特別ルール」とは
　3　両ルールの「併存・対立・相克」の構造
　4　二元的構造の解明の視点
二　二元的構造の解明――土地信用政策の推移との関連性――
　1　1700年代前期：都市の貨幣経済，短期の農地信用，消費目的の抵当権――生成期の土地信用の「一般ルール」の成立（1693年・04年）と体系化（22年）――
　2　1700年代中期：農業好況，抵当権の長期化，農業土地信用の進捗――転換期の土地信用の「一般ルール」の成立（48年・51年）――
　3　7年戦争（1756―63年）以降：粗悪な貨幣の濫造，戦後の穀物価格の暴落，強制競売での欠額，土地信用恐慌――土地所有貴族の没落――
　4　旧LS制度の設立（1769年）――土地信用の「特別ルール」の成立，そのメイン化――
　5　ヨーロッパ信用思想史上の位置づけ――そのルーツとしてのイギリス土地銀行論と土地貨幣論，それとの対比――
　6　1700年代末期：三軌軸・「抵当権法（ALR・AHO・AGO）」の成立――土地信用の「一般ルール」の成立，サブとしての抑止型――
　7　次なる新立法の「空白期間」の存在――18世紀・三軌

軸・抵当権法（一般ルール）の形式的妥当——

8　旧LS信用制度の濫用——1700年代末期・「特別ルール」の濫用——

9　1800年代初頭・農民解放——シュタイン＝ハルデンベルクの改革——

10　1800年代に入り，旧LS制度はどのように推移したのか——1820年代・農業恐慌，土地所有貴族層の困窮，旧LSの強制競売の断行——

11　1849年・新LS制度の創出——1830年代・農業好況，農業経営の合理化と経営者層の一部交代，新たな資金需要，「特別ルール」の進展——

12　1840年代・抵当権恐慌（土地信用恐慌）——旧LS制度（特別ルール）の行きづまり——

13　1850年代・抵当権法改革運動——抵当権恐慌の打開のために，土地信用の「一般ルール」の改革を求めて——

14　1853年・抵当権改正令（←1783年・AHO）：「一般ルール」のメイン化に向けての新たな第一歩——抵当権法改革運動，その後——

15　1857年〜・司法大臣シモンズ時代：政府の「警戒心」——ラント議会での諸改革提案(1)，「一般ルール」の改革に向けて——

16　1861年〜・司法大臣リッペ時代：政府の「防禦」，そして「堅持」——ラント議会での諸改革提案(2)，「一般ルール」の改革に向けて——

17　1867年〜・司法大臣レオンハルト時代(1)：政府の「姿勢転換」：1868年・EEG草案（理由書）中の抵当権法（一般ルール）の基本構造の解明——①要請，②目的設定，③具体的方策，のトリアーデ——

18　1867年〜・司法大臣レオンハルト時代(2)：議会での「紛糾」——ラント議会での68年草案の審議，産業資本の確立期——

{ 19 小括 }

一 土地信用制度の二元的構造とは
——私見の基本的認識の提示——

　プロイセン土地信用制度にあっては，私見によれば，「二元的構造」を有している，という点において極めて重要な特徴を有している。とすれば，その「二元的構造」とはいかなるものであるのか。既述の如く（第1節三3(ハ)），それは土地信用における「一般ルールと特別ルールの併存」であり，しかも両ルールの「拮抗・相克」の理論的・体系的・政策的・歴史的構造に他ならない。より具体的に論じてみよう。

1　土地信用の「一般ルール」とは[1]

　(i)　本研究の方法として，既述の如く（本書・序論），プロイセン抵当権法の展開過程をフォローするに際しては，その時々に制定・公布される諸立法について，個別的にそれが「実体的・形式的・手続的」抵当権法のいずれに位置づけられるものであるのかについて，明確な分析を試みた。プロイセン抵当権法の展開過程は「実体的・形式的・手続的」抵当権法という三軌軸においてフォロー・分析されなければならない，ということであった。そして，私見によれば，三軌軸に位置づけられた抵当権諸立法，それが土地信用の「一般ルール」に他ならない。

　(ii)　より具体的には，たとえば，18世紀・プロイセン抵当権法の到達点として，「①1794年・ALR（実体抵当権法），②1783年・AHO（形式的抵当権法），③1793年・AGO（手続的抵当権法）」，の三立法が指摘されるが，これらのワンセットとしての三立法が，その当時の時代における土地信用の「一般ルール」である。

　また，19世紀・プロイセン抵当権法の到達点として，「①1872年・EEG（実体

的抵当権法），②1872年・PGBO（形式的抵当権法），③1883年・不動産強制執行法（手続的抵当権法）」，の三立法も，ワンセットとして，その当時の時代における土地信用の「一般ルール」である。

2 土地信用の「特別ルール」とは[2]

（ⅰ）これに対して，土地信用の「特別ルール」とは，その根拠法源としては，プロイセン・ラントシャフトの「条例規定（Reglment）」を意味している。この条例規定のルール，より具体的にはLS発行の「担保債券制度」のルールが，土地信用の「特別ルール」である，ということである。

（ⅱ）1769年，プロイセンでは，貴族階級たる農場経営者層の信用危機を打開すべく，ラントシャフト信用制度が設立された。その根拠規定たる条例規定，これは本来的には自治規定（Autonomie）に属するものであるが，この条例規定が，ここでの土地信用の「特別ルール」を意味するのである。

また，この1769年のLSを旧LSと表記すれば，1849年に新たなLSが——旧LSの再構成として，あるいは旧LSとの併存的に——設立されているが，この新LSの「担保債券制度」もまた，土地信用の「特別ルール」に属している。

さらに，都会地を対象として，抵当銀行制度が創立されているが，この抵当銀行により発行される担保債券（抵当債券），これも同様に「特別ルール」に属するものである。

3 両ルールの「併存・対立・相克」の構造[3]

プロイセン土地信用は，単に一元化されたルールの下にあったのではなく，一般ルールと特別ルールの「対立・相克」の構造，すなわち「二元的構造」の中に位置していたのである。とすれば，より具体的には，その「二元的構造」とはどのようなものであったのか。

（ⅰ）まず，土地所有者サイドよりすれば，自らの土地所有を起因として「信用享受」の機会が付与されている，という点では，両ルールは同様である。し

かし，その信用享受に際し，その媒介として使われている「法技術」，その点において，両ルールに相違がみられる。

(ii) 土地信用の一般ルールでは，それが「三軌軸・抵当権法」を根拠法源とするところからも自ずと明らかなように，その法技術は「抵当権」であり，これが枢要なキーとなっている。しかも，ここでの抵当権は，私的な (privat) 且つ個別的な (individual) 抵当権である。私見によれば，ここで私的とは，債務者たる土地所有者のみならず，債権者たる信用供与者もまた，私的な法律関係を形成する両当事者であり，そのような両当事者間において相対(あいたい)で設定される抵当権である，ということを意味している。個別的な両当事者間関係において，個別的な金銭消費貸借関係があり，そこでは個別的に特定の土地上に抵当権が設定されている，ということでもある。

(iii) 他方，土地信用の特別ルールでは，その法技術は「担保債券（PB）」制度である。旧LS・旧PB制度より新LS・新PB制度への発展によって，PB発行はLSの機関信用（制度信用）という「人的信用」に基づくものとしての性質がより前面に顕著に登場するようになった。人的信用の前面登場に伴ない，PBの裏付けとなっていた抵当権（物的信用）は，より一層後退していったのである。しかも，この二次的・副次的な抵当権は，新PBにあっては，もはや公的な色彩を帯びた且つ集団的・組織的・大量的な抵当権であった。

私見によれば，ここで公的な色彩を帯びたとは，信用享受した土地所有者は私的な当事者ではあるけれども，信用供与したあるいはその媒介をなした当事者が公的な色彩を帯びた土地信用機関であったこと，また，ここで集団的・組織的・定型的とは，信用供与が公的な土地信用機関によって集団的・組織的・定型的におこなわれたこと，を意味している。

(iv) 土地信用の一般ルールの形成途上の段階で，既に特別ルールが創設されていた（1769年）が，これは「一般ルールの妥当」を「抑止・抑圧」する制度的機能をもった。1783年・AHOを嚆矢とした18世紀・三軌軸抵当権法の成立以降，80年－90年間近くも，一般ルールの本格的立法は空白であったのは，特別ルールの妥当（一般ルールに対する抑止）があった，からである。メインとして

の特別ルールの妥当，である。そして，一般ルールそれ自体にも，抑止の機能（実質的審査主義の採用）があった。

その間，特別ルール自らの発展（1849年・新LS・新PB）があったにもかかわらず，次第に特別ルールの妥当が社会経済的に行きづまりをみせる。それが一般ルールの再評価・回帰の動きにつながった。一般ルールのメイン化の動き，である。1853年・ノヴェレ，そして，1872年・EEG・PGBO，1883年・不強法の成立である。信用促進のために，83年法は「土地所有者」保護の理念の下，剰余・引受主義を導入していた。

以上，これが，プロイセン土地信用の二元化されたルールの，「併存・対立・相克」の歴史的プロセスである。

4　二元的構造の解明の視点[4]

プロイセン土地信用の二元的構造については，次の三つの視点——各状況——からの解明が必要である。複数の重層的な視点から解明がなされなければならない，と私見は考える。私見の分析におけるキーたる骨子である。

(イ)　土地所有貴族層の利益保護の視点——社会経済史的状況——

まず，プロイセン王国政府の土地信用政策にあっては，プロイセンのグーツヘル，それは後にユンカーとなったが，そのように称された土地所有貴族層が，キーワードとなっている。歴史的にみて，グーツヘルないしユンカーはプロイセン国家の最も根幹となる政治的支柱であり，私見によれば，そこでの土地信用政策は，徹頭徹尾，終始一貫して，この土地所有貴族層の利益保護にあった，と考えられる。1700年代後期以降，大農場経営者層として自らの農場経営を資本主義化していったグーツヘルないしユンカー，彼らの利益は，農業資本主義国家プロイセンにとって，まさしく自らの利益に他ならなかった，からである。

(ロ)　土地信用制度の「利益享受者」如何の視点——法制度的状況——

(i)　プロイセン国家・王国の土地信用政策が，終始一貫して，グーツヘルないしユンカーの利益保護にあったとすれば，それは土地信用制度にどのように反映するものであったのか。土地信用制度の「利益享受者」如何，の問題であ

り，その利益享受者も，終始一貫して，土地所有貴族階層（の利益保護）に他ならなかった。とすれば，それは具体的な法制度（法技術）にあってはどのようにあらわれていたのか。

(ⅱ) まず，一般ルールでの「抵当権制度」についてみれば，私見の問題意識よりすれば，抵当制度は一体誰を保護すべきものなのか，誰を利益享受者とするものなのか，という問いかけについての，答でもある。私見によれば，端的に，プロイセン抵当制度は土地所有者（抵当債務者）の利益を保護するものであり，徹頭徹尾，そして終始一貫して，彼を利益享受者とする法制度として，それは成立・発展し確立するに至ったものである，と考えられる。

(ⅲ) さらに，特別ルールのLSの「担保債券制度」についてみれば，旧LSの旧PBはまさしく「現金代用物」であり，現金（金銭）に代わるものとして，信用恐慌の渦中にある土地所有貴族に，その保護のために，直接的に交付されたのである。また，新LSの新PBは，新LSの機関信用に基づいてより洗練された形の「信用証券」として，直接的に投資者に販売され，基本的にはその販売代金群を原資として，新LSという信用機関自らが「資金（現金）」を土地所有貴族に，その保護のために，供与したのである。いずれにあっても，PB制度は，公的な土地信用機関を媒介しての，まさしく土地所有貴族のための信用享受の手段であった。

(ハ) **土地信用政策の変化の視点——政策判断上の状況——**

プロイセン土地信用の二元的構造は，理論的・体系的・歴史的視点よりすれば，プロイセン国家のその時々の「土地信用政策」（政策的判断）如何によって，生成・発展・形成されてきたものである，と考えられる。換言すれば，「土地信用政策」如何がプロイセン国家それ自体の性格を特徴づける重要なメルクマールの一つであった，といえよう。私見のポイントは次の三点である。

(a) メインとサブの動態的関係

第1に，プロイセン土地信用政策は不動のものではなく，その時代時代の政策判断に基づいて，両ルールには「メインとサブの関係」が形成された。私見によれば，歴史的にみれば，土地信用の一般ルールと特別ルールは，同比重的

に併存していたのではなく，プロイセン国家におけるその時代時代の土地信用政策に即応して，両ルールのいずれにウエイトを置くのか（換言すれば，土地信用政策として，どちらのルールをメインとして活用していくべきなのか）が，意思決定され方向づけられてきた，と考えられる。このメインとサブの関係は，歴史的にみて，まさしく動態的なのである。

(b) 農業における「景気循環」との対応

第2に，プロイセン土地信用政策は農業における「景気循環」のサイクルに対応するものであった。

土地信用の二つのルールの生成・発展にあっては，両ルール中のいずれがメイン（主役）とされるべきなのか，そしてサブ（脇役）とされるべきなのか，が推移し変化したが，それはプロイセン国家の土地信用政策の判断如何によるものであった。しかも，この政策判断は，政治的背景を包摂した社会経済史的状況，とりわけ「農業好不況のサイクルないし変動」（景気循環）に対応すべく，なされた，ということに注目されなければならない。

(c) 政策判断における利益調整

第3に，土地信用の政策判断にあっては，「土地所有貴族層」の保護を基盤にしながらも，それと「対抗する階層」との利益調整もなされていた。社会経済史的状況の下で，社会的な「階層」間での，いわばマクロ的な利益調整にも，注目するものでなければならない。とすれば，「対抗する階層」とは，具体的にはどのようなものであったのか。私見は次のように考えている。

すなわち，より具体的には，まず「農民層」である。1700年代後期にあっては，プロイセンでは封建制から資本制への移行期にあった。「農民層」を中心とする自生的な下からの資本主義化と貴族層を中心とする上からの資本主義化との二つの方向が萌芽していたが，「農民」保護と「貴族」保護の対抗の中で，後者に力点を置いた形で，プロイセン土地信用政策が決断されていた。

歴史的にみて，グーツヘルないしユンカーはプロイセン国家の政治的支柱であり，1700年代後期以降，大農業経営者層として自らの農場経営を資本主義化していった，のである。グーツヘルないしユンカーの利益は，まさしくプロイ

センの利益に他ならなかった。

次いで,「新興ブルジョアジー層」である。すなわち,他方,このような農業資本主義国家プロイセンにあっても,1800年代半ば以降,産業革命が進行し,産業資本主義がその確立に向けてスタートを切っていく。農業国家プロイセンにおいて,プロイセン・ドイツ資本主義は,工業国イギリスとの対比において,遅れてきた産業資本主義であった。都市には,商工業の興隆とともに,新興のドイツブルジョアジーが勃興し,政治的影響力を有してくる。

とすれば,農業地域を舞台とする「ユンカー層」,都市商工業地域を舞台とする「新興ブルジョアジー層」,この両者の狭間で,プロイセン信用政策はどのように判断・考察されなければならなかったのか。端的に,農工業の連帯の状況が生ずるに及んで,プロイセン土地信用政策はやはり「ユンカー層保護」に力点を置いたのである。

1) 本書第1章―第5章参照。
2) 後述第3節参照。
3) 後述第3節四参照。
4) 基礎文献については,本節末尾・「基本文献リスト」参照。

二　二元的構造の解明
―――土地信用政策の推移との関連性―――

それでは,プロイセン王国政府の土地信用の政策判断はどのようになされていたのか。その変遷はどのようなものであったのか。このようなプロイセン土地信用政策の推移との関連において,二元的構造が解明されなければならない。政治的背景やその過程をふまえて,社会経済史的状況の中で,私見の分析のアウトラインを時系列的に提示しておきたい。土地信用政策の推移史を私見はどのように読んだのか,把握したのか,ということである。私見の歴史認識如何,

299

である（既述―4）。

　結論的にいえば，「プロイセン投資抵当権の確立」という我妻シェーマの検証・確認のために，あるいは「土地所有権の確立過程」のフォローのために，その背景たる社会経済的状況にも言及する諸研究（鈴木・伊藤眞・石部・有川・田中・松井の諸教授による研究）がこれまでもなされてきているが，それらにおけるとは，私見の分析視点や基本視角が異なっている。私見にあっては，「制度目的論」の視点より，抵当土地信用の，そして抵当権法の発達過程の中に，「所有者（債務者）保護」のプロイセン法理の形成・確立をみる，のである。

1　1700年代前期[1]：都市の貨幣経済，短期の農地信用，消費目的の抵当権
　　　――生成期の土地信用の「一般ルール」の成立（1693年・04年）と体系化（22年）――

　(i)　プロイセン土地信用の状況としては，次の三点に集約できる。第1に，土地信用のウエイトは農村ではなく都市にあった。農村では未だ自給自足的経済の中にあり，しかも土地自体には多くの身分的制約（処分制限）が存在していたのに対して，都市では商業の発達に伴ない，貨幣需要も生じていた，からである。第2に，農村にあっては勿論のこと，都市にあっても，抵当制度の利用は極めて低かった。貨幣経済が一般的にいって未発達であった，からである。第3に，土地信用はもっぱら土地所有者の消費目的のために利用されることが多く，偶発的・短期的な信用であった。「黙示・特権的・一般」抵当権が存在して，抵当権としての独自性を有せず，債権担保としての従属性を強く有していた。

　(ii)　土地信用制度の視点よりみれば，まず，土地信用の一般ルールが生成した。その嚆矢は，1693年・1704年の二つの勅令である（第1章第2節）。都市を中心として，国家財政的目的をもつものであった。

　次いで，1722年・HKOである（第1章第3節）。土地信用の一般ルールとしてはじめての本格的・包括的立法である。土地信用のルールの体系化を意図しており，債権者をも含む一般公衆の信頼（貸付金への信頼）を保護しながら，

信用の促進を狙いつつも，その基本姿勢としては，あくまでも土地所有貴族層（債務者）の利益保護にあった。これを基本スタンスとして，抵当制度を組織・編成していた，といえよう。

2　1700年代中期[2]：農業好況，抵当権の長期化，農業土地信用の進捗
　　――転換期の土地信用の「一般ルール」の成立（48年・51年）――

　(i)　農業技術の進歩に伴ない，農民は賦役労働者より賃金労働者へと転化した。また，イギリス産業革命の発展に対応して，穀物の対英輸出が増大し，プロイセン土地所有貴族は自らの資金需要を増大させた。土地信用のウエイトは都市より農村に移り，抵当権は長期化してきた。貴族所有農地上の抵当負債額は増大し，地価も上昇し，プロイセン農業は好況にあった。

　(ii)　このように土地信用が転換していく状況の下で，48年と50年・51年の抵当立法がなされた（第2章第1節）。これは土地信用の一般ルールであり，転換期の抵当諸立法として，次なる発展の基盤となった。48年令では，抵当制度が大きく進歩し，購入代金残額のための土地所有権留保の手法により，長期化する抵当信用のための法的基盤が成立した。また，48年令の補充を目的とした51年令では，公示主義や公信主義の萌芽がみられた。

3　7年戦争（1756―63年）以降[3]：粗悪な貨幣の濫造，戦後の穀物価格の暴落，強制競売での缺額，土地信用恐慌――土地所有貴族の没落――

　(i)　プロイセン農業の好況はシュレージェン領有をめぐる7年戦争により中断された。戦乱による直接的・物理的被害に加えて，粗悪な貨幣が濫造され，貨幣経済の秩序が破壊された。しかも，穀物価格は戦時に暴騰するも，戦後暴落し，土地所有貴族は没落に瀕した。

　(ii)　シェレージェンでは次の如くであった。裁判上公証された抵当権は，土地価格の一定限度の枠内で公証されていたため，安全確実性を有していた。しかし，戦時中，土地所有貴族層の圧力の下，一定限度枠を越えて裁判上の確証がなされたため，抵当権の安全確実性は失われ，強制競売では土地の競落価格

は債権額に満たないケースもしばしば生じた。かくして，農業不況の下で，貸手サイドは新規の貸付を抑止ないし停止し，それに加えて既存貸付の回収をも促進するようになった。プロイセン政府は，土地所有貴族を救済すべく，モラトリウムを発布したが，これは逆効果となった。かえって土地信用を逼迫させた，からである。モラトリウムの廃止後にあっては，激しい信用恐慌が生じ，多くの騎士農場が強制競売に付され，地価も暴落し，土地所有貴族は没落した。

4　旧 LS 制度の設立[4]（1769年）
　　——土地信用の「特別ルール」の成立，そのメイン化——

(i)　7年戦争（1756—63年）を契機として，農業不況が深刻化し，土地所有貴族層も没落の危機に瀕していた。高利の抵当負債の巨大化により自らの所有領地を喪失せざるを得なくなっていた，からである。そこで，土地所有貴族層を救済するために，低利の金融により借り換えをなさしめるべく，フリードリッヒ大王により旧 LS が設立された。1769年のことである。これが，土地信用の特別ルールの創設である。

(ii)　土地所有貴族はどのように借り換えができたのか。その仕組み如何，ということである。旧 LS が「貨幣代用物」としての PB を発行し，これを土地所有貴族に交付する。土地所有貴族はこれを売却し，現金を受領し，この現金でもって高利債務を償却する，というものである。

(iii)　そこでの抵当権の仕組みはどうなっているのか。PB の購入者，すなわちこれが PB 所持人であるが，この者は PB 上に記載された土地について抵当権を取得する。この土地は，信用供与を受けた貴族の所有に属するものである。PB 所持人の抵当権は PB 占有と直結した物的担保権である。PB 上の債権額（券面額債権）について旧 LS が弁済期到来にもかかわらず支払をなさない場合には（これは現実にはほとんどありえない），PB 所持人は抵当土地を競売し，代金より直接に弁済を受けることができた。

他方，旧 LS もまた抵当土地上に担保権を有する。租税優先権に類似した，一種の公法上の法定担保権である。旧 LS が PB 所持人に対して元利を含めた

券面額債務を支払い，それに基づいて成立する基本的債権債務関係における旧LSの債権（債務者は信用供与を受けた土地所有貴族である），その債権担保のために成立した法定担保権である。

(iv) グーツヘル層の農場経営，それへの信用供与のシステムは，旧LS信用制度をとおしてなされた。その利用度からいって，まさしくこれが土地信用ルールのメインとなった，のである。

旧LS信用制度の創設は成功をおさめた。1770年12月に活動をスタートし，翌年1月には，1,315,102ターレルの抵当証券が発行された。これにより，信用の危機にあった多数のグーツヘル層が救済された。

PBの発行の経済的効果如何についてみれば，「貨幣代用物」としての担保債券の発行により，流通する貨幣量は増大し，それに伴ない一般利子率が自然的に低下し，と同時に土地価格が上昇する，というものである。現実にシュレージェンでも，旧LSのPB発行により，年1割の高利率が年4分に低下し，土地価格も上昇した，といわれている。いわば「ニュー　マネー」の登場，これによる信用危機打開，である。

なお，国王の意図としては，PBの発行により，一般利子率が低下する。とすれば，高利のラントシャフト債務を低利の一般債務に借り換えをすべきである。これにより，漸次，担保債券を消滅させていく，というものであった。担保債券は，あくまでグーツヘル保護のためのものであり，先祖伝来の土地の喪失を阻止すべく，機能するものでなければならない，と考えていたのである。

5　ヨーロッパ信用思想史上の位置づけ[5)]
　　──そのルーツとしてのイギリス土地銀行論と土地貨幣論，それとの対比──

シュレージェンに設立された旧LS制度，それはヨーロッパ信用思想史上どのように位置づけられるべきなのか。

(i) まず，旧LS制度の母体となったのは，ビェーリングの計画であった。それには，土地価値の信用証券化によって「貨幣代替物」を創造するという思

想が含まれていた。これは，ヨーロッパ信用思想史上，すでにイギリスのチェンバレンの土地銀行論やローの土地貨幣論にあって，主張されていたものであった。旧LS制度の創設に関与したスワルツの貨幣観も同様であった。

(ii) チェンバレンに代表されるイギリス土地銀行論，その思想内容はどのようなものなのか。

(α) まず，第1に，信用と貨幣の同一性の認識である。信用は，流通・支払手段として，その機能上，貨幣と同様である，との認識である。これは，信用がトレイドを媒介する機能をもっているという現実に，着目したものであった。

(β) 第2に，信用のファンドを「土地」に求めていることである。信用の貨幣的機能を認識しながら，その信用が絶対確実な土地価値によって保障されるとき，それは金銀の貨幣に優るとも劣らない。信用証券が，土地の「内在的価値」と議会法の承認という「外在的価値」に支えられるとき，それは貨幣機能を代行し流通する，としたのである。

(γ) 第3に，一方において，商業・金融資本家に対する憎悪であり，他方においては，土地所有者の利益保護である。商業・金融資本家がもっぱら貨幣利益のために貨幣と信用を独占し，高利率を維持し，土地所有者を圧迫している。とすれば，土地信用証券の発行により，一般利子率を低下させ，土地所有者を高利の債務負担より解放せん，としたのである。

(iii) イギリスの土地銀行論，それはその後どうなったのか。当時，イギリスの経済体制は産業資本を基軸とする方向に移行する時期にあった。この時期，この強力な産業資本に対応すべく，土地所有者は自らの失地回復に向けての努力を傾けた。これが土地銀行論の思想的背景である。しかし，それは，初期産業資本を代表するイングランド銀行との対抗において，敗れ去った。実務上，失敗した，のである。

(iv) これに対して，ドイツでは成功した。土地所有者層，グーツヘルの努力，それが奏功した。自己の封建的土地所有関係が動揺しはじめた中で，その回復・維持のために，旧LS信用制度が機能したのである。グーツヘルは資本主義的方向に自らの農工業を再編成していくこととなった。産業資本の未成熟な

状況の中でのことであった。

6　1700年代末期：三軌軸・「抵当権法（ALR・AHO・AGO）」の成立[6]
——土地信用の「一般ルール」の成立，サブとしての抑止型——

（i）18世紀末期の三立法，すなわちALR（1794年）・AHO（1783年）・AGO（1793年）の抵当権法，これが土地信用制度の一般ルールである（第2章第2節）。公示主義や特定主義がかなりの程度に形成され，登記簿制度も整備された。土地信用促進の方向である。しかし，他方，実質的審査主義が導入されたし，抵当権の付従性も存在していた。土地信用の障害である。

（ii）AHOにはじめて導入された実質的審査主義，これは抵当信用取引に対する抵当登記官庁の職権的な監督・審査である（第2章第2節2(2)）。実体的法律関係に合致した抵当権登記，これを国家が確実に保障し，これにより抵当土地信用を推進せん，とするのが本来の制度目的であった。しかし，実質的審査主義は現実には抵当土地信用を抑止する形で機能するものとなっていった。

すなわち，実質的審査主義の下では，実体上の権利と登記事項は一致しなければならず，所有権についていえば，所有権原の公示に加えて，その絶対的有効性もまた，可及的に保障がなされていなければならない。さらに，抵当権についても同様であり，抵当権登記には実体的権利関係と符合するものとしての保障がなされていなければならなかった。そして，その保障の確保のための具体的手立てとして，登記に際し登記裁判官には審査義務が課せられた。したがって，すべての登記されるべき事項（行為）についての法的審査として，抵当官庁（抵当裁判官）により，形式的審査のみならず，実質的審査がなされた。しかも，その審査はプロイセン官僚制特有の「合議制」に基づくものであり，それは抵当裁判官の過大・過重な人的責任を伴なうものであった。かくして，このような抵当裁判官による職権的介入は，抵当取引当事者にとって，極めて厄介な後見と感じられるようになり，事実上，一般ルールの利用は抑止された。私見によれば，一般ルールの下では，私的な相対での個別抵当権が前提とされていたが，この利用が抑制される結果，農地には私的な資本の導入が抑制され

ざるを得なかった。高利の民間の私的資本の流入を排除する，というものであった。一般ルールのサブ化であり，メインは，当時，旧LSの土地信用（特別ルール）に他ならなかった。

7 次なる新立法の「空白期間」の存在[7]
——18世紀・三軌軸・抵当権法（一般ルール）の形式的妥当——

(i) 18世紀・末期の三立法による一般ルールの制定・施行以降，本格的立法はなされず，この一般ルールがほぼ90年近くも現行法として表面的には妥当していった。根本的改正はなされなかった，のである。ここにプロイセン国家の信用政策の基本姿勢がみられる，と考えられる。

(ii) より具体的には，一般ルールの抵当信用制度はサブでよい。この制度が使いやすいものとなってしまえば，高利の私的資本が農地に流入し，過度に抵当負債が増大化し，かえって土地所有貴族層を没落させることになるであろう。とすれば，一般ルールの抵当信用制度は，国家による後見・監督の下，使いにくいものであって適当である。高利的な民間の資本が農業経営に流入するものであってはならない。これをむしろ抑止すべきである。これがその時代におけるプロイセン国家の基本姿勢であった，と考えられる。したがって，これらの三軌軸抵当立法は，民間の私的な高利資本が農業経営に過度に流入してくることを抑止する，という意味での，いわば「抑止型としての一般ルール」であった，といえよう。

8 旧LS信用制度の濫用[8]
——1700年代末期・「特別ルール」の濫用——

(i) その設立以降，旧LS信用制度はどのように機能し，利用されたのか。設立当初にあっては，大いに利用され，機能し，見事成功した，といわなければならない。困窮する多数のグーツヘル層は同制度（公的信用）により救済された，のである。

(ii) しかし，他方，しばらくするようになると，その行き過ぎが生じ，グー

ツヘル層による制度濫用がみられるようになった。より具体的には，PB発行を受けたグーツヘルが存在するところ，この者がPB売却により現金を入手したにもかかわらず，自らの債務の借り換えをなすことなく，当該売却資金を他の土地の購入のために用いる，というケースが数多くみられるようになった。自己の所領地を拡大し，自らの農場経営をより一層大規模化する，あるいは転売を念頭においての投機目的で買いあさる，というものであった。PB相場が額面額を越えて取引され，いわゆる値鞘を生ずるようになると，グーツヘル層は自らのLS債務償還に興味を示さなくなった，からである。

——なお，いわゆるバブルといわれる投機取引ブームの常なる如く，このような投機目的の制度濫用は，1700年代末期をピークとして，1800年代に入ると，急速に終息していった。バブルがはじけた，のである。——

(iii) 制度濫用を可能とした経済的メカニズムはどのようなものであったのか。すなわち，

(α) PBは「貨幣代用物」である。その発行は「流通手段」の増加である。したがって，PB発行により一般利子率が低下する。他方，PBは高利率であり，しかも安全確実であり，とすれば投資家にとってますます魅力あるものとなる。かくして，1775年には，PBの市価は券面額を越え，値鞘を生ずるに至った。市場価格は券面額を越えて，PBが取引されたのである。

(β) これをグーツヘルからみれば，どのようなことであるのか。旧LSよりグーツヘルはPBの交付を受け，これを他に転売・譲渡した場合，グーツヘルは券面額を越えた現金を受領しうることになる。券面額を基準とすれば，PBは高利であるにもかかわらず，市場価格が券面額を越えているときには，その市場価格を基準とすれば，その利率は低いものであり，一般利子率をも下まわることも生ずる。このように低利の債務であるとすれば，グーツヘルにとって，一般債務に借り換え，これによってLS債務を償却する，という方法を採らなくなる。LS債務の償却をしなくなる，のである。

(γ) それではグーツヘルはどうするのか。旧LS債務を償却することなく，旧LSからのその資金（PBの売却資金）を他の農場の購入に向けようとしたの

である。かくして，自らの所領地拡大の欲求にこたえるべく，その資金源として旧LS債務を利用した。

(iv) 旧LS信用制度の濫用により，土地の投機売買が激化した。18世紀末，シュレージェンでは，農場は馬と同様に取引され，投機の欲求は農場の売買を馬取引としてしまった，といわれている。中小農場領主が土地を手放し，大農場領主がこれを併合し，これに伴ない領主・農民関係も変容していった。伝統的家父長的心情の関係の崩壊であり，これは領主・農民間の紛争も激化させた。

シュレージェンの司法大臣ダンケルマンは，同体制の維持・安定化のために，そして中小領主層の擁護のために，旧LS信用制度の濫用の防止を意図した。しかし，シュレージェンの貴族層の強い反対にあい，その試みは挫折した。

(v) 以上，小括すれば，1700年代後半，旧LS信用制度は封建的領主層の土地売買や所有地拡大・大土地所有を誘発し，そのテコとなった。「特別ルール」の光（救済）と影（濫用）である。国内外の穀物需要の増大と価格高騰と相まって，封建的領主層は自らの農業経営における営利追求をますます強めていった。農業経営が資本主義化していく，その端緒であった。

9 1800年代初頭・農民解放[9]
──シュタイン＝ハルデンベルクの改革──

(i) ナポレオンに敗れた「イエナの敗戦」（1807年）により，プロイセンは，国家存亡の危機を打開すべく，国制と社会体制の抜本的再建が急務となった。シュタインやハルデンベルク等に代表される官僚改革派が，いわゆる「プロイセン改革」を断行した。

(ii) 1807年10月，シュタインの主席大臣（事実上の首相）就任に伴ない，直ちに「10月勅令（農民解放令）」が公布された。これにより，貴族領農民についても世襲隷農制が廃止され，農民の人格的自由が認められた。また，土地売買や職業選択における身分的制約も，撤廃された。「農民解放立法（農業改革立法）」のスタートである。

(iii) ナポレオンの圧力によるシュタインの辞職にもかかわらず，プロイセン

改革はハルデンベルクによって受け継がれた。1811年9月14日,「グーツヘル＝農民関係の調整に関する勅令」が公布され,これは1816年5月29日の「同勅令の布告」とともに,ハルデンベルクの下での最も重要な農業改革立法である。

(iv) この調整令の意図は,農民の土地保有権（Besitzrecht）を所有権（Eigentumsrecht）に転化させ,従来の封建的小作人（Lassbauer）を独立の自作農とすることにあった。これは10月勅令の内包する課題を解決したものであり,フランス革命での農民からの「下からの解放」との対比において,国家立法による「上からの解放」であった。

と同時に,この調整令は農民解放の適用範囲の制限令でもあった。これは,この法律がハルデンベルクとグーツヘル（その代表機関として召集された「国民代表」）との激烈な闘争の過程を経ての成立であった,ということからも明らかであろう。かくして,農民への土地所有権授与の条件として,グーツヘルと農民との間で権利義務関係の調整がおこなわれ,賠償という形で（有償で）,世襲農民に対してはその従前の保有地の2分の1が,非世襲農民に対してはその従前の保有地の3分の1が,それぞれ割譲しなければならないものとされた。

10　1800年代に入り,旧LS制度はどのように推移したのか[10)]
――1820年代・農業恐慌,土地所有貴族層の困窮,旧LSの強制競売の断行――

(i) 1806年―1807年,1812年―1814年,の二つの戦争により,プロイセン農業は大きな打撃を受けた。しかし,旧LSは,その資金需要に応えるべく,PBの発行を増大させ,農場経営貴族層の苦境を救済し,信用恐慌を阻止し得た。しかも,ナポレオンの大陸封鎖令の解除に伴ない,穀物の対英輸出も復活し,農業経営は好転へと向かった。

(ii) しかし,景気回復は一時的なものにすぎなかった。まもなく,穀物過剰生産と英仏への輸出不振とが重なり,一気にプロイセン農業は不況へと陥った。穀物価格は下落し,土地価格も大幅に下落し,農場経営貴族層は著しい苦境へ

と陥った。元本債務はモラトリアムにより支払いを免れてはいたが，その利息債務の支払いに苦しんでいた，のである。かくして，旧LSは抵当権の実行として，農場に対する強制管理，さらには強制競売に踏みきった。

　1820年代には，東西両プロイセン州長官・シェーンの意向の下，旧LSによる強制競売が激増した。それは何故か。旧LS自身が，貸付債権回収の困難により，自らの存立基盤を危殆化させるに至っていた，からである。貸付限度額の引き下げなどの貸付条件の厳格化，さらには自らへの国庫助成金の要請，といった方策が採られ，しかも，助成金貸付・交付の条件として旧LS自身の経営健全化が必須とされたのも，その理由の一つである。国家による旧LSへの助成は，1823年以降，本格化した。

　(iii)　旧LSによる強制競売の断行，それは土地所有貴族層に対する旧LSの基本姿勢の転換として把握することができる。端的に，土地所有貴族層を峻別し，存続し得べき者は存続せしめ，没落せざるを得ないものは没落させる，とのいわば「スクラップ　エンド　ビルド」の基本姿勢に転換した，といえよう。土地所有貴族であるからといって，すべて彼らを旧LSは擁護するものではない，ということである。他面よりいえば，旧LS自らももはや財政的余裕があるわけではなかった，のである。

　これを理念的にみれば，どのようなことであったのか。プロイセン国家の支柱である貴族階級の没落を可能な限り阻止しなければならない，との「政治的保守主義」が従前より存立していたところ，それは，経済的弱者は滅びるままに，いわば自然の成り行きに委ねることが，結局のところ国家の利益に奉仕する，との「経済的自由主義」の前に，後退せざるを得なかった。長官シェーンは，この二つの思想の微妙なバランスの上で，自らの政策を遂行したのである。

　(iv)　強制競売の断行によって旧LSは経営健全化をなし得たのか。答えは否である。農地の競落価格はますます下落の一途をたどり，旧LSは多額の欠損（未回収債権）を抱えこまざるを得なかった，からである。一時期は国庫助成金によりこの欠損を補塡し得たが，1827年に至り助成金打ち切り策が出て，再び危機に陥った。最終的には，貸付返還金を補償金として与えられることとなり，

これにより危機を脱した。

(v) 他方，ビルド対象としての農場経営者層はどう保護されたのか。まず，復興援助金の下附により，保護されたのである。大土地所有貴族に集中して巨額の貸付がなされた。

また，シュレージェンに「王立信用協会」が設立された。1835年6月8日の命令により，旧LSの補充として，旧LSの後順位で貸付をなした。旧LSの融資限度枠をうめつくしていた土地所有者は，それにより救済を得た。

(vi) 以上，小括すると，旧LSは一部の大土地所有者を圧迫した。強制競売の断行によって，である。スクラップ対象層である。しかし，他方，国家は直接ないし間接に国庫助成金によって大土地所有者を保護した。ビルド対象層である。これが1820年代以降の状況であった。

11　1849年・新LS制度の創出[11]

——1830年代・農業好況，農業経営の合理化と経営者層の一部交代，新たな資金需要，「特別ルール」の進展——

(i) 1830年代に入り，農業状況は好転する。穀物価格が上昇し，地価も上昇に転じた。プロイセン農業は合理的な農業経営へと移行した，からである。農業技術の発展，農業経営者の一部交代，という二つが，その大きな理由である。後者についてみれば，没落した貴族から都市や農村の富裕層，しかも農業経営に意欲と能力を有する者への一部交代，などにより，プロイセン農業は大いに発展した。貴族的土地所有の市民化，である。これは，身分的閉鎖性を排除した，いわばオープンな新LS設立の，一つの原因ともなった。

1800年代中葉，都市では工業が発展した。農村の地主階級と都市の市民階級ないし労働者階級との対立が生じた。小土地所有者階層の没落阻止，これが新LS設立の一つの契機でもあった（後述第3節二参照）。

(ii) 旧LSは，土地所有貴族層の相互的扶助機関であった。貴族的土地所有に対してのみ，旧LSは金融を付与するものであった。しかし，農民解放により身分的差別が消滅し，農民もまた所有地処分の自由を得るに至ったり（既述

311

9），土地の動化により都市ブルジョワも旧貴族所有地を取得するようになると，旧 LS のクローズな性格の前提が崩れてしまった。しかも，1848年の革命の結果，プロイセン政府もこれらの非貴族的土地所有者にも金融の途を付与するため，旧 LS の改革に踏み切った。1849年以降，東プロイセンやシェレージェンを嚆矢として，旧 LS への農民参加を認めたり，新たな農民用 LS を設けその業務を旧 LS に付託したり，当初よりそもそも身分的差別なきオープンな新 LS を設置したり，した。これは，「特別ルール」の改善・手直しであり，その進展に他ならなかった。

12　1840年代・抵当権恐慌（土地信用恐慌）[12]
　　　——旧 LS 制度（特別ルール）の行きづまり——

（ⅰ）1840年代に入り，農業経営より資本が逃避し，深刻な資本不足が生じ，いわゆる「抵当権恐慌」（土地信用恐慌）が社会問題となった。その打開のために，広く社会に「抵当権法改革運動」が主張されるに至った。とすれば，抵当権恐慌はいかなる原因により生じたものなのか，そして抵当権恐慌を契機として主張された抵当権法改革運動はその打開のためにいかなる具体的方策を提示するものであったのか。

（ⅱ）まず，ここでは抵当権恐慌についてみる。

1825年—50年代にあって，ドイツ資本市場の状況は大きく変化した。根本的変動が生じた，のである。それまで土地所有に向けられていた資本が，当初は徐々に，40年代以降激しく，土地所有より引き上げられ，公債や株式・社債の取引市場へと流出していった，からである。これにより，とりわけ農村の土地所有にあっては，深刻な資金不足の状況が顕著となった。これが40年代・抵当権恐慌である。

（ⅲ）その原因としては，次の二つを指摘することができる。

①第1に，農業経営における土地所有サイド（資金需要者）での，いわば「内在的原因」である。これには二つあり，まず1800年代以降，自由な土地所有権が確立し，農村土地所有が貴族層に限られず，農民富裕層や都市ブルジョ

ワにも拡がり，従来からの身分閉鎖的な旧LSでは資金需要には十分にこたえることができなくなった，からである。

また，30年代以降，農場経営は次第に近代的な合理的耕作方法に転換しはじめており，そのためには巨額の資金を必要としていた，からである。しかも，地代騰貴に伴なって，土地負債も増加しており，自らにおいて資金需要が増大化していた，からである。

②第2に，農業経営における土地所有サイド（資金需要者）それ以外での，いわば「外在的原因」である。資金供給者である資本サイドよりすれば，公債・株式・社債への資本投下は，その高配当性や相場利得（キャピタルゲイン）の期待可能性において，農場経営（土地所有）への投資に比して，はるかに魅力あるものであった，からである。

(iv) 以上，①資金需要者たる農村土地所有サイドでの原因，②資金供給者たる資本所有サイドでの原因，これら二つを起因として，抵当権恐慌が生じ，これは旧LS制度（特別ルール）の行きづまりを意味するものに他ならなかった。

13　1850年代・抵当権法改革運動[13]

——抵当権恐慌の打開のために，土地信用の「一般ルール」の改革を求めて——

(i) さらに，50年代・抵当権法改革運動，それは何を起因とし，何を目的とするものであったのか。そして，その具体的方策として何を主張するものであったのか。

(ii) 前述の如く，抵当権恐慌，すなわち農場経営（土地所有）における信用恐慌が社会問題化し，その解決はドイツ国内経済上の喫緊の重要な問題の一つとなった。かくして，その解決を求めて，より具体的には農場経営（土地所有）への資本誘引を求めて，ドイツ国内では，抵当権法改革運動が各界より多方面にわたって有力に主張されるに至った。これが50年代・抵当権法改革運動である。

(iii) 抵当権恐慌を起因とし，農業経営（土地所有）への資本導入を目的とし

た抵当権法改革運動，それは具体的方策としていかなることを主張するものであったのか。

(α) まず，国内には，資本が十分にある。ただそれが公債・株式・社債の取引市場に偏在的に投下されているだけである。とすれば，その十分に余力ある資本を農場経営（土地所有）に誘引することができるように，資本の流れを調整すればよい。そのためには，農場経営（土地所有）を資本投下サイドにとって魅力あるものにしなければならない。これが，改革運動の前提とした認識であった。

(β) それでは，投資対象として魅力ある農場経営（土地所有），それはどのように具体化されればよいのか。土地負債制度（抵当権制度）を根本的に改造しなければならない，キーワードは土地価値の可能な限りの「動化」であり，抵当権の「物的手形（Realwechsel）」化である。これが，改革運動の主張スローガンであった。

(iv) このように，改革運動のキースローガンは，抵当権の「物的手形」化であった。とすれば，このような法思想を具体化するための方策，あるいはそれを支持する法技術，それはどのようなものなのか。次の諸点が主張されていた。

①抵当関係事件について，その所轄事務を専門の行政官庁に移管すること。これまでのように裁判所（裁判官）に委ねるものであってはならない。なぜなら，緩慢な「合議制」の下，登記事務処理が複雑化し遅滞化するからである，ということである。

②土地登記簿制度を完成させること。これまでは抵当権登記簿としての性格を中心としたものであり，不動産に関する権利関係一般を公示しうる登記簿にしなければならない，ということである。

③実質的審査主義を廃止すること。抵当権登記に際しての登記官庁（裁判所・登記裁判官）による基本債務関係の存在についての審査，これは小心で緩慢なるものであり，関係当事者よりすれば，国家による厄介な後見であると意識されている，からである。改革運動の旗手の一人であるミッテルマイヤーの，もっとも根幹とする主張である。

④登記の形式的効力主義を採用すること。不動産に関する権利は登記によってのみ成立し，その基礎たる当事者の意思表示の有効性如何とは無関係であるべし，とするのである。不動産上の権利関係の簡易明確化を図ろうとするものである。

⑤抵当証券と抵当権の移転を可能な限り簡易化すること。

⑥無記名式及び白紙委任状式の抵当証券を許容すること。

⑦抵当権の付従的性質を廃止すること。

⑧抵当権取得者に手形取得者と同様の保護を認めること。

(v) このような抵当権法改革運動の主張について，我々は何に注目すべきなのか。私見によれば，次の三点に注目すべきである。

(α) 第1に，改革運動の主張が「私的・個別抵当権（private Individual-hypothek）」制度の抜本的改革に向けられている。これは私見のいう「一般ルール」，すなわち18世紀末の「三軌軸・抵当権諸立法（ALR・AHO・AGO）」の改革を主張するものに他ならない。

私見によれば，既に60年から70年間近くも，現実の土地信用システムとしては，いわば「脇役」としてサブに位置づけられてきた「一般ルール」，これに再び焦点をあて，いわば「主役」としてメインに位置づけるべく，その抜本的改革を目指すべし，これが50年代・改革運動の主張であった，と考えられる。

(β) 第2に，改革運動の方向性としては，大別すれば二つあり，それは本格的・抜本的なラディカルな改革と形式的改革の二つであり，その大勢は前者の方向性に向かっていった。

たとえば，ミッテルマイヤーによれば，改革方針として大別すれば二つの方向あり，としている。①まず第1に，実質的審査主義の廃止などを主軸とした抜本的改革である。新時代的進歩に即応して，これを基礎として，抵当権法（とりわけAHO）を抜本的に改造せん，といういわばラディカルな方向である。次いで，②第2に，AHOの基本原則を維持しながら，簡易化のみを主眼とした形式的改革である。本質的に変化した諸関係・諸状況があるところ，それが公衆の利益（貸付金への信頼）にそぐわないところを生じせしめているという

限りにおいて，その利益に即応するように簡易化のみを図る，といういわば穏健な方向（なお，後述の53年・Novelleは，この方向性に対応したものであった）である。

　現実の改革運動にあっては，この二つの方向の狭間にあって，様々な濃淡ある改革主張がなされ，多様にヴァリエーションがみられた，といえよう。

　(γ) 第3に，改革運動は，農場経営（土地所有）や農場経営者を念頭に，おこなわれたものであったが，それは主としてそうであった，ということである。

　たとえば，ミッテルマイヤーの改革論にあっては，マクロ的に「土地所有」一般への資本誘引が構想されており，農業経営者のみならず，商工業者にとっても，抵当権制度の改革が必要的である，とされている。すなわち，土地所有は生産用具であるのみならず，信用用具でもある。それは，信用享受によって自ら大企業化するためには，農業者にとっても，商工業者にとっても，同様である。とすれば，我々の社会における土地所有状態一般を改革することが大事だ，としているからである。農業経営の商工業との連携，という方向性への対応も，ここでは意識されていたのではないか，と考えられる。

　(vi) 私見によれば，農業経営（土地所有）における抵当権恐慌とは，端的に旧LS信用制度の行きづまりであった，と考えられる。プロイセン農業信用はもっぱら旧LS信用制度によりなされてきた，からである。とすれば，抵当権恐慌を契機として農業経営（土地所有）に資本を誘致しようとするものであった改革運動，それはなぜ旧LS制度自身に対する改革に向けられなかったのか。旧LS制度それ自身を改革することによって，農業経営（土地所有）の信用難を克服できたのではないか，ということである。このようなさらなる疑問が自ずと生じてこよう。

　この疑問に対しては，私見によれば，次の如く答えられよう。改革運動にあっては，既に旧LS信用制度（特別ルール）に対する訣別・見切りの思考が存在していたのではないか，と考えられる。旧LS信用制度の制度的限界，いわば「制度疲労」が，意識されていた，といえよう。その理由として，改革運動の当時なされていた，旧LS信用制度に対する次のような批判を，援用しておき

①旧LS制度は，組織として，あまりに古く遅れており，機能的でなく，かえって土地所有者の信用を冒している。

②その管理機構は肥大化し，いたずらにコストがかかるものとなっており，それは組合員たる土地所有者に負担をかけるものとなっている。

③管轄区域が限定的で狭いものとなってしまっており，土地所有者の資金需要にこたえられていない。

④農場価格が大きく変動しているのが現状なのに，その融資額基準たる査定方式があまりに硬直的・画一的であり，価格変動に対応しきれていない。

⑤貸付限度枠が農場査定価格の2分の1におさえられてしまっており，これでは低すぎ，組合員の資金需要にこたえられていない。

⑥旧LSには様々な特権的な諸権利が許与されているため，農場経営がそもそも土地所有者による私的な経営であるにもかかわらず，公的機関である旧LSがこの私的な経営に干渉する結果となっている。

⑦担保債券の市場価格が下落しており，その発行体たる旧LSは融資の原資たる資金を獲得する力を失ってしまっている。

(v) なお，50年代・改革運動の持つ思想的・社会的・経済的背景についていえば，48年3月「革命」以降における自由主義的思想の影響の下では，抵当取引にあっても，従来からの国家後見的・監督的・官憲的な束縛よりの解放を求めて，自由で私的な抵当取引が構想されていた，といえよう。

14　1853年・抵当権改正令（←1783年・AHO）[14]：「一般ルール」のメイン化に向けての新たな第一歩

────抵当権法改革運動，その後────

18世紀・三軌軸立法中，形式的抵当権法である1783年・AHOについては，1853年，その改正令が公布されている。抵当権法改革運動が政府を動かした，その一つの成果である。抵当証書の簡易化，登記簿を信頼して取引に入った善意の第三者保護の規定化，がその注目点である。土地信用の「一般ルール」に

ついての，そのメイン化に向けての第一歩であった。

15　1857年～・司法大臣シモンズ時代：政府の「警戒心」[15]
　　——ラント議会での諸改革提案(1)，「一般ルール」の改革に向けて——

（i）　53年・抵当権改正令は形式的側面での改正に留まり（その形式的抵当権法としての法典性格よりも自ずとこれに限定されよう），しかも抜本的・根本的改正をなすものではなかった。一時しのぎの手直し（その改正令としての法令性格よりも自ずと明らかとなろう）をするものにすぎなかった。かくして，53年・改正令以降，ラント議会では，抵当権制度の改革を求めて，いくつかの議員提案がなされている。これらの諸提案の内容と審議をとおして，その時代におけるプロイセン政府の基本方針，すなわち「土地信用政策」如何が，極めて明らかとなってくる。私見の分析にあっては，当時の司法大臣が誰であったのか，に時系列的に着目しながら，まず司法大臣・シモンズ時代の土地信用政策如何の動向をみてみる。

（ii）　Lavergne—Peguilhen 提案（1857年1月・衆議院）

(α）　これは，抵当権制度（抵当権法）とは離れた「外在的改革」の提案である。農業経営のための身分限定的な土地信用機関（抵当・貯蓄・貸付銀行）を個々の行政区や州に設立し，その抵当保全（hypothekarische Sicherheit）をとおして土地所有者に土地改良資金や農業経営資金を提供すべし，とするものであった。農地から資本が流出し，株式等に流入しており，土地所有者は信用危機にあり，これを打開せん，とするものであった。公的な色彩を伴なった新たな土地信用機関の設立，これによる身分的な土地所有者層（農場経営者層）の救済，これが提案趣旨であった。

(β）　プロイセン政府はどう反応したのか。提案に対して反対であった。農務大臣・Manteuffel の言によれば，新たな公的信用供与機関の設立によって，民間から私的資本が導入され，土地信用が容易化するが，これはむしろ土地所有者にとって利益とならない，と判断したからである。土地信用の容易化と増大化により，土地所有は動化し，抵当負債も増加し，土地所有者は頻繁に交代し，

騎士農場は投資街の投資家の手中に収められることになるであろう，とするのである。また，新機関より発行される新たな無記名信用証券（zirkulierende Kreditpapiere）に対しても，プロイセン政府は強い懸念を表明している。

(γ) この提案は，衆議院総会で否決された。

(iii) Meding 提案（1857年2月・貴族院）

(α) これは，抵当権制度（抵当権法）の「内在的改革」の提案である。抵当事件の手続の簡易化，無記名証券化による抵当証書の譲渡の容易化，実質的審査主義の廃止，この三点が改革の柱とされている。53年・ノヴェレにおける形式的改革では，まったく不十分である，とするのである。

この提案を付託された委員会での報告書（Kommissionsbericht）もまた，同一の方向性を主張している。抵当証書の無記名証券化，これによる白地譲渡の移転可能性の承認（譲渡方式の容易化），抵当証書の記載事項の整理簡易化，証券の市場性確保，といった諸点においてである。また，私的取引に対する国家の監視・監督はもはや自らの任務とすべきものではなく，実質的審査主義は廃止されるべし，としている。このような主張のキーワードとしては，「物的手形の創造（抵当権の物的手形化）」であった。

(β) プロイセン政府の反応はどうであったのか。やはり反対であった。総会審議では，新構成された抵当証書（Hypothekenschein）に対して，抵当権における安全性の利益の視点から，疑念が述べられていたが，司法大臣・シモンズの言によれば，この疑念を是とすべし，とするものであった。土地信用の容易化と形式化が行きすぎたものとなり，これにより土地所有者層が崩壊に至ってしまうであろう，と判断したからである。形式的抵当権法である1783年・AHOが，当時にあってもなお，現行法として妥当していたが，実質的審査主義はAHOの基盤たる基本原則であり，これを廃止すべきではない，としたのである。18世紀末期の抵当権の三軌軸立法の基本枠を維持しながら，AHOの形式的改正，すなわち抵当事件の手続簡易化のみでよい，しかもそれは53年・ノヴェレによって包括的にすべてなされている，とするのであった。

(iv) 政府の見解書の立場（反対論）

(α) しかし，Meding 提案が貴族院で採択されたため，それに対応する法案を政府はラント議会に提出しなければならないこととなり，翌年，政府は見解書を提出し，あらためて反対意見を表明している。そこでは，実質的審査主義の廃止，それと表裏一体とされた「物的手形の創造」，その立論に対する政府の徹底した批判が，述べられている。

(β) その論旨としては，次の二点にある。まず①第１に，農業経営における物的信用（抵当信用）の本質や目的をしっかり認識しておかなければならない，ということである。ここでは，長期の，適切な利子率で満足する，継続的な保証を与える「資本」が，必要とされている。農業経営は長期で確実ではあるけれども，それ程高い収益をもたらすものではない，からである。これに対して，商工業における手形信用（手形取引）にあっては，そうではない。短期の，迅速性・容易性・形式性を求める「資本」が，ここでは必要とされている。とすれば，農業信用と商工業信用とはそもそも差違があるのだから，形式性（手形上の権利）によって実質性（実体的権利）が崩されてしまう（形式が実質に対して法的に優越する）ような制度（物的手形の創造）は，農業信用では，不必要である，とするのである。

②第２に，「物的手形の創造」により，その債権者（手形取得者）はあらゆる抗弁より保護されるものとなり，ひいてはそのことにより，土地所有者の信用取得は容易になる，とされているが，それはかえって土地所有者の崩壊を導くものとなるであろう，とするのである。

(v) 小括

以上，小括すれば，諸提案は，土地所有者への信用付与・その利益のために，土地信用の容易化と形式化，端的に「物的手形の創造」を主張するものであった。しかし，プロイセン政府はそれはかえって土地所有者の崩壊に至り，その利益を害するとして，これに強く「警戒」し，反対した。

16　1861年～・司法大臣リッペ時代：政府の「防禦」，そして「堅持」[16)]
　　　──ラント議会での諸改革提案(2)，「一般ルール」の改革に向けて──

(i) 司法大臣・リッペ時代にはどうであったのか。全体としてみれば，従来からの土地信用政策が堅固に踏襲されている。63年・閣令により64年・草案が起草されており，これは改革をおこなったものであったが，司法大臣リッペ自らにより最終的には撤回された，からである。改革運動に対する，政府の「防禦」であり，「抵抗」であった。

(ii) 61年・62年，衆議院において，二つの提案がなされている。

抵当権はその人的債務関係から切り離された独立の物的義務であり，人的債務関係に基づく抗弁から切り離されている。実質的審査主義も廃止されるべきである，とするものであった。

抵当取引を抵当官庁による実質的審査主義より解放し，制約のない形での土地信用の拡大を図ろう，としたのである。

(iii) プロイセン政府はどう反応したのか。これまでとは違っている。一旦は，前向きの姿勢を示したのである。一見，姿勢転換がみられる。63年・閣令に基づいて，64年・草案が作成され，これには上記提案の趣旨が取り入れられている，からである。

――64年草案は，当時妥当の現行抵当権法と比較して，諸原則上，どのような差違を示すものであったのか。次の三点にあった（Wey., S. 197）。

① 土地登記簿制度を整備し，これに基づいて，土地上の所有権や他の物的諸権利は「登記」によってのみ取得され且つ移転せられるべきであること。その際，所有権取得の場合には「引渡」は要件とされないこと。

② 登記簿への登記に関して，それは利害関係人の適式な申請に基づいてのみなされるべきものであること。したがって，この申請の基礎となっている「法律行為」についての，抵当官庁における審査は，おこなわれないこと。

③ 抵当権は「独立的物的債務（eine selbstandige Realobligation）」と法構成されるべきものであること。これは登記により設定され，その基礎たる「法律行為」の存在や法的有効性とは切り離されていること。――

しかし，64年・草案は意見照会のため各界に回付されたものの，消極論や修正論が多数のため，結局のところラント議会提出には至らなかった。

(iv)　以上，小括すれば，一旦はプロイセン政府のそれまでの姿勢に，一見，変化がみられた。諸提案が人的債務関係より切り離された独立の物的債務としての抵当権という法構成や実質的審査主義の廃止を主張するものであったところ，これらの趣旨を採り入れた64年・草案が起草された，からである。しかし，政府は従来からの「土地信用政策」を堅固に堅持し，64年草案を自ら撤回した。これによって土地所有者の利益（信用享受の利益）において，容易化や形式化を阻止し，土地所有者を保護せん，と考えていた，といえよう。

17　1867年～・司法大臣レオンハルト時代(1)：政府の「姿勢転換」：1868年・EEG草案（理由書）中の抵当権法（一般ルール）の基本構造の解明[17]
──①要請，②目的設定，③具体的方策，のトリアーデ──

　(i)　67年12月，時の宰相ビスマルクによって，リッペは司法大臣の職を解任される。自らも保守的貴族の一員としてその利益代表者であったリッペ，彼の更迭である。あらたに，レオンハルトが司法大臣の職に任命され，抵当権法（一般ルール）の改革動向は新たな局面へと展開していくこととなった。ラント議会審議が現実化した，からである。したがって，ここでは，その審議経緯の検討（後述18）に先立ち，68年草案の基本構造如何について，予め分析を試みていきたい。キーワードは，プロイセン国家の「姿勢転換」であり，それが68年草案に如実にあらわれている，ということである。

　(ii)　68年・EEG草案（理由書）は抵当権法（一般ルール）の領域において様々な改革を試みているが，その改革の基本構造はどのように理解されるべきなのか（第4章第1節・第2節）。様々な諸改革の試みを統一的・体系的に把握することにより，本草案の基本理念（基本趣旨）の構造それ自体がはじめて明確化されるであろう。これが私見の基本認識である。

　(iii)　私見によれば，本草案中の抵当権法の基本構造は，次の三つのポイントの連鎖において，把握されなければならない，と考える。

　すなわち，①まず第1に，外的な「要請」の存在，②第2に，それに応える形での，本草案中での「目的設定」，③第3に，その目的実現のための，本草

案中での「具体的方策」の構想・具体化，という三つのポイントの連鎖において，である。

(iv) より具体的には，三つのポイントの連鎖を説明すれば，次の如くである。

①まず第1に，当時の社会経済的状況の下で，ある種の「要請」が存在する。政治的背景や政治的過程を包摂した諸利益対立状況の中で，自ずと凝縮されてきたある一つの方向性をもった「要請」，である。ある種の利益団体（プレッシャーグループ）の利益主張，といいかえてもよい。

②次いで，第2に，この「要請」（利益主張）に応える形で，立法権の担い手たる国家（政府）によってそれが是とされた場合には，それに即応すべく国家（政府）の下での立法当局により法政策的に立法「目的」が定立される，ということである。

③さらに，第3に，この設定・定立された立法「目的」のために，その実現に向けての「具体的方策」（法技術）が，立法当局（司法省）により審議・構想・具体化される，ということである。

(v) それでは，プロイセンの実体的抵当権法の最後の到達点としての68年・EEG草案では，上述の三つのポイントの連鎖は具体的にはどのようなものであったのか。

(α) まず，第1に，外的な（社会経済上の）「要請」，である。

社会経済的状況の下で，土地所有者（貴族的土地所有者層・大農場経営者層）サイドからの「資金需要」（農場経営資金や改良資金，近代化のための資金）の「要請」があった。投資先として魅力ある他の有力な競争相手の出現，たとえば社債や株式といった市場性ある金融商品の台頭，といった状況の中で，大農場経営に携わる土地所有者階層は深刻な資金不足や資金流出の「信用恐慌」（信用享受の危機状況）にあった，からである。これが，社会経済上の「要請」の実体である。

——ここで注目しなければならないのは，当時の社会経済上の「要請」として，実体として存在したものは，あくまで「土地所有者層」サイドからの「資金需要」の要請であった。投下資本（金融資本）サイドからの要請（たとえば，

自らの利潤獲得のための有利な「資金供与・資本投下」の要請）が実体として当時あったわけではない，と考えられる。――

(β) 次いで，第2に，立法者の「目的設定」，である。

社会経済上の要請をふまえて，立法者は法政策的にどのように決断したのか。

政治的過程やその背景の下で，立法者は土地所有者サイドの要請を「是」と決断した。要請にこたえるべし，としたのである。ここに当時のプロイセン国家，すなわち未だ農業国でありながらも，今や工業国家への途上にあった，いわば二面的国家の，自覚的意思が，極めて明瞭であった，と私見は考える。ここでの「立法者」とは，農業（土地所有）と大工業との二つの利害を共に自らに包摂する国家に，他ならなかった。そして，具体的な立法者もまた，その意思の忠実な体現者であった，といえよう。とすれば，その決断の具体的内容如何が，次に問われざるを得ないであろう。

すなわち，公債，社債や株式にあっては，中途換金性にすぐれている。資本投下者よりすれば，自らの投下資本の固定化・不動化を回避し，その流動化（新たな投資先への資本再投入や手許流動性の確保）を図りうる。投下資本の安全性・確実性・有利性に加えて，流動性（中途換金性）も確保されている。

とすれば，土地所有者サイドの利益保護のためには，このような他の魅力ある投資先・投資商品（動産信用）に負けないように，抵当土地信用も投資先として魅力あるものにしてやらなければならない。具体的には，端的に「中途換金性」を実現し，投下資本の流動化を図り，抵当土地信用を魅力ある投資商品・投資対象にする，ということである。

かくして，ここで立法における「目的」が設定される。土地所有者サイドの利益において，「抵当権の流通性向上・確保」を図るべし，ということである。これが立法者による立法目的であった。

――なお，中途換金性（弁済期到来前の債権回収）の具体化ということであれば，抵当債権者に解約告知権を付与するという手立ても存在する。しかし，解約告知権の行使がなされたとすれば，しばしばそれは強制競売の途に至り，土地所有者は一挙に破綻することになってしまう。したがって，資本の期限前回

収を欲する抵当債権者には，簡易な抵当権譲渡の可能性を許与してやらなければならず，「抵当権の流通性向上・確保」が目的とされなければならない。土地所有者よりすれば，自ら破滅に至ることなく，抵当債権者の交代（抵当権譲渡）がなされるにすぎない，のである。――

(γ) さらに，第3に，その具体的な方策（法技術）如何，である。

「抵当権の流通性向上・確保」，すなわち抵当権それ自体の「流動化」という立法目的が立法者により設定されるに至ったとすれば，次には，そのための具体的な方策・法技術如何が構想・具体化されなければならない。立法者自身に対して，まさしく法律専門家としての力量・識見がトータルに問われる場面，である。

それでは，68年・草案での具体的方策はいかなるものであったのか。そして，その構想自体の思考プロセスはどのようなものであったのか。それは次の四点に集約することができる（第4章第1節4でも，草案理由書の内容を紹介するに際して，簡潔に言及している）。

①独立的抵当権制度の導入　　具体的方策・法技術として，まず第1に，68年・草案は新たに「独立的抵当権」を導入している。すなわち，従来からの「付従的抵当権」を廃止し，これに代わるものとして新たに「独立的抵当権」を構想・具体化し，抵当権制度を根本的に改革せん，としたのである。

従来型である「付従的抵当権」にあっては，抵当権は「人的債務関係」とリンクし，これに付従するものであった。しかし，いわばニュータイプの「独立的抵当権」にあっては，抵当権は「人的債務関係」から解放され，これより切離され，それ自体独立化しているものであった。旧タイプの特徴が「抵当権の付従性」にあったとすれば，新タイプのそれは「抵当権の独立性」にあった。

それでは，抵当権が「人的債務関係」より独立している，ということは，具体的にはどういうことなのか。それは，抵当権が「人的債務関係」から生ずるあらゆる諸抗弁に効力的に左右されず，これより解放され（換言すれば，人的債務関係の「存在・有効性・存続」如何と無関係に，抵当権は存在し存続し効力をもつ），それ自体独立した存在となる，ということを意味している。ここでは，

抵当権の有効な存在が安定確実化したものとなっている。

このように，独立的抵当権にあっては，抵当権の独立性が認められ，「抵当権の流通性の向上・確保」(抵当権の流動化)のための一つの大前提が達成されたことになる。

②抵当権譲渡方式の簡易化・単純化　　第2に，68年・草案は「抵当権譲渡方式の簡易化・単純化」を構想・具体化している。

すなわち，まず，ⓐ抵当権の譲渡について，「登記」(譲受人サイドの譲受人としての登記)を有効要件より削除する(非効力要件化・非義務化する)，との立場を採用している。譲渡手続の簡易化である。もしこれを必要(効力要件化)とすれば，抵当権の転々流通は著しく阻害されるし，抵当官庁もまた大量の登記事務処理に追われることとなるであろう。取引上の要請，そして抵当官庁の登記事務上の要請，これが非効力要件化の理由であった。

と同時に，ⓑ抵当証書の簡易化・統一化，である。1783年・AHOの「抵当証書」を嚆矢として，これを簡易化した1853年・ノヴェレに接続して，68年・草案も原則的にこれを踏襲し，形式面での簡易化・単純化がなされた。

③所有者抵当権制度の創出　　第3に，「所有者抵当権」制度の創設である。土地所有者自らが抵当権を設定しこれを取得する，というものである。土地所有者の利益において，自ら設定・取得した抵当権により，後日の有利な「信用享受」の機会を自らに留め置きうることになる。

④実質的審査主義の廃止　　第4に，実質的審査主義の廃止である。抵当権が人的債務関係より切離されることにより，実質的審査主義を廃止することが可能となる。実質的審査主義の妥当は登記申請と抹消申請の場面においてのみ限定され，抵当登記事件の処理は単純化・迅速化され，抵当裁判官の合議制も無用となる。

(vi)　以上を小括すれば，次の如く整理することができよう。

(α)　まず，外的な「要請」としてあったものは何であったのか。農場経営者層(大土地所有者層)の「資本誘引」の要請であった。より近代化・合理化された農業改革(土地改良や合理的耕作方法への転換)，商工業とタイアップした近

代的な農業経営への転換，それらの目的のために巨額な「資金需要」が生じていた，のである。

とすれば，当時，その「資金需要」は満たされていたのか。「否」であった。60年代にも，土地信用恐慌が生じていた，のである。投資サイドよりすれば，抵当土地信用はもはや魅力あるものではなかった，からである。より有利で，より安全な，しかも投下資本の流動化（期限前回収）を図り得る，新たな投資先として，社債や株式が市場に登場してきていた。土地所有より既に投下されていた資本すら流出していった，のである。

(β) 当時のプロイセン国家は，この「要請」に応えるべし，と法政策的に「決断」（目的設定）した。自らの土地信用政策として，土地所有者層（債務者）の利益において，「抵当権法」（一般ルール）の改革を断行すべし，としたのである。工業化の途上にあった農業資本主義国家プロイセンの自覚的な意思，これに基づく決断であった。

(γ) その「決断」（目的設定）は，68年草案において，法技術的・法制度的にどのように具体化されていたのか。

①まず，第1に，抵当権の存在を「安全確実化」する。人的債務関係より独立した抵当権，すなわち「土地債務」の創設である。「安全確実化」，これは「流動化」（②）のための基本的前提である。

②次いで，第2に，そのような「安全確実化」（①）された抵当権についての，「流動化（流通性向上）」である。抵当権譲渡方式の簡易単純化，抵当証書の書式上の簡易化，が図られた。

③また，第3に，土地所有者の利益において，「所有者抵当権制度」（含・土地債務）が創設された。土地所有者の信用享受における手段の多様化として，より有利な投資商品（例として，先順位土地債務）を自らに留保しながら，さしあたり後順位で信用享受をなしうることが可能となった。

④さらに，第4に，抵当権の「安全確実化」（①）と「流動化」（②）が実現したとすれば，もはや「実質的審査主義」を維持する必要性は失われることとなる。廃止・撤廃が可能となる，ということである。かくして，私的な民間資

本の流入に対するいわば「ブレーキ」機能が排除され，と同時に登記手続の簡易迅速化が図られた。

18 1867年～・司法大臣レオンハルト時代(2)：議会での「紛糾」[18]
――ラント議会での68年草案の審議，産業資本の確立期――

(i) 司法大臣・レオンハルト時代には，状況が急速に展開し，新たな段階へと移行する。司法大臣就任以降，「三軌軸・抵当権法」の各法案（EEG・PGBO・HO）が衆議院本会議に上程された，からである。ここでは，実体的抵当権法である68年・「所有権取得法草案」（EEG草案）についての，その紛糾の議会審議に焦点をしぼって，当時のプロイセン政府の抵当土地信用政策（一般ルールの改革，そのメイン化）がどのようなものであったのか，をみてみる。

(ii) 草案賛成論

(α) まず，草案賛成論である。東部の大土地所有者（農場経営者）層（ユンカー層）の利益代表者としての，賛成論である。

(β) その論旨は次の三点に要約できる。①第1に，68年・草案が市民法の自由の理念に即応している，ということである。すなわち，我々の新しい時代にあっては，物的信用を含めてすべての領域において，活動の自由が求められている。実質的審査主義を廃止し，これにより登記官庁の監督と後見を排斥したことは，抵当権法の領域に市民法の自由が導入されたことでもある，とするのである。

②第2に，本草案がすべての取引対象たる「目的物」の動化促進という思想に即応している，ということである。すなわち，19世紀にあっては，取引対象たる目的物の動化促進という思想が，導きの星としてあった。無記名証券・株式会社・鉱山所有権等にあっても，その動化が促進されてきた。我々土地所有者にあっても，この動化の流れに立ち遅れることがあってはならない。この流れに乗ってこそ，抵当信用は我々土地所有者に隆盛をもたらすであろう，とするのである。

③第3に，本草案が抵当権譲渡方式の簡易化とそれによる抵当信用享受の容

易化を意図している，ということである。すなわち，抵当権設定登記により抵当権は公示されるが，その後の譲渡にあっては証券の移転によりなされ，譲渡の登記は義務づけられないし，また白地譲渡も認められている。その容易・簡易・迅速な譲渡性によって，我々土地所有者（大農場経営者）層は必要なる資本を確保することができる。

　(iii)　草案消極論

　(α)　さらに，草案消極論である。貴族的土地所有者層の利益主張を代表しながらも，草案の持つラディカルな方向性に対して，強い懸念を表明するものであった。

　(β)　その論旨は次の三点に要約できる。①第1に，草案は急進的な立法改革を意図するものであり，土地所有者の抵当負債をますます巨額化させるであろう，ということである。すなわち，プロイセンでは，現在でさえ，大土地所有者層は過大な負債を負っており，それは今や危険水域を越えている。このような状況にあって，抵当信用の容易化によって，土地所有者に今以上に負債を負わせようとするのか。そうではなく，現時の立法目標はむしろ抵当負債の解消であり軽減であり，そのための容易な方策を提示することにある，とするのである。

　②第2に，草案に対するいくつかの疑念である。すなわち，抵当権を物的手形化し，その譲渡方式を手形取引に準ずるものとしようとしているが，土地信用（抵当信用）はそもそも商工業信用（手形信用）とは機能的に異なっていること，今日の土地所有における信用危機の状況は土地収益（収益価格）を度外視した高額の購入代金であり，そのための購入代金残額抵当権（抵当債務）にあること，土地所有権を確固たる基盤の上に構築しようとしているというよりも，担保対象として充足しうるような土地所有権を構築しようとしていること，などの疑念を指摘するのである。

　③第3に，思想的・社会的懸念である。すなわち，土地所有権の譲渡方式にあって，本草案では自由なる無形式の方法を採用したが，これはフランスの自由主義的思想の影響の下，社会主義的・共産主義的傾向を助長するのではない

か，との保守的貴族階層からの批判であった。

(iv) 草案反対論

最後に，ヴェストファーレンの小土地所有者（農民）層の利益を代表しての，草案反対論である。

(v) 小括

(α) 第1の草案賛成論にあっては，資本主義的な農業経営を志向しながらも，進歩主義的・現状革新的な大土地所有者層の意見が，代表されている。

なお，この第1の賛成論にあっては，資本提供者のサイドの利益も反映されている。産業革命を通してブルジョワジーが台頭し，これがユンカーと同盟し，ユンカーのブルジョワジー化，あるいはブルジョワジーのユンカー化がみられ，これらがプロイセン政府の政治的基盤となっていた，からである。

(β) 第2の草案消極論にあっては，同じく資本主義的な農業経営を志向してきたにもかかわらず，その流れに乗り遅れた，あるいは今や過剰負債の中にあった，保守主義的・現状維持的な大土地所有者層の意見が，代表されている。

(γ) 第3の草案反対論では，資本主義的な農業経営とはほとんど無縁の，したがってまたこれ以上の土地信用を必要としない小土地所有の農民層の意見が，代表されている。

(vi) 以上，EEG（一般ルール）の立法審議過程（ラント議会での論議）にあっては，上記の三つの意見はそれぞれの利益グループの利益を代表したものであった。しかも，プロイセン政府並びにそれによって支持された68年・草案は，第1の利益グループ，すなわち進歩主義的・現状改革的な大土地所有者層の利益に奉仕すべく，自らの土地信用政策を決断したものであった。司法大臣・レオンハルトの指揮の下，プロイセン政府の「姿勢転換」が明瞭であった。

19 小括

プロイセン土地信用政策の推移は，土地信用の一般ルールと特別ルールの対立・相克・調整の中に，顕現するものであった。その時々の社会経済的状況の下で，政治的過程の内において，プロイセン国家の信用政策が決断・決定され

ていた，のである。そして，そこでの不動・固定の視座としてあったものは，首尾一貫しての「土地所有者（債務者）保護」であった。グーツヘル，そしてユンカーはプロイセン国家の基盤であった，からである。以上，かくして，プロイセン抵当制度は，その一般ルールにおいても，またその特別ルールにおいても，「土地所有者（債務者）」の利益保護のために，彼等の「信用享受の手段」として生成・形成・発展・確立したものである，と小括することができよう。

1) 1700年代前期のプロイセン抵当土地信用の状況については，

(a) ①フリードリッヒⅠ世の急進的な土地信用改革の端緒並びにその動向（1693年勅令～）に関して，Weyermann, Immobiliarkredit, S. 13 ff.; ②フリードリッヒⅠ世の抵当信用政策（1722年・HKO）に関して，Wey., S. 17 ff.; ③土地負債（抵当設定）についての法的規制（抵当債務設定における国王官庁の許可や債務負担額の上限枠など）とその実情については，Wey., S. 29 ff.; ④当時における都市での土地信用については，Wey., S. 40 ff.; 農村での土地信用については，Wey., S. 52 ff.

(b) ①石部・「ラントシャフト制度(1)」40頁以下・46―47頁・58頁以下，②鈴木・抵当制度30頁以下，③伊藤眞・「消除・引受(2)」1094頁以下，④田中・「成立史」430頁以下。

2) 1700年代中期のプロイセン抵当土地信用の状況については，

(a) フリードリッヒ大王の治政の下，転換期の抵当立法として，その社会経済史的背景をも含めて，①48年・MF勅法草案については，Wey., S. 21 ff.; ②50年・シュレージェン抵当権令については，Wey., S. 28 f.; ③50―51年・フリードリッヒ法典草案については，Wey., S. 27 f.

(b) ①石部(1)58頁以下，②鈴木32頁以下，③伊藤眞(2)1098頁以下，④有川(3)9頁以下，⑤田中430頁以下。

(c) 18世紀に入り，グーツヘルシャフトは変化していくが，その変化の過程については，林・研究「グーツヘルシャフトについて」43頁以下。

18世紀のプロイセン農業史上の顕著な現象として，フリードリッヒ・ヴィルヘルムⅠ世並びにフリードリッヒⅡ世による「農民保護」政策が挙げられるが，その根幹は「農民の土地保有権の確保」と「農民の経済的負担の軽減」とにあり（同44―45頁），それは王領地農民にのみおこなわれ，貴族領農民には及ばなかった（同46頁）。この間，貴族領農民にはバウエルレーゲン（農民追放）がなされたが，これに対してその「禁止令」が発せられた（同46―47頁）。

331

ホーエンツォルレルン王家によるこのような農民保護政策は，18世紀にわたり，グーツヘルシャフトにどのような影響を与えたのか。第1に，経営規模の漸次的拡大である（同49頁）。第2に，賦役農民の減少，賦役の軽減，それとの対応における農業労働者の意義の増大，である（同50頁以下）。第3に，土地収益や農業生産物の増大に伴ない，グーツヘルシャフトの商業的傾向を促進させた（同54頁以下）。

　(d)　ドイツ農業の景気状況については，経済史家・ランゲタールによれば，30年戦争の終了から18世紀の半ばに至る100年をさらに二つに区分して理解されている。すなわち，①1650―90年にかけての戦後の数十年にわたる深刻な農業不況，②1690―1740年にかけての「新たな好況の最初の発端」のあらわれた時期，の二つであった。これを，アーベルによれば，17世紀の戦後数十年のドイツ農業のどん底，18世紀前半におけるドイツ農業の新たな好況の始まりと発展，この両者が好対照を示していた（アーベル・215頁），としている。

3）　7年戦争（1756―63年）以降のプロイセン農業の景気状況や社会経済史的状況については，

　　(a)　7年戦争の政治的・社会的意義一般に関して，林・ドイツ史217頁以下。

　　(b)　7年戦争以後におけるグーツヘル層の危機状況（債務過重）に関して，Wey., S. 74 f. それによれば，グーツヘル層＝農場所有者層の債務過重の状況は，①売買代金残額抵当権（購入代金債務のための抵当権）の盛行，②相続補償抵当権（均分相続によりする他の相続人への補償金支払債務のための抵当権）の負担，これらとの関連において把握されている。少額の現金の支払いによる土地売買，土地購入者層の範囲の拡大，土地価格の高騰，本来の土地利用利益ではなく転売利益（差益）を狙う欲求の横行，抵当土地債務の増大，という連鎖である。しかるに，景気状況の局面が一旦下降カーブを描き失速するに至り，一転，土地価格は暴落し，抵当債務の負担は著しく過重となった，とする。必ずしも戦乱なるものの故に，それだけではなかった，とするのである。

　　(c)　なお，①石部(1)66頁以下，②鈴木32頁，③田中437頁。

4）　旧LSの設立（1756年）・役割・背景等については，

　　(a)　旧LSの設立前夜におけるグーツヘル層の困窮・債務過重・信用危機に関して，Wey., S. 74 f.

　　(b)　旧LSの設立（1769年）・役割・社会経済史的背景に関して，①その前提となったBührigs Planに関して，Wey., S. 78 f.，②その設立に関して，Wey., S. 79 f.，③その設立を決断したフリードリッヒ大王の担保債券政策に関して，Wey., S. 82 f.

　　(c)　①石部(1)72頁・74頁以下・83頁，②同(2)111頁以下（詳細である），③鈴木32頁以下・16頁以下（ヘーデマンの所論との関連で言及），④石田・投資抵当

権179頁以下参照。

　(d)　当時の政治権力は農業促進にその関心を向けており，それは包括的・積極的な農業政策に具体化されていたことについては，アーベル・240頁以下。

5)　旧LSの信用制度の基盤となった信用思想について，

　(a)　ヨーロッパ信用思想史上の位置づけ如何を論ずるものとしては，法律学の立場からは，石部研究を唯一のものとする。

　①いわゆるビューリング・プランについては，石部(2)111頁以下，②ヨーロッパ信用思想の中での位置づけについては，石部(2)133頁以下，③とりわけ，イギリスのチェンバレンの土地銀行論やローの土地貨幣論との対比については，石部(2)138頁以下・(3)110頁等，④また，これらの諸点については，石部・啓蒙的絶対主義の法構造・60頁以下・61頁以下・70頁以下等においても，詳細に論じられている。

　(b)　ビューリング・プランに関連して，石部・法構造51頁以下によれば，旧LS信用制度はプロイセンの啓蒙的司法官僚Carmerの計画（1768—69年）に依るものであった（同62頁）が，すでにその着想はベルリン移住のオランダの商人Bührigのプラン（1767年）にあった（同64頁）。ビューリング・プランとシェレージェンのラントシャフト規制（カルマーの計画に基づきSvarezが作成，一般ラント・タークでの承認）との間には，若干の重要な差違が存するものの，「土地の価値を証券に化体し，それを流動化せしめる，という基本構想において同一であ」った（同69頁）。ビューリングは「発達した西ヨーロッパ的信用制度あるいは技術のプロイセンへの輸入者で」あったのに対して，カルマーやスワルツは「先進国の都市商人層の中で自生的に形成された信用制度を後進国プロイセンに根づかせるために」修正を試みたものであった（同69頁）。

　(c)　土地銀行論や土地貨幣論を含めて，イギリス初期信用思想についての本格的研究として，杉山忠平・イギリス信用思想史研究・1963年がある。同研究は，イギリス初期信用思想の生成と展開の過程の中に，1690年代を端緒とするチェンバレンの土地銀行論を，思想史的に位置づけん，とするものである（同書はしがき並びに104頁等）。

　同研究によれば，イングランド銀行の設立とその成功のうちに，それに対抗する形で登場したチェンバレンの土地銀行論の構想（59頁），これはイングランド銀行に対する激しい敵意を示すものであった（113頁）。チェンバレンは，イングランド銀行は「われわれを貧欲な利子でくいつぶす」ところの「破壊的な銀行」である，あるいはイングランド銀行の「ファンド（船舶税）は……すでにあまりに圧迫されているトレイドにあらたな負荷をくわえる」ものであり，しかも銀行の「私欲的な運営を抑制する公正な規制は何もない」，と述べている（113頁）。チェンバレンはその対抗目標をイングランド銀行に置いた，ので

ある（112頁）。

　　イングランド銀行のライヴァル・バンクとしてのチェンバレンの土地銀行企画（58頁），それは法の「奨励」，すなわち「議会法の実現」に失敗した（113―114頁）。チェンバレンは，議会とは独立に，実際の設立に進んだが（114頁），チェンバレンの企画もまた「不運な星のもとにふ化した」ことに他ならなかった（117頁）。チェンバレンの銀行は「不成功」におわり（121頁），「企画の実現を求めるあらゆる熱意にもかかわらず」，その努力は効をむすばなかった（134頁）。

　　(d)　イギリス信用史，とりわけ「資本主義確立期の信用制度」に関する邦語文献解題（案内）として，玉置紀夫254頁以下。
6）　プロイセン抵当土地信用の実状との関連でこれらの三立法について論ずるものとして，①83年・AHO については，Wey., S. 134 f., ②94年・ALR については，Wey., S. 141 f., ③94年・AGO については，Wey., S. 145 f.
7）　実体的抵当権法としては，1794年・ALR が挙げられるが，それは1872年・EEG によって修正・補充・置換を受けている。換言すれば，1872年・EEG は，新たな法典編纂（Kodifikation）ではなく，修正法（Novelle）形式で，公布されたものであった。1872年・EEG の公布・施行の後にあっても，実体私法としての1794年・ALR はなお現行法として妥当し続けた，のである。Vgl., Dernburg, P. Hyp., I. Abt., S. 63.
8）　旧 LS 信用制度の濫用については，

　　(a)　その発行に係る旧 PB の投機的利用，それに対するフリードリッヒ大王の阻止手段如何，に関して，Wey., S. 85 f.

　　また，旧 LS 信用制度の濫用による急激な土地投機，その営利的欲求，シュレージェンの司法大臣・Danckelmann による阻止手段（新規制の作出），貴族層の反発と抵抗，に関して，Wey., S. 94 f.

　　(b)　①石部・法構造74頁以下が詳細である。また，②鈴木49頁以下。

　　(c)　転売目的での農地購入，それがどれだけ頻繁になされたのかについて，アーベルによれば，次の如く論じられている。すなわち，

　　(α)　経済学者クラウスの定義によれば，それは「転売のための土地買占め」であった。東プロイセンを含めての大農場地域では，土地所有者が極めて頻繁に交代した。1807年のある記述によると，普通だと200〜300年間は一家族の手に留まっていたのに，近時の10〜15年間では，3回・4回，そして6回も所有者が交代し，しかもその売り値がますます上昇してきた，としている（アーベル・農業恐慌252頁参照）。

　　(β)　また，1788年，ブレスラウの軍事・王領地管理局顧問官のフォン・クロエヴァの記すところによれば，シュレージェンでは土地が馬の取引とほぼ同様

に取引された，とされていた。東プロイセンでは，オランダでのかつてのチューリップ投機と比較される如く，貴族の土地が絶え間なく売り買いされた。土地は，これを手許に所持しておくためにではなく，利得をあげる形で再販売すべく，これを購入した。土地は商売上の商品としてみなされていた（アーベル253頁参照）。

(γ) ニーダー・ザクセンの農業年報（1801年III巻89頁）によれば，僅かの資産しかない家族が多くの広大な土地を単に投機目的で買い占めた，としている。すなわち，①まず彼等は一つの土地を買う。あるいは，既にそれを所有していたとすれば，その土地について，査定させる。これに基づいて，ラントシャフトより可能な限りの資金を手に入れ，第2の土地を買う。②これ（第2の土地）を再び査定させる。これに基づいて，同様にラントシャフトより資金を手に入れ，第3の土地を買う。③同じような形で，第4……と次々と新たな土地を買い，これはすでにかなりジスティマティシュにおこなわれていた，としている（アーベル243頁参照）。

以上，アーベルによれば，このような土地取引（土地流動化）は，国家や社会に対して損害を与え，と同時に農夫自身にも損失をもたらすものであった，と喝破している（アーベル253頁）。

9) 1800年代初頭・シュタイン＝ハルデンブルクの改革・農民解放については，
　(a) それとの関連で，Mauer, S. 59 ff., 鈴木60頁以下，伊藤眞(2)1118頁以下。
　なお，田山・西ドイツ農地整備法制の研究は，法律学の領域からの唯一のアプローチとして，プロイセン耕地整理法制を本格的に追究する。
　(b) ①その農業改革立法（調整令）に関して，林・論集（「プロイセン農民解放の性格」）31頁以下・56頁以下。

②また，シュタイン＝ハルデンベルクの改革が，古典的なブルジュワ革命たるフランス革命に対して，どのような関係を有しているか，その社会的・政治的・思想的意義如何に関して，同・論集（「プロイセン改革とフランス革命」）1頁以下，に詳しい。

③さらに，07年以降のプロイセンでの一連の改革を，端的に「プロイセンの絶対主義的な国家体制，封建的な社会機構を近代的・資本主義的なものに追化させる一連の行為」であり，いわば「フランス革命のドイツ表現」であり，しかもそこには「先進国とは異なったプロイセンの特殊性」がある，とするのは，林・研究（「プロイセン改革」）190頁以下。

　(c) プロイセン絶対王政による自由主義的農業改革の立法の意図・構成・実施過程については，藤瀬199頁以下；領土＝農民関係の解体（調整令・償却令）については，同238頁以下・261頁以下。

　(d) ドイツ産業革命の「前提」ないしその展開構造を決定的に「制約すると

いう関係」，との視点から，ドイツ農民解放＝農業・土地所有について論及するものとして，肥前17頁以下。

10) 1800年代初頭の農業不況や農場経営者層の困窮，旧LSによる強制競売（担保権の実行）の断行等については，

　(a)　①Wey., S. 148 ff., S. 159 ff., S. 166 f., ②Mauer, S. 31 ff., ③E. W. Mayer, S. 1 ff., S. 28 f., S. 32 ff.

　(b)　①鈴木69頁以下・83頁以下・84頁・88頁以下，②伊藤眞(2)1115頁以下，③田中455頁以下。

　(c)　1800年代に入っての30年間については，アーベル・農業恐慌261頁以下によれば，「農業恐慌の三段階」として，次の時期的区分がなされている。それは，①第1段階：1801—05年，②第2段階：1806—17年，③第3段階：1818—30年，の三つである。一体，それは何に起因するものであったのか。アーベルによれば，東部ドイツでのその状況は具体的には次の如くであった。

　(α)　第1段階期では，ドイツ東部の農場経営者層は困窮に陥っていたが，それは穀物価格の下落によるというよりも，むしろ農地の「過剰債務」によるものであった。ラントシャフト信用がもっとも潤沢にみられたシュレージェンでは，1800年ごろ，過度の土地購入信用（購入代金残額抵当権）を原因とする破産が相当数生じており，既にLS信用制度それ自体の破綻の端緒がみられた（アーベル261—262頁参照）。農地の過剰債務，すなわち購入代金残額抵当権がその破産の原因であった，とするのである。

　(β)　第2段階期では，1806年・07年における豊作，さらには06年11月のナポレオンによるベルリン勅令（大陸封鎖令），によって恐慌が開始された。イギリス向けの穀物輸出がストップし，穀物価格が大幅に下落し，戦争に伴なう租税負担の増大と相俟って，農場経営者層は困窮した。このような不安に満ちた時代，資金供給者は貸出リスクを大きく見積り，農場経営者からのより頻繁な資金需要に対してこれを拒否するようになっていた。

　当時の農業の没落については，シュレエスヴィヒ・ホルシュタイン公国の破産統計によれば，1806年以降徐々に，09年年以降急速に，その数が増大している。12年には，113の貴族農場が破産し（それは05年の破産数の5倍を上まわるものであった），13年には，土地取引や抵当取引はほとんど停止した。買手なし，資金供給者なし，ということであった。

　1810年のシュレージェンの状況について，次のような報告がなされている。農場経営者は極度の困窮状態にある。必要とされている経営資金は戦争のために奪われてしまっている。しかも，負債は過重である。現物及び現金収入が減っているので，そのための支出を調達できない。現金不足にもかかわらず，金融の道は閉ざされている。あらゆる土地改良もなされてはいないし，必要とさ

れるべきことは何も実行されていない（アーベル263頁参照）。

　以上，穀物価格の大幅な下落を起因として，農場経営者層は困窮し，資金不足となったが，それにもかかわらず，資金の出し手は貸出リスクの考慮より資金供給をストップし，むしろ回収に努めた。貸しはがし，である。土地取引（売買）も抵当取引（融資）も，事実上，停止した，のである。そのような農業恐慌であった。

　(γ)　第3段階期では，1819・20・21年における稀にしかあり得ないような「大豊作」の結果，穀物価格が急落した。極度に激しく，そして持続的に下落し，この長期にわたった低水準が生産者にそれだけ一層破滅的な打撃を与えた。生産者にとって「絶望的な安さ」と表現されていた（アーベル266頁以下）。大豊作による価格下落，それを起因とする農業不況，それが長期にわたった，のである。

　(d)　農業恐慌，それは東部ドイツの農場経営者層にいかなる影響ないし結果を与えるものであったのか。端的に，「農地の喪失」であった。彼等は「破産」（担保権者による担保権実行＝強制競売は，破産の誘引力の下，破産手続内でのみおこなわれた）するに至った，のである。この間の事情について，アーベルによれば，次の如く論じられている。

　(α)　東プロイセン，ポンメルン，シュレージェン，メクレンブルク等の大農場地域では，農業恐慌が猛威をふるった。プロイセン国は東ドイツの大土地所有に対して直接・間接に巨額の助成金を与えたし，免税や納税猶予の措置，金融の支払猶予や利子割引の命令（モラトリウム）なども，実施したが，徒労に終わった。たとえば，東ドイツの騎士農場の少なくとも80％以上が，農業恐慌の間に，その農地を喪失するに至った，といわれている。東プロイセンでは，ある農場は1805年に171,200ライヒス・マルクと評価されていたところ，20年代には33,000ライヒス・マルクで売りに出されていた。また，別の農場は1798年に118,500ライヒス・マルクと査定されていたところ，25年以来には52,000ライヒス・マルクで売りに出されていた。ポンメルンやマルク・ブランデンブルク，メクレンブルク等にあっても，同様であった（アーベル277―278頁）。

　(β)　農業恐慌による農場の喪失（破産），それは多くの諸要素が合体して影響を与えたものであった。アーベルによれば，①第1に，戦争である。これは多くの農場を物理的にも経済的にもひどく弱体化させた。②第2に，新たな租税負担である。1810年から20年の間には，ブランデンブルク・プロイセンでは，農村に間接税が導入されたし，農場所有者の兼業工業経営にも工業税が導入され，多くの農場経営者にひどい打撃を与えた。③第3に，調整令布告の結果である。土地相続に伴なう補償金支払いのために，経営資本についての多くの追加的資金の手当てが必要となった。④第4に，その経営構造よりする市場依存

性，さらにはそれ以前の好況末期に既に明らかとなっていた過剰債務負担，これが大農場経営の破産の原因の決め手であった。たとえば，ブランデンブルクでは，比較的に大きな土地所有にあっては，平均してその査定価値の5割以上の債務を負担していた。また，ヴァイエルマンによれば，ノイマルクの騎士農場では，1806年には，平均して査定価格を超える，且つ最終購入価格の4分の3に至る，債務を負担していた。このように高額の債務を負担していたところから，その利子を20年代の経営収益から支払うことは不可能であった（アーベル277―278頁）。

11)　新LS制度の創出（1849年）や，その前史的状況については，
　(a)　1930年代以降，とりわけ新LS制度創設（1949年）前夜に至るまでの，土地信用状況の動向や土地価格の変動状況に関して，Wey., S. 148 ff.
　(b)　新LS制度の創設については，後述（本章第3節二）するところであり，その他の諸文献については当該箇所参照のこと。
　(c)　30年代以降（―70年），ヨーロッパ農業は，アーベル322頁以下の表現によれば，大陸農業の「黄金の数十年」を迎えていた。農業好況がかなりの長期にわたって続き，ドイツ農業もその例外ではなかった。アーベル・農業恐慌によれば，その要因として，次の三つが指摘されている。

　すなわち，①第1に，イギリスでの穀物輸入関税の引下げ，である。37―42年の間に，イギリスでは，深刻な工業・商業不況が生じた。その打開策として，穀物輸入関税の引下げが実施された，からである。国内市場の開放に向けて，である。②第2に，ドイツでは，30年頃から，経済状態の軽い立ち直りがみられたし，また穀物価格も上昇の転じていた。③第3に，農法の徹底した合理化・改良，である。ドイツでも，輪作農法や改良三圃農法がそれまでの素朴な三圃農法や穀草農法を駆逐した。牧畜の徹底した改革，農機具の改良，世紀半ばに急激に増加した人工肥料の応用，それらにより農場経営の現物収益のみならず，その純収益も増大した（323―324頁）。

　なお，農業経営の純収益の増大は，農場価格の上昇をもたらした。たとえば，プロイセン衆議院の調査委員会報告（1851年）によれば，1830―40年の10年間で，騎士農場では，その査定価格を超えて50％増，80％増，100％増で，取引代価が支払われていた，とされている。ポンメルンやメクレンブルクといった，その他の諸地域にあっても，同様の現象がみられた（アーベル324頁）。次なるサイクルの連鎖のはじまり（→信用恐慌）でもあった。

　(d)　1848年3月のドイツ革命に関しては，林・論集（「3月革命と社会主義」）71頁以下。この革命は単にドイツのみの革命ではなく，「パリ2月革命を契機としてヨーロッパ大陸の大半に及んだ世界的な革命であり，この1848年はプロレタリアートが始めて自己の階級的要求を掲げて歴史の上に登場した年」（同

71頁)，であった。このような国際的事件の一環として起ったドイツ革命にも，「社会主義的な要素」(同72頁)がみられ，そこに表われた社会主義は「マルクス主義の最初の実験」(同95頁)であった。なお，同・研究204—205頁参照。
12) 1840年代・抵当権恐慌については，
　(a) 40年代，旧LSの旧PBが，とりわけ鉄道会社の株式や社債，そして公債などの動産信用証券の登場の前に，市場競争力を失っていったことに関して，Wey., S. 176 ff.
　また，40年代・恐慌の概況については，ヌスバウム436頁以下。なお，田中459頁，松井51頁参照。
　(b) 土地信用恐慌は，本文中の叙述からも明らかなように，農業好況という舞台状況の下で，「農地投機」が瀕発し，それが農地の価格高騰と共に「過剰負債」を招来し，ひいては信用上の混乱，すなわち「信用恐慌」を生じしめた，という一つの「サイクル(循環)」の中にみられた。アーベルによれば，このサイクルを次のように論じている。
　(α) 1830年以降(—70年)の長期にわたる農業好況の中で，18世紀での好況がそうであったように，「農業投機→過剰負債→信用恐慌」のサイクルがみられた。アーベルによれば，農地価格の過度の上昇に「最大の特徴があった」(325頁)，としている。地代の上昇，それは地価の上昇を招来し，それがもっともっと上昇する前に直ちに購入しなければならないとの，いわば購買熱が人々を支配し流行となった。当時の農業収益が当然のものであり，それがまだ持続するし，しかもそれが将来のもっとも高い地代の前段階にすぎない，とみなされていた。「過剰投機」が生じた，のである(アーベル325—326頁)。
　プロイセン政府の調査(60年代)によれば，1835—64年の30年間において，東部諸州の騎士農場での「所有者変更」は，各農場ごとの平均で2.14回であった，とされている。総計11,771の騎士農場中，その所有者交代の内訳として，①自由意思による売却(任意譲渡)・60.2%，②相続・34.7%，③競売・5.1%，とされている(アーベル326頁)。それ以前と比較すれば，その交代は極めて頻繁であった。
　(β) 土地価格の過大な見積りの結果，「債務負担の増大」が招来した。プロイセン法務省の調査(1857年)によれば，1837—57年の20年間に，東部ドイツの6つの管区にあっては，農地の「推定価値」は2倍以上に上昇し，しかもこれらの土地上の債務はなおそれ以上に増大・上昇した，とされている。アーベルによれば，「上昇した地価は債務証書に化けてしまった」(326頁)，のである。
　(γ) 債務負担はますますなお一層増大し，それは既に過重負担となった。かくして，1830年代から60年代にかけて，一連の信用上の混乱が連続して生じ，60年代末には「信用恐慌」は北部および東部ドイツの大土地所有に加えて，南

339

ドイツの農民土地所有にも拡大した（アーベル326―327頁）。

　農産物価格はなお高水準にあり，利子率も上昇していた。抵当利子率は4％から5％へと上がった。これにより，強制競売が激増した（アーベル327頁）。

　(c)　当時，公債・株式・社債への資本投下をおこなっていた資本サイド，それはどのような主体であったのか。資本の出し手如何，である。大野・「ドイツ金融資本」によれば，その主体の形成・発展の過程として，「商人＝個人金融業者」から「個人金融業者」への発展を，次のように論じている。

　(α)　17世紀以降，交通の要所である大市都市やハンザ都市では，仲介商業や運送業を営む業者が，その副業として，貨幣取引・手形取引・貨幣貸付等の諸機能を営んでおり，これが「商人＝個人金融業者」であり，19世紀中葉に至るまで金融業務のもっとも枢要な担い手であった（大野8頁）。

　(β)　19世紀前半以降，商人＝個人金融業者の諸機能の前期的結合はどのように解体＝分化しはじめたのか。あらたに公債引受＝発行業務が登場し，商人＝個人金融業者はこの業務のうちに活動の主たる舞台を見い出した。1815年のウィーン会議の後，戦後の経済再建のためにヨーロッパ諸国は相次いで巨額の公債を発行するに至った，からである（大野8頁）。

　――まず，各取引所の活動如何に注目すれば，ヨーロッパの公債引受＝発行業務において，もっとも主要な取引所の一つが，フランクフルト・アム・マインの取引所であった。それに次ぐのがハムブルクの取引所であった。これに対して，ベルリンの取引所では，その活動は微々たるものであった。そこでの商人＝個人金融業者の資本力が弱小であったこと，プロイセンでの重商主義政策の影響，それらがその理由であった（大野8―9頁）。

　――さらに，取引所の機能に注目すれば，公債引受＝発行業務の展開に伴ない，ドイツの取引所は変化した。従来それは単なる商品取引所や手形取引所にすぎなかったところ，今や「証券取引所」としても機能するに至り，大規模の定期取引・鞘取引・選択取引の諸機能もはじめて慣用されるに至った（大野9頁）。

　――公債引受＝発行業務の展開，取引所の「証券取引所」化，により，個人＝金融業者は，元来の本業であった仲介商業や運送業から，副業であった金融業務に，その活動の力点を移した。取引所投機により巨額の富を得るに至り，商人＝個人金融業者の諸機能の分化＝解体が進行し，「個人金融業の独立化」が招来した（大野9頁）。

　(γ)　商人＝個人金融業者が「個人金融業者」として独立化した以降，その後進展していくこととなった産業革命は，この個人金融業者にどのような影響を与えるものであったのか。

　――まず，産業革命の進行・スタートについてみれば，それは株式会社形態

の登場を招来した。資本構成の高度化に伴ない，新しい企業形態，すなわち株式会社形態が登場し，これによる資本集中が必須の時代的要請となった。プロイセンでは，1838年には鉄道事業法が，43年には株式会社法が，それぞれ制定された。このような株式会社形態は，さしあたり当初は「鉄道業・道路建設業・船舶業・保険業」においてはじまり，その後次第に「繊維工業・鉱山業・鉄鋼業」などにも普及していった（大野9頁）。

——また，株式会社形態の登場は，個人金融業者に対して，新たな活動業務を与えるものであった。すなわち，株式会社形態のスタート・普及により，個人金融業者には，新たな活動分野として，「発起業務」が開かれた。個人金融業者は株式を引受け，企業に融資し，その株式を取引所投機の対象として創業者利得を得る，というものであった（大野9頁）。1840年には，二つの鉄道株がはじめてベルリン取引所に上場されたし，44年には既に29の鉄道株が上場され，それらは直ちに30%—60%にも及ぶ打歩を生じしめた。ベルリンでは，商人や個人金融業者のみならず，地主・官僚・芸術家・学者に至るまでの，一般的な投機的熱狂が支配した，といわれている（大野9—10頁）。

——以上を小括すれば，個人金融業者の業務という点よりすれば，公債引受＝発行業務，そしてさらには新たに株式引受＝発行業務（発起業務）が，メイン化してきたのである。

(δ)　なお，ドイツ産業革命と銀行政策，とりわけプロイセン銀行が果たした役割如何については，肥前249頁以下。

13)　1850年代・抵当権法改革運動については，
　(a)　50年代・議会での改革動向に関して，Wey., S. 180 ff.
　(b)　改革論における「物的手形化」論は既に68年・北ドイツ連邦GBO草案（Entwurf einer Grundbuchordnung für Norddeutschen Bund von 1868）の影響を受けるものであったことに関して，ヌスバウム440頁。また，改革論者がしばしば援用するように，「物的手形」の構想は既にメクレンブルク抵当権法に具体化されていたことに関して，ヌスバウム438頁。なお，メクレンブルク抵当権法に関して，その本格的研究である v. Meibom, S. 13 ff., S. 22 ff.
　(c)　改革運動の「物的手形」化論の個別的主張に関して，ヌスバウム437頁以下。
　(d)　改革論者のミッテルマイヤーの主張（改革の二つの方向性）に関して，① Mittermaier, Acp 36 Bd, S. 292 f., ② Achilles, S. 55, ③田中462—463頁。
　(e)　旧LSに対する制度的批判に関して，① Buchholz, S. 227 ff., ② Dernb., P. Hyp., I Bd. S. 55, ③田中462頁，④松井52—53頁。
14)　1853年・抵当権改正令（ノヴェレ）については，
　(a)　53年・Novelle の編纂（成立）経緯に関して，抵当土地信用改革運動の

動向を含めて, Wey., S. 180 ff.

(b) ①田中460―461頁, ②伊藤眞(2)1121頁。

(c) 48年革命の後, プロイセンでは議会が開設された。納税額如何により著しい格差が付せられた選挙権（三級選挙法）に基づくものであり, 国民の意志を直接的に反映しうるものではなかった。しかし, 50年代には, 経済的に発展した市民階級はこの議会に充分にその利益代表を送り得るようになり, かくして議会には自由主義者の勢力が相当に強かった。この点については, 林・研究（「ドイツの統一と戦争」）208―209頁参照。53年・Novelle も, 第1院での改革を要求する多数によって支持された提案が, 政府を動かした結果であった。Vgl., Wey., S. 180 ff.

15) 司法大臣・シモンズ時代（1857年〜）におけるプロイセン政府の信用政策の動向（抵当権改革運動にいかに対応していたのか）については,

(a) Lavergne-Peguilhen 提案の「内容」については, Wey., S. 187-188.; それに対する政府の「反応」については, Wey., S. 189-190.; 提案の「否決」については, Wey., S. 190.

(b) Meding 提案の内容については, Wey., S. 191 ff.; 付託された委員会による「報告書」については, Wey., S. 191 f.; プロイセン政府（司法大臣・シモンズ）の「反応」については, Wey., S. 192.

(c) Meding 提案の採択（Wey., S. 193）に伴なっての, プロイセン政府の「見解書」（再度の反対）については, Wey., S. 193 f.; その「論旨」第1点については, Wey., S. 193-94.;「論旨」第2点については, Wey., S. 194.

16) 司法大臣・リッペ時代（1861年〜）の信用政策如何については,

(a) ① Wey., S. 195 ff., ②田中467頁以下。

(b) リッペ時代は, 私見によれば, 極めて矛盾に満ちた時代であった, といえる。プロイセン政府の「本音」と「建前」がダイレクトに衝突していた, からである。土地所有貴族層を保護すべし, そのためには抵当権法改革運動に対して防禦すべし, 抵当信用の過度の容易化と形式化を阻止すべし, というのがプロイセン政府の真意であった。しかし, 進歩的な自由主義者が結集する議会に対しては, プロイセン政府はある種の表面的な「妥協」を強いられざるを得なかった, のである。その経緯について, Wey., S. 195 ff. に即して, より詳細に示せば次の如くである。

(a) まず, 61年・62年の両草案はどのようなものであったのか, そしてそれはその後どうなったのか。

①61年提案は, Conrad, v. Below, Genossen の三名による共同提案であった（Wey., S. 195）。全体としてみれば, これは, Meding 提案についての委員会報告書（57年）に, その内容上, ほぼ同様のものとなっている。

②62年提案は，Ropell, v. Forckenbeck, Genossen の三者による共同提案であった（Wey., S. 196）。これは，61年提案を，その内容上，何も変更するところなく，提案者を一部変更して，再度提案するものであった。

③両提案にあっては，上級裁判所顧問官・Meyer によって主張された改革理念（ders., Die Preussische Hypotheken — und Subhastationsgesetzgebung, 1854），その徹底した擁護と同調が，特徴的であった（Wey., S. 196）。現行の抵当制度に対する激しい批判，とりわけ「実質的審査主義」と「抵当権の付従的性質」に対しての批判が，述べられていた。

④提案は，衆議院により，委員会に付託された。しかし，総会審議にはもはや至らなかった（Wey., S. 196）。

(β) 両提案以降，プロイセン政府はどう反応したのか。改革運動に配慮せざるを得なかった，のである。その流れ・勢いをもはや無視することはできないので，政治的配慮をした，といえよう。

①司法大臣・リッペは，63年閣令並びに同年国務省決定により，草案（実体的並びに形式的抵当権法）の起草を，命じている。改革要請の動きに配慮しながら，求められているあらたな諸原則を草案中に含めるべし，としたのである（Wey., S. 196）。

②リッペの行動をどう理解すべきか。政府の信用政策の姿勢が変ったのか。ヴァイエルマンによれば，姿勢転換ではない，と指摘している（Wey., S. 196）。すなわち，政府は，改革論者の要請を是としたものではない。新たな諸原則を採り入れた両草案を作成することにより，諸論点についての包括的な論究のための基盤を作出すること，まさしくそこに政府の意図があったにすぎない。国王もまた，同様の意図を述べている。両草案に基礎づけられている諸原則を十分に吟味・較量するために，これらの両草案は，後日，学識ある専門家や実務経験者の下に送付されなければならない，としているからである。

③また，リッペ自身にあっても，同様の意図がみられる（Wey., S. 196-197）。その呼び名（Graf zur Lippe）よりも明らかなように，保守的貴族リッペは，自らその両草案の作成を指示するものであったにもかかわらず，前任者シモンズの見解と同様に，個人的には改革要請に対して批判的であった。

④以上を前提とすれば，起草されるべき草案は，政府の本来の基本的立場に立脚したものではなく，逆に改革論者（上級裁判所顧問官 Meyer，さらには提案者 Conrad, v. Below, Roepell, v. Forckenbeck）の立場において，改革理念を完全且つ無制約に公式化するものでなければならなかった（Wey., S. 197）。

⑤なお，草案は64年に作成終了し，意見照会のため各方面に送付されたが，それには司法大臣所見が付せられていた。しかし，その所見にあっては，新原

則への支持などの点はまったくみられず，単に草案が実施命令の段階にある旨，前書がなされていたにすぎなかった（Wey., S. 197）。

　(γ)　起草された64年草案，それはその内容上プロイセン政府の真意を反映するものではなかったが，それはその後どうなったのか。

　①草案の起草が終了するに伴ない，それは司法省により刊行され，各省庁や多数の控訴審裁判所・各法学部などに，意見照会のため送付された。しかも，すべての裁判所にはその書庫室への購入が要請され，草案についての異議が司法省に対して申し立てられるべき旨要請されていた（Wey., S. 197）。

　②国王への書簡において，司法大臣リッペは次の如く述べている。"国王陛下の御意思に沿うように，草案は可能な限り，広い範囲に専門家の人達の下に批判を求めて送付されております。したがいまして，他の諸大臣，とりわけ農務大臣には，知己ある役に立つ人間を意見表明のために動員することを，依頼致しております"（Wey., S. 197）。

　③以上をみるならば，64年草案は矛盾に満ちたものであり，「立法」という活動が政治的過程の中での一つの妥協的産物としてなされるものである，ことが極めて明瞭であった，といえよう。

17)　立法過程における drei Punkte や1868年・草案の抵当権法については，

　(a)　立法過程における「①要請，②目的，③具体的方策」の三ポイントの連鎖の詳細に関して，斎藤・「剰余主義。引受主義のドイツ的構造と根拠―立法史的研究の方法論的定立のために―」・慶應法研73巻 2 号61頁以下。

　なお，68年・EEG 草案中の抵当権法改革については，若干重複するけれども，本書第 4 章第 1 節にて論及している。但し，ここでの分析にあっては，その分析視角が，私見の基本認識に基づくものである限りで，異なっている。

　(b)　68年・草案の文献については，第 4 章第 1 節末尾・第 2 節末尾のリスト参照。

　なお，ここでの分析にあっては，同草案に論究する① Bähr, Die preußische Gesetzentwürfe über die Rechte an Grundvermögen, Ihering Jahrbuch, Bd. 11, S. 3 ff., ② Kleine, Die historische Bedingheit der Abstraktion von der causa, 1953., ③ Achilles, Die preußischen Gesetze über Grundeigentum und Hypothekenrecht vom 5. Mai 1872, 1881., ④ Weyermann, Zur Geschichte des Immobiliarkreditwesens in Preußen, 1910, 等を主として参照している（なお，Werner, Dernburg, Hedemann の著作等については，本節末尾文献リスト参照）。

　(c)　なお，①田中470頁以下，②伊藤眞(2)1122頁以下，③有川(2)77頁以下。

18)　司法大臣・レオンハルト時代（1867年～）の信用政策については，

　(a)　① Wey., S. 202 ff., ②田中485頁以下。

終章　結論的考察

(b) Wey., S. 202 ff. に即してより詳細に分析すれば，

(α) まず，「草案賛成論」として，①総会審議での第1発言者である Bähr 議員の論旨（Wey., S. 207），②第2発言者である v. Behr 議員の論旨（Wey., S. 207），③ v. Rönne 議員の論旨（Kleine, S. 41），が挙げられる。また，④司法大臣・Leonhardt の審議での発言（Wey., S. 207-208）にも，注目される。

——① Bähr は，草案中の独立的抵当権と抵当証券について，次の如く評価している。すなわち，草案が創出せんとする独立的抵当権は，抵当権に基づいて「定型─債務（Formel─Obligation）」を作出したものである。それは第一順位の定型債務であり，今までになかったものである。また，そのような抵当権については抵当証券が発行されるが，債務原因（Schuldgrund）の記載も必要とされないし，その基礎たる法律行為（Rechtsgeschäft）についての証書の添付も必要とされない。とすれば，それはまさしく「純然たる，抽象的且つ物的な債務約束（ein reines, abstraktes dingliches Schuldversprechen）」であり，「物的手形（Realwechsel）」としての性格をもつものに他ならない，とするのである。

——② v. Behr は，東部の土地所有者層の利益を代表して，かなり強烈に草案賛成論を主張している。その論旨は次の三点に要約できよう。すなわち，

第1に，これまでのプロイセン司法省などの姿勢に対しての，批判である。新大臣レオンハルトの登場に至るまで，司法省は改革に何と抵抗したことなのか。また，衆議院や政府当局も改革に何と冷淡であったのか，との批判であった。

第2に，プロイセン農業者評議会の好意的対応である。69年，同評議会は草案を好意的に受容した。そこでは次のように言及されている。プロイセンでは，3800 Millionen の抵当資本について登記されているが，それは僅少なものにすぎないし，その額は平穏にさらに上昇している。子供の数の多さなるが故に，相続分賠償抵当権により負債化の高上昇するのは，北ドイツにとって本来的には通常の状態に他ならない。とすれば，土地所有者が，結局のところ，旧態依然の時代遅れと化した債務証書をもってしては，資本市場に登場することはできないであろう。

第3に，草案が基本的に認めるところであったが，所有者名義での登記（所有者抵当権）と自地譲渡の要請，である。特別担保による保全，さらにはその容易な譲渡性，それらによって国家レンテンのすべての長所を備えた債務証書が構成されうることになる，からである。これにより必要な資本が我々土地所有者に確保されるであろう。

——③ v. Rönne の論旨については，本文中に引用している。経済的自由主義に基づく主張である。

345

——④審議経過中の発言であるが，司法大臣・Leonhardtによれば，草案は次の点で重要である，としている。すなわち，

抵当権に基づく訴えの権利は，手形に基づく訴えの権利におけると同様に，「厳格性（Strenge）」をもって構成されている。そこに，すべての改革の実務上の最先端がある。「抵当証券」は，所有者により彼の土地所有権に基づいて作出された「手形」であり，ちょうど「手形」がその手形厳格性なるが故に商取引において重要な信用手段となっているように，「抵当証券」もその厳格性なるが故に抵当取引において重要な信用手段となり得るであろう，からである。また，その厳格性なるが故に，訴訟の簡易化と促進化が得られようし，その容易化された形態で債務証書の譲渡性や流通性が向上するであろう。

(β) 次いで，「草案消極論」として，① Reichensperger 議員の論旨（Wey., S. 205f.），②前司法大臣 Lippe の論旨（Kleine, S. 42., Wey., S. 202），が挙げられる。本文を参照されたい。

(γ) さいごに，「草案反対論」として，① Strosser 議員の論旨（Wey., S. 208., Kleine, S. 43），② v. Mallinckrodt 議員の論旨（Wey., S. 208 f.），が挙げられる。

——① Strosser は，ヴェストファーレンの農民からの請願書（署名数2000を超える）を援用しながら，草案反対論を主張する。すなわち，ヴェストファーレンでは，その必要とされる土地信用は4.5～5％の水準で十分に満たされている。信用の祝福が非祝福に転化する，さらには土地信用を資本の隷属状態におとしいれるところの足かせとなる，そのような限界線がここには存在している。もし仮に草案が導入されたとすれば，新たな抵当諸規定により小土地所有者は結局のところプロレタリア化されるのではあるまいか，とするのである。

——② v. Mallinckrodt もまた，ヴェストファーレンの農民的土地所有者の立場を代表して，草案の導入に強く反対する。すなわち，

第1に，東部地域との差違である。東部地域では，土地はしばしば「商品（Ware）」として取り扱われているが，我々にあってはそうではない。しかも，東部地域にあって問題が生じていることは，土地信用の不備・不足ではなく，むしろ巨額の債務過剰であり，これもまた我々におけるとは異なっている。

第2に，東部地域の騎士農場における抵当負債の原因如何，である。草案理由書によれば，そこでの負債の唯一の原因として，農業における「経営手段（Betriebsmittel）」の増大のための資金需要が，指摘されている。しかし，土地負債化の上昇の原因は，土地所有についてのそこでの「相続形態」（均分相続）にあり，しかも我々におけるよりも6倍にも昇る頻繁な「任意譲渡」にある。我々にあっては，「単独相続（Anerbenrechte）」であり，相続資金補償の抵当権は無用であるし，譲渡が少なければ購入代金のための抵当権もそれほど

必要とはしない。とすれば，土地信用の上昇化を狙う本草案は，抵当負債のますますの上昇を招来することとなるであろう。

　第3に，土地所有者における現時の一時的な便宜に即応するのではなく，永続的な土地所有状態の全体への利益に配慮しなければならない。草案では自己名義の抵当権（所有者抵当権）や抵当権の自地讓渡が認められており，これにより抵当証書は取引所証券化するであろう。資本家によりこのような抵当権に一層資本投下がなされるであろう。

　資金的に今や逼迫し追いつめられた多くの土地所有者にとって，そのような取引所取引は羨望の的であろう。しかし，全体としての土地所有一般の利益よりすれば，それは被害を与えるものとなろう。土地所有者はその自立性を失う結果となる，からである。

　(c)　草案審議での議論紛糾（賛成論・消極論・反対論）に関して，これを「三つの利益グループの鼎立」として把握するのは，Kleine（S. 40）の基本的立場であり，田中研究（485頁以下）もこれに準拠する。

　(d)　産業革命を契機として成長したドイツ・ブルジョアジーが，東エルベのユンカーと連合体を結成するに至り，この両者の同盟がドイツの政治的経済的統一の推進者となった（石部・「ドイツ法」・法セミ75年6月号121頁）。ブルジョワ・エリートの「封建化」であった（成瀬他・ドイツ史133頁以下）。

　なお，農工業の連帯について一言すれば，ユンカーは農作物や羊毛の輸出を望んだ。輸出市場の拡大を意図していた。重商主義的規制ではなく，自由がキーワードでなければならない。そのためには，自国市場に工業製品の輸入を拡大し，それをテコとして自らの農産物輸出を推進する，というものであった。自国にはイギリス工業製品のための市場が形成され，その対応上，プロイセン農業は輸出拡大により利益を得た，のである（渡辺・近世経済史・26頁以下）。

〔文献リスト〕

　本節の基礎文献は次の如くである（若干，重複するところがあるが，便宜上，ここでもリスト化しておく）。

一　基礎的な文献

　(a)　主たる邦語文献リストとして（既出文献なので略記する），

　①鈴木・抵当制度の研究，②石部・啓蒙的絶対主義の法構造，③同・「シュレージェンのラントシャフト制度(1)—(3)」，④有川・「土地所有権取得法（1872年）の研究(1)—(4)」，⑤伊藤眞・「不動産競売における消除主義・引受主義の問題(1)—(3)」，⑥田中・「プロイセンにおける投資抵当権成立史」，⑦松井・抵当制度の基礎理論

　(b)　主たる利用文献であるドイツ文献として，

① J. W. Hedemann, Die Fortschritte des Zivilrechts im XIX. Jahrhundert, II. Teil; Die Entwicklung des Bodenrechts von französischen Revolution bis zur Gegenwart, 1 Hälfte.; Das materielle Bodenrechts.
② Mauer, Das landschaftliche Kreditwesen Preußens, 1907.
③ E. W. Mayer, Das Retablissement Ost- und Westpreussens.
④ Mittermaier, Über den neuesten Zustand der Gesetzgebung in Bezug auf Übergang des Grundeigenthums und Hypothekensystems mit Beziehung auf die neuesten Gesetzgebungsarbeiten in Frankreich, Belgien, England und Deutschland, Archiv für die zivilistische Praxis, Bd. 33, 1850.
⑤ v. Meibom, Das Mecklenburgische Hypothekenrecht, 1871.
(c) 土地信用制度（抵当信用制度）一般については，
① Nußbaum, Lehrbuch des Deutschen Hypothekenwesens, nebst einer Einführung in das allgemeine Grundbuchrecht, 2. Aufl., 1921（宮崎一雄訳・ドイツ抵当制度論・1932年）．
② Schulte, Die Bodenkreditinstitute, 1900 bis 1909, 1911.
(d) LS信用制度（PB制度）については，
① Dernburg, P. Hyp., II S. 13ff., 1891（LS・PB制度について，沿革も含めて，簡潔且つ体系的に論じられている）．
② Weyermann, Immobiliarkreditwesens in Preußen, 1910, S. 74 ff.（LS制度について。とりわけ，フリードリッヒ大王のPB政策については，S. 82 ff., に詳しい）．
③ v. Altrock, Der landwirtschaftliche Kredit in Preußen, Bd. 1（Die Ostpreußiche Landschaft, 1914）; Bd. 2（Das Kur = und Neumärkische Ritterschaftliche Kreditinstitut, 1915）．
④ v. Brünneck, Pfandbriefsystem der preußischen Landschaften, 1910（PB制度について根本的に検討を加えている）．
⑤ ders., Beiträge zur Geschichte und Dogmatik der Pfandbriefsystem, bei Gruchots Beiträge, Bd. 28 Nr. 3, 7, 10 und Bd. 29 Nr. 2, 5 und 12.
⑥ R. Franz, Die landschaftliche Kreditinstitute in Preußen, 1902（但し，統計がメインである）．
⑦ F. Hecht, Die Landschaften und landschaftsähnlichen Institute in Preußen, 1908.
⑧ Heinrici, Die rechtliche Natur der landschaftlichen Pfandbriefdarlehen, bei Gruchots Beiträge, Bd. 70 Nr. 7.
⑨ Mauer, Das landwirtschaftliche Kreditwesen Preussens, agrarges-

chichtlich und volkswirtschaftlich betrachtet. Ein Beitrag zur Geschichte der Bodenkreditpolitik des preussichen Staates, 1907（LS 信用制度についての，もっとも信頼し得る重要文献である）.
⑩　ders., Volkswirtschaftliche Probleme im landschaftlichen Kreditwesen, in Schmollers Jahrb., 39, 1275 ff.
⑪　ders., Finanzierung des landschaftlichen Siedlungswerks unter Mitwirkung der Landschaften, im Archiv für innere Kolonisation 11, 1 ff.
⑫　ders., Die Entschuldaktion der Ostpreußischen Landschaft, Kaufmannische betrachtet, in Schmollers Jahrb., 32 II.
⑬　Rabe, Darstellung des Wesens der Pfandbriefe in den Königlich Preußischen Staaten und der daraus entspringenden Rechte und Verbindlichkeiten, 1818.
⑭　Wegener, Zur Geschichte des Pfandbriefs, bei Schmollers Jahrb., Bd. 44 III.
(e)　シュレージェン LS 制度（旧 PB 制度）に焦点をしぼったものとして，
①　Engelmann, Das schlesische Landschaftesreglement von 1770, nebst seinen Deklarationen, Zusätzen Abänderungen, 1866.
②　Fischer Ferd, Die Lehre von den schlesischen Pfandbriefen, 1837.
③　Gebel A., Über die tiefe Verschuldung der schlesischen Rittergüter, 1836.
④　v. Görtz, Die Verlassung und Verwaltung der schlesischen landschaft, 1867.
⑤　Pfeil, Graf L., v., Plan zur Verminderng der Pfandbriefs- und Hypothekenschulden in Schlesien, 1836.

二　必ずしも法律学に限定されない基礎的な邦語文献（もとより網羅的ではなく，利用・参照の単行書に限定する），
(a)　ドイツ史・プロイセン史一般のものとして，
①　林健太郎・ドイツ史（新版）・1977年
②　成瀬＝黒川＝伊東・ドイツ現代史・1987年
③　林健太郎・プロイセン・ドイツ史研究・1977年
④　林健太郎・ドイツ史論集・1976年
(b)　プロイセン王国に視点をおいたものとして，
①　野口修平・プロイセン絶対王政の研究・1988年
②　大西健夫・ハルデンベルク租税改革とプロイセン国家財政再建・1978年
③　北住炯一・近代ドイツ官僚国家と自治・1990年

(c) 社会史・経済史・社会経済史・政治史等の視点からのものとして，
① ハンス・モテック（大島隆雄訳）・ドイツ経済史（1789―1871）・1980年
――Hans Mottek, Wirtschaftsgeschichte Deutschlands. Ein Grundriß. Band II, von der Zeit der Französischen Revolution bis zur Zeit der Bismarckschen Reichsgründung, VEB Deutscher Verlag der Wissenschaften, Berlin, 1969, 2. durchgesehene Auflage.――
② ベーメ（大野＝藤本訳）・現代ドイツ社会経済史序説・1976年
――Helmut Böhme, Prolegomena zu einer Sozial‐ und Wirtschaftsgeschichte Deutschlands im 19 und 20 Jahrhundert, 1968.――
③ ハンス・ローゼンベルク・（大野，川本，大月訳）・ドイツ社会史の諸問題・1978年
――Hans Rosenberg, Probleme der deutschen Sozialgeschichte, Frankfurt am Main 1969, edition suhrkamp 340.――
④ ギュンター・フランツ（寺尾＝中村＝前間＝田中訳）・ドイツ農民戦争・1989年
――Günther Franz, Der deutsche Bauernkrieg 12., gegenüber drei 11. unveränderte Auflage, 1984.――
⑤ シュターデルマン（大内宏一訳）・1848年ドイツ革命史・1978年
(d) ドイツ農業史やドイツ農業立法史の視点からのものとして，
① 田山輝明・西ドイツ農地整備法制の研究・1983年（初出）――法律学の領域からの唯一の本格的研究である．――
② 藤瀬浩司・近代ドイツ農業の形成・1967年
③ アーベル（寺尾誠訳）・農業恐慌と景気循環・1972年
――W. Abel, Agrarkrisen und Agrarkonjunktur 1966.――
④ アーベル（三橋時雄＝中村勝ісス訳）・ドイツ農業発達の三段階・1976年
――Wilhelm Abel, Die drei Epochen der deutschen Agrargeschichte: Schriftenreihe für ländliche Sozialfragen, Heft 37, M. & H. Schaper, 1964.――
⑤ ゲルデス（飯沼二郎訳）・ドイツ農民小史・1957年
(e) ドイツ金融資本の発達については，
① 大野英二・ドイツ金融資本成立史論・1956年
② 戸原四郎・ドイツ金融資本の成立過程・1963年
③ 大島＝斎藤＝加藤＝玉野井・金融論・1960年
(f) ドイツ資本主義の発達や産業革命については，
① 松田智雄・ドイツ資本主義の基礎研究・1967年
② 諸田實・ドイツ関税同盟の成立・1974年

③　肥前栄一・ドイツ経済政策史序説・1973年
(g)　イギリス信用思想（信用論）に関するものとして，
①　杉山忠平・イギリス信用思想史研究，1963年
②　信用理論研究会編（玉置紀夫）・信用論研究入門・1981年

第3節　プロイセン土地信用における「担保債券制度」：結論的考察(3)
　　　——特別ルールとしての三つの土地信用機関の機能と構造——

はじめに
一　旧LSにおける「担保債券制度」
　1　旧LSとは
　2　組織体としての特徴は
　3　法的根拠は
　4　救済の仕組みとしての「担保債券制度」
　　　　——三当事者の法律関係を基軸として——
　5　担保債券の構造——担保権の視点から——
　6　旧LSの「人的信用」の登場
　　　　——「物的信用」（物的担保）の後退——
二　新LSにおける「担保債券制度」
　1　新LSとは
　2　その制度的特徴は——旧LSとの対比——
　3　担保債券（新PB）を基軸とした三者の法律関係
　　　　——救済の仕組み——
三　抵当銀行における「担保債券制度」
　1　抵当銀行とは
　2　その特徴は——LSとの対比——
四　「担保債券制度」の発展史論
　　　　——私見の基本認識の提示——
　1　一般ルールから「特別ルール」への転換
　　　　——1769年・旧LS（旧PB）制度の創設——
　2　「特別ルール」の発展——1849年～・旧LS（旧PB）から新LS（新PB）への転換——
　3　特別ルールから「一般ルール」への回帰——新PBから

> HB（抵当証券）へ（1872年・EEG と PGBO の成立）
> ───
> 4　両ルールの対比──小括を兼ねて──

はじめに

　(i)　既述の如く，プロイセン土地信用には，一般ルールと特別ルールとの，二つのルールが存在していた。そして，プロイセン土地信用は，この二つのルールの相克・対応・調整の中で，把握されなければならない。これが，私見の基本的認識であった。したがって，ここでは，既述の結論的考察(2)に接続して，プロイセン土地信用の特別ルールに焦点をあて，若干の重複をおそれず，補論としてのさらなる結論的考察を試みておきたい。

　(ii)　分析のキーワードとしては，「担保債券制度」である。これは，プロイセン土地信用の特別ルールにあっての，もっとも枢要な仕組みである，からである。一般ルールが三軌軸「抵当権法」の発展によって形成されてきたものであるのに対して，特別ルールはLSによる「担保債券制度」の発展によって形成されたものに他ならない。したがって，土地信用機関において「担保債券制度」がいかなる構造と機能を有するものであったのか，これに分析の焦点があてられなければならない。

　(iii)　なお，従来の我が国の学説にあっては，プロイセン土地信用の「特別ルール」それ自体については若干の検討がなされてはきたが，両ルールの相克・対応・調整如何といった視点がほとんど自覚的には意識されてはこなかった。「プロイセン抵当権法の発展」に注目するあまり，この「特別ルール」については主たる関心が向けられず，「一般ルール」の検討に際し，付随的に論及されるにすぎなかった。端的に，そもそも「一般ルール」と「特別ルール」という私見の基本的認識が，そもそも欠落していたのではないか，といえよう。したがって，この「特別ルール」それ自体について，私見の基本視点からの分析・検討が，あらためて必要とされるであろう[1]。

(iv) 論述の進行としては，三つの土地信用機関がそれぞれどのような構造（組織体としての構造）と機能（信用付与のための具体的仕組み）をもっているのか，が考察される。そして，その際，具体的仕組みのキーとなっているのは「担保債券（PB）」であるが，これに注目するものでなければならない。しかも，このPBの背後にあって，抵当権や土地担保権がどのように介在しているのか（どのように機能するものとされているのか），についても，注目する。

1）(a) プロイセン・ラントシャフトについては，これまでも，我が国にあっても，優れた諸研究がなされてきている。鈴木研究や石部研究などが代表的であり，その学問的寄与をなしている。

①まず，鈴木研究にあっては，主として，ラントシャフトが実体的土地法の発展市場に占める地位如何，すなわち土地所有権法の成立過程との関連において，LSを検討するものであり，抵当制度との関連において論ずるものではない（鈴木・抵当制度29頁）。

②さらに，石部研究にあっては，抵当権法の有益な歴史研究であると共に，LS成立をALR制定の前史として把握し，LS研究をプロイセン啓蒙的絶対主義の法構造の解明に向けての一環として位置づけている。信用制度の側面からプロイセン啓蒙的絶対主義の構造に新たな解明を与えん，とするものであった（石部・「ラントシャフト制度(1)」37頁）。なお，同研究では，「担保債券」（同研究では「抵当証券」と表記）についても，分析・検討がなされている（同・「ラントシャフト制度(1)―(4)」，とりわけ「(2)(3)(4)」）。

③なお，石田文・投資抵当権の研究・は，我が国でのラントシャフト研究の嚆矢を成すものである。

(b) ラントシャフトの「担保債券」については，石田・投資抵当権の研究，我妻・優越的地位，槇・「ドイツにおける抵当債券制度の発展」・法学17巻4号，庄・抵当証券制度，松井・抵当制度，等が論及している。

(c) なお，LSの「担保債券（Pfandbrief）」については，我が国の学説にあっては，いくつかの表記が用いられている。たとえば，「抵当証券」（石部），「担保証券」（鈴木），「抵当債券」（槇，松井，庄），などである。本書では，一般ルールの下での「抵当証券（Hypothekenbrief）」との概念的識別化のため，「担保債券」と表記している。

一　旧LSにおける「担保債券制度」

1　旧LSとは

（i）1770年，フリードリッヒ大王により，シュレージェンの地にはじめてLSが設立された。プロイセン国家の政治的支柱であるグーツヘル層が高利の抵当債務の重圧化にあったところ，これを救済するために，であった。

LSが低利の信用を供与・媒介し，これによりグーツヘルは高利の抵当債務を弁済・償却する，という「債務借換え」の手法が，採られた。これがいわゆる「旧LS」である[1]。

（ii）もともとLSとは，プロイセンラントにおける州会的な貴族団体（provinzialständische Adelsorganisation）であった。フリードリッヒ大王は，本来の政治的意義を失っていたこの組織体に，新たに土地金融機関（担保債券発行機関）としての任務を，許与したのである。

そして，1769年の閣令に基づいて，「公的信用の保持のための共同体的なラント参議会（gemeinschaftliches Landeskollegium zur Erhaltung des öffentlichen Kredits）」が設立され，これがシュレージェン土地金融組合（schlesische Landschaft）と略称されるに至ったものである[2]。

（iii）プロイセンには，シュレージェンを嚆矢として，計五つの土地信用機関が設立された。ポンメルン，ヴェストプロイセン，オストプロイセン，クールウントノイマルク，においてである。これらの五つの土地信用機関を総称して，旧プロイセン土地信用組合（ältere preußische Landschaft）といわれている[3]。

2　組織体としての特徴は

（i）その組織上の特徴としては，LSは公法上の団体である。LSの監督機関は領邦であり，LS総会の議長は国家委員であり，LSの役員は国家の認可により任命され，間接的には国家官吏であり，LS理事会は公の官庁であり，租税特権をも認められていた[4]。

（ii）LSの管理運営については，総務理事会（Generallandschaftsdirektion）

がこれにあたる。その代表者は理事長（Generallandschaftsdirektor）であり，その他の役員理事を含めて，いずれも LS の自治機関より選出されている。また，最高機関は組合総会（Generallandtag）である[5]。

(iii) LS の組合員は，その概念表記上，信用加盟者（Kreditverbundenen）と称されている[6]。その所属資格としては，土地所有者の人的資格如何によるものではなく，もっぱら土地を基準として，決定された。各 LS ごとに加盟しうる土地の範囲が規定され，またその最小範囲・価格も定められ，そのような土地についての所有者が，LS 加盟者となりうる。より具体的には，「貴族領地（Eigentümer „adliger Güter" (Rittergüter))」があり，それが LS の加盟適格ある地域範囲にあり，しかも最低限度をクリアーする広さ・価格をもつものであるとすれば，その領地の所有者が，LS 規則（条例）上当然に組合員として信用加盟者となった。したがって，LS は（貴族）階級的に組織された土地所有者の団体であり，それは一定の地域内の貴族領（その所有者）を包摂する，強制加入制の団体であった，と小括することができよう[7]。

3 法的根拠は

(i) シュレージェン LS の法的根拠（根拠法源）は何か。

(ii) 1769年8月29日，ラントシャフト信用に関する勅令が発せられ，シュレージェンの一般ラントタークが召集され，スワルツ作成に係るラントシャフト規則（Landschaftsreglement）が審議された。71年6月には，ラントシャフトの目的に関する覚書（Promemoria über de Zweck der Landschaft）が公表され，設立手続が終了した。この Reglement とは，条例であり，ラント君主の認可に基づくものであった[8]。

4 救済の仕組みとしての「担保債券制度」
——三当事者の法律関係を基軸として——

既述の如く，グーツヘル層は，高利の抵当負債の重圧下にあり，強制競売によるその所有農場からの放逐の危機に瀕していた。その危機から救済しようと

する目的をもって設定されたのが，旧LSであった。とすれば，その救済としての，旧LSにはどのような仕組みが用意されていたのか。ここでキーとされていたのが，「土地担保債券（Güterpfandbrief）」の制度であった。その仕組みの具体的構造と機能について，三者の関係当事者間の法律関係に即して個別的に論述すれば，次の如くである[9]。

(イ) 旧LSと組合員の関係

(i) PBの発行・交付

まず，旧LSは債券上に表示された一定の土地を「担保」としてPBを発行し，これを組合員たる土地所有者に交付する。両者間の権利義務関係としてみれば，組合員は旧LSに対してPBの発行請求権を有し，旧LSは組合員に対してその発行義務を負う，というものであった。

信用供与に際して，旧LSは現金を与えるのではない。現金の代わりに，PBを与えるのである。ここでは，PBは「現金代用物」である，ということに注目される。なお，その信用供与にあっては，土地価格の2分の1（場合によっては，3分の1）を限度として，債券授与による貸付がなされた[10]。

なお，PB発行に際しては，その旨登記簿に記入される[11]。

(ii) PBの換価

交付を受けた土地所有者はそのPBをどうするのか。現金に換える，のである。換価は土地所有者に委ねられている。他の第三者に売却されることにより，換価がなされ，これにより土地所有者は現実に金銭を得ることとなる。PB換価に伴ない，実質的な債権債務関係（金銭貸借関係）が生じる。債権者は旧LS，債務者は土地所有者，である[12]。

(iii) 旧LSの「公法上の法定担保権」[13]

旧LSと組合員との関係では，両者間に「基本的な債権債務関係」が存在する。これは，旧LSがPB所持人に対して債券上の債務（券面額）を支払ったときに，はじめて現実化するものである。PB所持人に対する支払により，基本的債権債務関係が履行期到来し，旧LSは組合員に対して元利金支払請求をなしうる，ということになる。その支払義務としては，組合員は，抵当土地を

含めて全財産でもって，責任を負う。旧LSは，その債権のために，組合員の土地上に一種の「公法上の法定担保権（Grundstückspfandrecht）」を有している。

この法定担保権の性質としては，次の諸点が挙げられる。①法律の規定により当然に成立するものであること（法定担保権性），②登記は不要であること，③その順位はPB所持人と少なくとも同順位であること，④一種の公法的特権であり租税債権のための先取特権と類似すること，等である。

(ロ) 組合員（土地所有者）とPB所持人の関係[14]

(i) 債務借換え

交付を受けた土地所有者は，このPBを他の第三者（PB購入者）に売却する。これにより，金銭を取得しうる。この金銭により，土地所有者は従来からの高利の抵当債務を弁済することができる。したがって，土地所有者よりすれば，高利の抵当債務を低利のPB債務に切り換えた（債務借換え），ということになる。「救済」の実現である。

(ii) 債権債務関係の不存在[15]

PBを売却した土地所有者，それを購入したPB所持人，その両者間の法律関係はどのようなものか。

まず，両者間には，基本的な債権債務関係も，券面上の債権債務関係も，そのいずれも，成立・存在していない，ということに注目される。すなわち，土地所有者についてみれば，彼はPBの交付・発行を受け，それを売却して金銭を得る，という形で，旧LSより「信用の媒介」を受けただけであり，彼自身はPB所持人に対してはなんらの人的債務をも負うものではない，からである。土地所有者とPB所持人の間には，何の債権債務関係もない，のである。

(iii) PB所持人の「抵当権」[16]

PB所持人についてみれば，どうか。両者間の関係としては，PB所持人は，券面上に記載された土地（組合員所有の特定の土地）上に，直接的に「抵当権」を取得する。抵当権を取得したPB所持人，抵当権の負担ある土地の所有者としての組合員，という関係が存在する。

この抵当権は，PB 占有と直結した物的担保権である。その現実的機能としては，券面上の債権（券面額債権）が弁済期到来したにもかかわらず，その債務者たる旧 LS が支払いをしない場合（これは現実の可能性としてはほとんどない）に，PB 所持人は自ら目的抵当土地を競売（抵当権の実行）し，その売得金より直接に弁済を受けうる，というものである。

(ハ) PB 所持人と旧 LS の関係[17]

(i) 券面額債権の債権者と債務者

まず，PB を購入した第三者，すなわち PB 所持人は，券面額債権の債権者である。すなわち，PB 上には組合員（土地所有者）の特定の土地が記載されており，券面金額（券面額）も記載されている。PB 所持人はこの券面額債権の債権者であり，その債務者は旧 LS である。旧 LS 自身が自ら券面額につき債務者となり，それはもっぱら債券上の債務である。と同時に，PB 所持人は，その元本及び利息債権に基づいて，旧 LS に対して直接に負担土地上に「担保権」を取得した。

なお，付言すれば，PB 所持人と旧 LS との間には，券面上の債権債務関係が存在し，ここでの PB は券面額につき成立する「無因的な債務約束」を意味している。したがって，PB には市場価格が存在し，それが券面額を上下動するところ，その価格変動とは無関係に，あくまで固定された形で，旧 LS には券面額での支払義務が生ずる，のである。

(ii) 旧 LS の「連帯責任制度」[18]

旧 LS の債券上の債務については，旧 LS を構成するすべての組合員（土地所有者）は，その全財産をもって，「連帯責任」に任ずるものとされている。旧 LS の背後における，二次的な責任である。

すなわち，債券所持人が自らの債券上の権利を行使してもなお弁済を受け得なかった場合には，どんな保障がなされているのか。債券の信用の根幹を成し，その本質的要素として，「旧LSの連帯責任制度（System der Generalgarantie）」がある。旧 LS の構成員たるすべての組合員（土地所有者）は，自らの借入の有無を問わず，旧 LS 発行の債券の支払につき，連帯して無限の責任を負

う，というものである。この制度により，債券所持人は旧LSに対してその責任を追及し，債券の支払いのために全構成員の所有財産を提供すべきことを請求できる（旧LSに対して連帯責任の実行を請求する）[19]。

5　担保債券の構造
　　——担保権の視点から——

担保権の視点からみれば，PBはどのような構造となっているのか。担保権とどのようにリンクしているのか[20]。

(イ)　**土地担保責任の発行**[21]

PB上には，土地所有者とその一定の土地が記載されている。その土地を担保として，PBが発行される。PBが発行された旨，その土地の登記簿に記入される。以上よりすれば，PBは「土地担保責任の発行」である，ということができよう。

——後日の新PBとの対比でいえば，旧PBでは，債券上に記載された土地に対する抵当権によって債券が担保されている[22]。ここからPfandbrief mit Realsicherheit（Güterpfandrecht）と呼ばれる。土地に対して抵当権がつけられ，この抵当権は土地価値を把握するものであり，土地価値を把握した抵当権によって支持（保全）された債券，それが旧PBである。——

(ロ)　**二つの担保権の成立**[23]

券面上に記載された土地（組合員所有の特定の土地）上には，二つの担保権が成立している。旧LSの法定の土地担保権，PB所持人の抵当権，この二つである。これが，同一土地上に成立している[24]。

(i)　まず，旧LSの法定の土地担保権である。土地所有者に対する旧LSの債権（旧LSと土地所有者（組合員）との間の基本的な債権債務関係に基づく）を担保するために，土地上に法定担保権（Grundstückspfandrecht）が成立する。登記不要であり，PB所持人の抵当権と同順位である（但し，抵触する範囲では後者が優先する）。土地所有者の債務不履行の場合には，旧LSは租税債権の徴収と同様の方法により執行しうるし，強制管理も可能である[25]。

(ii) 次いで，PB所持人のPB占有と直結した抵当権である[26]。PB購入により，PB所持人は購入者として自ら債券上の権利を取得する。元本・利息の債権は旧LSに対するものであり，土地所有者に対するものではない。しかも，この券面上の債権の担保のために，債券上に記載された土地に対して，PB所持人は直接に抵当権を取得する。したがって，元本・利息の債権が弁済期になった場合には，PB所持人は債権・利札を提示し旧LSより支払いをうけることができる。支払いがなされないときには，旧LSに対して訴えの方法により請求したり，抵当権実行をもなしうる[27]。

(ハ) 二つの担保権の関係[28]

同一土地上への二つの担保権の成立ということであれば，この両者はどのような関係にあるのか。担保権相互の関係如何が，問われなければならない。

二つの見解が存在する[29]。①第1に，両者はその対象（目的土地）と順位を同じくする，との見解である。②第2に，旧LSの法定担保権が成立するところ，この法定担保権を目的とする転担保権，これがPB所持人の抵当権である，との見解である。

――なお，PB所持人のPB占有と直結したこの抵当権については，その法的性質に関して見解が対立している。①第2順位の抵当権（第1順位は旧LSの法定担保権）の創設的取得である，とする見解，②旧LSの抵当権があるところ，その承継的取得である，とする見解，である[30]。――

6 旧LSの「人的信用」の登場
――「物的信用」（物的担保）の後退――

(i) まず，PB所持人の抵当権についてみれば[31]，その抵当権は券面上の債権の担保のためにある。したがって，券面上の債務が債務不履行になった場合のみ，その抵当権の実行が現実の問題となる。しかし，券面上の債務が債務不履行になる，という事態は，現実にはほとんど想定され得ない。なぜなら，その債務者は，一般私人（土地所有者）ではなく，半ば公的な土地信用機関である旧LSである，からである。とすれば，PB所持人の抵当権は，物的担保と

しての現実的意味としては，後退している，ということができよう（なお，PB所持人は，旧LSに対する一般執行も，むろん可能である）。

(ii) 次いで，旧LSの法定担保権についてみれば，その法定担保権は，実質的・基本的な債権債務関係に基づく土地所有者（組合員）に対する債権の担保のために，法律上当然に成立したものである。旧LSがPB所持人に券面額債務の支払いをなしたときに，この債権が現実化し履行期到来となること，既述のとおりである。しかし，旧LSは，半官半民の土地信用機関として，その債務者たる組合員（土地所有者）相互間の，相互的扶助機関である。組合員の利益擁護（経済的救済）のために，設立・存置されたものであり，これがそもそもの制度目的となっている。とすれば，この旧LSの法定担保権も，そもそもは物権的担保としての現実的意味としては，後退している，といえよう。

(iii) 以上を前提とすれば，旧LSにあっては，その自らの「人的信用（機関信用）」がメインとなっており，「物的信用（物的担保）」の側面は後退している，といえよう。PB所持人よりすれば，第一次的には旧LSの「人的信用」（旧LSに対する一般執行），第二次的には自らの「物的担保」（土地所有者・組合員に対する抵当権の実行），これらによって保障されている，ということでもある。

1) Dernburg, P. Hypothekenrecht, II S. 14 f., 松井43頁，鈴木33頁。
2) Dernburg, S. 14 f., ヌスバウム360頁。
3) Dernburg, S. 17., ヌスバウム361頁。
4) Dernburg, S. 18 f., ヌスバウム370頁。
5) Dernburg, S. 18 f., ヌスバウム368―369頁。
6) ヌスバウム361頁・367―368頁。
7) Dernburg, S. 18 f., 鈴木16頁。
8) Dernburg, S. 14 f., S. 17 f., 石部63頁，ヌスバウム366頁。
9) 石田文183頁以下，鈴木17頁，ヌスバウム371頁以下。
10) 槇4―91頁。
11) Dernburg, S. 20 f.
12) 槇4―91頁・92頁。
13) Dernburg, S. 22.
14) Dernburg, S. 19 f.

15) Dernburg, S. 20 f.
16) Dernburg, S. 24 f.
17) 石田文187―189頁。
18) ヌスバウム376頁，槇4―94頁。
19) Dernburg, S. 15 f.
20) Dernburg, S. 24 f.
21) ヌスバウム372頁。
22) 槇4―90頁・91頁。
23) Dernburg, S. 22.
24) Dernburg, S. 24.
25) ヌスバウム372頁，槇4―92頁，石田文190頁。
26) Dernburg, S. 24 f., ヌスバウム372頁，石田文190頁，槇4―92頁・94頁。
27) 槇93頁・94頁。
28) Dernburg, S. 22., Brünneke, S. 497.
29) 槇4―92頁・93―94頁，石田文190頁，ヌスバウム372頁。
30) 石田文189頁，ヌスバウム372頁。
31) Dernburg, S. 15 f.

二　新LSにおける「担保債券制度」

1　新LSとは

（i）　旧LSは[1]，農民所有地には信用を与えることをしなかった。しかも，国家は農民に債務設定（Schuldannahme）を阻止せんとしていたために，農民は信用欠如の状況におかれていた。1830～40年代に至り，貴族所有地以外にも公的信用が供与されるべし，との改革運動が生じ，1849年革命以降，それが現実化した。

（ii）　その現実的な改革は二つの形でなされた。①一つは，従来からの旧LSが自ら農民地主を組合員たらしめる，というものである。1849年，オストプロイセンLSは農民地主を組合員に加入させたし，シュレージェンLSもまたそれまで組合に編入されていなかった土地所有をも管轄区域として包摂した。これらはLS加入資格の拡大であった。

②他の形としては，従来からの旧LSと並んで，農民土地所有のために，新たなLS（新LS）を設置する，というものであった。いわゆる農民LS（Rustikallandschaft）の設立である。新ヴェストプロイセンLSであり，新ブランデンブルク信用機関，等である。

2　その制度的特徴は
　　——旧LSとの対比——

新LSは，旧LSとの比較[2]において，どのような制度的特徴を有しているのか。

まず，旧LSにあっては，土地所有貴族階級の相互的扶助期間であり，身分的特権階級のためのクローズの組織であった。これに対して，新LSにあっては，非貴族的土地所有者にも眼を向けたいわばオープンの組織であった。「閉鎖型から開放型への転換」である。

また，旧LSにあっては，定められた管轄地域内の土地所有貴族にとって，法律上当然に組合員となるのだから，強制加入制の組織体であった。これに対して，新LSにあっては，土地所有者の自由意思に基づく任意加入制の組織体であった。「強制団体型から任意団体型への転換」である。

なお，注意的に付言すれば，「旧LS→旧PB発行」・「新LS→新PB発行」，と明瞭に識別されるわけではない。49年以降，新LS制度が創設されたが，旧PBはなお従来どおり発行・流通しており，新PB発行に切り換わっていくのは50年代後半以降であり，それ以降，旧PB発行高は激減していった，というのが現状であった（ヌスバウム373頁参照），からである。

3　担保債券（新PB）を基軸とした三者の法律関係
　　——救済の仕組み——

新LSによりその「責任」において発行された新PB，これを基軸として[3]，「新LS・組合員（土地所有者）・PB所持人」の三者の法律関係は，どのようなものであるのか。土地所有者の救済の仕組みとして，どのような構造となってい

るのか。個別的な関係に即して，三者の法律関係についてみれば，次の如くである。

(イ) 新 LS と組合員（土地所有者）の関係

(ⅰ) 金銭の交付，民法上の金銭消費貸借関係の存在，民法上の抵当権の設定・登記

まず，新 LS は，組合員（土地所有者）に対して，債券ではなく，「金銭（現金）」[4]を交付する，という点に注目される。すなわち，新 LS は組合員に対して貸金（金銭）を交付し，これにより両者間には純然たる民法上の金銭消費貸借関係が成立・存在する。

さらに，この金銭債権の担保のために，組合員所有の特定の土地上に，新 LS の抵当権が設定・登記される。これは，純然たる民法上の抵当権である。両者間には，「物的信用」関係が存在する，といえよう。

(ⅱ) 旧 LS との対比[5]

これらを旧 LS におけると対比してみれば，①旧 LS が組合員に交付したのは担保債券（旧 PB）であること，②旧 LS と組合員との間の基本的債権債務関係にあっては，旧 LS が券面上の債務を旧 PB 所持人に支払ったときにはじめて，現実化するものであったこと，③債権担保のための担保権としては，登記不要の公法上の法定担保権が旧 LS には与えられたこと，の諸点において，対比されよう。

(ロ) 組合員（土地所有者）と新 PB 所持人の関係[6]
——物権的効力の不存在——

(ⅰ) 一切の権利義務関係の不存在

組合員と新 PB 所持人との間には[7]，一切の権利義務関係も存在していない，という点に注目される。

すなわち，新 PB 所持人は新 LS に対して，券面上の債権を取得するのみである。そして，組合員所有の特定土地（これには，新 LS の民法上の抵当権が設定・登記されている）上にはなんらの担保権をも取得しない。したがって，これらのことを前提とすれば，両者間には一切の権利義務関係は存在・成立せず，

法律的には一切切断されている，といえよう。新PB所持人の権利は新LSに対するものに限定されていた，のである。

　(ⅱ)　旧LSとの対比[8]

　旧LSにおけると対比すれば，①旧PB所持人は，旧LSに対して，券面上の債権を取得したこと（新LSにおけると同じである），②と同時に，旧PB所持人は旧PB占有と直結する形で，組合員所有の特定の土地（券面上に記載された土地）上に抵当権を取得したこと（新LSにおけると異なる），③したがって，旧PBにあっては，旧PB占有者の抵当権取得という物権的効力が存在していたこと（新LSにはみられない），が指摘されよう。

　(ハ)　新PB所持人と新LSの関係
　　　　——「人的信用」関係の存在，その前面登場——

　(ⅰ)　新PBは，新LSが自らの責任と信用において発行する「債務約束証書」[9]である。自らを債務者としてPB所持人に対して券面額の支払を約束するものである。新LSの発行した新PB，これの購入者が新PB所持人である。

　(ⅱ)　これに対して，旧PBにあっては，券面上に抵当土地が記載され，この土地価値を基礎として発行され，旧PB所持人は土地上に抵当権を取得した。また，旧LSより旧PBの交付を受けた土地所有者がおり，この者より旧PBを購入（買受）した者，これが旧PB所持人であった。

　(ニ)　小括

　新LS制度（新PB制度）にあっては，関係の三当事者の役割・地位については，次の如く小括することができよう。

　(ⅰ)　新PB所持人——資金提供者——

　新LS土地信用制度にあっては，実質的な資金提供者は，新PB所持人である。彼は新PBの購入者であり，購入代金の支払いという形で，新LSに対して資金を提供している，からである。券面上の債権の債権者としての新PB所持人，券面上の債権の債務者としての新LS，である。

　(ⅱ)　組合員——資金借入者——

　新LSよりの資金借入者である。新LSの債権担保のため，自ら所有土地上

に抵当権を設定した者である。

　(iii)　新LS——信用の媒介者——

　新LSは，その自らの人的信用をバックとして，組合員に資金を融資し，その所有地上に抵当権を取得している。まさしく，新LSは，資金提供者たる新PB所持人と資金借入人たる組合員との間での，「信用仲介者」として介在している。しかも，この介在者（媒介者）の存在によって，新PB所持人と組合員との間には，直接的には何の関係も存在していない，のである。

1）　非貴族の農民層を提供すべく，新たに設立されたが，それらを個別的に列挙すれば，次の如くである。1849年，オストプロイセンやシュレージェンでは，新LSに切り換わっている。農民層にも融資を拡大した，のである。60年代以降，ヴェストプロイセンやブランデンブルグ，そして，ポンメルンなどでは，農民用の新LSが独立機関として設立されている。これは，もっぱら農民層のみを融資対象者としており，貴族層を除外していた点で，いわばオープンではあるが，片面的でもあった。さらに，ポーゼンでは，1857年，すべての農地所有者に対象を広げた，完全にオープンな新たな信用機関が設立されている（Vgl., Dernburg, S. 26 ff., S. 30. また，ヌスバウム362頁以下）。

　　新LSに言及する主たる邦語文献としては，①石田文191頁以下，②槇4—85頁・86頁，③ヌスバウム362頁以下，がある。

　　なお，新LS，そしてその発行する新PBについての引用ドイツ文献としては，主として，Dernburg, P. Hyp., II. でもって，代表させる。

2）　Dernburg, S. 30 ff., insb. S. 37.
3）　Dernburg, S. 26 ff., insb. S. 30 f.
4）　石田文191—192頁。
5）　石田文191—192頁。
6）　Dernburg, S. 26 ff., insb. S. 37.
7）　Dernburg, S. 17 ff., S. 19 f.
8）　Dernburg, S. 30 f.
9）　Dernburg, S. 30—32.

三　抵当銀行における「担保債券制度」

1　抵当銀行とは[1]

(i)　プロイセンでは，1863年，はじめて抵当銀行が設立された。その設立根拠規定を公布し，これによりまずベルリンに第一プロイセン抵当株式会社（Erste preßische Hypothekenaktiengesellschaft）が設立され，その後プロイセン抵当銀行（preußische Hypothekenbank）やポンメルン抵当銀行などが順次設立された。

(ii)　抵当銀行のルーツはどこか[2]。1852年，フランスのパリに不動産銀行（Société du Crédit Foncier de France. その略記としての Crédit Foncier）が設立されているが，これは不動産抵当融資をなすと同時に，その原資としての債券発行の権限を許与されたものであった。ここでの発展に伴ない，この制度観念がプロイセンに導入されたのである。

(iii)　抵当銀行制度の導入に対しては，当初，プロイセン政府は消極的であった[3]。その理由は二つある。第1に，同じく土地信用機関としての LS 制度の存在である。担保債券市場において，LS 発行の担保債券の市場的優越を保持すべく，市場への競争相手の出現を好まなかった，からである。第2に，新たな土地信用機関制度の創設によって，土地の負債化と動化が加速されるのではないか，との懸念からであった。しかし，土地金融恐慌が切迫したために，プロイセン政府はその態度を変更し，その設立を認可せざるを得なかった。

(iv)　プロイセンでは，その後，抵当銀行制度は発展したのか。答えは否である[4]。プロイセン政府の態度変更にもかかわらず，その消極的姿勢の基本は変わっておらず，その「設立根拠規定（Normativbestimmung）」それ自体が極めて制限的なものであった，からである。抵当銀行により発行される担保債券はその所持人（購入者）に対して債権者としての安全有利性を必ずしも十分には保障するものでなかったし，将来設立される抵当銀行の経営にも様々な制約を課するものであったため，抵当銀行制度の発展はプロイセンではかなり抑圧されざるを得なかった。

2 その特徴は
　　——LSとの対比——

(i) 同じく土地信用機関として[5]、抵当銀行はLSとどのように違ったのか。

(ii) すなわち、①まず第1に、融資対象の土地が異なっている。LSが農業地を対象としたのに対して、抵当銀行は都会地を対象とした。農場経営のための金融、都会地での建築貸付・工場貸付・公共事業貸付としての金融、という相違である。

②第2に、金融機関としての組織形態が異なっている。LSがそもそも土地所有貴族の相互扶助を目的とした組合であり、公法上の組織体であったのに対して、抵当銀行は商人主義に基づく営利目的の株式会社であり、私法上の組織体であった。

③第3に、信用享受者としての土地所有者保護の理念の有無ないし濃淡において異なっている。LSにあっては土地所有者保護が制度理念として存立しているのに対して、抵当銀行制度にあっては少なくともそのような制度理念は存在していない。都会地金融の需要にこたえながら、それを通して利潤追求と株主の利益（株式配当）を確保しなければならない、というのが株式会社としての抵当銀行の存立目的であった。

(iii) なお、抵当銀行の発行する担保債券（抵当債券）は、その構造上、新LSの発行する新PBと基本的に同様である。

(iv) 統一ライヒでの新たなスタート、その根拠法典は何であったのか。1899年の「ライヒ抵当銀行法（Reichshypothekenbankgesetz von 13. Juli 1899）であり、BGB典と同様に、翌年1月1日より施行された。

(v) しかし、その30年後（1893年）、阻止型のこの「設立根拠規定」は廃止されるに至った。設立抑制が、現実には、意味をもたなくなった、からである。既に、1870年には、「設立根拠規定」の適用が除外される形で、プロイセン中央土地信用株式会社（preussische Zentral-Bodenkredit-Aktiengesellschaft）が特許設立されており、これはもっぱら農業地信用にあたっていたし、何よりも他のラントの、とりわけバイエルンの抵当銀行などが、プロイセンの地で、そ

の業務を大規模にとりおこなうようになっていた，のである。

1) LS との対比での，その時代の抵当銀行についての分析であるので，引用ドイツ文献としては，主として，Dernburg, P. Hyp., II. Abt., S. 33 ff. でもって，代表させる。

また，邦語文献としては，簡潔ではあるが，①槇4 —86頁・87頁，②ヌスバウム（宮崎訳）388頁以下，がある。

63年の「設立根拠規定」（Normatiubestimmungen uber die Konzessionierung von Hypothekenbanken unterem 6. Juli 1863）については，Dernburg, S. 34.

(a) 抵当株式銀行の沿革については，

① Franken, Der Staat und die Hypothekenbanken in Preussen, 1904.

② v. Poschinger, Bankwesen und Bankpolitik in Preussen, Bd. II III, 1879.

③ Treue, Hypothekenbanken, ländlicher und städtischer Grundstücksverkehr gegen Ende des 19. Jahrhunderts, in Wissenschaft und Kodifikation des Privatrehts in 19. Jahrhunderts, herausgegeben von Coing und Wilhelm, Band III, 1976, S. 328.

(b) 統一ライヒ法以前の同制度の概要については，

① Dannenbaun, Deutsche Hypothekenbanken, 1910.

② Goldschmidt, Deutsche Hypothekenbanken, 1880.

(c) 邦語文献（現行法の抵当債券）として，

①松井・抵当制度の基礎理論180頁以下

②庄菊博・抵当証券の課題181頁以下・1989年

③ヌスバウム（宮崎訳）・ドイツ抵当制度論388頁以下

2) Dernburg, S. 34.
3) ders., S. 34 ff.
4) ders., S. 35.
5) ders., S. 26 ff., S. 34—35.

四 「担保債券制度」の発展史論
――私見の基本認識の提示――

1 一般ルールから「特別ルール」への転換
――1769年・旧LS（旧PB）制度の創設――

（i）　一般ルールの未成熟性・未発達性の状況の中で，それが故になお一層，それまでの私的な個別抵当権は，土地所有者の農業経営を圧迫した。土地所有者層は高利の抵当負債による重圧にあえぎ，破滅に至っていた。この状況を打開しなければならない，とのプロイセン王国の意図の下，特別ルールの創出がなされた。1769年・旧LSによる旧PB制度の新設である。

（ii）　一般ルールの下での私的な個別抵当権制度を，国家後見の下での公的な担保債券制度に転換させる，これが特別ルールの基点であった。一般ルールの下での私的な個別抵当権による高利抵当負債が存在するところ，これを「現金代用物」としての旧PBの発行・交付により，低利の旧LS債務に切り換えさせる（借り換えさせる），というものであった，からである。一般ルールの下での抵当権制度の実務的排除，これが試みられたのである。

（iii）　特別ルールの下での旧PB制度にあっては，資金提供者である旧PB所持人（旧PBの交付を受けた土地所有者より，この旧PBを購入した者である）は，券面上に記載された土地（組合員所有の特定の土地）上にたしかに直接的に抵当権を取得する。しかし，その抵当土地の所有者が組合員である限りにおいて，両者間の法律関係が存在するのみであり，そこにはなんらの債権債務関係もない。旧PB所持人は券面上の債権の債権者であり，その債務者は旧LSなのである。この意味で，ここでの抵当権は実質的には背後に後退し，旧LSの人的信用・人的責任が正面から問われている。

2 「特別ルール」の発展
――1849年～・旧LS（旧PB）から新LS（新PB）への転換――

（i）　特別ルールの下での旧PB制度は，大いに利用された。それは，一般ル

ールの1783年・AHO や1794年・ALR, そして1793年・AGO の成立後にあっても, 同様であった。実務上の重要度は, もっぱら旧 PB 制度であった。

(ⅱ) 1800年代に入り, 旧 LS・旧 PB 制度が行きづまった。1849年以降, 新 LS・新 PB 制度に転換していった。旧 PB から新 PB への発展, である。

(ⅲ) 新 PB 制度では, 新 LS は自ら土地信用機関としてより独立した存在となった。信用媒介機関としてより独立性をもった, のである。資金提供者としての新 PB 所持人（購入者）, 資金需要者としての組合員たる土地所有者, その両者間に介在して, 土地信用を媒介した。新 LS は PB を投資家（購入者）に販売する。その販売代金を原資として, 新 LS は土地所有者に融資する, という構図である。

(ⅳ) 新 PB にあっては, PB 所持人（資金提供者）と組合員（資金需要者）との関係は, 法律的には, まったく切断されている。PB 所持人は単に券面上の債権者として債務者たる新 LS に対峙しているのみであり, 土地所有者たる組合員に対しては, 何の関係も担保権も有していない, からである。

3　特別ルールから「一般ルール」への回帰
　　── 新 PB から HB（抵当証券）へ（1872年・EEG と PGBO の成立）──

(ⅰ) 新 LS・新 PB 制度の妥当後にあっても, なお土地信用は危機にあった。土地市場より資本の流出が続き, 信用危機の状況が恒常化していた, からである。そこで一般ルールへの回帰が志向された。1850年代・抵当権法改革運動である。特別ルールから「一般ルール」への転回・回帰, その端緒である。

(ⅱ) 一般ルールの見直し, が試みられた。一般ルールの下での私的な個別抵当権制度を, 投資誘引のため（投資対象として魅力あるものとするため）, 改革する, というものであった。私的な個別抵当権それ自体の, 流通性向上の目的の下, 様々な法技術が構想・具体化された。その一つが, 「抵当証券制度（Hypothekenbrief）」の改革であった。

(ⅲ) 一般ルールの下で, 既に HB 制度（抵当証券制度）の萌芽はあった。それを流通性向上のための簡易化・機能化したものである。その際, 特別ルール

の下での新LS・新PBへの接近化が念頭におかれた。市場性・流通性あるBriefとして，その範型は新PBに求められた。

(iv) なお，特別ルールのPBにあっては，それは「信用証券」の発行であり，貨幣に代わるものとして「現金代用物（金銭代用物）」であり，貨幣と同様なる新たな「流通手段（Zirkulationsmittel）」である。「土地所有者（債務者）」の利益において，これが付与された。しかも，土地の価値によって裏付け・支持された証券であり，発行体（LS）の機関信用（人的信用）に基づくものであり，LSの抵当権は背後に二次的に控えているにすぎなかった。ここでは，LSによる信用創造がなされた，のである。

これに対して，一般ルールのHBにあっては，それは「抵当権」それ自体の流通性向上のための法技術にすぎない。「抵当権」それ自体の譲渡，これを「土地所有者」の利益において，容易化・簡易化するための法技術なのである。譲渡方式の簡易化・容易化のテクニックである。したがって，登記所によりHBが発行され，発行されると登記とは切断されて，HBの占有移転による譲渡方式が可能となった。「物的手形の創造」が試みられた，のである。これにより土地所有者（抵当設定者）の利益において，民間からの私的資本誘引の可能性（魅力ある投資対象としての構成）が開かれたのである。

4　両ルールの対比
——小括を兼ねて——

(i) 抵当土地信用の一般ルール（三軌軸・抵当権法）と特別ルール（LS担保債券法）とを対比すれば，私見にあっては，次の如く分析・小括されよう。

(ii) すなわち，①第1に，一般ルールが「私的」信用（私的な抵当土地信用取引）であるとすれば，特別ルールは「公的」信用（公的な土地信用機関の仲介）である，といえよう。

②第2に，一般ルールが「自由競争的」信用（私的な両当事者間での自由な抵当信用取引）であるとすれば，特別ルールは「相互扶助的」信用であり，また「制度」信用・「機関」信用（土地所有貴族を組合員とする相互扶助を目的とした

土地信用機関による信用）である，といえよう。

　同様の視点よりすれば，特別ルールでは，プロイセン国家や政府が肝入りで土地所有貴族階層をバックアップする土地金融機関を設立した。その政治的支柱は官僚機構も含めて土地所有貴族層であった，からである。とすれば，特別ルールはいわば仲間内の身内の「クローズ」な世界の土地信用であった，といえよう。

　③第3に，一般ルールが「直接的・相対的」信用（両当事者間の直接且つ相対の抵当信用取引）であるとすれば，特別ルールは「間接的・仲介的」信用（両当事者間の直接・相対の取引はなく，土地金融機関が両当事者間に介在する信用取引）である，といえよう。

　④第4に，両ルールともに「土地所有貴族層の保護」を意図するものである点で共通するが，一般ルールではそれがあくまで「法政策的理念」（立法趣旨）として抵当権法の基盤において存置されているのに対して，特別ルールではそれが「政策」信用としてLS条例規定において全面的・直接的に登場せしめられている。

　――この点よりすれば，既述の如く，わが国の学説（我妻シェーマ）にあっては，金融資本の利益に奉仕する抵当権，いわゆる投資抵当権がプロイセンで生成・発展し完成したとするが，このような理解は不当ではないか，と考えられる。プロイセンでの抵当権法発達の社会経済史的実態・実体とは合致していない，からである。――

　⑤第5に，一般ルールでは抵当権は「個別的」に両当事者間で設定されるのに対して，特別ルールでは抵当権は「大量的・集団的・定型的」に設定されている。前者を「個別抵当権」信用とすれば，後者はLS信用機関の抵当権として「大量的・集団的・定型的抵当権」を背後に控えた信用といえよう。

　同様の視点からこれを「信用取引」に妥当するルールとして注目すれば，一般ルールは「個別的」な抵当権による信用取引に妥当するものであるのに対して，特別ルールは「大量的・集団的・定型的」抵当権を背後に控えた信用取引に妥当するものである，といえよう。

⑥第6に，一般ルールでは専ら抵当権という「物的担保」を基軸とする「物的」信用であるのに対して，特別ルールではむしろLSの「人的信用（機関信用）」が前面に登場し，「物的担保（抵当権）」は後退せしめられている。前者が抵当権により「一元化」された信用とすれば，後者は抵当権を裏付けとして発行された担保債券による「二元化」された信用といえよう。

⑦第7に，一般ルールでは「農業（地）」信用のみならず「商工業」信用や「都会（地）」信用としてもまた妥当するものであるのに対して，特別ルールは専ら「農業（地）」信用を目的とする（但し，抵当銀行のPBは都会地信用である）ものである。

⑧第8に，一般ルールではベースはあくまでも「抵当権」信用であるのに対して，特別ルールはむしろ「債券」信用である，といえよう。特別ルールでは，機関により発行された債券が土地抵当権によって裏打ちされているにすぎず，それはまさしく「金銭代替物」であり，「信用証券」であり，現金通貨と同様に流通手段として構想・具体化されている，からである。

⑨第9に，一般ルールでは特定の「私的」抵当権が使われる（私的な両当事者間での抵当権設定）のに対して，特別ルールの旧LSでは法定の「公的」土地担保権が使われている。

——旧LSが土地所有者の土地上に取得するのは，登記を要しない法定の土地担保権であった（旧PB所持人は直接に土地上に抵当権を取得した）。新PBにあっては，新LSは民法上の普通抵当権を取得した。——

⑩第10に，一般ルールでは，「抵当権」それ自体の「流通」，いわば抵当権の「流動化」，が意図されている。土地の価値を把握する抵当権が存在するところ，その抵当権それ自体の流通のために，これを「証券」に化体し，あたかも手形と同様に，転々流通させん，とするものである。なお，ここでの「証券」（抵当証券）は，土地登記所の発行によるものである。

これに対して，特別ルールでは，LSの機関信用によりその責任において発行された「債券」（担保債券）について，有価証券市場でのその「流通」が，意図されている。

〔「担保債券制度」の基本文献〕
(a) テーマとして採り上げるものとして，
① 石田文次郎・投資抵当権の研究・175頁以下（「抵当証券」と表記）
② 槇悌次・「ドイツにおける抵当債券制度の発展(1)——抵当取引の組織化と担保の集団化——」・法学17巻 4 号75頁以下（「抵当債券」と表記）
③ 石部雅亮・「シュレージェンのラントシャフト制度(1)(2)(3)」・大阪市立大法学雑誌10巻 4 号・11巻 1 号・12巻 1 号（「抵当証券」と表記）
④ ヌスバウム（宮崎一雄訳）・ドイツ抵当制度論・349頁以下（「抵当債券」と表記）
(b) 体系書・教科書・論文等において概観・論及するものとして，
① 我妻・「優越的地位」101頁以下（「抵当証券」と表記）
② 槇・担物法300頁以下
③ 松井・抵当制度の基礎理論180頁以下（「抵当債券」と表記）
④ 庄・抵当証券制度の課題157頁以下（「抵当債券」と表記）

総　括

　本書「序論」(本研究の課題) については，次のように答えられるべきであろう。

　(1)　第 1 に，プロイセン強制抵当権制度は，フランス法の裁判上抵当権制度の法継受ではなく，その理念を参照しながらも，プロイセン抵当権法の独自の形成・発展に基づくものであった。プロイセン抵当権法の展開を三軌軸に位置づけるならば，実体的・形式的抵当権法では「公示主義」や「特定主義」といったプロイセン抵当権を特徴づける諸原則が形成・発展し，それらを反映しながら，プロイセン強制抵当権制度も，手続的抵当権法たる1883年・不動産強制執行法において，その独自の法構造を確立した。プロイセン抵当権法の具体的な諸立法の展開の内に，プロイセン強制抵当権制度が生成・発展・確立してきた，のである。

　(2)　第 2 に，プロイセン強制抵当権制度は，不動産執行の「優先主義」採用の法技術ではなく，それとはまったく別個の法制度として形成・発展してきたものであった。その理論的・体系的意義という視点よりすれば，プロイセン強制抵当権制度は，実体法上の抵当権 (約定抵当権と法定抵当権) と並ぶ第三の抵当権，すなわち執行法上の抵当権として，手続的抵当権法たる83年・不動産強制執行法において，完成した。債務名義を取得した人的債権者は，不動産強制執行の執行方法の一つとして，強制抵当権の登記を取効することができるものとされた。この点よりすれば，プロイセン強制抵当権制度は，人的債権者を執行力 (強制力) により物的債権者に転化させるものであり，両債権者を架橋する法技術であった。しかも，それは，債務名義を取得した人的債権者にメリットを与えるものであるのみならず，「執行猶予」の手段性よりすれば，むしろ「執行債務者保護」の理念を色濃くもつ制度でもあった。執行債権者競合の場面での「優劣関係決定の基準」ではまったくなかった (「優先主義」採用の法技術ではなかった)，のである。

379

(3)　第3に,「制度目的論」の視点よりすれば,プロイセン強制抵当権制度は,「執行債務者（土地所有者）保護」の法理に基づくものであった。83年・プロイセン不動産強制執行法にあっては,強制抵当権制度に加えて,同じく「執行債務者（土地所有者）保護」の法理に基づく新理念として,「剰余主義」の新採用,これへの「引受主義」の結合,が指摘されよう。

　なお,動産執行における「差押制限制度」（たとえば,差押禁止動産の法定制度),実体民法（債務法）上の「履行猶予制度」,といったものも,「債務者保護」の理念に基づくものとして,不動産強制執行における強制抵当権制度と,その制度理念を同じくするものであった。

　他方,「制度目的論」の視点よりすれば,実体的・形式的抵当権法により発展したプロイセン抵当権制度は,「土地所有者（債務者）保護」の法理に基づくものとして,1872年・EEG・PGBO において確立した。

　以上を小括すれば,プロイセン抵当権法の三軌軸・抵当立法にあっては,手続的抵当権法中の強制抵当権制度を含めて,「土地所有者（債務者）保護」のプロイセン法理の形成・発展・確立が,その「トリアーデの法構造」の基盤であり,抵当三立法を結びつける制度的「絆」となっていた。とすれば,我が国の「担保法学」の今後の課題として,①「法解釈論」のベース・②「立法論」構築の基本姿勢・③「法改正」の現実的作業,といったいずれの場面においても,「制度目的論」の視点より「近代抵当権論」の我妻シェーマを批判的に克服しながら,個別的・具体的な「法解釈論・立法論・法改正」が構築・展開されなければならない,といえよう。

序　論　本研究の課題と方法
　一　三つの課題
　　1　ドイツ強制抵当権制度の沿革の解明
　　　　――それは果たしてフランス法上の裁判上抵当権制度を法継受したものなのか――
　　2　ドイツ強制抵当権制度の理論的・体系的意義の解明――それは果たして「優先主義」採用の法技術なのか――
　　3　「制度目的論」の視点からの我妻シェーマに対する疑念――抵当制度は一体誰のための制度であるのか――
　二　方法――分析の基本的視点――
　　1　プロイセン抵当権法の「三軌軸分析」――「実態的・形式的・手続的」抵当権法としての分析視点――
　　2　「手続的」抵当権法としての不動産強制執行法の分析視点――我が国の学説における認識の欠如――
　　3　プロイセン抵当権制度の一分肢としての強制抵当権制度――実体法上の抵当権制度との相互関連性の分析視点――

第1章　1722年・プロイセン「抵当権・破産令（HKO）」中のインミシオーン担保権制度――プロイセン強制抵当権制度の展開の起点：インミシオーン担保権を取得した「人的債権者」（裁判上債権者）の「破産順位」への措定――
　はじめに
　第1節　プロイセン強制抵当権制度の起源――制度展開の起点――
　　論述の進行
　　1　人的債権者の不動産強制執行――その要件としての人的債権の「既判力ある確定」，優先権の不存在――
　　2　人的債権者の「インミシオーン担保権」制度（債務者所有の土地の占有取得と優先権取得）――プロイセン強制抵当権制度の初源的型態――
　　3　ローマ法上の「裁判官質権」制度――補論――
　第2節　プロイセン抵当権諸立法の展開――1722年・「抵当権・破産令（HKO）」以前の概況――
　　論述の進行
　　1　1693年・「王宮都市ベルリン等における相続台帳並びに有高台帳に関する勅令」（ベルリン勅令）――展開の起点――
　　2　1695年・「布告」――1693年・「勅令」についての若干の補充――
　　3　1704年・「勅令」――全プロイセンへの適用範囲の拡大――
　第3節　1722年・「抵当権・破産令（HKO）」中のインミシオーン担保権制度――抵当土地信用の制度的体系化，その破産順位の法構成――
　　論述の進行
　　1　制定趣旨
　　2　内容
　　　(1)　「破産の誘引力」の法原則――「破産法と不動産執行法（抵当権法）の立法的結合」という法体系的構成――
　　　(2)　破産順位――担保債権者相互間の優先劣後関係の解決・調整のための法定規準――
　　　　(イ)　ドイツ普通法上の「破産順位」
　　　　(ロ)　1722年・HKO中の破産順位
　　　　(ハ)　「破産順位」のランク表により何を読みとるべきか
　　3　HKO中のインミシオーン担保権を取得した人的債権者（＝裁判上債権者）の

法的地位——破産第3順位への措定——
　　(1) 関連条文
　　(2) 規定内容
結　論

第2章　18世紀・プロイセン抵当権諸立法中の強制抵当権制度——裁判上債権者の「破産順位」の劣位化——
はじめに
第1節　プロイセン抵当権諸立法の展開，その(1)——18世紀前期：「登記主義」，そして「公示主義」への志向，しかも「二元主義」の端緒——
　論述の進行
　1　前史：1722年・HKOの実効性の欠如——抵当登記簿制度の現実的未整備——
　2　18世紀前期・プロイセン抵当権諸立法の展開
　　(1) 1748年・「マルク・フリードリッヒ勅法草案」：訴訟法典（含・破産）としての「手続的」抵当権法——新たな展開の制度的基盤，その(1)——
　　　(イ) 前史・制定趣旨
　　　(ロ) 具体的内容
　　　　(a) 法典形態——「手続的」抵当権法と破産法の立法的結合——
　　　　(b) 破産手続の「簡易化」と「促進」
　　　　(c) ローマ法上の「担保特権性」の法思考からの訣別
　　　　(d) 破産順位の新構成——「登記」の重視の方向性——
　　(2) 1750年・「抵当権令（HO）」：「実体的・形式的」抵当権法——新たな展開の制度的基盤，その(2)——
　　　(イ) 前史・制定趣旨
　　　(ロ) 具体的内容
　　　　(a) 22年・HKOとの「連続性」と「非連続性」
　　　　(b) 各論的考察

　　　　　(i) 「公示主義」の妥当——登記の重視——
　　　　　(ii) 「登記簿の公信力」の不存在
　　　　　(iii) 「登記主義」の妥当——登記義務ある権利の増加——
　　　　　　(α) 相続の登記
　　　　　　(β) 人的地役権等の登記
　　　　　　(γ) 家族世襲財産等の登記
　　　　　　(δ) 一般抵当権の登記
　　　　　　(ε) 法定担保権の登記
　　　　　　(ζ) 子の相続金の登記
　　　　　　(η) 後見人の保証金の登記
　　　　　　(θ) 共同相続人の相続財産分与の担保権名義
　　　　　(iv) その他
　　(3) 1750年—1751年・「フリードリッヒ法典草案」——新実体法典としての「実体的」抵当権法・所有権法——
　　　(イ) 前史
　　　(ロ) 具体的内容——「所有権の二重性」に伴う抵当権者の地位の不確実性——
　3　小括
第2節　プロイセン抵当権諸立法の展開，その(2)——18世紀後期：三軌軸・抵当立法の到達点，「二重所有権」からの抵当債権者の解放，抵当土地信用の促進化の契機——
　論述の進行
　1　前史：「二元主義」の序曲——抵当権設定における「登記主義」の確立，所有権移転における「登記主義」の不採用——
　2　18世紀後期・プロイセン抵当権諸立法の展開
　　(1) 1781年・「フリードリッヒ法典・第一編訴訟法」：「手続的」抵当権法——「破産順位」規定についての若干の変更——
　　(2) 1783年・「一般抵当令（AHO）」：土地登記法としての「形式的」抵当権法

──抵当登記簿制度の設営，公示主義の徹底化，実質的審査主義の採用──
　(イ)　前史──ゲルメルスハウゼン草案・スワルツ草案・AHO──
　　(a)　ゲルメルスハウゼン草案──新たなる「抵当権令並びに破産令」の起草──
　　(b)　スワルツ草案──新たなる「形式的」抵当権法の起草──
　(ロ)　制定趣旨──AHO 前文──
　(ハ)　具体的内容
　　(a)　抵当登記簿の様式の再編成──「登記主義」の貫徹──
　　(b)　「公示主義」のより一層の徹底化──「登記強制」手続の存置──
　　(c)　「実質的審査主義」の採用
　　(d)　「登記簿の公信（＝公信主義）」の未採用
(3)　1793年・「一般裁判所令（AGO）」：不動産執行法（不動産強制競売法）としての「手続的」抵当権法──抵当権実行手続の整備，裁判上債権者の破産順位──
(4)　1794年・「一般ラント法（ALR）」：「実体的」抵当権法・土地所有権法──登記の重視，土地所有権の不確実性からの抵当債権者の解放──
　(イ)　「実体的」抵当権法としての ALR
　(ロ)　「所有権の二重性」の具体的内容如何──その逐条約解明──
　　(a)　「権原」と「引渡し」による所有権取得──ALR I 10 § 1──
　　(b)　「証明と登記」なした土地所有権者──ALR I 10 § 6──
　　(c)　「所有権の二重性」の法現象──自然的所有権（§ 1）と市民的所有権（§ 6）の対立・分裂──
　　(d)　法体系的矛盾としての「所有権の二重性」──法 6 条の問題点──
　(ハ)　「所有権の二重性」に対する調整──ALR 下の調整手段──
　　(a)　自然的所有権者 E と市民的所有権者 B の対立の止揚・諸利益調整（ALR I 10 §§ 7-10）──「公信主義」との関連性──
　　(b)　その実務上の調整としての「登記強制主義」の妥当（「二重的所有権」現出の予めの回避）──ALR I 10 §§ 12-14──
　(ニ)　「二重所有権」と抵当権（土地所有権法と抵当権法の交錯）──「二重所有権」の法現象からの抵当債権者の解放──
3　小括
第3節　インミシオーン担保権制度の展開──18世紀末期─19世紀初期：「裁判上債権者」の法的地位の確実化（登記権原の許与）を求めての改革運動──
論述の進行
1　AGO 並びに ALR の下でのインミシオーン担保権制度──裁判上債権者の破産順位の劣位化──
　(1)　AGO の下での破産順位
　(2)　ALR の下での破産順位
　(3)　その理由としての「登記権原」の不存在
2　新立法に向けての改革の動向──裁判上債権者の法的地位の確実化を求めて──
　(1)　三通達と意見書
　(イ)　三つの通達（1797年─99年）──「処分制限の仮登記」の手段の許容──
　(ロ)　1808年・制定法委員会意見書
　(2)　実務上の解決すべき諸問題
　(3)　新立法に向けての動向，その(1)──ヴェストファーレンのラント議会の請

383

　　　　願書――
　　(4) 新立法に向けての動向，その(2)――
　　　　フォン・ヴィンケの報告意見書による
　　　　賛意，プロイセン政府の受容――
　3　小括
結　論

第3章　1834年・プロイセン「民事執行令」中
　　　の強制抵当権制度――執行名義を取得した
　　　「人的債権者」（裁判上債権者）の法的地位の
　　　確立――
はじめに
第1節　1834年・「民執令」中の裁判上債権者
　　　の抵当権制度――その全体的法構成――
　論述の進行
　1　1834年・プロイセン「民事執行令」の
　　　成立――プロイセン強制抵当権制度の展
　　　開の起点――
　2　「民執令」中の裁判上債権者の抵当権
　　　制度――関連規定と規定内容――
　　(1) 関連規定
　　(2) 裁判上債権者の抵当権制度の根拠規
　　　　定（法22条1項）――執行名義・担保
　　　　名義・被担保債権――
　　(3) 成立要件としての「登記」――「登
　　　　記成立要件主義」の妥当――
　　(4) 抵当権の法形態――「流通抵当権」
　　　　としての法的性格――
　　(5) 支払命令手続の予めの実施（法22条
　　　　2項）――登記手続，その(1)――
　　(6) 訴訟裁判所の「登記嘱記」の必要
　　　　（法22条2項）――登記手続，その(2)
　　　　――
　　(7) 裁判上債権者の抵当権の「異議登
　　　　記」（本条3項・4項）――登記遅滞の
　　　　危険性よりの裁判上債権者の利益保護
　　　　――
　　　　(イ) 異議登記の手段の許容（本条3項
　　　　　　第1文）――優先権の確保――
　　　　(ロ) 異議登記の手続（本条3項第2

　　　　　　文）
　　　　(ハ) 本登記がなされない場合における
　　　　　　異議登記（本条4項）――異議登記
　　　　　　の手段が利用されるその他の場合
　　　　　　――
　　(8) 「共同抵当権による負担化」の禁止
　　　　（23条）――債権の「分割登記」の強
　　　　制――
　3　フランス裁判上抵当権制度との対比
　　　――プロイセン法独自の制度的形成への
　　　志向――
　　(1) 一般抵当権か，個別抵当権か
　　(2) 執行名義の成立による法律上当然の
　　　　成立か，登記による成立か
　　(3) 実体的抵当権法の制度か，強制執行
　　　　法の制度か
第2節　若干の「補充」と「修正」――裁判
　　　上債権者の抵当権制度のより一層の整備に
　　　向けて――
　論述の進行
　1　1836年・「司法省通達」による「補充」
　　　――不動産（土地）の個数の決定基準の
　　　定立――
　2　1854年・「民事訴訟手続並びに民事執行
　　　手続に関する諸規定の若干の変更につい
　　　ての法律」による「修正」――裁判上債
　　　権者の抵当権の登記手続の簡易化・迅速
　　　化――
　　(1) 関連条文
　　(2) 規定内容
第3節　裁判上債権者の抵当権制度の伝播
　　　――他地域への新たな制度的導入――
　論述の進行
　1　エーレンブライトシュタインへの制度
　　　的導入――1864年法：関連規定と規定内
　　　容――
　　(1) 1864年法
　　(2) 関連規定
　　(3) 規定内容
　2　ノイフォアポンメルン地方並びにリー

384

ゲン地方への制度的導入——1873年法：関連規定と規定内容——
　(1)　1873年法
　(2)　関連規定
　(3)　規定内容
結　論

第4章　1872年・プロイセン「所有権取得法」の成立と強制抵当権制度——不動産信用の新秩序の形成とその影響——
　はじめに
　第1節　1868年・EEG草案「理由書」の基本姿勢——前史的状況——
　　1　前史的状況
　　2　改革の立法形式如何について——Novelle（修正法）か，Kodifikation（新法典編纂）か——
　　3　土地所有権譲渡・土地担保権設定理論について——ローマ法理論との相克，そしてドイツ法理論の勝利——
　　4　抵当権制度の改革について——農業信用危機の打開のために——
　第2節　1872年・EEG並びにPGBO中の強制抵当権制度——その全体的法構造の解明——
　　1　関連条文——EEG並びにPGBO——
　　2　両法における一般的な注目点
　　(1)　「土地登記簿」主義の確立——「抵当登記簿」主義より「土地登記簿」主義への転換——
　　(2)　「公信主義」の妥当領域の拡大——抵当権以外の「物権」についての善意取得の可能性の許容——
　　(3)　「実質的審査主義」から「形式的審査主義」への転換
　　3　両法における個別的な注目点——強制抵当権制度との関連性において——
　　(1)　土地所有者の「登記許諾」の概念の新たな登場（EEG 19条・23条）——抵当権の登記のための一要件——
　　(2)　土地所有者の「登記許諾」に代わる訴訟裁判所の「登記要請」——強制抵当権の登記の取効のための一要件——
　　(3)　債務者の土地所有者としての登記の存在（EEG 19条）——抵当権設定の一前提——
　　(4)　土地所有者としての登記の「強制手続」（PGBO 55条・56条）
　　(5)　債権額が未特定である場合における「担保抵当権」としての成立（EEG 24条）——強制抵当権への適用——
　　(6)　抵当土地の法定責任（EEG 30条）——抵当権の被担保債権の範囲——
　　(7)　「仮登記」制度の新設（EEG 22条・70条）——「異議登記」制度から「仮登記」制度へ——
　　(8)　土地登記所による「抵当証券」の発行（PGBO 121条－123条）——発行・交付・告知——
　　4　小括

第5章　1883年・プロイセン「不動産強制執行法」中の強制抵当権制度——プロイセン強制抵当権制度の展開，その最後の到達点：「人的債権者」の「物的債権者」への強制的な近接化の可能性の承認，そして「執行債務者（土地所有者）」保護の法理の確立——
　はじめに
　　(1)　プロイセン抵当権法の展開——分析の基本的視点
　　(2)　「手続的」抵当権法としての「不動産強制執行法」——「動産強制執行法」との法的性質上の峻別——
　　(3)　「物的債権者」と「人的債権者」の競合——「強制抵当権制度」の展開の契機——
　　(4)　「執行債務者（土地所有者）」保護の制度
　第1節　1877年・ライヒ「民訴法（CPO）」中の強制抵当権制度——ラント立法への留

保——
論述の進行
1 前史的状況——「法分裂」の状況,「不動産強制執行」の統一的規制の断念——
　(1) 序説
　　(イ) 四「ライヒ司法法」の制定・公布（1877年）
　　(ロ) ライヒCPO——「不動産強制執行」の統一的規制の断念——
　(2) 1877年・ライヒCPO制定前史——「法分裂」の克服の試み——
　　(イ) 「法域」分立の状況
　　(ロ) ハノーヴァー「民訴法典草案」（1866年）
　　(ハ) プロイセン「民訴法典草案」（1864年）
　　(ニ) 北ドイツ連邦「民訴法典草案」（1870年）
　　(ホ) ドイツライヒの統一的民訴法典「第1草案・第2草案・第3草案」（1870年—1876年）
2 ライヒCPO典中の強制抵当権制度——法典編成・関連規定・規定内容——
　(1) 法典編成
　　(イ) 若干の特徴
　　(ロ) 編成
　(2) 関連規定
　(3) 規定内容
　　(イ) ライヒCPO755条——「土地」強制執行の管轄裁判所（→1897年・ZVG 1条・5条）——
　　(ロ) ライヒCPO756条——管轄裁判所の指定（→1897年・ZVG 2条）——
　　(ハ) ライヒCPO757条——ラント立法への留保（→1898年・ZVG869条）——

第2節 1879年・プロイセン不動産強制執行「実施法（PAG）」中の強制抵当権制度——関連規定と規定内容——

論述の進行
1 前史的状況——PAGの制定・公布・施行（1879年）——
　(1) ライヒCPOの公布に伴なう各ラントの「立法的対応」（1877年以降）
　　(イ) 「ラント立法への留保」とその「実施」
　　(ロ) 「実施」の困難性
　(2) 各ラントにおける不動産強制執行「実施法（AG）」の制定・公布（1879年）
　　(イ) プロイセン——PAGの制定・公布（1879年）——
　　(ロ) その他の諸ラント——AGの制定・公布（1879年）——
　(3) 新たに強制抵当権制度を導入した諸ラントのAG
2 PAGの一般的構造——法典編成・総則規定・法体系的位置——
　(1) 編成
　(2) 総則規定——その内容的検討——
　　(イ) 「不動産」の概念の明確化
　　(ロ) ライヒCPO典中「総則規定」の適用
　　(ハ) 土地以外の「不動産」への強制執行
　　(ニ) 「執行裁判所の指定」の手続
　　(ホ) ライヒCPOの定める以外の執行名義の許容
　　(ヘ) 執行種類
　　(ト) その他
　(3) 法体系的位置——ライヒCPOとの関係——
　　(イ) 相互関係
　　(ロ) ライヒCPOの一部としてのPAG
　　(ハ) 優劣関係
3 PAG典中の強制抵当権制度——関連規定と規定内容——
　(1) 関連規定

(2) 規定内容
　　　(イ) PAG22条1項前段——訴訟裁判所の「登記嘱託」の不要，「自己追行主義」の妥当——
　　　(ロ) PAG22条1項後段——登記申立て（登記申請）についての「認証」の不要——
　　　(ハ) PAG22条3項——仮執行力ある判決に基づく強制抵当権の「仮登記」——
第3節　1883年・プロイセン「不動産強制執行法」中の強制抵当権制度——近代的モデルとしての法構造の確立——
　論述の進行
　1　前史的状況——1883年・「不動産強制執行法」典の成立——
　2　法典の一般的構造——法典編成と若干の注目点——
　　(1) 法典編成
　　(2) ZVG（1897年）の母体としての83年・不強法——「手続的」抵当権法
　　(3) 新理念としての「剰余主義」の採用，そして「引受主義」との結合
　3　「不動産強制執行法」典中の強制抵当権制度——関連規定と規定内容——
　　(1) 関連規定
　　(2) 表記
　　(3) 強制抵当権制度「不要論」の主張——立法審議過程での議論——
　　(4) 法的基礎——制度利益としての「債務者保護」の視点——
　　(5) 「土地登記簿への執行力ある債権の登記」の法的性格（2条）——不動産強制執行の一執行方法——
　　　(イ) 執行種類——三執行方法の許容——
　　　(ロ) 相互関係
　　　(ハ) 対比
　　(6) 執行名義の種類——広範囲の許容——
　　(7) 被担保債権としての「適格」——その諸要件——
　　　(イ) 被担保債権
　　　(ロ) 「適格」要件
　　(8) 成立要件としての「登記」——「登記主義」の妥当——
　　(9) 法型態（6条1項）——「流通抵当権」としての成立——
　　(10) 「重複担保」の許容——「約定担保権」との併存——
　　(11) 債務者の「土地所有者」としての登記（6条1項）——強制抵当権の「登記」のための一要件——
　　(12) 「土地所有者」としての登記欠缺の場合における「登記更正」（6条4項，PGBO 55条・56条）——その二方法——
　　　(イ) 債務者の「土地所有者」としての登記の作出——不動産強制執行の一前提——
　　　(ロ) 登記更正の二方法——直接的方法と間接的方法——
　　　　(a) 直接的方法（6条4項）——債権者の直接「申請」に基づく登記作出——
　　　　(b) 間接的方法（PGBO 55条・56条）——債務者への「登記強制」による登記作出——
　　(13) 「共同抵当権による負担化」の許容（6条2項）——債権の「不分割登記」，その対抗手段としての「縮減の訴え」の採用——
　　　(イ) 「許容論」（債権の「不分割登記」）への立脚
　　　(ロ) 立法審議過程での議論
　　　　(a) 「禁止論」（債権の「分割強制」）の主張
　　　　(b) 「許容論」の勝利
　　　(ハ) 「縮減の訴え」の採用——債務者

387

の利益における「対抗手段」――
- (a) 制度趣旨
- (b) 内容
- (二) 私見の立場からの若干の評価
  - (a) 「両論」の対立――価値判断の相違――
  - (b) 「縮減の訴え」の問題点――その実効性の欠如――
- (14) 強制抵当権の「仮登記」（6条3項・7条）――「債務者保護」の視点
- (15) 「抵当証券」の発行・放棄・交付・「証書」添綴・不発行・通知（9条）
  - (イ) 発行・放棄
  - (ロ) 債権者への交付
  - (ハ) 「証書」添綴
  - (ニ) 不発行
  - (ホ) 債務者への通知
- (16) 強制執行の停止・取消と登記抹消（11条）――債権者の「抹消許諾」の不要――
- (17) 登記手続（12条）――「自己追行主義（当事者主義）」の妥当（執行裁判所の「登記嘱託」の不要）――
4 小括
結 論

終 章 結論的考察
はじめに
第1節 プロイセン抵当権の「近代化モデル」：結論的考察(1)――その法構造の解明――
- 一 近代抵当権論とその批判
  1 「普遍化」された近代化モデルなのか，との批判
  2 「五原則」すべてが近代抵当権の特質であるのか，との批判
  3 「価値権論」は果たして妥当なものなのか，との批判
- 二 近代抵当権論の構造分析
  1 「三論文」による理論構築
  2 我が国の学説一般における「概念表記」の問題
  3 石田（文）シェーマ――保全抵当より投資抵当への転換――
  4 我妻理論における「近代抵当権」
    (i) 18世紀初頭からのプロイセン立法の展開
    (ii) 「投資手段」たる抵当権
    (iii) 「金銭投資」への重心移転
    (iv) 「投資家（資本家）」中心の抵当制度
    (v) 「抵当権投資の流通性」の確保
    (vi) ヘーデマン理論の影響
- 三 私見の基本的立場――プロイセン抵当権の近代化モデルとは――
  1 批判学説の論拠について――私見，その(1)――
  2 近代抵当権論のシェーマの概念表記上の問題について――私見，その(2)――
  3 近代抵当権論に対する疑念――私見，その(3)――
    (イ) 近代抵当権論の我妻シェーマに対する根源的疑念(1)――「制度目的論」の視点から――
    (ロ) 近代抵当権論の我妻シェーマに対する根源的疑念(2)――「資本主義と抵当制度の二面の発達史観」の視点から――
    (ハ) 鈴木研究や田中研究に対する疑念(3)――プロイセン抵当制度の発達は「抵当権法の発達」によるものなのか――

第2節 プロイセン土地信用制度の二元的構造：結論的考察(2)――土地信用の一般ルールと特別ルールの併存・対立・相克の関係――
- 一 土地信用制度の二元的構造とは――私

見の基本的認識の提示——
1　土地信用の「一般ルール」とは
2　土地信用の「特別ルール」とは
3　両ルールの「併存・対立・相克」の構造
4　二元的構造の解明の視点
　(イ)　土地所有貴族層の利益保護の視点——社会経済史的状況——
　(ロ)　土地信用制度の「利益享受者」如何の視点——法制度的状況——
　(ハ)　土地信用政策の変化の視点——政策判断上の状況——
　　(a)　メインとサブの動態的関係
　　(b)　農業における「景気循環」との対応
　　(c)　政策判断における利益調整
二　二元的構造の解明——土地信用政策の推移との関連性——
1　1700年代前期：都市の貨幣経済，短期の農地信用，消費目的の抵当権——生成期の土地信用の「一般ルール」の成立（1693年・04年）と体系化（22年）
2　1700年代中期：農業好況，抵当権の長期化，農業土地信用の進捗——転換期の土地信用の「一般ルール」の成立（48年・51年）——
3　7年戦争（1750—63年）以降：粗悪な貨幣の濫造，戦後の穀物価格の暴落，強制競売での欠額，土地信用恐慌・土地所有貴族の没落——
4　旧LS制度の創設（1769年）——土地信用の「特別ルール」の成立，そのメイン化——
5　ヨーロッパ信用思想史上の位置づけ——そのルーツとしてのイギリス土地銀行論と土地貨幣論，それとの対比
6　1700年代末期：三軌軸「抵当権法（ALR・AHO・AGO）」の成立——土地信用の「一般ルール」の成立，サブとしての抑止型——
7　次なる新立法の「空白期間」の存在——18世紀・三軌軸・抵当権法（一般ルール）の形式的妥当——
8　旧LS制度の濫用——1700年代末期・「特別ルール」の濫用——
9　1800年代初頭・農民解放——シュタイン＝ハルデンベルクの改革——
10　1800年代に入り，旧LS制度はどのように推移したのか——1820年代・農業恐慌，土地所有貴族層の困窮，旧LSの強制競売の断行——
11　1849年・新LS制度の創出——1830年代・農業好況，農業経営の合理化と経営者層の一部交代，新たな資金需要，「特別ルール」の進展——
12　1840年代・抵当権恐慌（土地信用恐慌）——旧LS制度（特別ルール）の行きづまり——
13　1850年代・抵当権法改革運動——抵当権恐慌の打開のために，土地信用の「一般ルール」の改革を求めて——
14　1853年・抵当権改正令（←1783年・AHO）：「一般ルール」のメイン化に向けての新たな第一歩——抵当権法改革運動，その後——
15　1857年〜・司法大臣シモンズ時代：政府の「警戒心」——ラント議会での諸改革提案(1)，「一般ルール」の改革に向けて——
16　1861年〜・司法大臣リッペ時代：政府の「防禦」，そして「堅持」——ラント議会での諸改革提案(2)，「一般ルール」の改革に向けて——
17　1867年〜・司法大臣レオンハルト時代(1)：政府の「姿勢転換」：1868年・EEG草案（理由書）中の抵当権法の基本構造の解明——①要請，②目的設定，③具体的方策，のトリアーデ

18　1867年～・司法大臣レオンハルト時代(2)：議会での「紛糾」——ラント議会での68年草案の審議，産業資本の確立期——
  19　小括

第3節　プロイセン土地信用における「担保債券制度」：結論的考察(3)——特別ルールとしての三つの土地信用機関の機能と構造——
  はじめに
  一　旧LSにおける「担保債券制度」
    1　旧LSとは
    2　組織体としての特徴は
    3　法的根拠は
    4　救済の仕組みとしての「担保債券制度」——三当事者の法律関係を基軸として——
      (イ)　旧LSと組合員の関係
        (i)　PBの発行・交付
        (ii)　PBの換価
        (iii)　旧LSの「公法上の法定担保権」
      (ロ)　組合員（土地所有者）とPB所持人の関係
        (i)　債務借換え
        (ii)　債権債務関係の不存在
        (iii)　PB所持人の「抵当権」
      (ハ)　PB所持人と旧LSの関係
        (i)　券面額債権の債権者と債務者
        (ii)　旧LSの「連帯責任制度」
    5　担保債券の構造——担保権の視点から——
      (イ)　土地担保責任の発行
      (ロ)　二つの担保権の成立
      (ハ)　二つの担保権の関係
    6　旧LSの「人的信用」の登場——「物的信用」（物的担保）の後退——
  二　新LSにおける「担保債券制度」
    1　新LSとは
    2　その制度的特徴は——旧LSとの対比——
    3　担保債券（新PB）を基軸とした三者の法律関係——救済の仕組み——
      (イ)　新LSと組合員（土地所有者）の関係
      (ロ)　組合員（土地所有者）と新PB所持人の関係——物権的効力の不存在——
      (ハ)　新PB所持人と新LSの関係——「人的信用」関係の存在，その前面登場——
      (ニ)　小括
        (i)　新PB所持人——資金提供者——
        (ii)　組合員——資金借入者——
        (iii)　新LS——信用の媒介者——
  三　抵当銀行における「担保債券制度」
    1　抵当銀行とは
    2　その特徴は——LSとの対比——
  四　「担保債券制度」の発展史論——私見の基本認識の提示——
    1　一般ルールから「特別ルール」への転換——1769年・旧LS（旧PB）制度の創設——
    2　「特別ルール」の発展——1849年～・旧LS（旧PB）から新LS（新PB）への転換——
    3　特別ルールから「一般ルール」への回帰——新PBからHB（抵当証券）へ（1872年・EEGとPGBOの成立）——
    4　両ルールの対比——小括を兼ねて——

総　括

〈初出一覧〉

序　論　　新稿
第1章　　慶應法研69巻1号・1996・補筆
第2章　　慶應法研69巻2号・1996・補筆
第3章　　慶應論究23号・1994・補筆
第4章　　慶應法研70巻12号・1997・補筆
第5章　　慶應法研64巻12号・1991・補筆
終　章　　新稿

〈関連拙稿リスト〉

　ドイツ強制抵当権制度については，我が国の学説にあっては断片的・付随的にのみ言及されるにすぎず，拙稿以外には，これを正面からテーマとして論じたものは存在していない。以下，公表順に示しておきたい。

① 　拙稿・「ドイツ強制抵当権の法構造——プロイセン法における展開を中心として（18世紀—19世紀）——」・私法45号270頁以下（1983年）：「ドイツ強制抵当権の法構造」（報告要旨紹介）・1982年度：日本私法学会報10頁（1982年10月）
② 　同・「ドイツ不動産強制執行法体系における強制抵当権制度——ドイツ不動産強制執行法研究の一視角——」・民事研修（法務省）321号10頁以下（1983年）
③ 　同・「ドイツ強制抵当権の法構造——ドイツ帝国・統一的民法典編纂過程における第一次委員会『審議』とその『終結』（1871年～）——」・法学政治学論究4号1頁以下（1990年）
④ 　同・「続・ドイツ強制抵当権の法構造——ドイツ帝国・統一的民法典編纂過程における第二次委員会『審議』とその『終結』（1889年～）——」・法学政治学論究8号1頁以下（1991年）
⑤ 　同・「『BGB第一草案』中の強制抵当権制度——各界からの『修正』意見

の主張（1889年―1890年）――」・法研65巻1号159頁以下（1992年）

⑥ 同・「1898年・ドイツ『民訴法（ZPO）』典中の強制抵当権制度――『ZPO変更法草案』（1898年）とライヒ議会『第一次・第二次・第三次』審議――」・法学政治学論究15号1頁以下（1992年）

⑦ 同・「1931年・ドイツ『民訴法参事官草案（ZPORE）』中の強制抵当権制度――修正『平等主義（Ausgleichsprinzip）』への転回と強制抵当権制度――」・法学政治学論究18号1頁以下（1993年）

⑧ 同・「ドイツ『ZPO諸改正法』中の強制抵当権制度――1909年・『ZPOノヴェレ』並びに1923年・『民事争訟手続促進令』――」・法研66巻12号63頁以下（1993年）

⑨ 同・「担保権実行競売への新『統合』――『強制競売』の本来型としての担保権実行競売――」・リュケ教授退官記念・民事手続法の改革288頁以下（1995年）

⑩ 同・「我が国の法典編纂過程における『ドイツ強制抵当権制度』と『フランス裁判上抵当権制度』（上）（下）――制度不導入の『動機』の解明――」・民事研修（法務省）473号13頁以下・同474号12頁以下（1996年）

跋

学問的価値の高い研究成果であってそれが公表せられないために世に知られず、そのためにこれが学問的に利用せられずして、そのまま忘れられるものは少なくないであろう。又たとえ公表せられたものであっても、口頭で発表せられたために広く伝わらない場合があり、印刷公表せられた場合にも、新聞あるいは学術誌等に断続して載せられた場合は、後日それ等をまとめて通読することに不便がある。これ等の諸点を考えるならば、学術的研究の成果は、これを一本にまとめて出版することが、それを周知せしめる点からも又これを利用せしめる点からも最善の方法であることは明かである。この度法学研究会において法学部専任者の研究でかつて機関誌「法学研究」および「教養論叢」その他に発表せられたもの、又は未発表の研究成果で、学問的価値の高いもの、または、既刊のもので学問的価値が高く今日入手困難のものなどを法学研究会叢書あるいは同別冊として逐次刊行することにした。これによって、われわれの研究が世に知られ、多少でも学問の発達に寄与することができるならば、本叢書刊行の目的は達せられるわけである。

昭和三十四年六月三十日

慶應義塾大学法学研究会

ドイツ強制抵当権の法構造
―「債務者保護」のプロイセン法理の確立―
慶應義塾大学法学研究会叢書 71

平成15年3月20日　発行	定価（本体8100円＋税）

著　者 © 斎　　藤　　和　　夫
東京都港区三田2丁目15-45
発行者　慶應義塾大学法学研究会
印刷者　三　和　印　刷　株　式　会　社

東京都港区三田2丁目19-30
発売所　慶應義塾大学出版会株式会社
電話 03-3451-3584　Fax 03-3451-3122

落丁・乱丁本はお取替いたします。

ISBN4-7664-0980-9

慶應義塾大学法学研究会叢書

18　未完の革命
　　―工業化とマルクス主義の動態
　　A・B・ウラム／奈良和重訳　　1500円

20　出訴期限規則略史
　　内池慶四郎　　2000円

21　神戸寅次郎著作集（上・下）
　　慶應義塾大学法学研究会編　上2000円・下2500円

23　外交史論集
　　英　修道　　3500円

26　近代日本政治史の展開
　　中村菊男　　1500円

27　The Basic Structure of Australian Air Law
　　栗林忠男　　3000円

34　下級審商事判例評釈
　　（昭和30年〜39年）
　　慶應義塾大学商法研究会編　　3000円

38　強制執行法関係論文集
　　ゲルハルト・リュケ／石川 明訳　　2400円

42　下級審商事判例評釈
　　（昭和45年〜49年）
　　慶應義塾大学商法研究会編　　8300円

45　下級審商事判例評釈
　　（昭和40年〜44年）
　　慶應義塾大学商法研究会編　　5800円

46　憲法と民事手続法
　　シュワーブ，ゴットヴァルト，フォルコンマー，アレンス／石川，出口訳　　4500円

47　大都市圏の拡大と地域変動
　　―神奈川県横須賀市の事例
　　十時嚴周編　　8600円

48　十九世紀米国における電気事業規制の展開
　　藤原淳一郎　　4500円

49　仮の権利保護をめぐる諸問題
　　―労働仮処分・出版差止仮処分を中心にして
　　石川 明　　3300円

50　明治初期刑事法の基礎的研究
　　霞 信彦　　7000円

51　政治権力研究の理論的課題
　　霜野寿亮　　6200円

53　ソヴィエト政治の歴史と構造
　　《中澤精次郎論文集》
　　慶應義塾大学法学研究会編　　7400円

54　民事訴訟法における既判力の研究
　　坂原正夫　　8000円

56　21世紀における法の課題と法学の使命
　　《法学部法律学科開設100年記念》
　　国際シンポジウム委員会編　　5500円

57　イデオロギー批判のプロフィール
　　―批判的合理主義からポストモダニズムまで
　　奈良和重　　8600円

58　下級審商事判例評釈
　　（昭和50年〜54年）
　　慶應義塾大学商法研究会編　　8400円

59　下級審商事判例評釈
　　（昭和55年〜59年）
　　慶應義塾大学商法研究会編　　8000円

60　神戸寅次郎　民法講義
　　津田利治，内池慶四郎編　　6600円

61　国家と権力の経済理論
　　田中 宏　　2700円

62　アメリカ合衆国大統領選挙の研究
　　太田俊太郎　　6300円

63　法律学における体系思考と体系概念
　　―価値判断法学とトピク法学の懸け橋
　　C-W・カナリス／木村弘之亮代表訳　　4000円

64　内部者取引の研究
　　並木和夫　　3600円

65　The Methodological Foundations of the Study of Politics
　　根岸 毅　　3000円

66　横槍　民法總論（法人ノ部）
　　津田利治　　2500円

67　帝大新人会研究
　　中村勝範編　　7100円

68　下級審商事判例評釈
　　（昭和60年〜63年）
　　慶應義塾大学商法研究会編　　6500円

69　ハイテク犯罪と刑事手続
　　安冨 潔　　4000円

70　ジンバブウェの政治力学
　　井上一明　　5400円

…本体定価表示。税は別途加算。欠番は品切れ。

慶應義塾大学出版会

〒108-8346　東京都港区三田2-19-30
TEL 03-3451-3584／FAX 03-3451-3122
郵便振替口座　　00190-8-155497